집값의 이해

가치와 가격의 구조

가치와 가격의 구조

집값의 이해

이상현 지음

차례

03 부지 / 80

04 건물 / 128

05 평판 / 154

06 시장 / 170

07 인플레이션 / 234

08 부의 집중 / 263

09 가수요의 폭발 / 285

10 맺음말 / 327

책머리에

/

우리나라 국민 10명 중 6명은 평생 최소 한 번 이상 집을 산다. 집을 산다는 것은 다른 물건을 구매하는 것과는 매우 다르다. 사람들은 별 의식 없이 아이스크림을 사 먹고 식당에서 가서 맛있는 저녁을 주문할 수 있다. 어느 누구도 '나는 저 가게에서 지금부터 3년이나 5년 후에 하겐다즈 아이스크림을 사 먹을 거야'라고 계획하지 않는다. 또한 그 누구도 3년이나 5년 전부터 특정 식당에서 토마토스파게티를 사 먹고 말겠다고 다짐하지 않는다.

세상에 아무런 의식 없이 퇴근길에 들러서 집을 사는 사람은 없다. 아무리 짧아도 3년 혹은 5년, 10년쯤 전부터 꿈을 꾼다. 어디쯤에, 그리고 어느 정도 가격으로 집을 사겠다고 계획하고 다짐한다. 그날까지 그의 일상은 집을 산다는 거대한 계획에 볼모가 되어버린다. 그때부터는 의식 없이 아이스크림을 왕창 사서 집으로 가져가는 것도 머뭇거리게 된다. 고급 식당에 가서 주저 없이 비싼 음식을 시켜 먹는 일도 어려워진다.

3년 혹은 5년 그것도 아니라면 10년쯤 지나서 일상을 저당 잡히고 먹고 싶은 것, 하고 싶은 것을 참은 대가로 집을 구매할 능력이 생겼다면 행복한 일이다. 집을 갖는다는 것이 얼마나 큰 행복인지 경험해 보지 않은 사람은 알기 어렵다. 물론 부자 부모를 둔 덕에 집을 거저 얻은 사람은 예외로 한다.

〈그림 0-1〉 많고도 많은 집

집을 살 능력이 생기면 이때부터는 마냥 즐겁기만 한 건 아니다. 집을 산다는 것은 아이스크림 사 먹기와는 전혀 다르다. 식당에 가서 흔히 사 먹는 스파게티가 기대한 맛이 나지 않아도 매우 언짢다. 내가 지불한 돈의 가치에 합당한 값어치를 챙기지 못했다는 불만이 먼저지만, 내 시장기가 마땅찮은 그저 한 끼로 사라져 버린 것도 화가 난다. 1년이면 십수 번, 10년이면 수백 번을 하는 구매도 결과가 기대에 어긋나면 기분이 좋지 않은 것이 당연하다. 집은 오죽할까. 인생에 한 번, 많으면 두 번 하는 것이 집 구매인데.

집 구매에는 설렘과 함께 걱정이 따른다. 자신이 소심하다는 것을 조금 인정한다면 설렘보다 걱정이 더 많다고 말할 것이다. 모르긴 해도 사람들 대다수가 이런 심정일 거다. 기쁘고 즐거운 일이긴 하지만, 온갖 걱정이 함께 따라오는 정말 부담스러운 구매 행위다. 잘하면 본전이고 밑지면 손해다. 집은 당연히 잘 구매할 거라고 기대하지만, 그게 그리 쉬운 일이 아니다.

집을 살 때는 행복한 거주를 꿈꾼다. 아침 햇살이 잘 들어오는 큰 창문이 있는 침실에서 깨어나면 멀리 도시가 보인다. 부엌에서는 갓 구운 빵 냄새가 풍겨온다. 식당에서 내다보는 숲의 경치가 음식의 풍미를 더한다. 이런 상상은 언제나 즐겁다. 하지만 마련한 돈을 들고 중개사를 찾아 나서는 순간, 이런 달콤한 상상은 슬슬 달아나기 시작한다. 상상하는 모든 행복한 주거 생활을 즐기자면 대략 지금 모아둔 돈보다 두세 배 정도 많아야 한다는 사실을 깨닫는다.

돈이 모자라면 발품을 팔아야 한다고 말하고, 또 그렇게 믿는다. 그런데 그렇게 믿고 싶을 뿐이다. 발품을 마다하지 않는 건 누구나 다 그렇다. 몇 달을 고생해도 내가 가진 돈으로는 그동안 꿈꿔온 행복한 주거 생활을 누릴 만한 집을 발견할 수 없다. 누군가가 발품을 잘 팔아 자신이 원하는 딱 그런 집을 샀다고 한다면, 그 사람은 자존심이 아주아주 센 사람이 틀림없다. 그 사람은 실망을 드러내고 싶지 않아 그렇게 말할 뿐이다. 실망이 자신의 경제력 부족에서 온다는 것을 너무나도 잘 알기에 더욱 그렇다. 돈이 없어서 지금껏 꿈꿔온 삶의 모양새를 바꿔야 한다면 얼마나 싫겠는가. 그걸 드러내서 남에게 알리는 것은 당연히 더 싫다.

집값에 비해 내가 가진 돈은 항상 절반 이하다. 아주 적은 수의 사람을 빼고는 다 그렇다. 그러니 너무 낙담할 건 아니다. 마음속에서 적절히 타협한다. 먼저 눈부신 아침 햇살을 포기한다. 아침 햇살은 말 그대로 눈부시기만 할 뿐이다. 잠을 자는 동안 어둠에 익숙해진 눈에 무리가 갈 수도 있다. 그래, 찬란한 햇살이 그저 좋은 것만은 아니다. 이건 포기해도 된다. 부엌에서 내다보이는 조망도 그렇다. 냄새 좋은 갓 구운 빵을 즐기기에도 내 감각들은 바쁘다. 온 신경이 코와 혀로 몰려가 부지런히 일하는 통에 눈에 들어오는 풍경은 잠시 잊어버리게 마련이다. 그렇다면 식당에서 내다보이는 그림 같은 풍경에 그리 얽매일 필요도 없다. 코, 입과 함께 눈도 즐거워지기를 원한다면 적당한 곳으로 자리를 옮기면 되지 않겠는가.

적당히 타협이 되는 것 같다. 이런 타협은 다른 누구와의 타협이 아닌 자신과의 타협이기에 절대로 안 될 거 같아도 어렵지 않게 성사되기도 한다. 늦겨울 응달에 쌓인 먼지 낀 눈이 마음을 심란하게 했는데, 어느 날 감쪽같이 사라진 것처럼 말이다. 눈이 사라진 것만이 아니다. 어느새 그 자리에 따스한 봄볕이 들지 않은가. 빠듯한 돈 때문에 포기해야만 하는 꿈이 응달에 쌓인 회색 눈처럼 마음을 불편하게 하지만, 그 집에서 찾을 수 있는 또 다른 즐거움에서 쉽게 위로받는다. 이렇게 한고비를 넘는다.

이제부터가 진짜 고민이 등장하는 시점이다. 집을 살 때 제일 큰 걱정은 남들보다 비싼 가격에 사는 건 아닐까다. 시금치 한 단을 사더라도 남보다 비싸게 사면 기분이 나쁘다. 그럴진대, 시금치보다 100만 배 정도 비싼 집을 남보다 더 비싸게 주고 산다면 그것처럼 사람을 괴롭히는 낭패감도 없다. 혹시라도 비싸게 주고 샀다면 마음속에 묻어두고 말 일이다. 그걸 남에게 얘기하고 하소연도 하고 싶지만, 그런 하소연이 주는 카타르시스는 잠시고, 후유증이 오래 간다는 것을 잘 안다. 마음속에 구겨 넣고 꾹꾹 눌러서 새어 나가지 않게 하는 게 능사다. 모든 마음의 심란함은 시간이 약이다. 시간이 지나면 누그러진다. 이런 방식은 아주 잘 작동한다. 마음에 쏙 드는 집을 싼값에 샀다는 친구를 만나기 전까지는 말이다.

남보다 비싸게 산 것도 견디기 힘든 짐이지만, 이걸로 끝이 아니다. 더 심각한 우려가 남아 있다. 집을 살 때 최고의 걱정은 바로 이거다. 집값이 떨어지면 어쩌나. 운 좋은 사람은 넘어져도 떡판에 넘어지고, 재수 없는 놈은 뒤로 넘어져도 코가 깨진다는데, 평상시 '나는 운이 좋은 사람'이라고 생각하는 사람에게도 집을 살 때만은 그런 낙관이 작용하지 않는다. 평소 '나답지 않게 왜 이럴까' 하는 생각도 들겠지만, 낙관적이지 못한 게 정상이다. 평소 운이 시금치 한 단만큼의 값이라면 집은 그 100만 배 아닌가. 난간이 설치되지 않은 옥상을 걷는 것과 같은 심리 상태가 된다. 평소에는 별 두려움 없이 걸어 다녔던 길도 그 위험성을 인식하는 순간 한 발을 떼는 데도 무섬증을 느끼게 된다. 시금치보다 100만 배 비싼 집을 놓고, 이렇게 새삼스럽게 발견하는 집 구매 결과의 심각성 앞에 몸을 움츠리지 않을 사람은 없다.

평소 눈길도 두지 않던 부동산 채널에 자연스레 눈이 간다. 채널 서핑을 저절로 멈춘다. 귀가 크게 열린다. "집을 구매할 때는 이런 걸 잘 살펴보십시오"라는 말이 나오면 영락없이 붙잡힌다. "하~, 이런 방송도 다 있었네." 주의를 기울여 얘기를 들어본다. 그럴듯해 보인다. 그런데 조금 듣고 있다 보면 이미 다 알고 있는 얘기다. 들을 때는 흘려들었지만 부동산 방송을 듣다 보니 생각이 난다. 며칠 전 술자리에서 전문가처럼 얘기하던 친구의 말 말이다. 채널을 다시 돌린다. 또 부동산 채널이다. 세상에 부동산 채널이 이렇게나 많다는 말인가. 또 잠시 멈춘다. 얘기를 들어본다. 그럴듯하다. 하지만 조금만 더 듣고 있으면 '뭔 당연한 얘기를 저리도 진지하게 하는가'라는 생각이 든다.

집 구매에 앞서서 부동산 채널을 한참 서핑하다 보면 반전문가가 되는 느낌이다. 이런 집은 좋고, 저런 집은 나쁜 집이라는 건 이제 좀 알겠다. 그런데 정작 중요한 문제에 대해서는 절대로 명쾌하게 얘기를 해주지 않는다. 내가 알고 싶은 것은 어떤 집이 값이 오르고 어떤 집이 값이 내려갈 것인가다. 꼭 알고 싶고 반드시 알아야만 할 것이 하나 더 있다. 어느 때가 구매의 적기인가다. 지금 사면 집값이 오를지 아니면 내릴지를 알고 싶다.

궁금한 것을 정리하자면 언제, 어디냐다. 지금, 이 집 가격이 오를 것인가 아니면 내려갈 것인가, 이것이다. 이 질문에 대한 답을 듣고 싶지만 정작 듣고 싶은 질문에 대한 답은 누구도 하지 않는다. 방송에서는 자신들이 하는 말은 참고만 하라고 신신당부한다. 방송 믿고 구매해 추후 잘못돼도 방송 책임이 아니라는 것을 분명히 한다. 결국 방송에서 하는 말은 집값은 오를 수도 있지만, 반대로 내릴 수도 있으니 조심하라는 소리다. '누가 그걸 모르나?'라고 한마디 하고 싶다. 방송도 이런 한마디가 들리는 모양이다. 친절한 건지 약삭빠른 건지 모르겠는데, 자막이 지나간다. "개인적인 상담은 010-1××-××××로 주세요."

미래 집 구매자는 방송에서 유튜브로 옮겨 간다. 정보 수집 능력이 진화하는 것이다. 유튜브에는 없는 것이 없다더니 그 말이 참말인가 보다. 방송보다 심도 있는 정보와 논리가 있다. 아마도 방송은 시간에 맞춰 모든 것을 다 설명해야 하지만, 유튜브는 몇 차례로 나눠 방송을 올리기도 하고 다시 보기가 용이하니 그런 데서 차이가 나는 듯하다. 유튜브에서는 언제, 어디를 선택하는 데 필요한 좀 더 구체적인 정보를 얻을 수 있다. 유튜브 두어 채널을 탐독하니 이제 자신감이 좀 붙는 것 같다. 언제, 어디를 사는 게 좋을지 알 것 같지만, 혹시 모르니 유튜브 영상 몇 편을 더 보고 나서자고 생각한다.

방송 채널 서핑하듯, 유튜브 채널을 서핑하다 보면 몇몇 유력한 유튜버를 알게 된다. 이런저런 유튜버들이 제법 유명하다고 한다. 그런 정보를 간추려 리스트를 만들고, 쭉 살펴보면 이젠 집을 사도 되겠다는 자신감이 드는 게 하등 이상하지 않다. 그런데 단지 그럴 것 같을 뿐이다.

부동산 유튜버들의 영상을 섭렵한 지 얼마 되지 않아 혼돈의 지옥문이 열리는 것을 경험한다. 구독자 100만을 자랑하는 유명 유튜버가 "지금이 바로 적기"라고 얘기한다. 조금 늦은 감이 있기도 하지만, 상투는 아니라고 단언한다. '휴~, 다행이다. 이런 불장을 나만 놓칠 수는 없지. 내게 아직 기회가 있구나.' 몸이 후끈 달아오른다. 지금 당장이라도 요지의 부동산을 찾아가서 계약하고 싶다. 내게도 부동산으로 대박을 칠 수 있는 기회가 있다는 생각에 몸이 달았는지 목이 마르다. 냉장고에서 시원한 탄산수를 꺼내 든다. 평소 가격이 비싸서 양껏 마시지 못하던 고급 탄산수가 오늘은 좀 싸 보인다. '이것보다 좀 더 비싼 것이 있었는데, 왜 그걸 안 샀지?' 탄산수의 자극이 좋다. 몸을 달군 열이 식고, 후끈한 더위도 가시는 모양새다. 다시 가서 유튜버 목록에서 아직 섭렵하지 못한 숙제를 끝내보자.

여기도 구독자가 100만이 넘는다. 믿을 만하다. 허튼 거짓말이나 질 낮은 정보라면 구독자가 100만이나 모일 리가 없다. 믿고 보는 유튜버인 모양이니 얘기를 잘 들어보자. 헐~ 이건 또 뭔가? 지금은 "상투 중에서도 상투, 꼭대기"란다. 지금 구매하면 이전에 집을 구매한 사람들의 이익을 실현해 주는 '호갱'이 될 뿐이라고 한다. 한술 더 뜬다. 가격은 더 오르지 않는 정도가 아니라 폭락한단다. 100만 정도의 구독자를 모을 정도면 거짓 정보나 허술한 논리가 아닐 텐데, 듣기에도 그렇다. 이건 뭔가. 불장은 지나갔고, 나는 또 기회를 놓친 것이다. 폭락을 주장하는 유튜버가 밉상으로 보인다. 얼마간 망연자실한 시간이 흐르고 정신이 돌아온다. '왜 저 유튜버는 폭락을 얘기하는 거지? 집을 구매할 의향이 아예 없거나 아니면 집을 구매할 돈이 없는 사람들은 저 유튜버의 말에서 오히려 위안을 얻겠구나'라고 생각한다. 혼돈의 지옥문이 열렸다. 이 유튜버 말을 들으면 대박의 기회가 있는 시기고, 저 유튜버의 말을 듣자면 쪽박이 기다리고 있다.

책을 좀 찾아보면 낫지 않을까. 방송보다, 유튜버보다 좀 더 전문적일 것 같다. 저자의 면면을 봐도 그렇다. 유명 부동산 유튜버들 중 몇몇은 정체가 불분명하기도 하다. 노이즈 마케팅의 일환인지, 아니면 알려줄 만하지 못해 그런지 자신의 이력을 감춘다. 반면에 책 저자들은 자신의 이력을 분명하게 밝힌다. 과거의 이력이 미래에 대한 정확한 판단을 보장하지는 못하지만, 적어도 어디까지 믿어도 좋을지를 판단하는 데는 유용한 정보가 담겨 있다. 책을 주문하고 며칠을 기다린다.

꽤나 거창한 이력을 자랑하는 저자가 말한다, "지금이 적기"라고 "지금 사면 대박의 행운 열차를 타는 거"라고. 그런데 이게 막차가 될 것 같기도 하단다. 얼른 타시란다. 만만치 않은 이력을 자랑하는 또 다른 저자가 말한다, "쪽박 차고 싶냐"고.

책에 좀 더 많은 정보가 담겨 있고 좀 더 정교한 논리가 적용되고 있기는 하지만, 유튜버의 세계나 다를 바가 없다. 한쪽은 빨리 사라고 하고, 다른 한쪽은 그러지 말란다. 비율을 좀 더 세심히 따져보면 '지금이라도 사세요' 쪽이 좀 더 많은 것 같다. 이건 유튜버의 세계도 마찬가지고, 부동산 채널에서도 마찬가지다. 구체적으로 비율을 따져보면 언제나 대박을 외치는 3분의 2와 쪽박을 경고하는 3분의 1로 이루어진 혼돈의 세상이다.

이쯤 되면 집을 산다는 설렘은 걱정에 압도된다. 대부분이 이럴 테지만, 그렇지 않은 사람도 물론 있다. 선천적으로 강심장이거나 대개는 경지에 도달한 투자 전문가들이다. 일반인들이 더 혼란스러워하면 할수록 그들은 여기서 더 큰 대박의 기회를 본다. 그리고 실제로 대박을 터뜨린다. 혼돈의 장에서 더 큰 이익을 챙겼다는 사례를 부지기수로 듣지 않았던가. 물론 그 비율을 구체적으로 정확히 따져보면 혼돈의 장에서 손해를 본 사람이 열에 아홉이라면 이익을 본 사람은 나머지 하나 정도겠지만 말이다.

집을 살 때 손해를 볼지도 모른다는 걱정에 구매를 포기하는 경우도 심심치 않다. 그저 '집값이 너무 많이 오르지 않았으면 좋겠다'고 생각하며 집 사기를 포기한다. 대출을 받아서 집을 사야 하는데, 대출이자를 갚으려 쪼들려야 하고, 행여나 금리가 올라가 대출이자 부담이 커지면 어렵게 산 집을 되팔아야 할지도 모른다. 그것도 내가 산 것보다 더 싼값에 말이다. 이런 일을 당하고 나면 차라리 집을 사지 말았어야 한다는 생각이 든다. 이런 생각이 기우에 불과하다고 치부할 수 없다. 김대중 정부, 이명박 정부, 박근혜 정부 시기에 그와 유사한 경험을 하지 않았던가. 시간이 많이 흐른 먼 과거의 일도 아니니 국민 대부분이 제법 선명하게 기억하는 장면이다.

집 구매를 포기하는 사람도 있지만, 그렇지 못한 사람도 있다. 목표로 하는 주택을 사려고 필요한 돈을 모은 사람이다. 이 돈에 얼마쯤 대출을 얹으면 원하는 집을 살 수 있고, 대출이자 부담도 그리 크지 않을 거라고 판단하는 사람들이다. 이런 부류는 더 심란할 수밖에 없다. 집을 사기는 해야겠는데, 지금 집을 사는 것이 맞는지 판단하기는 어렵기 때문에 그렇다.

부동산 채널도, 유튜버도 그렇고 책까지 출간하는 진짜 전문가들도 마찬가지다. 집값은 오를 수도 있고 내릴 수도 있단다. 이럴 때 사람들은 마지막 상담역을 찾아간다. 『인플레이션』의 저자 하노 벡(Hanno Beck)이 지목하는 최악의 상담자(벡, 2021: 326), 바로 이웃이다. 이웃이 부동산 채널보다, 유튜버보다 혹은 책의 저자보다 부동산 구매 여부를 판단하는 데 더 나을 가능성은 제로에 가까운 것을 알 텐데도 사람들은 이웃에게 조언을 구한다. 합리적으로 생각해 보면 비전문가인 이웃에게 조언을 구하는 것이 효과적이지 않다는 점은 분명하다. 이웃에게 조언을 구하는 사람도 그렇게 생각할 것이다. 그런데도 이웃을 찾아가 상담을 하는 것은 전문가도 알 수 없는 집값의 미래에 대해 합리적 조언을 기대해서라기보다 어차피 운에 맡기고 집을 사는 건데, 위로받을 얘기라도 들어보고 싶다는 심정에서일 것이다. 집을 사려는 사람들은 부동산 채널, 유튜버, 전문가를 돌고 돌아서 최악의 상담자 이웃에게 조언을 구하고 집을 구매한다.

집을 구매하는 과정에서 벌어지는 미래 구매자의 행태는 이렇다. 넘쳐나는 정보의 홍수 속에서 결국은 자기 판단으로, 그리고 자기 책임으로 집을 구매한다. 집을 잘 구매하기 위해서는 정보를 수집하고, 정보의 의미와 함의를 분석하고, 그리고 최종적인 결정을 해야 한다. 이 과정에서 부동산 채널이나 유튜버, 그리고 전문가의 도움을 받아보려고 하는데, 얼핏 합리적인 방법처럼 보이기도 하지만 여기에 큰 위험이 도사리고 있다. 확증편향이 문제다.

확증편향은 누구에게나 있을 수 있다. 개인은 확증편향에 빠지기 쉽다. 이것은 흔히 최초로 접하는 정보에 의해 좌우된다. 우연히 접한 최초의 정보들이 이후에 수집되는 정보의 종류를 좌우하는 현상이 쉽게 벌어진다. 일반인들은 이런 걸 잘 알고 있는지라 자신보다 훨씬 더 많은 정보를 풍부하고 폭넓게 가지고 있을 것으로 보이는 전문가에게 도움을 받으려고 한다. 좋은 태도다. 자신의 부족함을 보충해서 판단의 합리성을 키우려는 자세는 칭찬받을 만하다. 이는 칭찬받아 마땅하고 잘못된 것은 없지만 문제는 전문가 쪽에 있다. 특히 대형 미디어의 부동산 채널과 유튜버, 정치적 의도가 다분한 저자들의 확증편향은 일반인보다도 훨씬 더 심각하다.

일반인의 확증편향보다 전문가의 확증편향이 더 문제가 된다. 일반인은 몰라서 그러는 경우도 많지만, 전문가는 알면서도 그런다. 집값과 관련한 사실에 대해 언급하거나 사실들을 엮어 이론적으로 설명할 때 확증편향이 수시로 발생한다. 집값과 관련한 사실 중에서 평소 자신의 주장과 부합하는 사실들만 골라내기 때문이고, 사실들을 엮어 이론을 만들 때 의도적으로 왜곡하기 때문이다.

전문가들의 대표적인 확증편향적이면서 의도적인 왜곡은 이런 것들이다. 첫 번째 왜곡은 가격이 상승하는 것은 공급이 부족하기 때문이라는 주장이다. 이를 위해 어김없이 경제학에서 말하는 수요-공급의 법칙이 등장한다. 집값이 상승하는 것은 공급이 부족해서 그런 것이니 무조건 집을 더 지어야 한다고 주장한다. 우리는 이들을 공급론자라고 부른다.

그들 주장의 근거가 되는 경제학의 수요-공급의 법칙이 작동하는 시장의 조건, 즉 완전경쟁시장 조건 같은 것은 돌아볼 생각도 하지 않는다. 주택시장은 어떤 시각으로 보아도 수요-공급의 법칙이 정확하게 작동하는 완전경쟁시장하고는 거리가 멀다. 전문가들이 이걸 모를 리가 없다. 여기서 우리는 왜곡을 목격한다. 그리고 그런 왜곡은 꽤나 의도적이며, 또한 평소 자신들의 주장을 지속하기 위한 확증편향을 적나라하게 그리고 거리낌없이 드러내고 있음을 또한 본다.

이제 전문가들의 대표적인 확증편향적 왜곡, 그 두 번째를 살펴보자. 집값 상승을 부도덕과 연관시키면서 집값은 당연히 잡아야 하고 그리하면 모두가 행복해질 것이라는, 무모하리만큼 순진한 주장이다. 집값 상승을 부도덕과 연관시키는 순간, 집값 상승을 수요-공급의 문제라기보다는 가수요에 초점을 맞추면서 규제를 주도적인 해결 방법으로 내세운다. 규제를 동원해서 수요를 잠재우면 모든 문제가 해결될 것이라는 환상적인 해결책을 주장한다. 우리는 이들을 규제론자라고 부른다.

규제론자의 주장에 힘을 실어주는 것은 주택보급률이다. 2008년을 기점으로 전국 주택보급률은 100%를 넘어선 것으로 나타난다(뉴시스, 2021.8.14). 2017년 이후 집값 상승의 국면을 심각하게 드러내 보이는 서울의 주택보급률은 여전히 100%에 못 미치고 있지만, 주택보급률 계산에 포함되지 않는 주거 유형을 고려하면 서울조차도 현실적인 주택보급률은 100%에 가깝다. 주택보급률이 100%를 넘었다면 급박한 수요는 충족되었다고 볼 수 있다. 가격이 급등하는 상황에서 구매에 나서는 수요는 실수요보다는 가수요 쪽에 더 가깝다는 판단에 무리가 없다.

주택보급률과 함께 규제론자의 주장에 힘을 실어주는 것은 자가보유율이다. 서울의 자가보유율은 2005년 정점을 찍은 후 하강세에 있다(이상현, 2021: 145). 자가보유율은 지속적으로 상승하고 있을 것이라고 생각하기 쉽다. 집을 산 사람은 집을 계속 보유하려 할 것이고, 집이 없는 사람은 집을 가지고 싶어 하기 때문이다. 하지만 현실은 그렇지 않다. 집을 가졌지만 유지할 수 없는 사람들이 더 늘어나는 실정이다. 이런 상황은 비단 우리나라만 그런 것이 아니다. 영국에서도 이런 현상이 보인다. 1970년 보수당의 자가 보유 정책이 한창이던 시절 71%[1] 였던 자가보유율이 2018년 65.2%로

1 e-나라지표, "자가점유비율", https://www.index.go.kr/potal/main/EachDtlPageDetail.do?idx_cd=1239.

하락했다.[2]

자가보유율이 낮아진다는 것은 그저 무덤덤하게 볼 수도 있지만, 같은 기간 동안 주택 총량은 늘어났다는 사실과 같이 놓고 보면 간단히 보아 넘길 문제가 아니라는 것을 알게 된다. 총량이 늘어나는데 자가보유율은 떨어진다? 이것은 다주택자가 그만큼 늘어나고 있다는 얘기다(이상현, 2021: 145). 이쯤 되면 무작정 공급을 늘리기보다는 분배에 힘을 쓸 필요가 있다고 생각하는 것도 무리는 아니다. 분배에 주효한 것은 규제다. 주택 정책에서 규제가 힘을 얻는 일면에는 이런 논리가 작동한다. 더 많은 공급은 더 많은 다주택자를 양산하고 그들의 부를 늘려준다는 논리다.

규제론자들은 도덕성을 기반으로 시작해서 규제를 통해 불필요한 공급 없이 주택 가격을 통제할 수 있으면 모든 게 다 좋아지고 모두가 행복해질 수 있다고 굳게 믿는 것처럼 보인다. 외견상은 그렇지만 속내는 좀 다를 수도 있다. 집값 통제가 가져올 부작용이 없을 수가 없다는 것을 규제론자들도 잘 알고 있기 때문이다.

지금까지 거론한 두 가지 대표적인 확증편향적 왜곡은 주로 과도한 집값 상승을 억제하는 방법을 제시하는 과정에서 나타난다. 분석 결과가 이러저러하니 이런저런 방법을 동원하자는 것이 아니라, 방법을 미리 정해 놓고 그 방법의 타당성을 강조하는 과정에서 확증편향적 왜곡이 나타난다. 공급을 염두에 둔 전문가들은 수요-공급의 법칙을 무제한으로 적용하려고 하고, 규제에 붙들린 전문가들은 가수요를 집값 상승의 주범으로 지목하여 그것을 규제하려 한다.

부동산 전문가 중 부동산 구매와 관련해서 3분의 2가 대박론자이고, 3분

2 Eurostat, "Distribution of population by tenure status, type of household and income group - EU-SILC survey," http://appsso.eurostat.ec.europa.eu/nui/submitViewTableAction.do.

의 1이 쪽박론자인 것처럼 집값 상승에 대한 대책과 관련해서도 대체로 3분의 2가 공급론자이고, 3분의 1이 규제론자다. 집을 사면 모두가 대박이 나는 것도 아니고 모두가 쪽박을 차는 것도 아니다. 대개는 대박과 쪽박의 중간쯤이다. 집값 대책에서도 마찬가지다. 집값을 잡으려면 공급만이 능사가 아니고, 규제가 전부인 것도 아니다. 현실적으로 유효한 대책은 공급과 규제의 중간 어딘가에 있다. 공급론에 대한 맹신과 규제론에 대한 확신을 좀 느슨하게 풀어볼 필요가 있다. 각자의 입장이 전적으로 타당하지는 않은 것도, 각자의 이론과 주장이 완벽하게 적용될 수 없다는 것도 잘 알고 있지 않은가?

첫 번째 주장, 수요에 부응하는 공급이 필요하다는 이 주장은 이렇게 고쳐 쓸 필요가 있다. 실수요와 가수요를 구분해서, 실수요에는 부응하고 가수요에는 대응이 필요하다고. 공급론자들은 시장의 모든 수요를 실수요라고 주장하고 싶겠지만, 그들도 전적으로 믿지는 않는다. 공급론자들은 자기주장의 타당성을 일반화하기 위해서 가격을 상승시키는 모든 수요를 실수요로 보고 싶어 하며, 그렇게 주장한다. 하지만 그건 올바른 해결 방향이 아니다. 실수요에는 공급이 필요하지만, 가수요라면 다른 방법을 강구해야 한다.

두 번째 주장, 집값을 잡는 것은 도덕적이며 많은 문제를 해결하는 통괄적 해법이라는 생각에는 제어장치가 필요하다. 어떤 정치인들은 집값 상승이 심각하게 나타난 이후, 이전 가격으로 되돌리겠다는 주장을 서슴없이 하기도 한다. 하지만 그렇게 말하는 사람 자신도 자기 말을 믿지는 않을 것 같다. 집값이 왜 오를 수밖에 없고, 집값을 이전 수준으로 되돌리면 어떤 부작용이 닥쳐올지 전혀 모르지는 않을 터이니 말이다.

이 책은 집값의 이해에 대해 이야기한다. 전체적으로는 집값에 대한 이해이고, 구체적으로는 이 두 가지 방향에 대한 오해 혹은 의도적인 왜곡에 대한 반박이다. 어떤 사람들은 이 글의 주장에 어렵지 않게 동의할 수 있을 것이다. 하지만 동의하기 어려운 사람도 있을 것 같다. 나는 동의하기 어려운 사람들에게 이 글을 권한다.

집값 문제에 관해서 얘기하자면 상황은 춘추전국시대다. 누구나 전문가처럼 얘기한다. 틀렸을 것 같은 주장을 말하는 데도 거리낌이 없다. 집값 관련 정보와 데이터는 넘쳐난다. 그래서 자연스레 선택이 일어난다. 선택의 방향은 제법 분명하다. 기존의 자기 생각과 부합하는 정보와 데이터는 선택하고 그렇지 않은 것은 버린다. 정보와 데이터를 엮어내는 논리 또한 부지기수일 것이다. 사람들은 이 중에서도 자신의 입맛에 맞는 것만 골라낸다. 이렇게 하여 집값 문제에 대한 이해와 해법에서 의도적인 왜곡이 일어난다.

누구나가 공감할 수 있는 집값 문제 해법에 도달하는 길을 기대하는 것은 허망한 일인가? 지금까지의 상황으로 볼 때 허망하다는 표현이 과한 것 같지 않지만, 그래도 희망을 버릴 수는 없는 일이다. 집값 문제 해결로 가는 가장 쉽고, 가장 기본적인 작업을 시작해 보려고 한다. 집값이 무엇인지를 편견 없이 이해해 보고자 하는 시도다.

양명학의 대가 왕양명(王陽明)은 "天下不治 學文不立(천하불치 학문불립)"이라고 했다. 천하가 어지러운 것은 학문이 제대로 서지 못해서라는 뜻이다. 맞는 말이다. 지금 우리 시대에 집값 문제가 어지러운 것은 '학문'이 제대로 서질 못해서라고 한다면 무리한 주장일까? 이 책 한 권으로 집값과 관련된 '학문'이 제대로 세워질 리 만무하다. 그런 무모한 희망은 상상 속에도 없다. 다만 누구나 공감할 수 있는, 집값에 대한 제대로 된 이해를 시작해 보고는 싶다.

40년 전 소설가 박완서는 「낙토의 아이들」을 세상에 내놓았다. 혹자는 이 소설을 아파트 탄생의 비밀과 기원을 알게 해주는 소설이라고 평가하기도 한다. 소설 속 화자는 경제력이 무능에 가까운, 지질학을 전공한 대학 시간강사다. 결혼 3년 만에 서울 변두리에 '평민 아파트'를 20년 연부로 겨우 마련했지만, '복부인' 아내는 빚을 얻어 아파트를 사고팔아 쉽게 큰 부를 얻는다. 기하급수적으로 뛰는 땅값과 아파트값은 아파트 평수로 사람을 재단하는 새로운 셈법을 우리 사회로 불러온다. 소설 속 화자는 심적 갈등을 겪지만, 결국 물질적 풍요에 갇혀 소시민의 삶에 안주한다. 소설의 화자는 아내와 부동산 업자가 부린 마법에 어리둥절할 뿐이다.[3]

40년이 지나 「낙토의 아이들」의 아이들이 장년이 되었을 지금, 아이들의 어머니를 지칭하던 말인 복부인은 이제 더는 쓰이지 않는다. 복부인이 없어져서가 아니다. 모두가 복부인이 되었기 때문이다. 이제 40년 전 복부인이 하던 일을 모두가 하고 있으니 복부인이라는 명칭 대신에 그저 사람들이라고 부르면 된다. 모든 사람이 복부인이 된 지금 「낙토의 아이들」의 남편은 80대가 되었을 텐데, 이제는 그도 그 마법의 비밀을 알게 되었을까?

백낙청 교수는 그의 비평에서 「낙토의 아이들」의 남편이 경험하는 '각성의 아픔'이 당시 현실의 틀을 깨기에는 부족함이 있었다고 지적한다. 한편 그런 부족함에 대해 소설가 자신이 이런 사실을 충분히 접수하고 있는지 분명치 않다고 아주 완곡하게 비판한다(백낙청, 1985: 300). 그런데 마법의 비밀을 들춰보지 않고 '각성의 아픔'만으로 현실의 틀을 깰 수 있었을까? 그랬다면 그 역시 또 하나의 마법이 되었을 터다. 박완서 소설가가 「낙토의 아이들」을 집필할 무렵 복부인의 마법은 쉽게 정체를 드러내지 않았다.

스페인은 아메리카에서 들여온 금과 은으로 부자가 되었지만, 그로 인해 곤경에 처할 것임을 깨닫는 데 100년이 넘게 걸렸다. 수백 년간 안정적

---

3 줄거리 요약은 정미숙의 연구를 활용했다(정미숙, 2012: 312~314).

으로 유지되던 유럽의 물가가 2배로 올랐을 때야 비로소 아메리카에서 빼앗아 온 금과 은이 문제였다는 것을 깨닫는다.

「낙토의 아이들」 시절, 화자의 아내와 부동산 사장이 벌인 일은 그저 사악한 마법이었을지도 모른다. 「낙토의 아이들」 이후 어언 40년, 남편 같은 사람은 멸종 수준에 이르렀고, 아내는 우세종이 되었다. 하지만 다른 변화도 있었다. 그 40여 년은 마법의 비밀을 우리에게 가르쳐줬다. 이제 그 공공연한 마법의 비밀에 대해 얘기해 보자.

01

집의 가치

구매자 A와 또 다른 구매자 B

집을 구매하는 데는 두 가지 대표적인 경우가 있다. 먼저 한 가지를 살펴보자. 가계를 책임지는 가장인 구매자 A가 직장을 옮기게 되었다. 이직하는 경우도 있을 수 있을 것이고, 같은 회사이기는 하지만 근무지가 달라졌을 수도 있다. 새집을 구해야 한다. 집은 직장 가까이에서 구해야 할 것이다. 시기도 정해진 셈이다. 주택의 시세를 가늠하면서 어느 정도 기다릴 수는 있지만, 마냥 시장 상황만 살펴보고 있을 수는 없다. 기껏해야 1, 2년 정도 시장 상황을 보면서 버틸 수 있을 뿐이다.

집을 곧 사야 하는 상황에서 위치는 정해졌다. 아무래도 직장 근처에서 집을 찾는 게 중요하다. 근래 들어 평생직장이라는 개념이 점점 사라지고 있다 해도 직장이 가깝다는 것은 여전히 중요하다. 두 가지 정도 이유가 있다. 직장만큼 오래 다녀야 하는 목적지가 없다는 점이다. 자녀들 학교 문제가 있기는 하지만, 그건 길어야 3~4년이다. 한 가지 더 중요한 이유가 있다. 다른 직장을 찾는다 해도 새로운 직장은 이전 직장 인근에 있는 경우가 많다. 일자리가 아무런 맥락 없이 도시에 산재하지 않는다. 유사 직종끼리 특정 지역에 몰리는 경향이 있다. 직장을 바꾸더라도 직업의 종류가 바뀌는 일은 그리 많지 않다. 직장을 바꾸어도 새 직장 또한 기존 직장 인근에 있을 가능성이 높다. 예를 들어보면 분명해진다. 여의도 증권맨이던 사람이 증권업계 관련 일을 찾지, 어느 날 갑자기 식재료 유통업을 하겠다고 나서는 일은 별로 없다.

위치가 정해지고 나면, 집터에 관심을 기울인다. 집터는 건축 용어로는 부지라고 부른다. 부지에서는 법적 조건과 주변 살림 환경 조건을 따져봐야 한다. 법적 조건에서 중요한 것은 부지에 허용되는 용도와 건축 가능 면적이다. 주변 환경 조건에서 중요한 것은 일조, 조망, 통풍이다. 같은 값이면 거주에 유리한 용도로 사용되도록 규정된 부지를 찾을 것이고, 가능하다면 상대적으로 더 많은 건축면적이 허용되는 부지를 찾아야 한다. 한편 거주 성능을 최대로 끌어올리려면 무엇보다도 일조, 조망, 통풍이 잘될 만한 곳을 찾아야 한다.

관심의 범위를 좁혀 들어가 보자. 부지가 결정되면 그다음은 건물의 상태를 살펴봐야 한다. 건물은 우선 무엇보다도 안전해야 한다. 근래 들어 한반도도 지진의 안전지대가 아니라는 얘기가 심심치 않게 들려온다. 잘못 지은 건물은 무너질 수도 있다는 것을 염두에 두어야 한다. 안전이 확보되면 그다음으로는 건물의 공간구조를 살펴봐야 한다. 단독주택이라면 말할 것도 없다. 전 주인의 가족구성과 생활 스타일에 맞춰 지은 집일 테니, 그게 새로운 입주자에게도 딱 맞는다는 보장은 없다.

생활 스타일은 의도적으로 바꾸어볼 수도 있으니 그리 결정적인 고려사항은 아니라고 생각을 한다. 맞는 말이다. 공간구조가 자신에게 맞지 않아서 처음에 불편을 느낀다 해도 살다 보면 다 잊고 적응해 살게 된다. 얼마 지나지 않아 불편을 못 느끼는 수준이 된다. 이러니 공간구조가 나한테 맞느냐 안 맞느냐는 그리 중요한 것 같지 않다. 그런데 그렇지 않다. 감내할 수 있는 불편의 문제가 아니라 자신한테 꼭 맞는 공간이 얼마나 삶의 질을 높여주는지 몰라서 하는 소리다. 자신에게 어울리는 공간구조가 있고, 그것이 보통 사람들이 생각하는 것보다 훨씬 더 큰 영향을 미친다는 것을 적어도 알고는 있어야 한다.

공간구조 다음으로는 건물의 환경 성능이 문제다. 여름에 덜 덥고 겨울에 덜 추울 수 있으면 된다. 여름에는 에어컨을 틀면 되고, 겨울에는 난방을 더 하면 쉽게 해결될 것 같다. 정말로 그렇다. 하지만 에어컨을 덜 틀어도 상대적으로 더 시원하고, 난방을 덜 해도 상대적으로 더 따뜻한 집이 있다. 이는 에너지 소비량이 적어서 경제적으로 이득이 된다는 차원의 문제가 아니다. 자신의 생활 스타일을 지켜줄 수 있는 공간구조가 삶의 질에 생각보다 훨씬 더 큰 영향을 미치는 것처럼, 기계를 이용한 냉난방 없이 얻을 수 있는 시원함과 따뜻함은 쾌적함이라는 측면에서 큰 차이가 있다.

내가 살 집을 위치, 부지, 건물이라는 측면에서 면밀히 따져보면 좋은 집을 고를 수 있을 것 같지만, 그것이 다는 아니다. 집의 물리적 조건과 더불어 동네 평판이 중요하다. 동네 평판은 구차하게 긴 설명이 필요 없다. 예전에 서울 강남구 자동차 번호판이 유행했던 시절을 상기하면 된다.

집의 성능을 결정하는 위치, 부지, 건물, 평판 같은 것들은 집의 고유한 내재적 속성이다. 집 자체의 문제이지 외적인 어떤 조건에 의해 달라지지 않는다. 이러한 내재적 속성은 집의 성능, 즉 사용가치를 결정한다.

다른 사례를 살펴보자. 구매자 B의 경우는 집의 위치를 바꾸어야 할 구체적인 필요가 생긴 것이 아니다. 여분의 돈이 생겼는데, 마땅히 써야 할 곳이 따로 있는 것도 아니다. 이런 경우는 투자라는 것을 해야 하는데, 투자라 하면 주식이나 부동산이다. 주식이 좋을 것도 같지만 뭔가 전문적인 지식이 필요할 것 같고, "개미들 깡통 찬다"라는 얘기도 심심치 않게 들어

온 터라 부동산에 투자한다. 이 경우라면 언제, 어디에 집을 살 것인지를 강제하는 아무런 제약 조건도 없다. 언제, 어디든 향후 집값이 잘 오를 때와 장소를 찾는 것이 중요하다. 첫 번째 사례에서 직장도 가까워야 하고 직장을 옮기는 시기와도 맞추어야 했던 것과는 다르다.

구매자 B는 주택시장을 주의 깊게 들여다본다. 똑같은 집이라도 시기에 따라 가격 차이가 있다. 오르기도 하고, 큰 폭은 아닐지라도 내리기도 한다. 시장을 잘 들여다보면서 상대적으로 쌀 때, 그리고 앞으로 더 오를 것 같을 때 사는 것이 유리하다. 한편 주택 가격이 더 오르고, 덜 오르는 곳이 따로 있다는 것을 알게 된다. 같은 조건이라면 값이 더 잘 오를 것 같은 곳을 사는 것이 당연하다.

시장에서 물건값이 비싸지는 것은, 사려는 사람 간의 경쟁이 발생해서 그렇게 된다. 사려는 사람이 당장 집이 필요해서 그런 것이든, 투자 목적에서 그런 것이든 따질 필요가 없다. 어느 쪽이든 사려는 사람 간에 경쟁이 생기면 가격은 오르게 되어 있다. 구매자 B는 시장에서 경쟁이 발생할 가능성에 촉각을 세우지 않을 수 없다. 구매자 B는 인플레이션, 부의 집중, 가수요 폭발이라는 상황에 민감하게 반응한다.

인플레이션이 지속되면 집을 사야 한다. 이건 전세 살고 있는 사람에게 특히 중요한 문제다. 인플레이션은 전세 보증금을 갉아먹을 것이고, 무리를 해서라도 집을 사두면 전세로 손해 볼 수 있었던 만큼 이득을 보게 된다. 마이너스(-)가 될 것이 플러스(+)가 되었으니, 인플레이션 기간에 집을 사느냐 사지 않느냐는 2배로 손해를 보느냐 2배로 이득을 보느냐의 문제가 된다.

인플레이션만큼 눈여겨보아야 할 사항이 있다. 집을 살 만한 돈을 가진 사람들이 얼마나 많아지느냐 하는 문제다. 연평균 3~4% 이상의 경제성장이 지속되고 있다면, 누군가는 7~8%의 성장을 달성하고 있다는 얘기다. 연

8%씩 재산이 늘어나면 10년이면 2배가 된다. 부는 자연스럽게 집중된다.

특별히 개인 사업을 하는 사람이어서 사업에 재투자하지 않는다면 이 돈을 어디에 쓸 것인가? 그 돈이 갈 데라고는 주식시장 아니면 부동산시장이다. 통계적으로 볼 때 주식시장이나 부동산시장이나 평균 수익률은 비슷하다. 하지만 안정성에선 차이가 난다. 부동산이 상대적으로 안정적이었다. 그래서 "부동산 불패"라는 말이 회자된다. 경제성장이 웬만큼 지속되는 조건에서는 집을 추가로 살 만한 돈을 가진 사람이 늘어날 수밖에 없는 상황이므로 부동산 투자만큼 수익률이 높고 안정적인 투자처가 없다면, 사려는 경쟁자가 부동산시장에 늘어나는 것은 당연하다.

인플레이션으로 부동산 자산에 대한 선호가 증가하고 부의 집중으로 부동산 수요가 증가하면, 누구라도 부동산시장에서 사려는 사람의 경쟁이 치열해질 것으로 예상한다. 이런 때라면 실제로 거주할 집이 필요한 사람은 당연히 마음이 급해질 것이다. 또한 투자를 목적으로 하는 사람 역시 부동산시장으로 달려갈 것이다. 실수요는 즉각적인 구매로 이어지고, 가수요 또한 폭발하는 상황이 된다. 구매자 B는 이런 상황에 특히 촉각을 곤두세운다.

시장 조건이나 인플레이션, 부의 집중, 가수요 폭발 등은 집 가격을 천정부지로 올려놓을 수 있다. 이들은 집 자체의 속성과는 무관하다. 외생적 조건이다. 이런 외생적 조건은 집을 사고팔면서, 즉 교환하면서 발생하는 이득의 크기를 결정한다. 간단히 말해서 외생적 조건은 집의 교환가치를 결정한다.

구매자 A의 경우는 아무래도 집의 쓰임새에 초점을 맞추는 것이고, 구매자 B는 투자 효과에 초점을 맞춘 셈이다. 첫 번째에서 중요한 것은 편의이고, 두 번째에서 중요한 것은 경제적 이득이다. 우리는 종종 편의를 사용가치라고 부르기도 한다. 경제적 이득은 사용가치와 운을 맞춰서 교환가치라고 말하기도 한다. 사용가치는 사용하면서 얻는 편의를 말하는 것이고, 교환가치는 되팔아서 얻는 금전적 가치를 말한다. 사용가치는 주로 집의 내재적 조건에 의해 결정되고, 교환가치가 구현되는 데는 무엇보다도 외생적 조건이 큰 역할을 한다.

집과 사회경제

개발에 따라 오랫동안 살던 터전을 옮겨야 하는 경우가 많아졌다. 하지만 터전을 옮긴다는 것이 항상 그렇게 강제적인 것만은 아니다. 많은 사람들이 자발적으로 자신의 터전을 떠났다. 산업화의 시작과 함께 그렇게 되었다.

사람들이 살던 곳에서 계속 머물러 살기를 고집한 것은 아니었다. 과거에 터전이라는 말이 있을 정도로 한 장소에 뿌리를 박고 살았던 것도 따지고 보면 꼭 그게 좋아서 그런 것만도 아니었다. 우리가 한자리에서 고정적으로 생활하게 된 것은 전적으로 농업 탓이다. 이 세상의 주요 산업이 농업이던 시절, 사람들은 농토를 중심으로 모여 살 수밖에 없었다. 걸어 다니는 방법 이외에 특별한 이동 수단이 없었던 점을 생각해 보면 농토 주변에 모여 산다는 것은 너무나 당연한 일이다.

농토 주변에 모여 살던 당시의 촌락 규모를 생각해 보자. 논은 마지기라는 단위를 사용해 넓이를 측정한다. 대체로 논의 경우 한 마지기는 200평이다. 한 마지기에서 대략 쌀 두 가마 정도가 나온다. 한 가마는 80kg이다. 두 가마 정도면 한 사람이 1년을 먹고 살 수 있다.[1] 사람이 쌀만 먹고 사는

---

1 1970년대 1인 하루 쌀 소비량은 373.6g이었다. 1년이면 대략 1.7가마 정도를 소비했다. 2020년 1인 연

것은 아니다. 채소도 필요하고 때로 육류도 필요하다. 채소는 텃밭을 일구어 수요를 충당했고, 육류는 소, 돼지를 집 한편에서 키워 잡아먹는 방법으로 공급했다. 텃밭이나 가축을 키우기 위한 공간도 어느 정도 면적이 필요한 건 분명하지만, 식량을 공급하기 위한 논의 면적에 비하면 큰 비중을 차지하는 것이 아니다. 따라서 촌락의 규모를 산정해 볼 때 논의 수요를 기준으로 가늠해 볼 수 있다.

한 마지기를 경작하면 한 사람이 1년을 먹고 살 수 있다고 할 때, 여기에는 세금이라는 개념도 포함된다. 한 사람이 먹고 살 수 있을 뿐만 아니라 소작이라면 땅 주인에게 내야 할 소작료가 있게 마련인데, 그것까지 충당할 수도 있다는 얘기다. 한 마지기면 소작료를 내고 한 사람이 먹고 살 수 있다.

한 사람이 살자면 한 마지기가 필요하니, 식구가 10명이라면 10마지기가 필요하다. 논 10마지기는 2000평, 즉 약 6600m^{2}이다. 대략 100m×100m의 면적이 필요하다. 이런 면적의 중앙에 집을 짓고 산다면 농사일을 위해서 이동해야 하는 거리는 50m가 된다. 충분히 효율적인 거리다.

이제 10가구가 모여 산다고 해보자. 100명이 모여 사는 것이고, 논은 100마지기가 필요하다. 면적은 2만 평, 즉 6만 6000m^{2}이고 이것은 대략 300m×300m의 범위가 된다. 여기 한가운데에 10가구가 모여 농사를 짓고 산다면 논으로 오가기 위해 걸어야 하는 거리가 150m 정도다. 이 정도면 수월하다. 그럼 이제 100가구가 모여 산다고 해보자. 총인구는 1000명이 되고, 논은 1000마지기가 필요하다. 면적은 20만 평, 즉 660만 m^{2}이고, 이것은 대략 2.5km×2.5km의 범위가 된다. 이곳의 중심에 모여 산다면 농사일을 하기 위해서 걸어야 하는 거리는 대략 1.25km가 된다. 이 정도면 걸

간 쌀 소비량은 57.7kg이었다. 2020년 소비량을 기준으로 한다면 쌀 한 가마면 한 사람이 1년을 먹고도 남는다(≪뉴스터치≫, 2021.1.28).

을 수 있는 한계 거리가 될 것 같다. 무거운 농사 도구를 가지고 이동해야 한다면 더욱 그렇다. 이 정도가 촌락의 최대 규모다.

이와 같이 복잡한 계산을 해본 것은 자연발생적인 농촌 촌락이라면 100가구, 즉 1000명 이상이 모여 살기는 어렵다는 얘기를 하기 위함이다. 기계를 사용하지 않는 재래식 농업에 의존하는 사회라면 촌락의 규모는 1000여 명 안팎의 인원이, 대략 2.5km×2.5km 범위 안에 모여 살 수밖에 없다.

농토는 언제나 그 자리에 있다. 농업에 종사하고 산다면 언제나 그 자리에 머물러 있을 수밖에 없다는 말도 된다. 농토에 붙어사는 농민은 농토에서 멀리 떨어진 다른 곳에 살 수 없다. 매일 작물을 둘러보기 위해서 수십 km의 거리를 오갈 수는 없기 때문이다. 반대의 경우도 성립한다. 다른 지역에 사는 사람이 이곳에 와서 농사를 짓고 살 수도 없다. 각자는 다 각자의 자리가 있고 거길 떠날 수 없다. 아무리 좋은 집도 농토에서 멀면 소용이 없다. 다른 사람의 것을 탐낼 필요도 없다는 것을 의미한다. 인류는 농경을 시작한 이후 수천 년을 땅에 붙들려 한자리에 정착했다.

18세기 들어 산업구조에 큰 변화가 발생한다. 농업이 전부였던 세상에서 공업이라는 게 등장한다. 영국에서 시작한 산업혁명은 인근 국가로 퍼져나갔고, 산업혁명으로 농업 중심 세상에서 공업이 필요한 세상으로 변모했다. 우리나라의 산업화는 유럽보다 한참 늦은 20세기 들어 시작됐다. 20세기 초반에 산업화의 싹이 형성되기 시작했지만, 식민지 시기와 6·25 전쟁을 겪으면서 산업화는 별다른 진전을 보이지 못했다. 산업화는 6·25 전쟁의 여파가 가라앉고 재건의 기운이 돌기 시작한 1960년대부터 시작되었다. 농업 중심 사회에서 공업 중심 사회로 변모하기 시작했다.

농업과 공업의 차이에서 중요한 것은 노동 단위다. 전통적인 농업은 가족 단위 고용이 효과적이다. 그리고 그 가족 단위도 제법 커야 한다. 농업에서 규모의 경제가 실현되려면 대가족이 모여 살면서 함께 농업에 종사하는 것이 효과적이다. 이런 고용구조가 공업에서는 달라진다. 고용 단위가 일개인이 된다.

농업사회에서 가장 효과적인 가족제도는 대가족이지만, 공업이 중심이 되는 사회에서는 대가족이 짐이 된다. 공장주 입장에서는 그저 한 명씩 필요한 시기에 고용하면 되는데, 대가족제도라면 한 사람을 고용하면서 그 사람의 벌이로 가족 모두 먹고살 수 있게 해주든가, 아니면 대가족 구성원 전체를 고용해야 한다. 이 두 가지 다 공장주 입장에서 수용할 수 없는 조건이다. 공장주의 입장이 중요해지는 공업 중심 사회에서 대가족제도는 불편한 짐이 된다.

공업이 발달하기 위한 전제 조건이 구체적으로 드러났다. 대가족이 해체되어야만 한다. 우리나라의 1960년대 상황은 이런 가족제도의 변화를 분명히 보여준다. 주로 3세대로 구성되는 대가족은 부모와 그의 자녀로 구성되는 핵가족으로 변화했다. 이제 공장주는 1인을 고용해 그의 배우자와 자녀들을 부양할 수 있을 정도의 급료를 지불하면 되었다. 대가족제도하에서 대가족 전체를 고용하든지 아니면 한 명이 대가족 전체를 먹여 살릴 수 있는 급료를 줘야 한다는 불가능한 조건에서 벗어날 수 있었다.

공장주 입장에서 볼 때 사정이 나아진 것은 분명하지만, 아주 만족스러운 상태는 아니다. 공장에서 일하는 노동자의 노동력을 최대로 활용하자면 배우자도 없고, 자식들도 없는 게 더 낫다. 하지만 차마 그렇게까지 하지는 못한다. 배우자와 같이 지내고, 자식을 기르는 즐거움을 빼앗는 것은 인간의 원초적인 욕구를 부인하는 것 같았기 때문일 게다.

세상에는 예외가 있게 마련이다. 공장 노동자의 노동력을 최대한 활용하기 위해 배우자도, 자식들도 떼어버리려는 시도가 있었다. 먼저 자식을 떼어버리는 시도는 20세기 전반, 소련에서 나타났다(기계형, 2013: 215).

소련의 일부 건축가들은 아이들을 키우기 위해 가용 노동력의 상당 부분이 소모된다고 생각했다. 아이를 낳지 않을 수는 없는 일이고, 낳으면 키워야 한다. 사회가 양육을 집단적으로 실행하는 방법이 제안되었다. 아이를 낳기는 하되, 키우는 것은 사회가 알아서 한다는 것이다. 낳기만 하고, 아이를 부모에게서 분리해 아예 다른 곳에서 키우는 것은 아니다. 공동주택 단지를 크게 만들어 부모의 영역과 아이의 영역을 분리하는 정도였다. 여기서도 가장 원초적인, 가장 최소한의 인간적인 정까지 부인할 수는 없었던 모양이다.

소련의 이런 실험은 그저 실험으로 끝이 났다. 이유는 두 가지다. 그렇게 한다고 해서 노동생산성이 크게 올라가지도 않았을뿐더러, 인간의 원초적 본능에 가까운 가족의 정이 중요하다는 것을 새삼 깨달았기 때문이다.

소련의 실험도 무모해 보이지만, 소련의 시도를 무색하게 한 더 큰 규모의 실험이 있었다. 이스라엘의 키부츠(kibbutz)다. 여기서도 핵가족 단위는 부정되었다. 부모에게서 아이를 분리해, 아이들끼리 집단생활을 하도록 했다. 소련이 단순한 실험 수준에서 끝난 데 비해 이스라엘은 실험 차원을 넘어 실용적 수준으로, 이 특유의 가족제도를 상당 기간 활용했다. 이스라엘이 지독해 보이기도 하지만, 그들이 처한 아주 특별한 사정을 고려한다면 전혀 이해할 수 없는 것은 아니다.

노동력 활용을 최대화하기 위해 가족제도에 큰 변화를 시도한 소련과 이스라엘 같은 사례도 있지만, 전 세계적으로 보자면 대개는 대가족제도를 해체하고 핵가족제도를 도입하는 데 만족했다.

핵가족제도의 도입은 공업 발달에 매우 큰 긍정적인 영향을 미쳤다. 공장에서 필요한 인력을 쉽게 조달할 수 있었다. 농업사회에서 한자리에 뿌리박고 살던 사람들을 뽑아내어 이리저리 옮길 수 있는 사회적 여건이 형성된 셈이다. 공장에 필요한 인력을 편리하게 가져다 쓸 수 있는 기반이 마련되었다. 사람들이 수천 년의 정착 생활에서 벗어나 이동을 시작했다.

여기서 이동의 시작이라는 말을 한 번 더 살펴볼 필요가 있다. 땅에 붙들려서 일하다가 공장에서 일하기 위해 한 번 이동한 것으로 끝이라고 생각할 수도 있다. 하지만 이건 이동의 시작일 뿐이었다. 농업과 다른 공업의 성격 때문이다. 농업은 수천 년 동안 한자리에서 같은 생산 방식을 이어왔다. 그러니 한번 일정한 터에 자리를 잡으면 이동할 필요도 없었으며, 이동해서도 안 되었다.[2]

이제 공업은 농업과 다르다는 점에 주목해야 한다. 농토는 한번 생기면 아주 크고 특별한 천재지변이 아니고서는 그대로 유지된다. 반면에 공업의 생산기지인 공장은 다르다. 공장은 생기기도 하고 없어지기도 하며, 옮겨 가기도 한다. 공장은 필요에 따라 생겨나고, 사업이 망하면 없어질 수도 있고, 더 좋은 생산 조건을 찾아 다른 곳으로 이전할 수도 있다. 이때마다 노동력도 함께 이동해야 한다. 어느 공장이든 자리를 옮길 때마다 사람들을 데리고 가는 일은 없다. 공장은 그저 채산성을 이유로 문을 닫거나 다른 곳으로 떠나버리는 것이고, 사람들은 자력으로 그 공장을 따라가든지 혹은 다른 공장에서 일자리를 찾아야만 했다.

산업사회가 도래한 이후 사람들의 빈번한 이동은 자연스러운 일이 되었

2 중세 유럽에서 농노는 거주 이전의 자유가 없었다(이기영, 2014: 332). 유럽의 사례가 특별히 눈에 띄기는 하지만, 유럽만 그런 것도 아니다. 유럽만큼은 아니지만 중국에서도 농민의 거주 이전은 매우 제한적이었으며, 우리나라의 경우도 마찬가지였다. 거주 이전의 자유 제한은 동양과 서양 사이에 차이가 있기도 하다. 서양은 장원제도를 운영하면서 이전의 자유 자체를 불허했지만, 동양에서는 토지사용권을 매개로 거주 이전의 자유가 소극적으로 제한된다. 동양에서는 평민도 재력만 있다면 농지를 소유할 수 있었고, 이주할 수도 있었다. 우리나라의 경우 조선시대에는 거주 이전의 자유 자체가 불허된 것은 아니다. 『대전통편』 「호전」 중 호적의 사대부서민 '작통'을 보면 "사대부와 서민은 일체 가옥이 위치한 순서에 따라 통을 만들고 이사 오거나 이사 가는 사람들에 대해서는"이라는 대목이 있다. 이를 통해 거주 이전의 자유가 있었음을 알 수 있다(국사편찬위원회, 한국사데이터베이스, "조선시대법령자료").

다. 전통적인 농업사회에서는 수백 년을 머물러 사는 것이 자연스러웠지만, 공업사회에서는 사람들이 여기저기로 떠도는 것이 더 자연스럽다. 이에 따라 집의 의미가 변하기 시작했다. 이제 집은 세대를 이어가며 머물러 사는 곳이 아니다. 한 세대 안에서 집을 여러 번 옮기는 것이 일상의 풍경이 되었다. 그리고 그런 현상은 점점 더 심해졌다.

급속도로 진행되는 산업화 과정에서도 사람이 한평생 직장을 바꾸는 횟수는 그리 많지 않았다. 이직은 직장이 망하지 않는 이상, 굳이 기꺼이 해야 할 일은 아니었다. 하지만 상황이 크게 변했다. 직장을 옮기는 것이 큰 일로 여겨지지 않았다. 이런 변화는 고용주와 피고용인 양쪽 모두에서 일어났다.

고용자 입장에서는 사업 환경의 변화에 맞춰 고용 규모를 신축적으로 운용하고 싶어 했다. 필요할 때 고용하고 또 필요할 때 해고를 하고 싶어 한다는 얘기다. 이런 걸 번듯하게 포장하는 용어가 노동의 유연성이다. 노동의 유연성 제고가 사업의 효율을 보장하는 전제 조건처럼 수용되고 나니 고용과 해고, 이직이 좀 더 빈번히 일어났다. 피고용인 입장에서도 고용에 대한 개념 변화가 일어났다. 개인의 욕구와 조건에 맞는 일자리를 찾아서 쉽게 이직을 한다. 평생직장이라는 개념은 잊은 지 오래다.

산업화가 시작되면서 강제로 직장을 따라 이주하던 시절이 있었지만, 이런 시류가 오래 지속되자 사람들에게 변화가 일어났다. 우리나라에서 핵가족의 시작은 분명 자발적이라기보다는 산업화된 사회의 강요에 의한 것이었다. 대가족은 강제로 해체된 것이나 다름없었다. 하지만 대가족제도를 포기한 지가 오래되면서 대가족에 대한 기억조차 없는 세대들에게 핵가족은 당연한 것이었고, 때로 불가피하게 대가족 형태를 유지해야 하는 경우라도 대가족은 불편한 제도로 여겨졌다.[3] 사람들은 자발적으로 핵가족을 선택하고, 자발적인 거주 이전의 자유를 누리고 싶어 한다. 낡은 집이 싫다고 새 아파트를 찾아 이사 가는 사람도 생기고, 좀 다른 환경에서 살아 보고 싶다는 소망만으로도 집을 옮기기도 한다. 잦은 이사는 이제 현대 생활에서 일반적인 것이 되었다.

사용가치에서 교환가치로

농업 중심 사회에서는 한번 터를 잡으면 수 세대가 한집에서 삶을 이어 갔다. 새로운 집을 구하는 사람도 없고, 자기 집을 떠나는 사람도 없기에 그렇다. 천재지변이나 전쟁과 같은 큰 사회적 변화가 일어나지 않는 한, 집을 옮기는 일은 없었다. 이런 상황이라면 집은 애초부터 사고파는 물건일 수가 없다.

집이 사고파는 물건이 아니라면 살기에 편한지가 집의 좋고 나쁨의 기준이 되지만, 여기에 한 가지 더해야만 하는 것이 있다. 그저 내가 살기에 편한 것만이 아니라 내 부모가 살았던 곳이고, 내 자식이 살아갈 곳이라는 생각이다. 부모가 살았던 곳이 아니라면, 그리고 자식이 이어서 살아갈 곳이 아니라면 좋은 집이라고 할 수 없다. 그런 곳이 아니면서 살기에만 편한 집이라면 한때 머무르는 호텔과 다를 바가 없다.

산업화사회의 도래로 잦은 이사가 일반화되면서 한집에서 세대를 이어 같이 산다는 개념 같은 것은 흔적도 없이 사라져 버렸다. 현세대가 살고 있는 이 집은 선대와는 무관한 집이고, 이제 어느 누구도 자신이 살고 있는 집에서 자신의 후손이 삶을 이어갈 거라고 생각하지 않는다.

3 1970년대에 접어들면서 이미 우리나라의 가족구성은 대가족에서 핵가족으로 변모한다. 보건사회부 자문기관 사회보장심의위원회의 보고서 「사회복지 기초자료 조사보고서」에 따르면 전체 가구 중 핵가족이 66%를 차지했고, 대가족은 23.3%에 불과했던 것을 알 수 있다(≪중앙일보≫, 1970.8.5).

잦은 이사가 일반화되다 보면 집은 당연히 사고파는 물건이 되어야 한다. 예전에는 한 동네에서 이사 나가고 들어오는 일이 십수 년에 한 번 있을까 말까 한 일이었지만, 이제 이사는 1년 내내 무시로 일어나는 일상사가 됐다. 아파트 사는 사람들은 특히 더 잘 안다. 연중 끊이지 않는 인테리어 공사 소음이 누군가 곧 이사를 나가고, 또 들어올 것임을 잊지 않게 해준다. 집은 이제 시장에 내놓고 파는 물건이 되었고, 시장에 가서 사야만 하는 물건이 되었다.

시장에서 집을 팔고 사는 사이에 값이 마구 오르는 집이 있는 반면, 시간이 흘러도 집값이 오르지 않는 곳도 있다는 것을 깨닫는다. 때로 드문 일이기는 하지만 집값이 떨어지는 곳도 있다는 것을 경험한다. 집값에 변화를 경험하는 것은 주로 도시 크기가 더 커지면서이다. 도시 규모가 커지면서 요지라는 곳이 생겨났다. 도시의 물리적 크기의 성장이 멈춘다면 요지는 그냥 딱 그 정도의 요지로 남아 있을 것이다. 하지만 도시는 엄청난 속도로 성장했다.

도시의 규모가 성장하는 가장 중요한 이유는 인구 증가다. 우리나라의 인구는 해방 직후 2000만 명 정도였던 것이 2021년 현재 5000만 명으로 늘어났다.[4] 사람 수가 늘어났으니 도시의 수가 늘어나든지 혹은 기존 도시의 규모가 그에 비례해서 커져야 한다. 우리나라에서는 도시의 수도 늘기는 했다. 신도시 개발로 생겨난 새로운 도시가 아주 없지는 않다. 하지만 기존 도시 수에 비하면 작은 부분일 뿐이다. 우리나라에서 늘어난 인구는 대체로 기존 도시를 확장하는 방법으로 수용됐다.

도시에는 요지라는 것이 있게 마련이다. 대개는 도시 중심이 요지가 된

---

4 국가기록원, "총인구수 및 추계인구". https://theme.archives.go.kr/next/populationPolicy/statisticsPopup_01.do.

다. 중심이 요지가 되는 것은 주로 접근성 문제다. 접근성이 좋다는 것은 원하는 곳으로 쉽게 다가갈 수 있다는 뜻이다. 도시 중심에서는 도시 내 다른 장소로 이동하기 수월하다. 이런 곳은 가격이 높을 수밖에 없다. 여기서 다시 한번 주목할 점은 여전히 도시의 규모가 커지고 있다는 점이다. 도시가 성장을 멈춘다면 요지로서의 특징은 딱 그만한 수준에 멈춰 있을 것이다. 이는 가격을 한번 비싸게 매기면 그 수준에서 크게 변화하지 않을 것이라는 얘기다. 그런데 도시는 성장을 지속해 왔고, 앞으로도 여전히 성장을 지속할 것 같은 도시들도 많다. 하나의 도시가 중심부를 기점으로 점점 더 외곽으로 성장한다는 것은 기존의 요지가 점점 더 요지가 된다는 것을 의미한다. 특정 중심부가 점점 더 요지가 된다는 것은 당연히 그 가격이 점점 더 비싸진다는 것을 의미한다.

도시가 커진다고 해서 도시 내 모든 장소가 비슷한 수준으로 더 요지가 되는 것은 아니다. 지역적으로 차이가 생긴다. 어느 특정 장소가 더 요지가 되면 상대적으로 요지 자격이 약화되는 곳도 생긴다. 이런 곳은 요지로 각광받는 곳만큼 비싸지지도 않을뿐더러 때로 가격이 내려가기도 한다.

집은 쉽게 사고파는 물건이 되었고, 사람들은 자주 이사해야 할 상황에서 자신이 살 집이 가격이 오를 수도 있고 또한 내릴 수도 있다는 불안정한 상황에 처한다. 기왕 이사해야 할 것이라면 가격이 오르는 곳을 찾아가는 게 좋다. 누구라도 가격이 내릴 곳을 찾아 나서지는 않는다.

요지라고 해서 생활 환경이 다 좋은 것도 아니고, 요지의 집이라고 해서 건물 자체의 편의성이 다 좋은 것도 아니다. 특정 주거의 생활 환경과 건물의 편의성은 요지라는 위치적 특성과는 무관한 경우가 많다. 이런 상황에는 갈등이 따른다. 이사를 가서 살기에는 불편하지만, 요지의 특성상 미래에는 가격이 더 오를 수 있는 곳이 있다. 당연히 그 반대인 경우도 있다. 주거 환경과 건물은 좋은데, 요지가 아니어서 가격이 별로 오르지 않을 것 같

〈그림 1-1〉 재건축을 기다리는 아파트(서울)

자료: SBS NEWS(2012.9.5).

거나 혹은 가격이 떨어질 것을 걱정해야 하는 경우도 있다. 이런 갈등에서 선택은 불가피하다.

일생 단 한 번 이사를 한다거나 혹은 많아야 두세 번이라면 가격 면에서 손해를 좀 봐도 생활 환경이 좋은 곳을 선택할 수도 있을 것 같다. 하지만 어차피 그보다 더 잦은 이사가 불가피하고, 한편 귀찮은 것 정도는 감수할 자세만 되어 있다면 언제라도 더 좋은 곳을 찾아 이사할 수 있다. 이런 상황에서는 집을 사용해서 얻는 편의성보다는 집을 팔아서 기대할 수 있는 금전적 가치에 무게가 더 실린다. 집에서 중요한 것은 사용가치가 아니라 교환가치가 되었다.

교환가치 중시의 함의

집값은 원래 두 가지로 구성된다. 하나는 사용가치이고, 다른 하나는 교환가치다. 애초에 집은 사용가치만을 가질 뿐이었다. 하지만 이주가 빈번해지고 도시가 팽창하면서 요지가 생겨나고 그런 경향이 지속될 것 같다는 공통된 판단에 따라 집 가격이 오르기 시작했다. 자고 나면 가격이 오르는 추세는 사람들에게 사용가치보다는 교환가치를 추구하게 만들었다.

집의 가치에서 사용가치보다 교환가치가 더 중요해지면서 사람들의 전반적인 가치관에도 변화가 생겼다. 사용가치에서 교환가치로의 변화는 단순히 집을 사고팔 때에만 영향을 미치는 것이 아니다.

돈을 좇아서 삶의 자리를 자주 적극적으로 바꿀 수 있게 된 현대인들이 과거의 사람들과 다르게 가질 수밖에 없는 가치관이 몇 가지 있다. 그중에서도 가장 첫 번째로 꼽아봐야 할 것은 공동체 의식의 변화다. 공동체 의식은 거주하는 곳을 중심으로 가까이 사는 사람들 간에 발생하는 연대 의식이다. 연대 의식은 또 무엇인가? 공동체를 구성하는 개인에게 일어날 수밖에 없지만 한 개인이 감당하기에는 어려운 일들을 헤쳐 나갈 수 있게 상호 협력하는 삶의 방식을 공유하는 것이다.

공동체 의식의 밑바닥에는 좀 더 안전한 삶을 추구하고자 하는 현실적 목적이 분명하게 깔려 있다. 하지만 공동체 의식이 겉으로 드러날 때는 그렇게 절박하거나 야멸찬 계산속을 드러내 보이지는 않는다. 절박함과 야멸찬 계산속은 이미 사회화 과정을 거쳐 굳이 드러내지 않아도 자동으로 계산되는 체계가 이미 견고하게 만들어졌기 때문이다. 공동체 의식은 본질적으로 이기적인 것이고, 야멸찬 계산의 세계와 유관할 수밖에 없는 것일지도 모른다. 하지만 사회화된 공동체 의식은 자연스러운 방식으로 개인의 이기심을 채우면서도 표면적, 즉 사회적으로는 이타적으로 보이는 삶의 방식을 유지할 수 있게 해준다.

공동체 의식이 형성되려면 기존의 합의를 존중하는 삶의 태도에 길들어야 한다. 이런 식의 삶의 태도가 형성되기 위해 절대적으로 필요한 것이 시간이다. 기성세대에게서 가치관을 전수받을 시간이며, 그렇게 전수받은 가치관을 현실에 적용하면서 자신의 것으로 익혀갈 시간이다. 결국 한자리에 오래 머물러 있어야만 한다는 얘기다.

돈을 좇아서 이곳저곳으로 옮겨 다니는 생활양식이 일반화된 사회에서 한자리에 오래 머문다는 것은 쉽지 않다. 이런 사람들이 공동체 의식을 보유할 기회를 갖지 못하는 것은 당연하다. 이들의 삶이라고 해서 과거 공동체 사회에서 공동체 의식을 통해 서로에게 도움이 되었던 그런 행위들이 필요하지 않은 것은 아니다. 하지만 공동체 의식을 아쉬워할 필요는 없다. 과거의 공동체가 해주던 모든 것을 돈을 주고 살 수가 있기 때문이다.

이사가 잦은 사람들의 가치관에 나타난 변화로 공동체 의식의 약화를 꼽는다면 그것이 연원이 되어 연쇄로 나타나는 또 하나의 현상도 짚고 넘어가야 한다. 프라이버시 문제다. 공동체 의식의 또 다른 일면은 프라이버시에 대한 일상적인 침해라고 할 수 있다. 공동체 의식은 때로 공동체가 개인을 보호한다는 명분 아래 개인의 권리를 수시로 침해하기도 한다. 특히 혼자 있을 개인의 권리를 공공연하게 빼앗는다.

자신이 공동체의 일원이라는 것을 자각할 필요도 없이 자연스러운 것으로 여기는 사람에게는 아무렇지도 않을 공동체의 간섭이 누군가에게는 과도한, 그래서 견디기 어려운 억압이 되기도 한다. 공동체에 기댈 수밖에 없던 보호를 공동체 이외의 것에서 얻을 수 있는 경우에 특히 그렇다. 공동체 의식의 저변에는 약한 개인이 험한 세상에서 살아남기 위한 절박함이 깔려 있다는 것을 다시 한번 상기할 필요가 있다. 그런 절박함이 없다면 공동체 의식의 필요성도 그만큼 줄어든다. 공동체 의식의 필요성이 줄어드는 만큼 그 자리를 대신 채우는 것이 개인의 프라이버시다. 이사가 잦은 사람들에게서 나타나는 두 번째 가치관의 변화는 프라이버시를 그 무엇보다도 중시하는 태도다.[5]

---

5 현대인의 프라이버시를 비판적으로 고찰하는 저술도 종종 볼 수 있다. 『마을 사람과 뉴타운 키즈』에서는 현대를 프라이버시 과잉의 시대로 규정하고 있다(이상현, 2018).

현대인들의 프라이버시 중시는 과도하다 싶을 정도다. 어떤 이들은 프라이버시를 민주주의가 실행될 수 있는 원초적 근거로 여기면서 프라이버시의 가치를 극단적으로 주장하기도 한다(이진우, 2009: 15~16). 그들의 그런 생각에 굳이 반대할 필요는 느끼지 않는다. 다만 원초적으로 필요한 수준을 넘어서 개인이 감당하기 어려울 정도로 불필요하게 프라이버시를 추구하는 경향이 있다는 점은 지적해야 한다.

프라이버시가 개인이 감당하기 어려울 정도로 주어진다는 것은 몇 가지 사례로서 간단히 입증할 수 있다. 스마트폰의 일반화와 함께 등장한 SNS의 홍수다. 사람들은 남들이 묻지도 않는 개인의 일상사를 온라인상에 올려놓고 공유하기를 원한다. 자신의 일상을 공개하면서 얼마나 많은 사람들이 자신의 일에 관심을 기울이는지 확인하는 데 촉각을 곤두세운다. SNS에서 관심을 끌기 위해 별의별 짓을 다 하는 것을 보면 쉽게 알 수 있다. 그들이 그렇게도 SNS에 매달리는 이유는 매우 분명하다. 외로워서다. 왜 외롭냐 하면 그들이 그토록 추구해 온 프라이버시 덕분이다. 프라이버시가 과잉으로 제공되면서 공동체에서 당연히 받아야 할 관심과 보호를 받지 못하게 되었다.

이제 세 번째 가치관의 변화에 대해서 얘기해 보자. 흔히 잘 알고 있는 황금만능주의다. 황금만능주의를 익히기 위해서는 돈이 중요하다는 것을 경험해야 한다. 어떤 경험이 황금만능주의를 가장 강력하게 부추길까? 아마도 큰돈을 벌어보고, 써본 경험이 황금의 위력을 가장 실감 나게 해줄 것이다. 개인의 일생에서 그런 경험을 하게 해주는 계기는 무엇이 있을까? 대다수 사람들이 그저 월급으로 생계를 이어간다. 매달 주어지는 월급은 황금의 필요성을 절박하게 느끼게 할 수는 있어도 황금의 위력을 깨닫게 해주지는 못할 것 같다. 그저 그런 일상을 사는 사람들에게 황금의 필요성은 절실할 수 있어도 위력을 경험하기는 어렵다는 얘기다. 이런 사람들에게는 황금만능주의보다는 황금필요주의라는 이름이 마땅할 수도 있다.

대체로 사람들은 황금의 위력을 실감하지 못하고 살아가지만, 그렇지 않은 특별한 경험을 하게 되기도 한다. 집을 사고파는 행위다. 집을 사고판다는 것은 자신이 벌어들인 월급의 수백 배에 달하는 규모의 금액을 동원해 거래하는 행위다. 이 장면에서 사람들은 황금의 위력을 몸소 경험한다. 도시의 요지에 위치한 자기 집을 눈으로 확인하는 순간, 자신이 소유한 황금의 위력을 실감한다. 황금의 위력을 다시 한번 더 실감하는 계기는 가지고 있던 집의 가격이 올라서 더 많은 황금으로 되돌아왔을 때다. 집을 사고파는 행위를 자주 하면 할수록 황금의 위력을 가까이서 경험할 기회가 많아진다. 이러고도 황금만능주의에 빠지지 않을 사람이 있을까?

이렇듯 교환가치를 중요시하면서 가치관이 변화한 것이다. 공동체 의식의 필요성이 약화되고, 프라이버시 요구가 증가했으며, 황금만능주의는 팽배해졌다. 이 세 가지 변화는 별개로 보인다. 하지만 그 변화가 추동하는 방향에서 공통점을 찾을 수 있다. 공동체 의식의 필요성 약화는 잦은 이사를 부담스럽지 않게 만든다. 프라이버시 요구의 증가도 마찬가지다. 낯선 곳으로 이사 가는 것은 프라이버시를 확보한다는 면에서는 더욱 효과적이다. 황금만능주의는 교환가치를 추구하는 행위를 부추긴다. 결국 집의 사용가치보다 교환가치를 중요하게 여기면서 나타나는 가치관의 변화는 또다시 교환가치를 점점 더 중시하게 만든다. 강력한 증폭 순환의 고리가 견고하게 만들어졌다.

집의 가치의 미래

이제 집의 가치의 중심은 교환가치에 있다. 집은 살기에 몸과 마음이 편한 곳이 아니라 팔아서 더 큰 돈이 될 수 있느냐에 따라 가치가 매겨진다. 집에 살면서 몸과 마음이 좀 불편하더라도 미래에 집을 팔아 얻을 수 있는 액수가 크다면 몸과 마음의 불편쯤은 감수해야 한다. 그리고 기꺼이 감수하는 모양새다.

귀소본능, 고향, 수구초심. 이런 단어들을 들어본 지가 꽤나 오래되었다. 그게 얼마짜리냐는 소리가 나올 것만 같다. 귀소본능은 본능이 아니라는 말을 누가 할 것만 같고, 고향이 어디냐가 뭐가 중요하냐는 소리를 들을 것만 같다. 수구초심은 고문 연구에서나 들어봄직한 말이 되어간다. 이제 집 하면 그저 얼마냐, 그리고 얼마나 더 오르느냐가 중요한 세상이 되어버렸다.

간간이 집은 교환가치보다는 사용가치가 중요하다는 말을 하기도 한다. 이 말은 전혀 설득력이 없어 보인다. 교환가치가 크기만 하면 그것을 팔아 사용가치가 큰 집을 살 수 있을 것 같기에 그렇다. 그러므로 사용가치가 교환가치보다 더 중요하다고 말하기보다는 교환가치보다 사용가치를 중요하게 '여겨야' 한다고 말하는 게 듣기에 덜 불편할 듯하다.

어찌 됐든 중요한 의문은 이거다. 예전처럼 사용가치가 상대적으로 더 중요해질 날이 다시 돌아올 것인가? 사용가치를 중요하게 여길 이유가 정말 있는 것일까? 우리가 교환가치에 혈안이 되어 사용가치의 중요성을 놓치고 사는 게 분명하다면, 그리고 우리가 사용가치를 놓침으로써 잃는 기회비용이 교환가치보다 실제로 크다면 우리는 다시 한번 사용가치 중심으로 돌아가 볼 필요성을 깨닫게 될지도 모른다.

사실 교환가치에 목을 매고 사는 바람에 몸과 마음의 불편을 얼마나 많이 감당해야 하는지 어렴풋하게나마 이미 알고 있다. 집값이 오르기를 기다리며 몸과 마음의 불편을 감수하고 살면서 언젠가 집값이 확 오르면 팔아버리고 교외로 나가 집 넓고 공기 좋은 곳에서 살아보리라고 마음먹고 살지만, 그게 그렇게 쉽지 않다는 것을 이론뿐 아니라 경험적으로도 잘 알고 있다. 집값이 확 오르고 나면 더 오를 것 같아서 절대로 집을 팔지 못할 것도 잘 안다. 집값이 떨어져 다시 이전만큼이라도 오르면 팔겠다고 다짐을 해도, 그때가 되면 또 좀 더 오를 수 있다는 기대감에 집을 팔지 못한다는 것도 잘 알고 있다.

교환가치에 한번 코가 꿰이면 벗어나기가 어렵다. 일부 사람들은 교환가치에 얽매여 사는 사람들을 황금의 노예라고 부르며 집의 사용가치를 즐기기도 한다. 이들은 대단한 사람이다. 가치의 중심이 돈이 아닌 삶의 가치에 있는 사람들이다. 보통의 사람들은 엄두도 내기 어려운 경지다.

집의 교환가치에 얽매여 있지만, 집의 사용가치가 별다른 세상이 엄연히 존재한다는 것도 잘 안다. 집의 교환가치냐 사용가치냐는 선택의 문제다. 선택할 수 있는 문제지만 대부분 선택하지 못한다. 마지못해 그러는 듯이 집의 교환가치에 사로잡혀 결단의 시기를 미루면서 그냥 살아간다.

꼭 결단해야 하는 것은 아니다. '나는 사용가치를 더 중요하게 여기고 살아 갈 거야'라고 결단해야 하는 것은 더욱 아니다. 하지만 교환가치가 무엇이고, 사용가치가 무엇인지를 알면 마음이 좀 편안해질 수 있지 않을까? 집의 가치에 대해서 좀 더 안다면 어느 쪽으로든 결단을 하고, 버린 선택에 대해 덜 연연해 할 수 있지 않을까? 이제부터 집의 사용가치와 교환가치에 대해, 좀 더 근본적으로는 집의 가치를 결정하는 내재적 조건과 외생적 조건에 대해 알아보자.

일별해 보자면 집의 가치의 내재적 조건은 위치, 부지, 건물, 평판이고, 외생적 조건은 시장, 인플레이션, 부의 집중, 가수요의 폭발이다. 이제부터 이것에 관해 얘기해 보자. 바라는 것은 결단의 기회를 얻는 데 있지만, 결단을 포기할 기회를 찾는 것도 나쁘지 않다. 무엇을 선택하려고 결단을 하든, 우선 알아야 할 것 아니겠는가.

02

위치

접근성

부동산에서 가장 중요한 것은 위치라고 한다. 이건 당연하게도 동서양을 가리지 않는다. 미국의 만평을 보면, 부동산에서 가장 중요한 것은 위치라고 역설한다. 유럽은 어떨까? 『인플레이션』의 저자 하노 벡 또한 위치가 가장 중요하다고 얘기한다(벡, 2021: 274). 그런데 위치가 좋다는 것은 무슨 뜻일까?

먼저 부동산으로 무엇을 하는지 생각해 보자. 부동산이라고만 하면 모호할 수 있으니, 건물이라고 하자. 건물은 그냥 두고 감상하는 물건이 아니다. 당연히 먹는 것도 아니다. 건물은 거기서 뭔가를 할 수 있다는 점에 의의가 있다. 일을 하기도 하고, 놀이를 하기도 하고, 잠을 자기도 한다. 우선 일에 초점을 맞춰보자. 일은 대개 혼자서 하지 않는다. 다른 사람들과 같이 일해야 하는 경우가 많다. 일해서 뭔가를 얻으면 그걸 또 다른 누군가에게 전달해야 한다. 한편 결과물을 만들어내기 위해 재료가 필요할 경우도 있는데, 이런 재료 또한 다른 사람들에게서 넘겨받아야 한다. 재료를 넘겨

〈그림 2-1〉 부동산은 위치, 위치, 그리고 위치야

자료: Every Home In Idaho, "Location, Location, Location", https://everyhomeinidaho.com/blog/location-location-location-2/.

받고, 그 재료를 이용해서 다른 사람들과 같이 협업을 하고, 결과물을 다시 누군가에게 넘겨준다. 이런 일들이 일어나는 곳이 건물이다. 이런 일들이 효율적으로 일어나려면 재료를 넘겨받고, 같이 모이고, 그리고 결과물을 남에게 넘겨주기 좋아야 한다.

이제 이 세 가지를 위치라는 관점에서 살펴보자. 재료를 넘겨받기 쉽고, 모이기 쉽고, 결과물을 넘겨주기 좋으냐 아니냐를 결정하는 것은 위치다. 재료를 넘겨주거나 어딘가에 모이거나 결과물을 넘겨준다는 것은 하나의 장소에서 또 다른 장소로 이동하는 것이 편리하다는 뜻이다. 흔히 특정 장소로의 이동 편의성을 접근성이라는 말로 표현한다. 결국 위치가 좋다는 말은 접근성이 좋다는 말과 같다.

위치의 중요성은 동서양을 가리지 않는다. 동양이든 서양이든 사람의 신체적 구조에 큰 차이가 없고, 사회생활 방식이 크게 다를 것도 없으며, 도구를 만들어 사용하는 기술도 비슷한 상황이라면 동양과 서양에 차이가 없는 것은 당연해 보인다.

그렇다면 옛날과 지금은 어떨까? 사람의 신체가 그다지 달라지지 않았으니 이것 또한 옛날이나 지금을 가릴 것이 없다. 보기에 따라 사회생활 방식에서는 차이가 많다고 할 수 있다. 하지만 도시공간구조와 관련된 문화에 한정할 경우 그다지 변한 것이 없다. 예나 지금이나 사람들이 도시에서 하는 일은 어딘가에 모였다가 흩어지기를 반복하는 것이다. 옛날과 지금에 차이가 있다면 모이는 이유가 다를 뿐이다. 옛날에는 주로 종교 행사를 위해 모였다면, 지금은 일하거나 놀기 위해 모인다는 정도가 차이점이다.

신체적 특성과 문화적 특징은 예나 지금이나 비슷하다고 할 수 있겠지만, 기술에서는 큰 차이가 있다. 현대인들에게는 위치 이동을 위한 매우 효과적인 기술이 있다. 자동차나 기차, 비행기 등 말이다. 이렇게 위치 이동을 쉽게 할 수 있게 해주는 기술의 발달은 얼핏 보기에는 위치의 중요성을 떨어뜨릴 것 같다. 누군가가 자신이 있는 곳에서 또 다른 곳으로 쉽게 이동할 수 있느냐를 결정하는 것이 위치이기 때문이다.

기술의 발달로 어디에 위치하든지 빠른 이동 수단을 이용하면 쉽게 원하는 다른 위치에 도달할 수 있게 되었다. 걸어 다니던 시절에는 도시의 중심이 이동에 가장 효과적이다. 중심에서는 다른 모든 지점까지 가장 효과적으로 도달할 수 있기 때문이다. 빠른 이동 수단의 확보는 중심의 의미를 퇴색시킨다. 도시의 어느 곳에 위치하든 적절한 이동 수단만 있다면 어디든지 빠르게 이동할 수 있다. 기술의 발달은 도시의 중심과 주변의 차이를 희석하고 동등한 접근성을 가능하게 했다.

기술 발달에 따른 빠른 이동 수단은 접근성 평등을 이루었지만, 그리 오래가지 못했다. 빠른 이동 수단은 곧바로 사람이 모여 사는 도시를 확장시켰다. 아무리 빠른 기차나 자동차를 이용해도 도시의 규모가 커지면서 외곽에서 중심에 도달하려면 상당한 시간이 소요된다. 기술의 발달이 위치의 중요성을 약화할 것으로 보이지만, 그건 잠시뿐이다. 기술의 발달로 제고된 접근성만큼 도시의 규모가 커지면서 또다시 위치의 중요성은 되살아난다.

도시와 같이 일정한 넓이를 지닌 영역이 있을 때, 가장 접근성이 좋은 지역은 중심이다. 당연히 중심이 가장 좋은 위치가 되고, 부동산 가격 또한 가장 비싸다. 중심에서 멀어질수록 값은 점점 내려간다. 이런 상황을 설명하기 위해 동심원 이론이 나타났다. 동심원 이론은 하나의 중심에서 동일한 위치, 동일한 거리에 있는 동심원의 반경이 확장되는 방식으로 도시가 커진다는 주장이다. 동심원이란 같은 중심을 공유하는 원을 말한다. 같은 중심을 공유하면서 반경이 같은 지점을 연결하면 하나의 원이 된다. 같은 원주 상에 존재하는 모든 지점은 동일한 접근성을 가지며, 부동산 가격도 동일하다.

도시의 현실을 보면 동심원 이론에는 분명히 한계가 있다. 어떤 도시도 완전한 동심원 형상을 띠지 않는다. 동심원은 찌그러지기도 하고 겹치기도 한다. 언덕이나 강, 호수 같은 자연 장애물을 피하다 보니 그렇게 된다. 다른 이유도 있다. 특별한 역사적 사건이 계기가 되어 도시의 형상이 동심원에서 벗어나기도 한다. 중세 도시에서 발달한 유럽의 도시는 흔히 구도심을 기점으로 한쪽 방향으로만 확장된 형태를 보이기도 한다. 방어를 주목적으로 하는 성채도시가 강으로 둘러싸인 높은 언덕에 자리를 잡으면 이런 일방향 확장이 나타날 수밖에 없다.

부분적으로는 동심원이지만 전체적으로는 동심원 다수가 모여 있는 형상이 나타나기도 한다. 원래는 하나의 동심원이었는데 도시가 외곽으로 확장되면서 중심으로의 접근에 마찰력이 발생하는 경우다. 도시 규모가 커지면서 하나의 중심으로 모이는 것은 비효율적이 된다. 도시에서 일어나는 활동의 종류는 다양한데, 모든 활동이 항상 하나의 중심에서만 일어날 필요는 없다. 활동의 종류에 따라 서로 다른 중심을 가지는 것이 이동에 효과적이다. 이렇게 되면 다수의 동심원이 모여 있는 형상의 도시가 등장한다.

도시 공간은 접근성에 따라 구조화된다. 도시에서 수행해야 할 활동 가운데 접근성이 중요한 것부터 덜 중요한 것까지, 중심에서 주변으로 순서대로 배치된다. 중심으로 가까이 갈수록 땅값은 비싸지고, 주변으로 갈수록 낮아진다. 이런 식으로 땅값이 결정되는 메커니즘이 형성되면 그때부터는 땅의 위치, 즉 접근성이 도시민의 활동을 규정한다.

좋은 위치는 결국 다른 곳으로의 접근성이 좋은 지점이라는 말인 셈이다. 어느 위치가 얼마나 좋은지 평가하려면 그 위치의 접근성을 평가해야 한다는 말이다. 접근은 상호관계다. 어떤 특정 위치가 있을 때, 접근하고자 하는 대상이 무엇인지가 중요해진다.

위치가 좋다는 것은 그 위치에서 하고자 하는 행위와 연관 지어서 판단해야 한다. 우선 도시에서는 어떤 활동이 일어나는지 살펴보자. 도시에서 일어나는 사람의 활동은 크게 세 가지로 구분된다. 일하기, 휴식하기, 놀기다.[1] 휴식을 하는 곳은 집터이고, 일하는 곳은 일터이며, 노는 곳은 놀이터다.

휴식을 위한 장소는 집이라고 볼 수 있는데, 이 집을 기준으로 보자면 위치가 좋다는 말은 일하는 집으로부터 다른 장소로의 접근성이 좋다는 뜻이다. 위치가 중요하다는 말, 즉 접근성이 중요하다는 말은 흔히 하는 말이다. 누구나 너무도 잘 알고 있다. 이제부터 정말로 그런지, 그렇다면 얼마나 중요한지 알아보자. 일하는 장소로의 접근성, 노는 장소로의 접근성에 대해 구체적으로 살펴볼 것인데, 그 이전에 모든 장소로의 접근성을 가장 크게 좌우하는 수단인 전철역으로의 접근성에 대해 먼저 살펴보자.

---

1 도시 안에서 일어나는 사람의 활동을 일하기, 휴식하기, 놀기로 분류하는 것은 특별한 범주화는 아니다. 많은 연구자들이 일반적으로 사용하는 분류이기도 하다. 이와 비슷한 분류 사례로 레이 올든버그(Ray Oldenburg)의 장소 분류가 있다. 그는 도시의 장소를 가정, 일터, 여가 장소(그의 표현을 따르자면 제3의 장소)로 삼분한다(올든버그, 2019).

전철역으로의 접근성

서울 같은 대도시에서 집을 구매할 때 가장 중요하게 여기는 것은 걸어서 전철역까지 갈 수 있느냐다. 조금 과장하자면 전철역에 한 발짝이라도 가까우면 그만큼 집값은 비싸진다. 물론 전철역까지 걸어갈 수 있는 일정한 반경 안, 즉 보행권인 경우에 그렇다. 어차피 걸어서 갈 수 있는 반경 밖이라면 몇백 보를 더 걷고 말고가 그리 중요하지 않다.

버스 정류장까지의 접근성도 중요하다. 하지만 전철과 비교할 때 차이는 있다. 우선 신속성과 신뢰성, 대량 수송 가능성이라는 면에서 차이가 난다. 두 번째로 주목해야 할 차이는 버스 정류장의 위치는 언제든 바뀔 수 있다는 점이다. 그래서 사람들은 전철역으로의 접근성을 가장 중요한 위치 요인으로 평가한다.

보행권을 경계로 땅값에서 확연히 차이가 난다. 당연히 그 안과 밖을 유별나게 구분해야 할 필요가 있고, 그러니 이름이 있다. 역세권이다. 역세권에서 역은 주로 전철역을 의미한다. 전철이 아닌 일반 기차가 서는 역도 있지만, 이런 역들은 전철역에 비해 중요도가 떨어진다. 여러 가지 이유가 있지만, 가장 중요한 것은 두 가지다. 전철만큼 자주 지나다니지 않는다는 것, 그리고 전철만큼 거미줄처럼 연결되어 있지 않다는 것이다. 그래서 역세권이라고 얘기할 때는 주로 전철역을 중심으로 얘기한다.

역세권은 전철역이 세력을 미치는 권역이라는 의미다. 역세권은 대개 보행권과 동일한 의미로 사용된다. 보행권이라는 것은 걸어서 다니기에 불편함이 없다는 뜻이다. 그런데 이 걸어서 다니기에 불편함이 없다는 것이 너무나 모호하다. 자동차라는 교통수단이 없던 시절에는 10리 길도 마다하지 않고 걸어 다녔다. 10리, 즉 4km도 보행거리라면 보행거리라고 할 수 있다. 반면에 수백 m도 먼 거리일 수 있다. 급한 용무라면 수백 m는 보행거리가 아니다. 즉 보행거리는 누가, 무엇을 하려고 하느냐에 달려 있다.

특정 시설이 보행권 내에 있느냐 아니냐를 따질 때, 보행권의 범위는 각기 달라진다. 어린이 보육시설 같은 시설은 대개 800m를 보행권으로 본다. 보육시설은 보호자가 아기를 동반하고 움직여야 하므로 비교적 짧은 거리가 된다. 도서관 같으면 거리가 길어진다. 도서관은 책을 읽을 만한 나이가 되어야 하니, 아주 어린아이는 고려 대상이 아니다. 또한 책을 읽거나 빌리기 위해 도서관에 가는 것은 보육시설을 찾아가는 것처럼 자주 있는 일은 아니다. 그러니 이 경우 보행거리는 좀 길어질 수 있다. 도서관의 보행거리는 대개 1200m 정도로 본다.

노인을 위한 시설은 보행거리가 좀 더 짧아진다. 노인이 멀리 걷는 것은 어렵다고 생각하기 때문이다. 또한 노인시설은 매일 방문하는 경우가 많다. 이런 사정을 고려해 노인시설의 보행거리는 400m로 본다(서수정, 2015). 각 시설별 보행거리는 단순히 통계적으로 추출된 평균거리가 아니다. 도시를 계획할 때 적용 여부를 임의로 정할 수 있는 단순한 권장 사항도 아니다. 법적 규제 사항이다. 기존에 이미 있는 시설들은 어쩔 수 없다고 해도 신규로 짓는 시설들은 이런 기준을 만족시켜야 한다. 보행거리라는 개념이 꽤나 엄격히 지켜지고 있다는 뜻이다.

전철역의 역세권은 법적으로 규정된 사항이 아니다. 그럼에도 전철역이 보행거리 안에 있느냐를 따지는 것은 이동의 편의성, 즉 접근성을 결정하는 중요한 사항으로 모두가 받아들인다는 뜻이다.

전철역의 역세권, 즉 걸어서 전철역에 도달하기 적당한 거리는 얼마일까? 각종 시설의 적정 보행거리 판단에서 누가, 무엇을 하느냐에 기준 근거가 있는 것처럼 전철역 역세권도 마찬가지다. 전철역은 대개 성인이, 전철을 타기 위해 가는 곳이다. 이때는 정상적인 성인의 운동 능력을 전제로, 빈도는 거의 매일이라고 본다. 성인의 능력을 전제한다는 것은 좀 멀어도 된다는 뜻이고, 빈도가 높다는 것은 가까울수록 좋다는 뜻이다.

보육시설, 도서관, 노인시설 같은 각종 사회서비스 시설들은 보행거리가 다양하다. 얼핏 중구난방인 것처럼 보이지만 실상은 그렇지 않다. 대개 10분을 기준으로 한다. 노인에게 10분 동안 무리 없이 걸을 수 있는 거리는 400m, 성인이 적당한 속도로 걸어서 10분 동안 갈 수 있는 거리는 800m 정도로 본다. 전철역의 역세권을 판단할 때도 성인이 빠르게 걸어서 10분 안에 도달할 수 있는 거리를 암묵적으로 보행거리로 인정한다. 전철역의 보행거리, 즉 역세권은 800m이면서 10분 내라고 보면 된다.

800m와 걸어가는 데 걸리는 시간 10분은 절대적인 기준이 되기는 어렵다. 성인이라 하더라도 운동 능력에 편차가 있다. 늦장을 부려 집에서 좀 늦게 출발할 수도 있는 일이다. 반대로 집에서 좀 더 일찍 나서서 여유롭게 걸을 수도 있다. 800m와 10분은 경우에 따라 좀 당기거나 늘릴 수도 있다. 전철역에서 한 발짝이라도 가까우면 집값이 비싸지는 지금 같은 상황에서 1200~1500m쯤 떨어진 집들을 역세권으로는 자격 미달이라고 하면 기분이 좋지는 않을 것이다. 때로 1500m 정도도 역세권에 넣기도 한다. 딱 잘라서 얼마 이상은 걸어서 갈 수 없는 거리라고 단정할 수 없으니 일리가 없는 것도 아니다.

1500m를 역세권 안에 넣자고 하면 전철역에 바로 붙어 있는 집주인이 속이 상할 수 있다. 500m 이내이면서 5분 안에 갈 수 있는 집들도 있다. 이들의 불만을 달래주기 위해 초역세권이라는 말을 사용하기도 한다.

현재 집값을 가장 크게 좌우하는 전철 역세권이 어떻게 생겨났는지에 대해 살펴보자. 흔히 하는 말처럼 현재의 의미를 제대로 파악하기 위해서는 과거의 역사를 살펴보는 것이 유용할 때가 많다. 역사적 고찰은 무엇인가 생겨난 존재의 의의를 되돌아볼 수 있는 좋은 방법이고 또한 그 의의로부터 미래의 변화를 예측하는 데 도움을 주기도 한다. 우선 역사의 어느 시점으로 돌아가 시작해야 적절할지 생각해 보자. 현대 도시의 공간구조를 형성하는 데 분기점이 되었던 시기에서 시작하는 것이 바람직해 보인다. 현대 도시의 공간구조적 특징은 무엇보다도 급속한 팽창에서 시작되었다.

우리나라에서는 1960년대 이후 전국적으로 도시의 팽창이 가속화되는 경향을 보였다. 여기에는 두 가지가 강력하게 작용했다. 그 무엇보다 먼저 언급되어야 할 것이 바로 인구의 증가다. 인구 증가가 더 넓은 활동 공간을 요구했고, 도시는 그에 부응하기 위해 팽창할 수밖에 없었다. 두 번째 요인은 도시 집중이다. 1960년대에 우리나라는 급속한 산업화를 경험했다. 전통적으로 가장 많은 종사자를 보유하던 농업은 쇠퇴하기 시작했고, 상공업이 그 자리를 차지했다. 농업의 일터인 농토와 달리 상공업은 한자리에 모이는 것이 가능하며, 그것이 유리하기도 하다. 물건을 생산하는 역할을 하는 공장의 경우에는 최종 생산품을 만들어내기 위해 연관된 중간 부품 생산자들이 한곳에 모여 있는 편이 유리했다. 상품을 유통하는 역할을 하는 상업 또한 마찬가지다. 주로 상품을 사는 사람이 파는 사람을 찾아 모이는 상품의 유통 구조적 특징상, 한자리에 모여 있는 것이 유리했다. 인구의 증가와 상공업을 중심으로 한 도시 집중에 따라 도시는 팽창해야 했고 팽창 속도는 가속화되었다.

도시가 팽창되면서 주변에서 중심으로 접근하는 데 점점 더 많은 시간이 소요되었다. 서울을 예로 들어 생각해 보자. 서울의 면적은 1949년 서울특별시로 승격되면서 268.35km^{2}으로 시작해 1973년 627.06km^{2}으로 최대가 되었고, 이후 행정구역이 소폭 조정되어 2010년 605.25km^{2}가 되었다(김선웅, 2015.5.27).[2] 이후 서울의 행정구역은 늘지 않았지만, 서울 외부에

---

2 서울연구데이터서비스, "행정구역 면적", https://data.si.re.kr/data/%EC%A7%80%ED%91%9C%EB%A1%9C-%EB%B3%B8-%EC%84%9C%EC%9A%B8-%EB%B3%80%EC%B2%9C-2010/343.

서 서울로 출퇴근하는 범위는 점점 더 확대되었다. 여기에는 신도시가 큰 역할을 했다. 노태우 정부 시기의 1기 신도시 이후, 노무현 정부 때 건설된 2기 신도시, 그리고 박근혜 정부, 문재인 정부 시기를 거쳐 본격적으로 모습을 드러내기 시작한 3기 신도시는 서울을 초대형 광역도시로 만들었다. 서울시청을 기점으로 각 기 신도시들까지의 최장 거리는 1기 신도시가 25km,[3] 2기 신도시가 40km이니[4] 해당 거리만큼 접근시간이 늘어났다고 볼 수 있다.

도시의 크기가 커지면 커질수록 중심으로 접근하는 데 걸리는 시간은 당연히 길어지게 마련이다. 주변에서 중심으로 도달할 수 있게 해주는 도로가 건설되고, 그것도 모자라서 지하도로(전철)까지 동원된다. 지하도 지상만큼이나 복잡해졌다. 급기야 대심도 철도라는 개념을 도입해 이제는 땅속을 여러 개 층으로 구멍을 뚫어 사용한다.

중심에 도달하는 데 소요되는 시간을 줄이기 위해 새로운 교통체계가 지속적으로 도입되었다. 하지만 새로운 교통체계의 도입 효과는 일시적이다. 출퇴근 시간이 단축되면 그만큼 혹은 그보다 더 많은 집중이 일어났다. 출퇴근 소요시간은 또다시 길어지고, 교통체계 확충이 다시 일어나고 잠시 출퇴근이 용이해졌다가 또다시 심각해지는 현상을 되풀이한다. 교통체계의 확장에는 공급이 수요를 창출해 낸다는, 19세기에 등장한 세이의 법

---

3 서울 도심에서 1기 신도시들까지 거리는 분당이 25km, 일산 20km, 평촌 20km, 산본 25km, 중동 20km이다. 자세한 관련 내용은 국토교통부 정책자료 제1기 수도권신도시 건설 안내 참조(https://www.molit.go.kr/USR/policyData/m_34681/dtl.jsp?id=523).

4 서울 도심에서 2기 신도시들까지 거리는 성남 판교가 20km, 화성 동탄 1이 40km, 화성 동탄 2가 40km, 김포 한강 26km, 파주 운정 25km, 광교 35km, 양주 30km, 위례는 서울 인접, 인천 검단 20km이다. 고덕 국제화 도시는 55km이지만, 특별한 예외로 보는 것이 좋을 것 같다. 자세한 관련 내용은 국토교통부 정책자료 제2기 수도권신도시 건설 안내 참조(https://www.molit.go.kr/USR/policyData/m_34681/dtl?id=524).

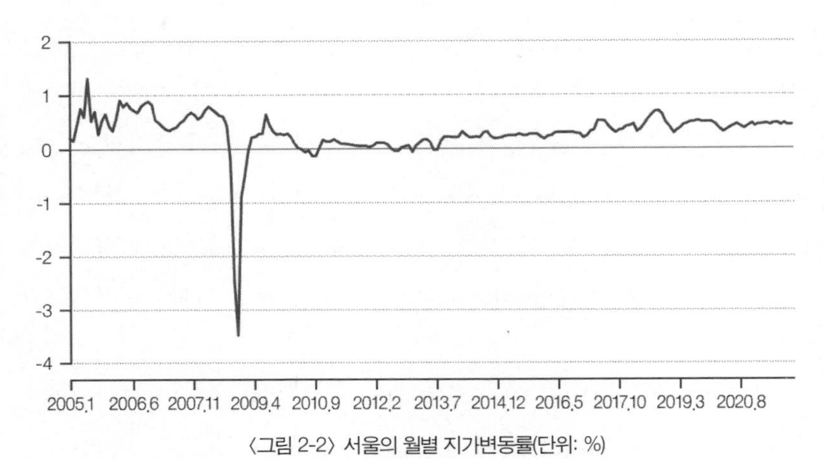

〈그림 2-2〉 서울의 월별 지가변동률(단위: %)

자료: 한국은행 경제통계시스템, 물가>기타 가격지수> 지역별 지가변동률(서울).

칙이 철저히 작동한다. 경제학에서 세이의 법칙은 대공황을 거치면서 신뢰를 잃었고 존 케인스(John Keynes)의 유효수요이론이 이를 효과적으로 비판하지만, 적어도 교통체계와 관련해서만큼은 여전히 잘 작동한다.

도시가 팽창하면서 중심에 도달하는 시간이 길어졌다는 문제 이외에 한 가지 더 심각한 문제가 나타났다. 도시 중심의 지가가 엄청나게 상승한 것이다. 도시 중심의 지가 상승은 매우 당연한 일이다. 도시의 반경이 2배로 늘어나면 면적은 4배로 늘어나고, 면적과 함께 고층을 이용한 밀도도 늘어나기 때문에 도시의 체적은 8배로 늘어난 셈이다. 이는 물건을 8배나 더 팔 수 있다는 얘기가 된다. 도시의 팽창은 물건을 8배 더 팔 수 있다는 데서 멈추지 않는다. 도시 인구의 소득 증가가 가능해졌고, 이로써 도시인들은 비도시인들에 비해 2배 이상의 소비도 가능해졌다. 이 말은 물건을 8배가 아니라 16배로 팔 수 있게 되었다는 얘기다. 어떤 땅에서 물건을 16배 이상 가격으로 팔 수 있게 되었다면 그 땅의 가격 또한 16배로 오를 수 있고, 또 그래야만 한다는 얘기다.

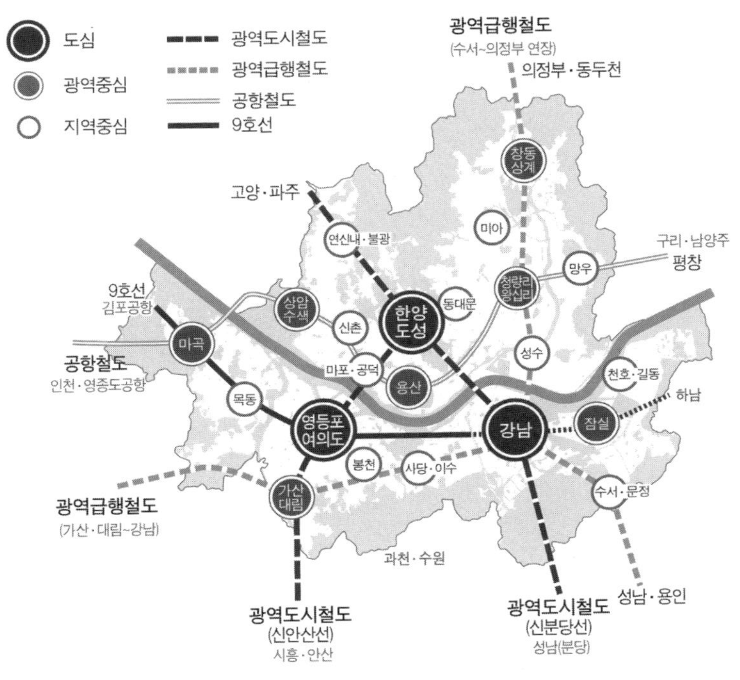

〈그림 2-3〉 다핵도시계획

자료: 서울특별시(2014: 148).

도시가 확장되면서 도시 중심까지 도달하는 시간은 한도 끝도 없이 길어진 한편, 도시 중심의 땅값은 끊임없이 상승했다.[5] 2005년 이후 서울의 월별 지가는 2008년 무렵을 제외하고는 매월 끊임없이 상승했다. 교통체증과 도심 지가 상승은 도시의 전체적인 기능을 저하하는 방향으로 작용한다. 교통체증에 따른 이동 소요시간 증가가 도시 기능을 저하한다는 것은 다른 설명이 필요 없다. 높은 지가는 기업의 원활한 투자 활동을 방해하는

5 2005~2020년의 서울 지가변동률을 살펴보면 연평균 3.409% 상승했다(한국은행 경제통계시스템, “지역별 지가변동률”, https://ecos.bok.or.kr/).

방식으로 도시 기능을 저하한다. 분명 대책이 필요해 보였다.

기존에는 교통체계를 고도화하는 식으로 대처했다. 구체적으로 말하면, 도로를 확충하고 대중교통 노선을 증설했다. 하지만 그것만으로는 한계가 있었다. 좀 더 근본적이고 광범위한 대책이 필요했다. 도시의 중심을 여러 개 만드는 방법이 시도되었다. 서울을 예로 들자면 명동을 중심으로 한 기존의 단핵 중심을 세 개 핵으로 분화하는 계획이 시도되었다. 명동을 중심으로 하는 기존의 도시 중심에 두 개를 더 추가한다. 서울의 서남권 중심을 영등포에, 동남권 중심을 강남에 만드는 것이다.

서울 다핵화 추진과 거의 비슷한 시기에 서울의 주요 교통수단으로 전철을 도입했다. 전철을 주요 교통체계로 도입한 것은 다핵화와 병행한 도시 기능 증진 방안이었지만, 결과는 기대와 다르게 나타났다. 전철은 세 개 핵 사이를 신속하게 연결해 서울을 3핵 도시로 재정비하는 결과와 함께 개별 전철역을 중심으로 지역 발전이 촉진되는 양상을 드러냈다. 서울은 세 개 핵을 중심으로 발전하는 동시에 전철역을 중심으로 더 다핵화된 양상으로 발전을 지속했다. 3핵 도시 계획과 전철을 주요 교통망으로 삼는 계획은 일면 상충되기도 했지만, 한편으로는 보완적으로 작용했다. 서울의 전철망은 3개 핵을 연결하는 역할과 함께 개별 전철역을 소규모 핵으로 발달시키는 방향으로 작용했다. 역세권이라는 개념은 이를 배경으로 탄생했다

역세권의 탄생을 살펴본 이유는 역세권의 가치가 어떻게 해서 생겨났는지를 보여주기 위해서다. 역세권의 가치가 생겨난 상황을 살펴보면 이것은 비가역적이라는 것이 분명해 보인다. 즉 역세권의 가치가 더 높아지면 높아졌지 낮아질 수는 없다는 것을 확인할 수 있다는 점이 중요하다. 이제부터는 역세권이 얼마나 가치가 있는지에 대해 살펴보자.

부동산에서 중요한 것이 위치이며, 그중에서도 중요한 것이 전철역을 중심으로 한 역세권이라고 말들 하는데, 그 역세권의 가치는 얼마나 되는가?

역세권의 가치를 엿볼 수 있는 사례를 하나 살펴보자. 2017년 11월 입주를 마친 인천대입구역 2번 출구부터 462m 떨어진 아파트는 2019년 11월~2020년 11월 사이에 2억 4500만 원이 올랐다. 반면 동일 출구에서 844m 떨어진 아파트는 같은 기간에 1억 3300만 원이 올랐다. 전철역으로부터 382m 거리 차이가 만들어낸 가격 차이는 1억 1200만 원이다. 이것만으로는 그게 얼마나 큰 차이인지 감을 잡기 어렵다. 아파트 가격과의 비율을 알아보자. 이 두 아파트는 2019년 7억대로 비슷한 수준이었다. 7억을 기준으로 비교해 보면 전체 가격의 16% 정도 차이를 보인 셈이다(≪뉴데일리경제≫, 2021.2.19). 이 사례에서 전철역이 가격에 미치는 영향의 크기를 가늠해 볼 수 있다. 하지만 하나의 사례에서 경향성을 도출하는 것은 무리가 있다. 다수의 사례를 통해 전철역이 집값에 영향을 미치는 정도를 알아보자.

전철역까지의 거리와 주택 가격 간의 관계를 보여주는 산포도를 통해 전철역까지의 거리와 집값 간의 관계를 알 수 있다. 〈그림 2-5〉는 서울 송파구 소재 전철역 주변 아파트 거래가를 보여준다. 전철역에서 거리가 멀어질수록 가격이 내려가는 것을 분명하게 확인할 수 있다. 산포도에서 특이한 것은 직선거리 400m(실제 보행거리로는 600m 정도)를 경계로 추세가 달라진다는 점이다. 600m는 성인이 보통 걸음으로 10분 이내에 도달할 수 있는 거리다. 600m 이내 거리, 즉 도보 10분 이내 거리에서는 거리가 늘어나면서 가격 하락이 크게(직선의 기울기가 크게) 나타난다. 반면에 600m 이상의 거리, 즉 도보로 10분 이상 걸리는 거리에서는 가격 하락이 훨씬 적게(직선의 기울기가 작게) 나타난다.

서울 강북(노원구, 도봉구, 강북구) 소재 전철역 주변 아파트를 살펴보자. 여기서도 전철역부터 거리가 멀어질수록 가격이 내려간다는 것을 확인할 수 있다. 이상 두 개의 산포도를 보면 집값이 전철역부터의 거리에 큰 영향을 받는다는 것을 시각적으로 확인할 수 있다. 그런데 강남과 강북 간에는

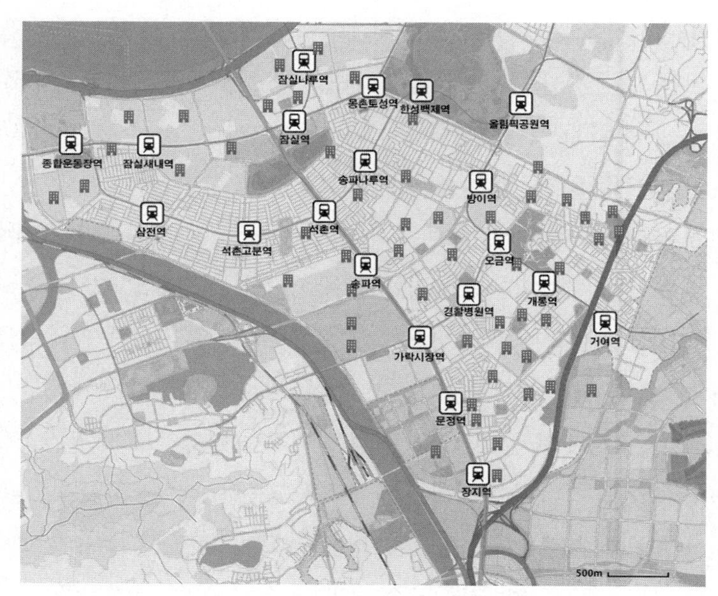

〈그림 2-4〉 분석 대상 지역: 서울시 강남(송파구)

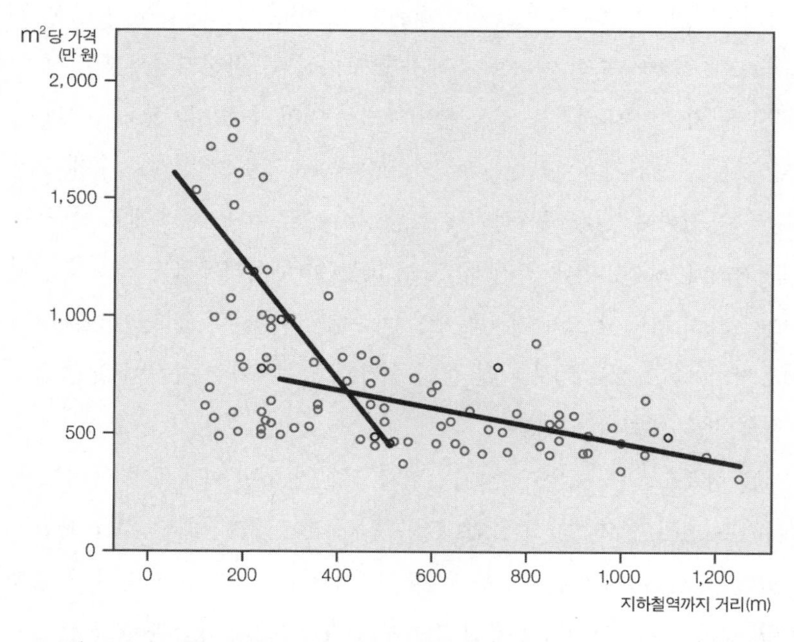

〈그림 2-5〉 전철역까지의 거리와 주택 가격 간의 관계를 보여주는 산포도: 서울시 강남(송파구)

서로 다른 특징이 있음을 알 수 있다. 먼저 강북에서는 강남과 달리 10분 정도를 기준으로 기울기가 달라지지 않는다는 점이다. 강남의 경우는 10분 이내와 10분 이외가 확연히 구분되지만, 강북에서는 그런 추세가 보이지 않는다. 또 한 가지 다른 점이 있다. 추세의 기울기에 차이가 있다. 강남은 전철역에서 멀어지면서 가격이 가파르게 하락한다. 반면 강북에서는 완만하게 하락한다.

강북과 강남의 차이는 우선 거리에 대한 민감도가 서로 다르게 나타난다고 분석할 수 있다. 강남이 강북에 비해 거리에 대한 민감도가 높다. 강남에서 집을 거래하는 사람들은 전철역까지의 거리를 강북에서 거래하는 사람들에 비해 더 중요하게 생각한다는 의미다. 무슨 요인이 더 있고, 각각의 요인에 대해 무슨 생각을 하기에 강북과 강남 간에 차이가 발생할까? 이 의문에 대해서는 5장에서 상세히 다룰 것이다.

산포도에 보이는 추세선의 기울기를 이용해 강남과 강북에서 나타나는 전철역까지의 거리가 주택 가격에 미치는 영향의 추세를 알 수도 있지만, 이 차이를 좀 더 계량적으로 알 수 있는 방법도 있다. 집값을 종속변수로 놓고, 전철역까지의 거리를 독립변수로 놓은 다음 회귀분석을 실시하는 방법이다. 얼핏 보기에 뭔가 복잡하고 이해하기 피곤한 얘기가 시작된다고 생각할 수도 있다. 하지만 그리 복잡한 얘기는 아니다. 더구나 회귀분석을 완전히 이해해 보자는 얘기도 아니다. 우리가 궁금해하는 것을 설명하는 도구로 사용할 수 있을 만큼만 알면 된다.

회귀분석이 무엇인지 알아보자. 사회과학 연구에서 가장 많이 쓰이는 방법이 아마도 통계학일 것이고, 통계 방법 중에서 가장 많이 사용되는 것을 고르자면 회귀분석일 것이다. 회귀분석은 알고 싶은 대상이 있을 때 그것이 왜 그런지를 설명하고 다른 조건에서는 어떻게 변할지 예측할 때 사용하는 방법이다. 이렇게 써놓고 보면 통계를 아는 사람들에게는 간명한 설명

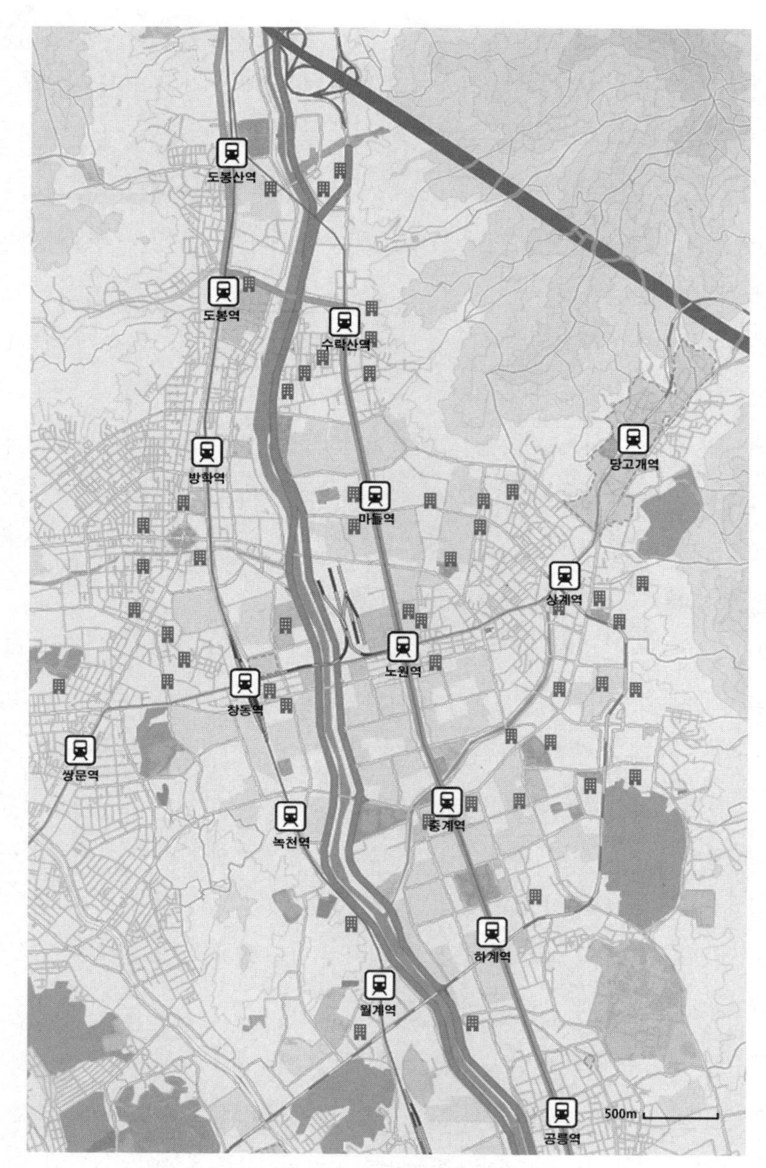

〈그림 2-6〉 분석 대상 지역: 서울시 강북(노원구, 도봉구, 강북구)

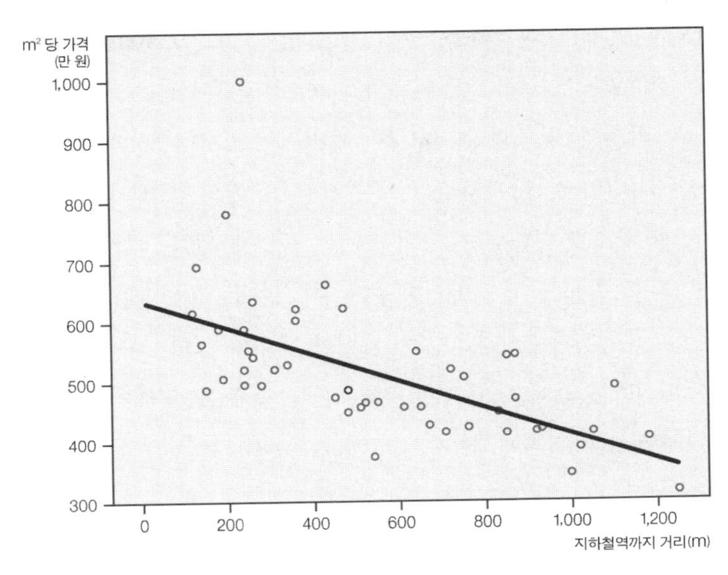

〈그림 2-7〉 전철역까지의 거리와 주택 가격 간의 관계를 보여주는 산포도:
서울시 강북(노원구, 도봉구, 강북구)

이 될 수도 있지만, 그렇지 않은 사람들의 머릿속은 더 복잡해질 것 같다. 이럴 때는 예를 들어 설명하는 것이 좋은 방법이다.

어떤 사람 A의 키가 초등학생 때 180cm라고 하자. 동서양을 막론하고 이만하면 크다고 할 만하다. 이럴 때 흔히 이 사람은 왜 이렇게 키가 클까 궁금할 수 있다. 이에 대한 대답으로 가장 흔히 나오는 것이 부모의 키다. 아버지 키가 190cm가 넘어가니 자식도 그렇다는 설명이 쉽게 등장하고, 듣는 이도 어렵지 않게 수긍한다. 여기에 한 가지를 더할 수 있다. 어머니의 키다. 어머니 키도 180cm를 넘는다면 자식의 키가 초등학생인데도 180cm를 넘는 것이 당연하게 여겨진다. 자식의 키를 설명할 때 부모의 키를 이용할 수 있다는 것을 잘 보여준다. 이번에는 A가 성인이 되었을 때 키는 얼마나 될까 궁금해 할 수 있다. 이 또한 부모님의 키를 근거로 예측해 볼 수 있다. 회귀분석은 A의 키를 설명하고 또한 예측하는 데 사용할 수 있다.

회귀분석 결과는 회귀식, 유의확률, 설명력으로 요약된다. A의 키는 '(1.2 × 아버지의 키 + 1.1 × 어머니의 키 + 12) ÷ 2'와 같은 회귀식으로 설명된다. '아버지의 키' 앞에 붙은 1.2는 아버지의 키보다 1.2배 정도 된다는 것이고, '어머니의 키' 앞에 붙은 1.1은 어머니의 키의 1.1배가 된다는 얘기다. 세 번째 항으로 나타나는 12의 의미는 몰라도 된다. 여기서 사용되는 1.2나 1.1은 회귀식을 구성하는 계수다. 이 계수는 흔히 '베타계수'(표준화회귀계수)로 표현된다. '베타계수'는 특별한 의미가 있다. '아버지의 키' 앞에 붙은 '베타계숫'값이 1.2이고 '어머니의 키' 앞에 붙는 '베타계수'의 크기가 1.1이라면 '아버지의 키'가 자식의 키에 1.09(= 1.2 / 1.1)배 더 큰 영향을 준다는 뜻이다(정규형, 2019: 287).

유의확률은 A의 키가 아버지의 키의 1.2배가 될 확률이 얼마나 되느냐를 알려준다. 흔히 0.02와 같은 수치로 표시되는데, 이것을 %로 바꾸면 2%라는 의미다. 회귀식에서 아버지의 키라는 변수의 유의확률이 0.02, 즉 2%라면 A가 아버지의 키의 1.2배가 되지 않을 확률이 2%라는 뜻이다. 바꾸어 말하자면 A의 키가 아버지 키의 1.2배 정도가 될 확률이 98%라는 얘기다. 통계학에서는 유의확률이 0.05 이하이면, 통계적으로 유의미한 것으로 판단한다.

이제 설명력(R^2)에 대해 알아보자. 회귀식을 얻기 위해서는 다수의 데이터를 이용해야 한다. A라는 단 한 사람의 키와 그 부모의 키를 비교해 보는 것만으로는 일반적으로 이러저러한 경향이 있다고 얘기할 수 없다. A와 함께 B, C, D, …… 이렇게 다수의 사례를 통해 회귀식을 얻을 때 그 회귀식의 신뢰도가 커진다. 회귀식은 다수의 데이터를 대상으로 얻는 것이기 때문에 어떤 데이터에는 회귀식이 들어맞지만, 또 어떤 다른 데이터에는 회귀식이 들어맞지 않을 수도 있다. 이때 회귀식이 들어맞는 비율을 표시하는 것이 설명력이다. 설명력은 최소 0에서 최대 1이다. 이를 %로 표시하면 최소 0%에서 최대 100%라는 얘기다. 설명력이 0.452라면 45.2%를 의미하는 것이고, 이는 분석 대상 데이터들 중에서 45.2%가 회귀식에 들어맞는다는 의미다.

회귀분석이 복잡해 보일 수도 있지만, 통계적 분석 방법으로 사용하는 측면에서는 생각보다 간단하다. 통계 분석 프로그램을 이용해 준비한 데이터를 회귀분석 하는 것은 매우 기계적인 절차다. 문제는 분석 결과를 해석하는 것인데, 이때도 ① 회귀식의 '베타계수', ② 유의 수준, ③ 설명력만 유의해서 보면 된다. 회귀분석을 이용한 연구 결과를 이해할 때는 이것 외에 더 필요한 것은 없다.

m^2당 가격을 종속변수로 하고 전철역까지의 거리를 독립변수로 삼아 회귀분석(단계 진입)을 실시한 결과를 보여주는 회귀식은 다음과 같다.

- 강남(송파구)

m^2당 가격 = -.879 × 전철역까지거리 + 1320.821

R^2 = .524 전철역까지거리(유의확률) = .000 전철역까지거리(베타) = -.724

- 강북(노원구, 도봉구, 강북구)

m^2당 가격 = -.228 × 전철역까지거리 + 1320.821

R^2 = .386 전철역까지거리(유의확률) = .000 전철역까지거리(베타) = -.621

m^2당 가격, 즉 주택 가격을 전철역까지의 거리라는 요인을 이용해 회귀식으로 표현하면 강남은 (통계적으로 유의한 확률로) 설명력은 0.524이고, 강북은 0.386이다. 강남의 경우 계수는 −0.879이고, 강북은 −0.228이다. 이 계수가 음수인 것은 전철역에서 거리가 멀어질수록 가격이 떨어진다는 의미다. 한편 계수의 절댓값 크기는 거리가 멀어지면서 가격이 하락하는 정도를

의미한다. 만약 전철역에서 거리가 100m 멀어진다면 강남에서는 0.879 × 100 = 87.9만 원(m^2당)이 하락한다는 의미이고, 강북에서는 0.228 × 100 = 22.8만 원(m^2당)이 하락한다는 뜻이다. 34평짜리를 기준으로 한다면 전철역에서 거리가 100m 멀어질 때마다 강남에서는 대략 1억 원 정도가, 강북에서는 대략 2600만 원 정도가 하락한다는 의미가 된다.

강남과 강북을 비교해 보면 흥미로운 점이 발견된다. 전철역에서 같은 거리만큼 멀어진다고 할 때 강남이 훨씬 더 큰 폭의 가격 하락을 보인다는 점이다. 다시 말해 강북에서 집을 구매할 때보다 강남에서 집을 구매할 때 전철역까지의 거리를 더 중요하게 생각한다는 뜻이다.

일터로의 접근성

집의 사용가치에 큰 영향을 미치는 것이 위치라고 할 때 위치가 좋다는 말은 다른 어떤 곳으로 접근하기가 용이하다는 뜻이다. 위치가 왜 좋은지를 충분히 설명하려면 이제 다른 어떤 곳에 대해서도 얘기해야 한다. 앞에서 얘기한 것과 같이 집을 중심으로 다가가야 할 다른 어떤 곳은 크게 대별해 보면 두 가지다. 하나는 일터, 다른 하나는 놀이터다. 여기서는 일터에 대해 얘기해 보자.

과거에는 일터는 평생을 간다고 봐도 좋았다. 농업에 종사하는 경우라면 틀림없이 그렇다. 농토가 발이 달려서 어딘가로 이동하는 것도 아니니, 농업 종사자라면 일생을 한 장소에 머무르는 것이 당연해 보인다. 농업은 한 개인이 평생 한 장소에 머무르게 할 뿐만 아니라 세대를 이어 한 장소에 머무르게 한다. 이런 경우라면 일터는 수 세대를 간다.

산업화사회에서는 사정이 좀 다르다. 직장을 바꾸는 경우가 종종 발생한다. 잡코리아 조사에 따르면 직장인을 대상으로 한 설문조사에서 2010년 기준으로 평균 2.0회 이직했고, 2020년 조사에서는 평균 3.1회로 증가했다. 특히 10년 차 이상에서는 평균 4.0회로 나타났다(≪한국일보≫, 2020.4.27).[6] 사정을 좀 더 심각하게 만드는 것은 미래에는 직장을 바꾸는 횟수가 더 늘어날 것이라는 점이다. 직장을 여러 번 바꾼다는 것을 감안한다면 현재의 집이 직장에 가깝다는 것은 크게 의미가 없다.

앞으로도 직장을 바꿀 가능성을 생각한다면, 일터와의 접근성에서는 현재 다니고 있는 직장과의 거리보다는 집 주변에 좋은 직장이 얼마나 많이 분포하는지가 중요해진다. 이런 생각에 믿음을 제공하는 단적인 사례가 바로 대도시다. 사람들이 대도시를 선호하는 이유 중 큰 것은 그곳에 일거리가 많다는 점이다. 일거리가 많다는 것은 달리 말해 직장이 많다는 것이다.

직장이 많은 곳에 거주한다면 직장을 찾기도 쉬워진다. 집의 가치를 결정하는 요소 중 하나인 직장으로의 접근성은 관심의 대상이 되는 집 주변에 얼마나 많은 수의 좋은 직장이 있는가에 달려 있다. 직장 접근성이 집의 가치에 미치는 실제적 영향을 알아보자.

전철역까지의 거리가 집값에 미치는 영향을 추정하기 위해 회귀분석을 사용한 것처럼 일터로의 접근성이 집값에 미치는 영향을 추정하는 데도 회귀분석을 사용할 수 있다.

직장까지의 거리의 중요성을 대표하는 지표로는 특정 전철역에서 전철을 이용해 30분 이내에 도달할 수 있는 범위에 위치한 1000대 기업의 수를 이용했다. 이제 회귀식은 집값을 종속변수로 하고, 전철로 30분 이내에 도달 가능한 1000대 기업의 수를 독립변수로 삼는다. 분석 결과는 다음과 같다.

---

6 신입사원 10명 중 7명이 이직을 경험했다고 한다(≪한국일보≫, 2020.4.27).

● 강남(송파구) + 강북(노원구, 도봉구, 강북구)

m^2당 가격 = .3444 × 1000대 기업 수 + 372.509

R^2 = .582 1000대 기업 수(유의확률) = .000 1000대 기업 수(베타) = .763

가까운 거리에 1000대 기업이 얼마나 많이 있는지가 주택 가격에 영향을 미치는 것을 알 수 있다. 어떻게 알 수 있느냐 하면 R^2을 보고 알 수 있다. 사회과학 연구에서 .582는 제법 큰 설명력이다. 이런 정도의 크기라면 1000대 기업의 수가 주택 가격에 통계적으로 유의미한 영향을 미친다고 평가할 수 있다.

'1000대 기업 수'라는 변수의 계수를 이용해 1000대 기업 수가 늘어날 때 어떤 비율로 주택 가격이 상승하는지도 알 수 있다. 예를 들어 1000대 기업 수 100개가 증가하면 m^2당 0.3444 × 100 = 34.44만 원이 상승한다.

회귀식을 이용해 1000대 기업 수가 주택 가격에 미치는 영향의 크기를 구체적으로 가늠해 볼 수 있을 뿐만 아니라, 다른 변수의 영향의 크기와 비교도 가능하다. 예를 들어 '전철역까지의 거리'와 '1000대 기업 수'가 미치는 영향의 크기를 비교하고 싶으면, 이 두 변수를 독립변수에 포함시켜 회귀분석을 실시하면 된다. 분석 결과는 다음과 같다.

● 강남(송파구) + 강북(노원구, 도봉구, 강북구)

m^2당 가격 = -.340 × 전철역까지거리 + 2.879 × 1000대기업수 + 601.646

R^2 = .665

전철역까지거리(유의확률) = .000 전철역까지거리(베타) = -.314

1000대기업수(유의확률) = .000 1000대기업수(베타) = .638

R^2이 0.665이니 이 두 요인이 주택 가격에 영향을 미친다고 보는 데는

〈그림 2-8〉 서울시 1000대 기업 분포도

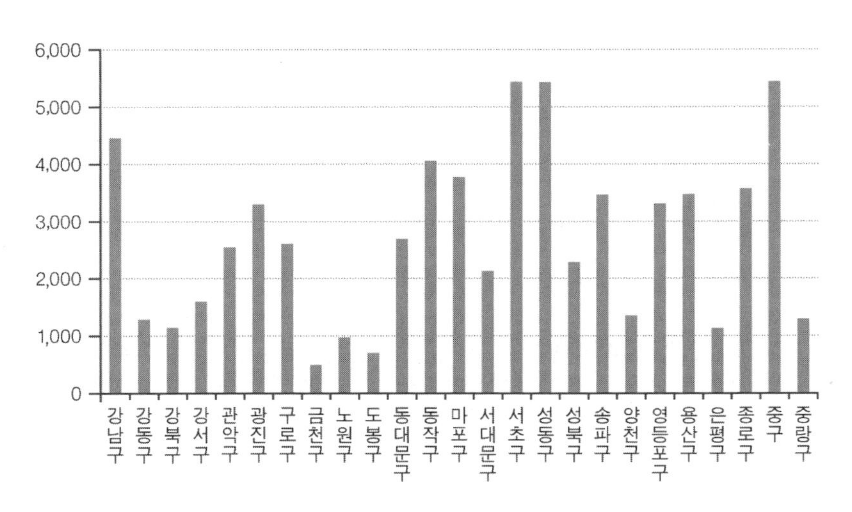

〈그림 2-9〉 서울시 구별 1000대 기업 수(단위: 개수)

전혀 문제가 없다. 더욱이 '1000대 기업 수'라는 변수 하나만을 포함시킬 때보다 설명력이 더 향상되었다는 것으로도 이 회귀식이 의미가 있다는 것을 알 수 있다.

전철역까지의 거리와 1000대 기업 수 가운데 어느 것이 얼마나 더 큰 영향을 미치는지 살펴보려면, 베타계수를 비교해 보면 된다. 전철역의 베타계수는 -.314, 1000대 기업 수의 베타계수는 0.638이다. 양자가 가격에 미치는 영향의 크기를 비교하려면 베타계수의 절댓값의 크기를 비교하면 된다.

모든 사람이 전철역까지의 거리가 가격에 상당히 영향을 미칠 것이라고 생각한다. 반면 1000대 기업 수와 같은 일자리로의 접근성에 대해서는 별다른 예상을 하지 못한다. 이 분석 결과를 통해 일자리로의 접근이 가격에 미치는 영향에 대한 이해가 가능하다. 일자리로의 접근은 전철역까지의 거리에 비해 2배 정도 영향을 미친다는 것을 알 수 있다.

일터로의 접근성이 집의 가치나 가격에 영향을 미친다는 것을 확인할 수 있는 또 다른 통계적 방법이 있다. 〈그림 2-9〉는 서울의 각 구별로 전철을 이용해 30분 이내에 도달할 수 있는[7] 1000대 기업[8]의 숫자를 보여준다. 구별 1000대 기업 수가 주택 가격에 영향을 미치는지 파악하기 위해 양자 간 상관도 분석을 사용할 수 있다.[9] 상관도가 0.762이고, 상관계수는 0.01

---

7 특정 구에 속한 개별 동들에서 전철을 이용하여 30분 내로 접근할 수 있는 1000대 기업의 수를 중복 총합하여 계산했다(http://www.seoulmetro.co.kr/kr/cyberStation.do?menuIdx=538&d%20epartureId=0150&arrivalId=0216#wayInfo).

8 서울시 소재 1000대 기업은 국가정보포털의 1000대기업 shp의 정보를 사용했다(http://data.nsdi.go.kr/dataset?q=1000%EB%8C%80%EA%B8%B0%EC%97%85&sort=score+desc%2C+views_total+desc).

9 구별 주택 가격은 2019년 8월~2020년 7월 국토교통부에서 게시한 실거래가격 평균을 사용했다. 자세한 내용은 부킹(http://buking.kr/rank.php?m=mg&si=%EC%84%9C%EC%9A%B8&st=md&gi=3) 참조.

수준(양쪽)에서 유의하다. 이 분석을 통해서도 1000대 기업의 수가 주택 가격에 영향을 미친다는 것을 확인할 수 있다. 강남구·서초구에 1000대 기업의 숫자가 많고, 금천구·도봉구에 적은 데서 흔히 할 수 있는 예상과 차이가 나지 않는 것을 확인할 수 있다.

놀이터로의 접근성

놀이터는 전체 도시 면적 중에서 주거와 업무 이외에 사용되는 기능 지역이라고 말해도 좋을 것이다. 도시가 전체적으로 주거, 업무, 상업, 공업, 공원으로 구성된다는 것을 감안한다면, 놀이터에는 주로 상업시설과 공원이 포함된다.[10]

놀이터와의 거리가 집값을 결정하는 하나의 요인이 된다고 할 때, 놀이터와의 접근성을 대표할 수 있는 계량적 지표가 필요하다. 이때 사용할 수 있는 것이 특정 집을 중심으로 일정 거리 내에 존재하는 일반 상업시설과 공원의 면적이다. 집 근처에 일반 상업시설이 많다는 것은 특별한 경우를 제외하고는 집의 편의성을 높여준다. 여기서 말하는 특별한 경우란 유흥시설, 위험시설, 혐오시설 같은 시설이 있는 경우를 말한다. 이러한 시설들이 주거 기능을 현저히 저하하는 것은 분명하다. 놀이터로의 접근성을 평가하기 위한 계량적 지표로 일반 상업시설의 면적을 사용하려면 이런 시설을 분리하고, 이런 부정적 시설이 주거 기능에 미치는 악영향을 별도로 평가할 필요가 있다.

10 도시계획의 가장 기본이 되는 「국토의이용및계획에관한법률」에서는 도시의 용도지역을 주거, 상업, 공업, 공원의 네 가지로 구분하고 있다. 상업에는 업무시설과 일반 상업시설이 포함된다. 이 둘을 분리해서 구분하면 도시의 용도지역은 주거, 업무, 일반상업, 공업, 공원으로 구성된다.

놀이터로의 접근성을 평가하기 위한 지표로 특정 집에서 일정 거리 이내에 존재하는 일반 상업시설의 면적을 사용한다고 할 경우 의문이 하나 생길 수 있다. 중심상업시설의 존재다. 상업시설은 크게 세 가지로 분류한다. 중심상업시설, 지역중심시설, 근린생활시설이다.

중심상업시설은 서울로 치자면 명동 같은 곳이다. 도시 전체에서 하나 혹은 두어 개 정도의 가장 큰 상업지역을 말한다. 도시민 전체가 이용 대상이 되는 상업시설이다. 지역중심시설은 도시의 곳곳에 분산·분포되어 있으며, 대개 차량을 이용해 30분 이내에 도달할 수 있는 인근 지역을 서비스 대상으로 하는 상업시설들이 모여 있는 상업지역을 말한다. 근린생활시설은 주민들이 걸어서 이용할 수 있는 상업시설로 보면 된다. 중심상업시설, 지역중심시설, 근린생활시설은 접근 소요시간과 면적에서 서로 다른 특징을 보이지만, 업종에서도 차이를 보인다. 중심상업시설은 고급의 물품이나 전문적인 물품을 주로 취급한다. 근린생활시설에서는 일상생활에 필요한 이른바 생필품을 중점적으로 취급한다. 지역중심시설에서는 이 둘의 중간 정도 성격을 띠는 물품들을 취급한다.

놀이터까지의 접근성을 평가할 때 집에서 쉽게 도달할 수 있는 거리(예를 들어 30분)를 기준으로 삼는다면 중심상업시설은 제외된다. 얼핏 보기에 불합리해 보일 수도 있다. 과거에는 분명히 중심상업시설로의 접근성이 집의 가치를 결정하는 중요한 요소였다. 앞서 논의한 바와 같이 변두리라는 개념이 강하게 존재했다는 것이 단적인 증거가 된다. 하지만 이 또한 앞서 언급한 바 있는데, 도시가 다핵화되면서 중심상업시설의 중요성이 현격히 감소했다는 것을 상기할 필요가 있다. 과거에는 중심상업시설에나 가야 구매할 수 있었던 고급 물품과 전문 물품을 이제 지역중심시설에서도 구매할 수 있다는 사실을 염두에 두어야 한다.

놀이터와의 거리가 집의 가치를 결정하는 데 얼마나 중요한 역할을 하는지를 객관적으로 알고 싶다면, 이 경우에도 역시 회귀분석이 유용하다. 먼저 놀이터로의 접근성을 단독 독립변수(상업면적)로 놓고 회귀분석을 실시한 다음, 전철역까지의 거리를 독립변수로 추가해 회귀분석을 실시했다. 분석 결과는 다음과 같다.

● 강남(송파구) + 강북(노원구, 도봉구, 강북구)

m^2당 가격 = 72.500 × 상업면적 + 366.246

R^2 = .394 상업면적(유의확률) = .000 상업면적(베타) = .628

R^2이 '전철역까지의 거리'나 '1000대 기업 수'에 비해 작기는 하지만 0.394 역시 사회과학 분야의 통계분석에서는 유의미한 크기다. 이 회귀식을 이용해서 '전철역까지의 거리'나 '1000대 기업 수'에서와 마찬가지로 이용 가능한 상업면적이 가격에 미치는 영향의 크기를 가늠해 볼 수 있다. 특정 주택에서 접근 가능한 상업시설의 면적이 $1km^2$ 증가할 때 m^2당 72.5만 원이 상승한다. 이는 어떤 주택의 인근에 지역중심시설이 새롭게 들어서게 되면 그에 따라 일정 비율, 즉 m^2당 72.5만 원의 비율로 집값이 상승한다는 의미다.

● 강남(송파구) + 강북(노원구, 도봉구, 강북구)

m^2당 가격 = -.466 × 전철역까지거리 + 59.076 × 상업면적 + 667.796

R^2 = .565

전철역까지거리(유의확률) = .000 전철역까지거리(베타) = -.430

상업면적(유의확률) = .000 상업면적(베타) = .512

전철역까지의 거리와 상업면적 중에서 어느 것이 얼마나 더 큰 영향을 미치는지를 살펴보려면 베타계수를 비교해 보면 된다.[11] 전철역의 베타계수는 −0.430, 상업면적의 베타계수는 0.512이다. 양자가 가격에 미치는 영향의 크기를 비교하려면 베타계수의 절댓값 크기를 비교하면 된다. 모든 사람이 전철역까지의 거리는 상당한 정도로 가격에 영향을 미치리라 생각한다. 반면 상업면적과 같은 놀이터로의 접근성에 대해서는 별다른 예상을 하지 못한다. 이 분석 결과를 통해 놀이터(상업시설 면적)로의 접근이 가격에 미치는 영향에 대한 이해가 가능하다. 놀이터로의 접근은 전철역까지의 거리 대비 131%로, 즉 전철역까지의 거리보다 1.2배 정도 더 큰 영향을 미친다는 것을 알 수 있다. 또한 전철역까지 거리를 매개로 1000대 기업 수와 상업면적이 미치는 영향의 크기를 비교해 보면 상업면적보다 1000대 기업 수가 더 큰 영향을 미친다.

놀이터로의 접근성이 집의 가치나 가격에 영향을 미친다는 것을 증명할 수 있는 또 다른 통계적 방법이 있다. 상관도 분석이다. 놀이터로의 접근성을 평가하기 위해 각 동별로 동의 중심에서 반경 2km 이내에 있는 상업시설의 면적을 계산했다.[12] 〈그림 2-10〉에 보이는 구별 상업시설의 면적은 개별 구에 속하는 모든 동 중심에서 반경 2km 이내에 있는 상업시설의 면적을 중복 합산한 것이다. 상업시설의 면적이 주택 가격에 영향을 미치지는지 파악하기 위해 양자 간 상관도 분석을 해보자.[13] 상관도가 0.630이

---

11 이때 계수는 베타계수이다. 베타계수란 독립변수들 상호 간의 관계를 고려하여 표준화한 계수를 의미한다. 이 베타계수의 크기는 각 독립변수가 종속변수에 미치는 영향의 크기를 상대적으로 비교할 수 있게 해준다. 예를 들어 전철역까지의 거리라는 독립변수의 베타계수가 0.8이고, 100대 기업의 개수라는 독립변수의 베타계수가 0.4라면, 전철역까지의 거리가 집값에 미치는 영향의 크기가 1000대 기업 수의 2배라고 해석할 수 있다.

12 상업시설 면적은 국가공간정보포털(data.nsdi.go.kr)에서 제공하는 토지이용현황도(1 : 25000)를 사용했다. 토지이용현황도의 분류코드에서 상업·업무지역(3130)을 놀이터에 해당하는 상업시설로 분류했다.

13 구별 주택 가격은 2019년 8월~2020년 7월 사이 국토교통부 실거래가격의 평균을 사용했다(부킹, http://buking.kr/rank.php?m=mg&si=%EC%84%9C% EC%9A%B8&st=md&gi=3).

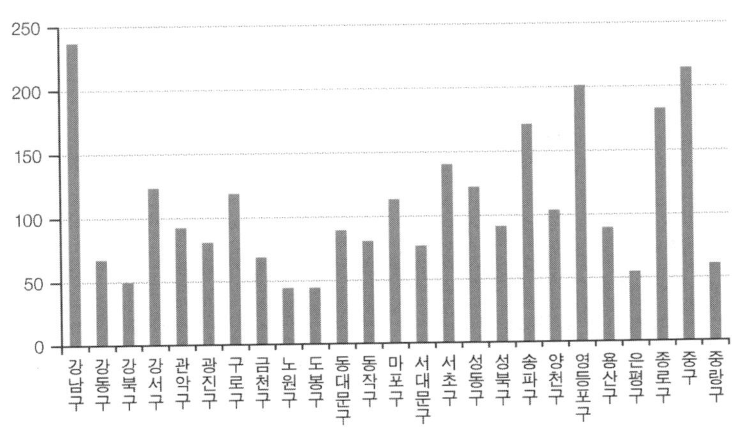

〈그림 2-10〉 서울시 구별 상업시설 면적 (단위: km^2)

고, 상관계수는 0.01 수준(양쪽)에서 유의하다. 이로써 상업시설이 주택 가격에 영향을 미치는 것을 확인할 수 있다. 한편 1000대 기업 수와 상업시설 면적 중에서는 1000대 기업 수가 더 크게 상관되는 것을 알 수 있다.

놀이터로 고려할 수 있는 도시 내 공간으로는 공원도 있다. 집 가까이에 공원이 있는 경우라면 거주 환경이 양호하다는 평가를 받는 데 유리하게 작용할 수 있을 것이다. 그러나 분석 결과는 기대에 어긋난다. 주거지에서 $1000m^2$ 규모 이상의 공원까지의 거리(즉, 공원 접근성)를 독립변수로 회귀분석을 실시하면 통계적으로 유효한 회귀식이 성립되지 않는다. 즉, 공원이 가까이 있다는 것이 가격에 통계적으로 유의미한 영향을 미치지 않는다는 뜻이다.

준주거지역으로의 접근성

집의 가치를 결정하는 주요 요인인 위치라는 속성에 포함되는 성능 중에는 안정성이라는 것을 생각해 볼 수 있다. 안정성이란 주변으로부터 원하지 않는 각종 침해를 받지 않을 수 있는 특별한 조건이 충족되는 상태를 말한다. 원하지 않는 침해에는 물리적인 침입, 시각적 감시 같은 것들이 주로 해당되지만, 소음이나 냄새 같은 것들도 침해의 요소가 될 수 있다. 어찌 보면 인간의 다섯 가지 감각을 통해 수용될 수 있는 자극들 중에서 원치 않는 것들이라면 모두가 침해의 요소가 될 수 있다.

안정성이란 결국 주변으로부터 자신에게로 접근하는 자극을 적절한 수준으로 통제할 수 있는 능력이다. 다른 말로 하자면 주변에서 자신에게로 향하는 접근성, 달리 표현하자면 피접근성을 통제할 수 있는 능력을 말한다(이상현, 2015).

주거지의 안정성을 해치는 정도의 피접근성 제고는 주로 주거 이외의 기능이 주거지에 포함될 때 발생한다. 주거지 내에 거주하는 사람들이 자기 집을 드나드는 것 이외의 출입이 발생할 때 그렇다. 이것은 대개 주거지 내에 주거 이외의 용도, 즉 상업이나 공업 기능이 섞여 있을 때 그런 일이 벌어진다. 상업시설이나 공업시설을 이용하는 사람들은 해당 주거지의 주민이 아닌 경우가 더 많다. 이와 같은 유동 인구가 안정성을 해치는 주범이 된다.

주거지의 안정성을 해치는 상업시설과 공업시설이 섞여 있게 된 것은 준주거지역이라는 용도지역의 특성 때문이다. 「국토의이용및계획에관한법률」과 「건축법」에서는 땅의 용도를 지정한다. 이때 크게는 주거, 상업, 공업, 공원으로 구분하는데, 주거지역은 일반주거지역과 준주거지역으로 세분한다. 일반주거지역에는 주거시설만 설치할 수 있다. 반면에 준주거지역에는 주거와 함께 주거 생활에 악영향을 미치지 않는 수준의 상업과 공업 시설이 설치될 수 있도록 허용하고 있다.

주거지 안에 주거 이외의 기능을 설치할 수 있게 한 것은 두 가지 이유가 있다. 하나는 직주근접과 관련이 있다. 직주근접이란 주거와 직장을 가까이 배치하자는 주장이다. 주거지와 근무하는 직장이 너무 멀면 비효율이 발생한다. 주거와 주거 이외의 기능을 엄격하게 분리하면 주거 기능은 좋아지지만, 도시 전체로 볼 때는 생산 효율이 떨어지기도 한다. 주거와 다른 용도지역을 얼마나 엄격하게 분리할 것이냐는 주거의 효율과 생산의 효율을 비교 형량해 결정하게 된다. 준주거지역은 주거의 효율과 함께 생산의 효율을 제고하기 위한 방편으로 보면 된다. 주거의 효율을 적극적으로 추진하는 일반주거지역을 설치하고, 주거지역 중 일부를 떼어 생산 효율에 사용하기 위해 만든 것이 준주거지역이다.

다른 이유도 있다. 법에 의해 용도지역을 정하기 전에 이미 설치된 시설들을 철거하기는 어렵다. 이미 주거와 상업 혹은 공업이 일부 섞여 있는 지역에 대해서는 기존 상태와 권리를 존중하는 차원에서 이를 보전하기 위한 방법으로도 준주거지역이 활용되었다.

이와 같은 이유로 형성된 준주거지역은 주거의 안정성을 해치는 가장 큰 요인으로 지목된다. 준주거지역과 인접함으로써 발생하는 안정성 저하는 주택의 가치를 하락시키는 요인으로 작용하리라 추정된다. 그렇다면 준주거지역 인접성이 주택가치 하락에 미치는 영향의 크기는 얼마나 될 것인가? 이걸 계량적으로 평가하려면 먼저 안정성을 평가하는 지표를 만들어야 한다. 그다음 집값을 종속변수로 하고 안정성을 포함한 여타 요인을 독립변수로 삼는 회귀분석을 통해 안정성이 집값에 미치는 영향의 크기를 파악할 수 있다. 또한 집값과 안정성에 미치는 요인 간의 상관관계도 분석을 통해 그 정도를 파악해 볼 수 있다.

주거지의 안정성을 평가하는 지표로 사용할 수 있는 것은 주택 인근에 분포하는 준주거지역의 면적이다. 예상하기로는 주택 인근에 분포해서 주거지로 외부 유동 인구를 유입하게 만드는 준주거지역의 면적이 넓을수록 주택 가격에 부정적인 영향을 끼칠 것으로 예상해 볼 수 있다. 하지만 분석 결과는 우리의 예상과는 반대다. 분석 결과 아주 낮은 설명력(R^2 = .102)을 보이기는 하지만, 준주거 면적의 양이 주택 가격에 양(+)의 영향을 미치는 것으로 나타났다.

일반적인 기대와 상반되는 결과를 보여주는 또 다른 증거도 있다. 주택 가격과 준주거지 면적 간의 상관도 분석이다. m^2당 가격과 구별 준주거지 면적과의 상관도 분석을 통해서도 둘 간의 관계를 파악해 볼 수 있다. 분석 결과 상관도는 .326이지만 유의확률이 .112로, 통상적으로 볼 때 통계학적으로 의미가 있다고 볼 수 없다. 하지만 주거지 인근에 준주거지역이 있으면, 오히려 주택 가격에 유리한 영향을 미칠 수 있다고 얘기할 수 있다.

두 가지 실증 분석을 통해 고찰한 바로는 주택지 인근에 준주거 면적이 넓게 펼쳐져 있다고 해서 주택 가격을 낮추는 효과가 발생하지는 않는다. 오히려 매우 약하기는 하지만, 가격 상승에 영향을 미친다. 주거지로의 유동 인구를 유입시켜 거주 환경을 저하시키는 요소가 오히려 가격 상승에 도움이 된다는 것은 주거지의 안정성을 추구하기보다 주거를 개조해 상업용으로 전환했을 때 기대할 수 있는 부동산 가격 상승을 더 선호하는 것으로 해석할 수 있다.[14]

결론

흔히 말하는 좋은 위치라는 것에는 크게 봐서 두 가지 속성이 있다. 하나는 원하는 곳으로 쉽게 다가갈 수 있는 능력, 즉 접근성이라는 속성이다.

14 주거의 상업용도화는 도시 내에서 흔히 일어나는 일이다. 법이 허용하는 범위에서 선택할 수 있는 용도에 따른 지대생산성 차이로 발생하는 일이다(이상현, 1988).

다른 하나는 원하지 않는 접근을 통제할 수 있는 능력이라는 속성이다.

주거 생활 중에 쉽게 접근하기를 원하는 곳에는 일터와 놀이터가 포함된다. 한편, 일터와 놀이터를 포함해 그 어떤 곳이라도 쉽게 접근할 수 있는 능력을 제공하는 시설로 전철역이 있다. 따라서 위치라는 측면에서 보았을 때 주택의 가치는 전철역으로의 접근, 일터로의 접근, 놀이터로의 접근이 용이한 곳이 좋은 위치가 된다.

회귀분석을 통한 실증적 분석은 예상과 부합하는 결과를 보여준다. 전철역까지의 거리, 일터로의 접근성, 놀이터로의 접근성은 주택의 가격에 상당한 영향을 미치는 것으로 나타났다. 한편 일반적인 기대를 넘어서는 분석 결과는 일터로의 접근성이나 놀이터로의 접근성이 전철역까지의 거리보다 더 큰 영향을 미친다는 점이다.

주거 생활에서 원하지 않는 접근은, 주로 주거지 내에 외부 유동 인구를 끌어들이는 시설이 있을 때 발생한다. 그러한 시설로는 주로 업무시설, 중심상업시설, 공업시설이 포함된다. 이런 시설을 위한 용도지역은 별도로 상업지역이나 공업지역으로 구분되지만, 생산이라는 측면에서 보았을 때 도시 공간의 효율적 이용이나 개인 재산권 존중 등을 이유로 준주거지역이라는 용도 구분으로 주거지 내에 포함되기도 한다.

도시 내 경제 활동의 효율이라는 측면에서는 효과적이지만, 주거지의 생활 환경을 저해할 것으로 예상되는 준주거지역이 주택의 가격이라는 측면에서는 그다지 부정적인 영향을 미치지는 않는 것으로 나타난다. 이 점은 일반적인 예상과 크게 다른 것이지만, 주택이 사는 장소로서의 의미보다 향후 자산가치 증식이라는 측면에 점점 더 무게가 실리고 있는 현 상황을 단적으로 드러내 보여주는 것이라고 할 수도 있다.

03

부지

부지의 법적 용도

집값에 영향을 미치는 요인 중에서 위치 다음으로 꼽을 수 있는 것이 부지다. 부지란 집을 건축할 수 있는 토지를 말한다. 이제 부지가 집값에 미치는 영향에 대해 살펴보자.

부지에는 집값에 영향을 미치는 여러 가지 속성이 있다. 그런 속성들을 가장 잘 살펴볼 수 있는 곳이 국토교통부의 공시지가 열람 사이트다.[1] 공시지가는 정부가 공적으로 고시하는 땅 가격이다. 공시지가는 국토교통부 장관이 조사·평가하여 공시하게 되어 있지만, 감정평가사라는 전문가들이 국토부 장관을 대신해 현장 감정을 하여 결정한다. 한번 결정되었다고 해서 영구히 가격이 고정되지는 않는다. 필요하다고 판단되면 공시지가는 수시로 조정된다. 공시지가는 주로 달갑지 않은 용도로 사용된다. 취득세, 보유세, 양도세와 같은, 세금을 물리기 위한 과세 기준을 만들기 위함이 1차 용도다.

1 https://www.realtyprice.kr:447/notice/gsindividual/siteLink.htm.

공시지가는 감정평가사가 감정을 하지만, 감정평가사 개인의 지식, 경험 혹은 선호에 따라 차이가 커서는 안 된다. 그래서 공시지가 책정 시 평가 기준은 법으로 규정된다. 「부동산 가격 공시에 관한 법률」이 그것이다.

공시지가 책정 시에 고려하는 요소들은 크게는 물리적 조건과 법적 조건으로 분류된다. 물리적 조건에는 형상지세, 도로교통, 주위 환경, 지리적 위치가 포함된다. 이 각각의 조건도 세분화해서 가치를 다르게 평가하도록 한다. 법적 조건에는 용도지역과 이용 상황이 포함된다.

부지의 형상지세 중에서 형상은 정방형이 가장 좋고 세장형, 부정형, 자루형의 순으로 저평가된다. 정방형이 건물을 지을 때 가장 효용이 좋다고 생각하기 때문이다. 부지의 형상지세 중에서 지세는 해당 부지와 인접 부지들 간의 상대적 높이 관계와 해당 부지 자체의 경사 조건을 포함한다. 직관적으로 생각할 수 있듯이 평지이면서 경사가 완만한 부지가 높이 평가받는다.

도로교통은 부지가 접하는 도로의 개수와 면하는 도로폭에 관련된 조건을 포함한다. 면하는 도로의 개수가 많고, 접하는 도로의 폭이 넓은 경우가 대체로 높이 평가된다. 하지만 부지 용도에 따라 적지 않는 차이가 있다. 예를 들어 상업용이라면 접하는 도로의 수가 많고 폭이 넓을수록 좋지만, 주거용이라면 접하는 도로 수가 많은 것이 장점이 되지 않으며, 도로폭이 지나치게 넓을 경우 불리하게 평가될 수 있다.

주위 환경은 부지 인근에 있는 다른 부지의 도로교통 및 사용 용도와 관련된 조건을 포함한다. 도로교통 상황에 따른 분류에는 노선, 후면, 역 주변과 같은 세분류를 사용하고, 용도에 따른 분류에는 주택지대, 상가지대, 주택 및 상가 혼용지대와 같은 세분류를 사용한다. 주위 환경 조건에서는 역 주변 상가지대가 높은 평가를 받지만, 이것 또한 해당 부지의 용도와 밀접하게 관련된다. 상업용이라면 역 주변 상가지대가 당연히 높은 평가를 받지만, 주택용이라면 정비된 주택지대가 높은 평가를 받는다.

지리적 위치는 부지 인근에 존재하는 잘 알려진 도로나 건물을 기준으로 표시된다. 예를 들자면 '대치 사거리 남서 측 인근'과 같은 것이다. 부지 자체의 특성보다는 부지의 광역적 가치를 평가하기 위한 기준으로 사용된다.

용도지역과 이용 상황은 서로 별개의 것은 아니다. 용도지역에서 허용하는 용도 중 실제로 사용되는 용도를 구체적으로 적시하는 것이 이용 상황이다. 예를 들어 이용 상황은 '다세대'이면서 용도지역은 '3종 일반주거지역'인 경우가 있다. 이것은 '3종 일반주거지역'이라는 커다란 용도 범위 안에서 특히 '다세대'로 사용되고 있다는 의미다.

용도지역은 크게는 주거, 상업, 공업, 공원으로 분류되고, 각각에 대해 세부적인 용도가 규정된다. 대체로 용도지역이 상업지역인 경우, 가장 높은 평가를 받는다. 이용 상황 조건에 따른 평가의 차이는 크지 않다고 봐야 한다. 건물을 지을 때부터 허용하는 용도 중에서 가장 생산성이 높은 세부 용도를 선택했기 때문이다. 이용 상황에 대한 평가는 이미 용도지역 평가에 포함되었다고 보면 된다.

감정평가사들이 사용하는 평가 기준을 살펴보면, 그 안에 땅의 가치를 평가하기 위한 모든 요인이 들어 있다고 할 수 있을 정도다. 하지만 그 모든 것들을 다 고려해서 각각에 가중치를 매겨 가치를 평가할 정도로 모든 요소가 다 의미가 있지는 않다. 지금부터 감정평가에 사용되는 기준 중에서 현실적으로 집값에 영향을 미치는 요소들을 중심으로 알아보자.

부지가 가지는 다양한 속성 중에서도 집값에 가장 크게 영향을 미치는 것은 부지의 법적 조건이다. 땅이 있다고 해서 아무 건물이나 짓지 못한다. 주택을 지을 수 있는 땅이 있고, 상가를 지을 수 있는 땅이 따로 있다. 공장도 마찬가지다. 공장을 지을 수 있는 땅 또한 별도로 마련되어 있다. 법적으로 보면 땅은 주거지역, 상업지역, 공업지역, 녹지지역으로 크게 대별된

〈그림 3-1〉 산업 혁명 시기 영국 런던의 모습
"The Mill, Pendlebury"(Lowry, 1943).

다. 주거용은 전용주거지역, 일반주거지역, 준주거지역으로 나뉘고, 전용주거지역은 제1종, 제2종으로 세분된다. 일반주거지역은 제1종, 제2종, 제3종으로 세분된다. 상업용은 중심상업지역과 일반상업지역, 근린상업지역, 유통상업지역으로 세분된다. 공업지역은 전용공업지역, 일반공업지역, 준공업지역으로 세분되고, 녹지지역은 보전녹지지역, 생산녹지지역, 자연녹지지역으로 세분된다.[2]

먼저 땅의 용도를 구분하는 이유에 대해 알아보자. 대략 200년 전만 해도 땅을 활용하는 방법에 대해, 특히 그 땅에 세워지는 건물의 용도에 대해 규제가 없었다. 토지 소유자가 원하는 용도의 건물을 지을 수 있었다. 주택도 좋고, 물건을 사고파는 상업 건물도 좋고, 물건을 만드는 공장도 가능했다.

〈그림 3-1〉 로런스 라우리(Laurence Lowry)의 그림에서 설명력 있는 예

2 「국토의 계획 및 이용에 관한 법률 시행령」 제30조.

를 찾을 수 있다. 산업혁명 시기의 런던을 담고 있는 라우리의 그림을 보면 한 지역에 주택, 상점, 공장이 한데 모여 있는 것을 볼 수 있다. 땅의 용도를 구분하고 있지 않았다는 것을 보여주는 사례다. 이렇게 주거, 상업, 공장이 모여 있으면 무슨 일이 벌어지는가? 사람들이 그렇게 주거와 상업과 공장을 한데 모아서 지었다면 그럴 만한 이유가 있을 것이다. 이유는 직주근접이다. 직장과 주거를 가까이 위치시킴으로써 도시 활동의 편의성을 제고하려는 목적이었다. 직장과 주거가 근접해 있으면 출퇴근을 위해 먼 거리를 이동할 필요가 없다. 현대 도시의 절대적인 특징이 되어버린 출퇴근길의 러시아워란 상상할 수 없는 일이 된다.

주거와 상업을 붙여놓으면 주거의 편의성이 제고된다. 필요한 물품을 그때그때 바로 사서 쓸 수 있다면 그만큼 편리한 것도 없다. 이런 종류로 대표적인 사례가 주상복합이다. 주거와 상업을 한 건물 안에 모아서 지은 건물이다. 고층부에는 주로 주거, 저층부에는 상업시설을 수용한다. 우리나라에서는 대략 30여 년 전부터 유행하기 시작한 주상복합은 여전히 인기를 누리는 주거 유형이면서 최근에는 더욱더 고급화되는 경향이 있다. 주상복합은 건물 하나가 마치 하나의 완전한 도시처럼 기능한다. 하나의 건물 안에 일상생활에 필요한 모든 기능을 갖추고 있다. 최근의 주상복합 시설에서는 냉장고가 필요 없다는 농담이 있을 정도다. 필요할 때마다 건물 하층부에 있는 상가로 내려가서 원하는 것들을 모두 살 수 있기에 가능한 농담이다.

상업시설에는 업무시설이 포함되기도 해서, 어떤 경우에는 상층부부터 하층부로 내려가면서 주거, 오피스, 상점들이 배치된다. 이런 경우라면 직주근접과 주거 편의성이 한 번에 해결된다. 이런 건물에 살면 건물 밖으로 나가지 않고도 완전한 일상생활이 가능해진다.

라우리의 그림에서 보이는 런던은 현대의 주상복합처럼 수직으로 적층

〈그림 3-2〉 찰스 디킨스, 『어려운 시절』 표지 삽화

자료: Charles Dickens, *Hard Times* (Simon & Schuster, 2007).

된 고층 건물은 아니지만, 현대의 주상복합처럼 작동했다. 주택, 공장, 상점이 모두 한자리에 모여 있다. 현대의 주상복합이 자연스럽게 여겨지는 것처럼 토지가 복합 용도로 사용되는 것 또한 자연스러워 보인다. 라우리의 그림에서는 도시에 활기가 넘친다. 사람들이 거리에 가득 차 있다. 일터를 오가는 어른과 길에서 뛰어노는 아이들, 산책하는 사람들이 한데 어울려 도시에 생동감이 느껴진다. 이렇게만 보면 토지 용도의 복합적 사용이 좋은 것처럼 보인다. 과연 그럴까?

라우리는 공장과 주택이 뒤섞여 돌아가던 도시의 밝은 면을 보았던 반면, 어두운 곳에 주목한 사람도 있다. 찰스 디킨스다. 그는 소설 속 가상의 도시 '코크타운'을 이렇게 묘사하고 있다.

코크타운은 붉은 벽돌로 만들어진 도시였다. 어쩌면 붉은색이 아니었을 그 벽돌들은 연기와 재로 붉게 변했는지도 모른다. 도시엔 기계와 높은 굴뚝만이 있었고 거기에서 나오는 연기는 뱀처럼 끝이 보이지 않을 정도로 길게 뻗어 있었다. 그 도시엔 검은 운하가 흘렀다. 그리고 역겨운 냄새가 나는 자줏빛으로 염색된 강물이 흐르고 있었다(디킨즈, 1997).

공장의 매연이 이제 곧 도시 사람들을 극단의 고통 속으로 몰아넣을 것을 잘 알고 있는 듯이 새로운 도시를 어둡게 묘사한다. 주택가를 관통하는 개천은 하수구로 사용되는데, 거기에는 공장의 폐수가 흘러간다. 런던 하늘은 맑은 하늘을 보여주는 일이 드물다. 공장에서 뿜어져 나오는 연기가 하늘을 뿌옇게 채운다. 연기는 런던 특유의 안개와 결합되어 스모그라는 신종 물질을 만들어낸다.

주거와 상업과 공장이 한 장소에 모여 있는 것은 편리하기도 하고 때로 도시에 생기를 불어넣어 주기도 하지만, 끝까지 그렇게 좋은 일만 있을 거라고 생각하기는 어렵다. 런던은 누구나 예견한 큰 재난을 겪게 된다. 심각하게 발생한 스모그가 런던의 정체된 대기 흐름 때문에 오랜 시간 런던을 뒤덮은 날, 수만 명이 호흡기 질환으로 목숨을 잃는 사건이 발생한다.

땅의 복합 용도 사용이 주는 편의성이나 도시의 활기 같은 것은 스모그가 가져오는 재앙 앞에 당연히 빛이 바랜다. 모든 것이 한데 엉켜 있는 도시에서 공장을 분리하고, 또한 상업시설 중에서도 외부 인구를 끌어들이는 중심상업시설을 주택가에서 멀리 떼어놓을 필요성을 느끼기 시작한다.

1800년대 중반 런던의 스모그는 용도를 분리할 필요성을 새삼 깨닫게 했다.[3] 1900년대 초반 들어서는 도시를 계획할 때 용도를 지역별로 구분하는 제안들이 나타난다. 이런 제안들이 축적되어 프랑스 건축가 르코르뷔지에(Le Corbusier)의 '빛나는 도시'로 구체화된다. 이 도시계획안은 주거와

3 영국에서는 1848년에 「공중위생법」이 제정되었다. 이는 1800년대 중반에 공해의 위험성을 심각하게 판단하고 있었다는 증거가 된다.

업무 지역을 엄격히 분리한다. 한편 주거지역과 업무지역이 분리되면서 불가피해진 이동 문제를 해결하기 위해 주거지역과 업무지역을 고속도로로 직결하는 교통 방식을 제시한다. 유럽의 전통적인 도시공간구조와 비교해 보면 참신한 아이디어라고 할 수 있지만, 유럽에서 이런 노력이 시작될 때 미국에서는 이미 비슷한 제도가 시행되고 있었다.

뉴욕의 맨해튼은 개발 초기부터 철저하게 용도를 구분했다. 맨해튼섬을 격자 모양으로 잘게 나누고, 구역별로 용도를 부여했다. 이렇게 도시를 작은 구역으로 나누고 각 구역별로 용도를 지정하는 방법을 조닝(zoning)이라고 한다. 미국 맨해튼은 최초로 조닝이 적용된 계획도시로 유명하다.[4]

뉴욕 맨해튼은 이후 전 세계 도시의 모범이 되었다. 모든 현대 도시는 지역별로 용도를 달리하는 조닝 시스템을 채용한다. 우리나라 법에서 땅의 용도를 주거, 상업, 공업, 녹지로 분류하는 것도 여기서 유래되었다.

토지의 용도가 법적으로 지정되면 토지의 가치도 그에 따라 달라진다. 대체로 상업용이 가장 비싸고 주거용, 공업용이 그 뒤를 잇는다. 각각의 대분류 안에서도 세분류가 있고 서로 간에 가격 차이가 있지만, 대분류 간의 차이보다 크지 않다. 즉 토지 가격에 가장 큰 영향을 미치는 것이 바로 법적 용도다.

도시 내 토지의 이용 용도를 크게 대별하면 주거, 상업, 공업, 녹지로 구분되지만, 자세히 들여다보면 용도는 더 세분되어 있음을 알 수 있다. 주거 용도를 세분해서 보면 전용, 일반, 준주거로 나뉜다. 주거를 이렇게 세분화하는 데는 또 이유가 있다. 단독주택과 다세대주택을 예로 들어 생각해 보자.

단독주택도 주거이고, 다세대주택도 주거이기는 마찬가지다. 하지만 단

4 미국 맨해튼에 조닝이 철저히 적용된 것은 사실 도시 기능을 최대로 하기 위한 것과는 조금 거리가 있다. 도시의 기능 제고에 목표가 있다기보다는 맨해튼 땅을 매각하기 좋게 조각내는 데 목적이 있었다 (Remarks of the Commissioners, 1811).

독주택이 모여 있는 지역에 다세대가 들어서면 단독주택지의 거주 분위기가 좀 달라진다. 단독주택에 비해 다세대주택에는 출입하는 사람이 많기 때문이다. 단독주택들만 모여 있다면 아주 조용한 동네 분위기가 유지되지만, 다세대주택이 끼어들면 그게 좀 어렵다. 어떤 이들은 아주 조용한 주택가를 원할 수 있고, 또 어떤 이들에게는 다세대주택이 불가피하게 필요할 수 있다. 이 두 가지 수요는 당연히 존재하는 것이고, 이들의 수요와 요구를 수용하자면 단독주택지와 다세대주거지를 분리할 필요가 있다. 그래서 법이 만들어졌다. 전용주거지역에는 단독주택만 지을 수 있다. 한편 제2종 일반주거지역으로 지정되면 다세대주택을 짓는 것이 가능해진다.

땅의 용도는 법적으로 규정되기는 하지만, 그것이 영구적인 것이 아니다. 도시의 공간구조가 변화하면서 세부적으로 특정 지역의 용도를 재조정할 필요가 생기기도 한다. 일반 주거지역이 준주거지역으로 바뀌기도 하고, 준주거가 상업 용도로 바뀌기도 한다. 그렇다면 준주거가 주거 전용으로, 혹은 상업용이 준주거로 바뀌기도 하는가? 법이 만들어지고 집행되는 절차를 보면 그리 못할 것도 없다. 하지만 그런 사례를 찾아보기는 어렵다. 이유는 간단하다. 일반주거를 준주거로 바꾸거나 준주거를 상업용으로 바꾸는 것은 땅의 소유자에게 경제적 이득이 되지만, 그 반대의 경우에는 경제적으로 손해를 입히는 일이 되기 때문이다. 공익을 이유로 반대의 경우를 실행하고자 하면, 개별 땅 소유주의 경제적 손해를 공공에서 보상해야만 한다.

땅의 용도와 관련한 집의 가치에서 가장 극적인 사건은 용도가 바뀌는 일이다. 시장이나 도지사는 10년마다 도시주거환경정비기본계획을 수립하도록 되어 있다. 목적은 도시 정비의 미래상과 목표를 명확히 설정하고 이에 따라 합리적으로 토지를 이용하여 장래 개발 수요에 효과적으로 대처함으로써 쾌적한 도시 환경을 조성하고 도시 기능의 효율화를 추구하기 위함이다. 이 과정에서 도시의 규모가 팽창하거나 혹은 또 다른 이유로라도 특정 용도의 땅이 더 필요하게 되면 용도를 변경할 수 있다. 이때 벼락부자가 출현하기도 한다. 농지가 도시로 편입되면서 상업용이나 주거 용도로 변경되면 당연히 그 땅의 경제적 가치는 높아진다. 그러다 보니 많은 사람들이 도시계획에 관심을 기울인다. 이미 결정된 도시계획에 대해서는 그다지 관심을 두지 않는다. 장래에 어떻게 변경될 것인지가 가장 큰 관심사다.

대체로 사람들은 토지 관련 법규 적용이 바뀌어서 더 큰 용적을 지을 수 있는 용도로 바뀌는 것을 선호한다. 누구라도 그럴 것 같다. 경제적으로 이득이 생기는 데 마다할 사람은 별로 없다. 그런데 그렇지 않은 경우도 있다. 미국 얘기다. 미국의 46대 대통령이 된 조 바이든(Joe Biden)은 선거공약 중 하나로, 우리나라 사람들이 이해하기 어려운 것 하나를 내걸었다. 전용주거지역에 공동주택을 지을 수 있게 건축 관련 법을 개정하는 일이 그것이다(Souza et al., 2022: 64). 우리나라 건축법 체계로 보자면 땅의 용도를 바꾸는 일이다. 전용주거지역이 제2종 일반주거지역쯤으로 바뀌는 건데, 우리나라라면 대부분 환영할 것 같다. 그런데 미국은 사정이 조금 다르다.

전용주거지역 주민들이 반대한다. 경제적으로 이득이 있기는 하지만, 거주 환경이 나빠진다고 결사반대한다. 집의 가치에서 교환가치보다는 사용가치를 더 중요시하는 '성숙한' 인간으로 보인다. 하지만 자세히 속내를 들여다보면 그것도 아니다.

미국에서 전용주거지역에 공동주택 짓는 것을 싫어하는 가장 큰 이유는 공동주택이 들어서면 경제적 하위계층이 몰려들어 올 수 있다는 우려 때문이다. 아파트를 좋아하고 고층을 좋아하는 우리나라와 다르게 미국인들은 대개 단독주택을 선호한다. 아파트는 서민이나 빈민들이 사는 곳이라고 생각한다. 단독주택지에 빈민들이 몰려들어 오면 종국에는 집값이 떨어질 것이라는 우려의 발로로 볼 수 있다. 공동주택을 지어서 얻을 수 있는 이득보다 빈민계층 유입으로 인한 집값 하락이 더 크리라고 판단하는 것이다.

사람들은 입안 중인 도시계획에 높은 관심을 보인다. 일반 사람들이 알지 못하는 정보를 이용하면 큰돈을 벌 수도 있기 때문이다. 하지만 이건 불법이다. 미공개 정보를 이용하여 사적인 이득을 도모하는 행위는 불법이다. 법적으로 처벌되는 것을 알면서도 미련을 버리지 못한다. 경제적 이득이 워낙 크기 때문이다.

법적 용도 변경이 집값 상승에 미치는 영향은 꽤나 분명하다. 일반주거지역이 준주거지역으로 바뀐다면, 준주거지역 평균 시세만큼 상승한다고 보면 틀림없다. 구체적인 사례로 얘기해 보자. 땅의 용도가 바뀌는 상황을 지칭하는 용어로 종상향이라는 것이 있다. 어떤 특정한 종으로 분류된 땅을 등급이 더 높은 다른 종으로 바꾸어준다는 뜻이다. 주거지역을 예로 들자면 2종 주거지역을 3종 주거지역으로 바꾸어준다면 그것이 바로 종상향이다.

한 연구에 따르면 2010~2014년간 부산에서 종상향에 따른 지가 상승이 연평균 최대 17.8%로 나타난다. 종상향으로 가격이 17.8% 정도로 올랐다는 의미이다(김홍관·여성준·강기철, 2016: 157~168). 땅 주인 입장에서 보면 자신은 아무것도 한 일이 없는데 어느 날 갑자기 자신의 재산이 20% 가까이 오른 것이다. 아주 오래전에는 이런 것을 당연히 횡재라고 불렀을 것이다. 그런데 요즘은 횡재라는 말이 썩 어울리지는 않는다. 사람들은 그 땅을 살 때부터 종상향을 염두에 두기 때문이다.

건축 가능 연면적

집의 가치는 집을 구성하는 건물과 그 건물이 차지하는 땅의 가치를 합한 것이다. 땅과 건물은 불가분의 관계를 맺으면서 전체적인 가치를 결정하는데, 이것과 관련된 극적인 장면은 연면적이라는 개념에서 비롯된다.

땅이 크면 더 큰 집을 지을 수 있는 것은 매우 상식적인 얘기다. 즉 집의 크기는 땅의 크기와 일정한 비례관계를 이룬다. 땅과 집의 비례관계는 건폐율과 용적률에 의해 성립된다. 건폐율은 땅을 건물이 얼마만큼 가리는지를 표시하는 수치다. 건물의 수직 상방에서 해가 비춘다고 생각하고 그때 해그림자의 면적이 건축면적이 된다. 이 건물 면적을 땅 전체 면적으로 나누면 그것이 건폐율이다. 땅의 전체 면적이 100평이고 그림자의 면적 50평이면 건폐율은 50%이다.

건물은 대개 여러 층으로 구성된다. 2층, 3층 혹은 그 이상의 층으로 짓는데, 각 층의 면적을 모두 합한 것을 연면적이라고 부른다. 이 연면적을 땅의 면적으로 나누면 그것이 용적률이다. 다시 한번 예를 들어 정리해 보자. 땅의 면적이 100평이고, 세 개 층인데 그중 가장 넓은 층 바닥면적이 50평이면 건폐율은 50%, 연면적은 150평이 되고, 용적률은 150%가 된다.

건축법에서는 건폐율과 용적률을 이용해 땅의 면적과 건물의 크기가 일정한 비례 안에 위치하도록 통제한다. 이렇게 하는 이유는 과밀을 방지하기 위함이다. 과밀은 두 가지 측면에서 생각해 볼 수 있다.

하나는 부지 자체의 과밀이다. 건폐율에 제한이 없다면 토지 소유자는 가능한 한 넓게 건물을 지으려 하므로 결국 건폐율이 100%가 되어 건물이 대지에 꽉 차게 들어설 것이다. 이렇게 되면 인접한 건물과 맞붙어서 일조, 채광, 통풍 기능이 떨어지고 이로 인해 위생적인 환경을 확보하기 어려워진다. 또한 화재를 비롯한 재해 발생 시 연소를 차단하고 피난을 위한 공간을 확보하기도 어려워진다. 위생적인 환경과 함께 안전한 환경을 확보하기 위해서라도 건폐율을 100% 이하로 제한해 부지 안에 공지를 확보해야 한다.

다른 하나는 부지가 속한 일정 영역의 과밀이다. 일정 영역 내에 지나치게 많은 사람이 모여 살면서 생기는 과밀을 의미한다. 과밀과 관련된 문제는 주로 인프라에서 나타난다. 도로에 과부하가 걸려 교통체증이 발생하고, 상하수도 용량에 과부하가 생겨 필요한 용수 공급이 어려워지기도 한다.

집을 지을 때는 보통 법이 허용하는 최대치를 다 사용하려고 노력한다. 건폐율이 50%이면 50%를 다 사용하고, 용적률이 200%이면 200%를 다 사용하고자 노력한다. 여기서 노력한다는 말에 묘미가 있다. 노력은 하는데 이와 같이 허용 건폐율과 허용 용적률을 다 사용하지 못하는 경우도 발생한다. 용돈을 1만 원 받았는데 그걸 다 사용하지 못하는 것과 같은 경우다. 왜 이런 일이 벌어질까?

좀 더 세세하게 들여다보면 건물의 크기를 규정하는 데 관련되는 법 규정이 건폐율이나 용적률만 있는 것이 아니다. 예를 들면 대지경계선에서 일정 거리를 띄워야 하기도 하고, 인접 건물의 일조를 고려해 이웃 대지와의 거리를 일정 정도 이상 띄워야 하기도 한다. 얼핏 보기에 이런 규정들이 건물의 크기와 무슨 상관이 있겠냐 싶지만, 실상 건물의 규모에 큰 영향을 미친다. 대지경계선에서 일정 거리를 이격하고, 일조를 위해 일정 거리를 이격하다 보면 건물을 지을 수 있는 영역이 점점 줄어든다. 때로 건폐율과 용적률 이외의 법 규정에 의해 건물을 지을 수 있는 면적 자체가 허용 건폐율이나 허용 용적률보다 작아지기도 한다. 특히 도심지와 같이 부지의 평균 면적이 작은 경우라면 법이 허용하는 건폐율과 용적률을 다 사용하지 못하는 경우가 거의 100%에 가깝다.

토지가가 평당 1억 원을 호가하는 대도시에서는 건폐율이나 용적률 1%를 더 사용하느냐 못 하느냐에 따라 수백억 원이 왔다 갔다 한다. 이런 경우는 도심에 주상복합 같은 것을 지을 때 주로 발생한다. 주상복합은 주거와 상업의 복합 시설이다 보니, 오피스나 주택보다 훨씬 많은 수의 법 규정이 적용된다. 이때 건축가는 법의 제한을 요리조리 피하고, 또한 법 규정 가이드라인을 이리저리 활용해 묘기를 부려야 한다. 이런 까닭에 허용된 건폐율과 용적률을 최대로 사용할 줄 아는 건축가가 좋은 건축가로 대접을 받기도 한다.

집의 가격에는 이미 집의 크기가 반영되어 있다. 그런데 아직 반영되지 않은 부분이 남아 있거나 새로 발굴된다면 집의 잠재적 가치는 더욱 커질 수 있다. 건폐율과 용적률에 이와 같은 잠재적 가능성이 많다.

모든 땅에는 허용된 건폐율과 용적률이 법이나 조례로 정해져 있다. 이는 건축법에 주로 규정되지만, 자세한 규정 사항은 건축 법령에 위임되어 규정되기도 한다. 법령뿐만 아니라 지방자치단체장 조례로도 건폐율과 용적률을 별도로 지정할 수 있다. 이 또한 건축법과 건축법령에서 그러한 권한을 명시적으로 위임하고 있기 때문이다. 건축법, 건축법령, 조례의 가장 큰 차이는 그것이 적용되는 지역적 범위의 차이다. 건축법, 건축법령은 전국적으로 동일하게 적용된다. 반면 조례는 지방자치단체장에 의해 동일 사항이라도 자치단체별로 다르게 적용될 수 있다.

동일한 용도지역 안에서도 지구단위계획과 같은 세부 계획에 의해서 건폐율과 용적률이 다르게 지정될 수 있다. 이뿐만 아니라 건폐율과 용적률 규정이 필요하다고 인정되면 언제든 바꿀 수 있는 권한이 자치단체장에게 있다. 현재 우리나라는 여전히 도시가 팽창하는 상황이다. 전국적으로 인구 감소가 예상되고 일부 도시에서는 실제로 인구가 감소하고 있지만, 도시는 여전히 점점 더 커지고 있다. 이런 상황에서 건폐율과 용적률은 대개 허용 한도가 커지는 방향으로 변화했다. 전체적으로 볼 때 건폐율과 용적률은 상향 추세로 보이지만, 일부 시기와 일부 지역, 일부 건축 유형에 따라 건폐율과 용적률이 하향 조정되기도 했다.

서울의 아파트는 1970년대 초 대체로 용적률 200%로 지어졌다. 그 후

아파트의 수요가 증가하는 반면 토지 공급이 부족해지자 1985년에 300%로 상향 조정했고, 1990년 주택 200만 호 건설에 맞추어 400%로 상향되기도 했다(≪중앙일보≫, 2008.3.19). 그러나 고밀개발의 부작용에 대한 자각이 커지면서 2000년에 다시 300%로 하향 조정된다. 2003년 이후에는 최대 상한이 250%로 또다시 하향 조정된다(김현아, 2003: 7). 용적률 하향 조정은 공급 부족이 해결되어 그렇게 한 것이 아니다. 오히려 아파트에 대한 수요는 많고 공급할 수 있는 토지는 점점 더 귀해져서 수요 대비 공급 부족인 상황은 더욱 심화되었다. 그런데도 용적률 하향 조정이 이루어진 데는 대체로 세 가지 정도 이유가 있다고 볼 수 있다.

하나는 300~400%라는 용적률로 막상 살아보니 지나치게 밀도가 높아서 거주성이 떨어진다는 경험 때문이다. 이런 경험이 제법 타당하다는 것은 기존 연구를 통해 확인할 수 있다(민범식 외, 2004: 17). 다른 또 하나의 이유는 단지 차원에서의 과밀이 아니라 서울 전체 차원에서의 과밀을 우려했기 때문이다. 서울 전체 차원에서의 과밀은 서울의 거주 성능이 떨어진다는 식의 우려는 아니었다. 그보다는 서울이 과밀 상태를 받아들일수록 지방의 과소 상태가 심각해질 수 있다는 우려 때문이었다. 서울로의 집중을 방지하고 국가적 차원에서 균형발전을 하자는 것이 핵심이었다. 세 번째 이유는 상당히 현실적이다. 아파트 단지의 용적률을 높여 수요에 부응하는 공급에는 한계가 있다는 인식이 확산되었기 때문이다. 특정 시점에 수요에 부응하는 방법으로 아파트의 용적률을 높이는 것은 "언 발에 오줌 누기"류의 미봉책에 불과하다는 데 누구나 공감할 수 있었기 때문이다. 문제가 잠깐 해결되는 듯 보일 수 있으나 장기적으로 볼 때 수요는 더 늘어난다. 서울로 인구가 집중되면 그런 인구를 대상으로 하는 사업체가 모여들어 일자리가 늘어나고, 또다시 인구가 증가하는 순환이 끊임없이 이어질 것이 분명했다. 문제는 그뿐 아니다.

특정한 땅에 대한 건폐율과 용적률 조정은 집의 가치에 큰 변화를 가져온다. 집 한 채만 놓고 보더라도 건폐율과 용적률 변화에 따른 경제적 이득과 손실이 적지 않을 테지만, 이게 아파트 단지 차원의 문제라면 대단히 중요한 사항이 된다. 아파트 용적률 상향 조정은 당장 집값 상승으로 이어진다. 용적률이 200%에서 300%로 오른다는 것은 땅의 성능이 1.5배로 좋아졌다는 것이고, 이는 곧 땅값 자체가 1.5배 비싸졌다는 의미도 된다. 아파트 용적률 상향 조정에 따른 집값 상승 문제가 더욱 고약한 것은 해당 지역의 아파트뿐만 아니라 인근 지역의 집값까지도 상승시킨다는 데 있다.[5]

허용 용적률이 집값에 영향을 미친 가장 극적인 사례는 서울 신반포 1차 아파트다. 2014년 신반포 재개발이 부동산시장에서 핫이슈가 되었다. 30평대 분양가가 20억 원을 오르내리면서 세간의 관심을 끌었다(≪아시아경제≫, 2014.10.6). 20억 원이 8년 전 분양가라는 걸 감안하면 현재 가격은 그보다 훨씬 높을 것이다.

신반포 1차 아파트는 서울에서 제법 초기에 지은 오래된 아파트다. 신반포 1차 아파트의 기존 용적률은 190%(≪매일경제≫, 2009.9.5) 정도이고, 신반포 1차 재개발에 적용된 용적률은 300%이다(≪매일경제≫, 2014.2.6). 용량이 1.5배로 늘어난 셈이다. 30평대 아파트 한 채를 가지고 있던 사람들이 1.5채를 가지게 된다는 것이다. 반포 아파트를 가지고 있던 사람들은 기존의 아파트 가격이 더 올라서 이득을 보고, 아파트 한 채가 1.5채가 되

5 재개발·재건축에 따른 아파트값 상승 문제에 대해서는 다른 의견이 아주 없는 것도 아니다. 특히 이용만의 연구가 대표적이다. 여기서 대표적이라고 말하는 것은 그의 논문이 특별하다는 뜻이 아니다. 논문에서 주장하는 논리가 그렇다는 뜻이다. 그의 연구에서도 재개발·재건축이 일어나면 해당 지역과 함께 인근 지역의 아파트값 상승이 일어난다는 것은 인정한다. 다만 그러한 집값 상승이 과연 재개발·재건축 때문인지 혹은 우리가 알 수 없는 또 다른 원인이 있는지는 알 수 없다는 입장이다. 재개발·재건축에 따른 집값 상승효과를 부정하는 몇몇 연구가 있지만, 그 논리도 대체로 이와 대동소이하다(이용만·이상한, 2004).

니 더 큰 이득을 보게 된 셈이다. 가격으로 치자면 '30억 + α'가 되는데, 이 α가 또 만만치 않은 금액이다.

허용 용적률이 집값에 영향을 미칠 가장 극적인 사례는 서울 압구정동 지역이다. 현대아파트와 한양아파트로 대표되는 이 지역은 서울 강남 지역에서 가장 먼저 아파트가 건설된 지역이다. 대략 1970년대 중반에 완공되었다고 볼 수 있으니 건축된 지 45년 정도 지난 아파트들이다. 그동안 기존의 많은 아파트 단지들이 재건축되어 서울의 다른 지역에서는 압구정동 현대아파트나 한양아파트같이 오래되고 대규모인 단지를 찾아보기 어렵다. 유독 이 지역만 재건축이 이루어지지 않고 있다.

서울 압구정동 현대아파트, 한양아파트가 최고의 투기 대상으로 꼽히는 것은 이 지역의 용적률이 대략 180% 정도로 매우 낮기 때문이다. 여러 가지 사정을 고려할 때 재건축이 이루어진다면 신반포 1차 아파트에 적용된 300% 정도의 용적률이 허용될 것이라는 기대감이 있다. 이와 같은 용적률 상향은 당연히 집값이 상승한다는 기대감을 품게 한다. 미래의 용적률 상향에 대한 기대감이 얼마나 많이 이미 집의 시가에 반영되었는지는 알 수 없으나, 어찌 됐든 또 한 번의 대폭적인 가격 상승을 기대하고 있는 것은 분명하다.

서울 압구정동의 현대·한양 아파트와 일부 아파트를 제외하고는 서울 지역 아파트 대부분의 용적률이 최소 250% 이상이거나 300% 이상이다. 그러나 이런 상황에서는 용적률 상향을 기대하기 어려우니 재건축을 한다고 해도 큰 집값 상승은 기대하기 어렵다. 그래서 흔히 서울 압구정 현대아파트와 한양아파트를 최후의 재건축 단지라고 일컫기도 한다. 비판적 시각으로 보자면 최후의 투기 먹거리를 두고 많은 사람들이 군침을 흘리는 상황이라고 표현해도 틀리지 않는다.

건축 가능한 연면적 증가 효과는 아파트 단지 수준의 대규모에만 적용되는 것은 아니다. 개별 주택지에도 똑같이 적용된다. 이렇게 된 이유는 서울이 팽창하는 상황에서 고밀도화가 전반적으로 이루어졌기 때문이다. 앞서 언급한 것처럼 특정된 땅에 적용되는 용적률은 올라갈 수는 있지만, 내려가기는 어렵다. 그러다 보니 어느 땅이든지 재건축을 할 경우 훨씬 더 많은 용적률을 사용할 수 있는 경우가 적지 않다. 여기까지의 이야기는 이제는 부동산 전문가가 된 대한민국의 국민이라면 모두가 다 아는 이야기다. 용적률이 올라가면 면적을 늘려 지을 수 있고, 그에 따라 집값은 상승한다는 이야기 말이다.

이제 일반인들은 잘 모르는 얘기를 해보자. 용적률 자체가 올라가서 집을 더 크게 지을 수 있다는 것은 누구나 알기 쉽다. 하지만 집을 더 크게 지을 수 있는 기회는 용적률 상향에만 있는 것이 아니다. 이미 얘기했듯이 허용된 용적률을 100% 사용하기는 어렵다. 용적률에 영향을 미치는 다른 요인들이 그 외에도 많기 때문이다. 예를 들자면 층고 제한, 도로사선 제한, 일조권 제한 등이다. 이 법 규정에 변화가 생길 경우, 결국은 실제 용적률은 변한다. 이 법규가 반드시 용적률을 상향하는 방향으로 바뀌지는 않았다. 하지만 결과적으로 용적률을 상향시키는 방향으로 변화가 있었던 것도 분명하다.

층고 제한은 미관지구나 공항 같은 보호시설이 있는 경우에 흔히 적용된다. 미관지구가 해제되거나 공항 같은 것이 이전하면 제한이 사라진다. 대표적인 사례를 하나 들어보자. 2022년 대선을 앞두고 민주당 당내 경선에서 이낙연 후보는 서울공항 이전을 거론했다. 서울공항을 이전하고 그 자리에 아파트를 지어 공급하겠다는 계획을 발표했다. 공급 부족으로 주택 가격이 오른다는 비판에 직면해 내놓은 대책이었다. 이런 방식으로 좋은 위치에 양질의 아파트를 대량으로 공급할 수 있어 공급 부족 해결에 도움이 될 수 있을 뿐만 아니라 서울공항 이전에 따라 인근 지역에 적용된 고도 제한이 풀리면서 이 또한 더 많은 공급을 가능하게 해준다고 역설했다 (≪한겨레≫, 2021.8.4).

지을 수 있는 용적 제한과 관련된 요소로 좀 더 미묘한 것이 있다. 현재는 폐기된 법규이지만, 도로사선 제한이라는 규정이 있었다. 도로사선 제한이란 어떤 건물이 있을 때 도로의 반대편 경계선에 건물 꼭대기를 올려다보는 각도를 특정 기준 이하로 제한하는 것을 의미한다. 이 기준은 대개 1.5이다. 그 건물이 서 있는 부지와 도로가 만나는 지점에서 건물의 높이는 그 지점과 반대편 도로경계선까지 거리의 1.5배를 넘지 못한다는 얘기다. 대지의 모양이나 다른 조건과 결합되어 도로사선 제한에 따라 허용 용적률을 다 사용하지 못하는 경우가 빈번했다. 이럴 경우 방법이 아예 없었던 것은 아니다. 반대편 도로경계선에 접하는 땅을 사서 공원으로 만든 다음 그것을 지방자치단체에 기부채납 할 수 있다면 도로사선 제한의 기준점이 달라진다. 반대편 도로경계선이 아니라 공원이 된 부지의 후방 경계선이 도로사선 제한의 기준점이 된다.

지금까지 허용되는 용적률이 상향 조정될 수 있는 두 가지 사례에 대해 말했지만, 이런 사례는 무궁무진하다. 그런 이유는 간단하다. 건물 규모에 영향을 미칠 수 있는 법 규정은 한두 가지가 아니고, 이런 법 규정은 조례에 위임됨으로써 지역마다 다르기 때문이다. 어느 누구도 완벽하게 용적률 상황을 꿰고 있을 수는 없는 일이다. 그래서 사람들은 남이 모르는 유용한 정보, 특히 용적률 상향 조정 가능성과 같은 집값 상승을 기대할 수 있는 정보를 자신만이 얻을 수 있기를 갈망한다.

남이 모르는 고급 정보를 나만 알 수도 있다는 기대는 '정보의 비대칭성'이라는 말로 고급스럽게 포장된다. 정보가 비대칭적이라는 것은 어떤 특정한 사례에서 모두가 동일하게 정보를 갖지 못한다는 말이다. 정보의 비대칭성은 불가피하게 언제나 발생한다고 해도 그리 잘못된 말은 아니다. 사람들은 '정보의 비대칭성'이라는 전문가적 표현에 위로를 받으며 오늘도 어제와 같이 고급 정보를 찾아 나선다. 때로는 이런 갈망 때문에 부동산 유통업 관련자들에게 놀아나기도 하지만 말이다.

용적률 상향이 집값 상승에 미치는 영향의 크기는 매우 간단명료하다. 용적률이 늘어난 비율만큼 집값이 상승한다. 용적률이 2배가 되면 집값도 2배가 되고, 용적률이 3배가 되면 집값도 3배가 된다.

용적률이 상향될 수 있는 기회는 거의 어디에나 언제나 있다고 보아도 좋다. 용적률 관련 법체계가 워낙 복잡하기 때문이고, 또한 법체계가 적용되는 현실이 복잡하기 때문이기도 하다. 오늘도 땅의 소유자들은 자신이 가진 땅의 가치를 최대화하기 위해 시청을 찾는다. 법 규정의 다른 가능한 적용을 호소하면서 용적률을 더 얻어내려고 한다. 얼핏 보기에 법 규정을 악용하여 공익에 위배되는 개인적 이익 추구로 보일 수도 있다. 개인의 이익을 위해 법의 진정한 취지와 어긋나게 법 적용을 의도적으로 왜곡하는 경우도 많다. 하지만 반대 경우도 그만큼 많다. 법 규정을 악용하는 것처럼 보이지만, 실상은 공익과 부합하거나 혹은 적어도 공익을 전혀 해치지 않는 상황에서 개인의 이익을 추구하는 사례들도 있다. 한 가지 사례를 들어보자.

경부고속도로를 타고 서울로 들어와 남산터널로 진입하는 길가에 현창빌딩이 있다. 이 건물의 특징은 곡면을 사용했다는 것인데, 잘 살펴보면 곡면을 사용했다는 것만큼 특별하면서 또한 그런 곡면이 나올 수밖에 없었던 특징 하나를 찾을 수 있다. 발코니다. 대로에 접하는 건물의 주입면에 발코니를 붙여놓았다. 발코니라고 하면 통상 아파트 발코니만 생각하게 된다. 현창빌딩처럼 대로변 상업 건물에서, 게다가 대로에 면하는 주입면에 발코니를 설치하는 것은 보기 드문 일이다.

발코니는 건물 밖으로 나가지 않고도 외부 공기를 쏘일 수 있는 공간으로 활용된다. 이러자면 발코니의 폭이 어느 정도 되어야 한다. 얼마라고 딱 잘라 말할 수는 없지만 두어 사람이 같이 서서 대화를 주고받을 정도는 되어야 하니, 발코니가 외부로 돌출되는 폭이 1.5m 이상은 되어야 한다. 그런데 이 1.5m 정도 되는 폭이 문제가 된다. 발코니의 폭이 1.5m를 넘어가면 용적률에 포함된다.[6] 현창빌딩에서는 발코니를 꾸불꾸불하게 너비를 다르게 만들어 발코니 제한 법 규정을 교묘하게 회피했다(≪서울경제≫, 2016.6.24). 건물의 외관을 특징적으로 만든 곡면 외피는 그 자체가 목적이 아니라 너비가 들쑥날쑥할 일정하지 않은 발코니를 수용하기 위한 수단이라는 말이다.

발코니 폭이 1.5m 이상 되면 용적률에 산입한다는 규정을 교묘하게 '악용'하는 듯 보이기도 하지만, 이런 사례라면 사람들에게 법 규정을 잘 악용해 보라고 권하고 싶다. 개인적 이익 추구가 쉽게 비도덕적으로 비칠 수 있는 우리의 현실에서, 개인의 적극적인 이익 추구가 공익의 실현으로 이어질 수도 있음을 보여주는 선량한 사례라고 생각하기 때문이다.

용적률로 대표되는 건축 가능 연면적이 주택 가격에 얼마나 큰 영향을 미치는지 실증적으로 알아보자. 다시 회귀분석을 이용해 보자. 아파트의 m^2당 가격을 종속변수로 놓고, 추가 가능한 건축 연면적을 독립변수로 해서 회귀분석을 실시했다. 현재 용적률이 200%인데, 재개발이나 재건축을 할 경우 250%를 지을 수 있다면 집값이 올라가는 쪽으로 영향을 미칠 것이라고 생각할 수 있다. 하지만 우리의 기대와는 다른 분석 결과가 나온다. 통계적으로 유의미한 회귀식이 성립되지 않는다. 즉 추가 가능한 건축 가능 연면적은 통계적으로 유의미한 정도로 가격에 영향을 주지 못한다. 이러한 분석 결과를 추가 가능한 건축 연면적이 주택 가격에 영향을 미치지 않는다고 해석해서는 안 된다. 그런 해석보다는 추가 가능한 건축 연면적보다 훨씬 더 큰 영향을 미치는 다른 요소들이 있다고 해석하는 것이 합리적이

6 「건축법 시행령」 제119조 제1항 제3호 나목.

〈그림 3-3〉 한남동 현창빌딩

자료: ≪프리미엄 조선≫, 2014.3.17.

다. 더 큰 영향을 미치는 다른 요소들에 대해서는 이제 상세히 논의할 것이다. 사실 그런 요소들이 이 책의 주제이기도 하다.

인접도로

집값에 영향을 미치는 부지 조건에서 인접도로만큼 극적인 것도 없을 것 같다. 법이 정하는 건물의 용도나 용적률 같은 것은 제법 눈에 보이는 요소이지만, 인접도로에는 쉽게 눈에 띄지 않는 논리가 숨어 있기에 그렇다.

이제부터 할 얘기는 아파트와 같은 대규모 단지 얘기가 아니다. 단독주택이나 다가구주택, 다세대주택에 주로 해당한다. 단독주택이 무엇인지에 대해서는 다 잘 아실 것이다. 다가구와 다세대가 좀 헷갈리는데, 외관상으로 보면 둘 다 비슷하다. 다가구주택은 3개 층에 몇 개의 개별 가구가 살 수 있게 되어 있다. 때로 다가구주택 대신에 원룸하우스라는 말을 사용하기도 한다. 반면 다세대주택에는 원룸하우스라는 말을 사용하지 않는다. 다세대주택에는 방이 두 개나 세 개인 경우가 많기 때문이다. 이렇게 보면 다가구주택과 다세대주택은 개별 가구를 위한 단위세대의 형식이 원룸이냐 아니냐로 구분할 수 있을 것 같다. 이런 분류가 틀렸다고 할 수도 없지만, 좋은 분류 기준은 아니다. 다세대라고 해서 원룸을 넣어서는 안 된다는 것은 아니다.

다가구주택과 다세대주택의 차이는 사실 법적인 차이다. 건물을 통째로 한 사람이 소유하면 다가구주택이고, 건물 안 개별 세대가 각각 등기되어 있으면 다세대주택이 된다. 이 말은 등기부등본을 들여다보지 않는 이상 어떤 건물이 다가구주택인지 다세대주택인지 알 길이 없다는 얘기다.

더더욱 외관으로는 다가구주택과 다세대주택을 구분하기 어렵다. 물론 일반인에게 그렇다는 말이다. 하지만 건축 전문가들은 금방 알 수 있다. 다가구주택과 다세대주택에 적용되는 법 규정이 다르기 때문이다. 다가구주택은 기본적으로 단독주택과 동일한 법 적용을 받는다. 법적 분류조차 단독주택으로 되어 있다. 반면에 다세대주택은 공동주택으로 공동주택에 적용되는 법 규정을 적용받는다.

먼저 가장 큰 차이는 대지경계선에서 띄워야 하는 거리가 다르다. 다가구주택은 대지경계선에서 50cm만 띄우면 된다. 다세대주택은 3m를 띄워야 한다. 건물 자체의 외관은 그게 그거지만, 이런 차이가 있다. 대지경계선 이격거리를 보면 다가구주택과 다세대주택이 쉽게 구별된다.

다가구주택이든 다세대주택이든 주택이기는 마찬가지다. 주택이라면 상업 건물과 달리 일조를 확보하는 것이 중요하다. 그래서 거주하기 가능한 수준으로 일조를 확보하게 하기 위해 각종 법 규정이 마련되어 있다. 그 중 대표적인 것인 정북 방향 이격거리 확보다. 집을 지을 때 북쪽 방향으로는 대지경계선에서 높이의 2분의 1만큼 띄워야 한다는 규정이다. 앞서 얘기할 때는 50cm만 띄우면 된다고 하더니 이건 또 무슨 소린가 싶을 것이다. 50cm를 띄우는 것은 건물 전체 높이 중에서 9m(대략 3개 층 높이) 이하 부분에만 적용된다. 9m 이상에서는 건물 높이의 2분의 1만큼 수평 방향으로 대지경계선에서 이격이 되어야 한다.

정북 방향이라고 명시한 것은 우리나라가 북반구에 위치한다는 점을 고려했기 때문이다. 해가 남쪽에서부터 비추고 그림자는 북쪽을 향해 진다. 그래서 건물의 북쪽 방향에 있는 대지에 그늘을 드리운다. 정북 방향 일조 확보는 이렇게 형성되는 그늘의 양을 조절해서 인접한 북향 건물에도 일조를 확보하게 하기 위함이다. 인접도로의 상황이 집값에 영향을 미치는 것은 정북 방향 일조권을 통해서다. 흔히 생각하는 것과 달리 집으로 접근하기 쉬운 도로 조건은 집값에 큰 영향을 미치지 않는다.

집값과 관련해서는 부지의 어느 면이 도로에 접하는지가 중요하다. 우리나라는 북반구에 위치해 남향이 선호된다. 집이 남향으로 앉으려면 집의 주 출입구를 남쪽에 두는 것이 유리하고, 그에 따라 남쪽에 도로가 접하는 것이 유리할 것 같다는 생각을 하기 쉽다. 집 안 출입의 아늑함으로 따지자면 주 출입구가 남쪽에 있는 것이 확실히 유리하기는 하다. 하지만 용적률을 최대한 사용한다는 시각에서 보면 부지의 북쪽 면이 도로에 접하는 것이 가장 유리하다.

부지의 북쪽 면이 도로에 접하면 인접대지경계선에서 이격 기준선이 도로의 반대편 경계선이 된다. 이 정도면 법이 허용하는 용적률을 최대로 사용하는 데 제약이 되지 않는다. 부지가 북측 도로가 아닌 다른 방향으로 접하는 데 비해 평균 1.5배 이상의 용적을 확보하는 것이 가능해진다. 물론 북측 도로가 모든 면에서 다 좋은 것은 아니다. 주택 출입을 북쪽에서 하다 보니 남향받이 집에 비해, 출입 시에 아늑한 분위기는 기대하기 어렵다. 이런 정도는 "물 좋고 경치 좋은 정자는 없는 법이다"라고 생각하고 넘겨야 한다.

부지가 북측 도로에 접했다고 해서 최대 용적률을 언제나 확보할 수 있는 것은 아니다. 도로폭이 중요하다. 도로폭이 4m 미만인 경우 주차장을 설치할 때 약간의 제약이 따른다. 필지 내에 주차장을 설치할 때 전면 도로의 폭과 이격거리를 합해 4m 이상을 확보해야 한다. 건물 전면에 4m 폭의 도로를 확보하라는 취지인데, 이를 위해 도로와 대지경계선에서 이격하는 만큼 대지 활용에 손해를 보는 것이다.

만약 건물 전면에 도로폭 4m를 확보하기 위해 1m를 후퇴해야 하는 경우, 생각하기에 따라서는 별것 아니다 싶을 수도 있지만 대지를 활용할 때 큰 장애가 되기도 한다. 가장 단적인 사례가 다가구주택을 지을 때 1층을 필로티로 띄워서 주차장을 만들 경우 나타난다.

다가구주택에는 주택지의 주차난을 고려해 상당히 완화된 주차 규정이 적용된다. 대표적인 것이 겹주차다. 자동차의 길이 방향으로 2대를 겹으로 주차할 수 있게 해준 규정이다. 자동차 1대가 통과할 만한 폭의 막다른 골목에 자동차 2대가 일렬로 놓이는 형상을 생각하면 된다. 앞에 들어간 차는 뒤차가 나가지 않는 한 옴짝달싹할 수 없는 상황이다. 겹주차를 허용한다는 것은 이런 식으로 2대를 주차해도 된다는 뜻이다.

차량 1대를 위한 주차 구획은 길이가 5m이고, 폭은 2.5m이다. 2대가 길이 방향으로 주차되기 위해서는 10m가 필요하기 때문에 만일 대지의 깊이가 10m이고, 전면도로의 폭이 4m 이상이면 2대를 겹쳐서 주차할 수 있다. 그런데 전면도로의 폭이 3m라고 해보자. 전면에 4m를 확보하기 위해서는 1m를 후퇴해야 한다. 그러면 대지의 길이가 9m가 되고 이렇게 되면 2대를 겹주차하는 것이 불가능해진다.

상황의 심각성을 이해하려면 주차 대수가 중요한 이유도 알아야 한다. 다가구주택을 지을 때 경제적으로 수익성 높게 지으려면 가능한 한 연면적을 많이 확보해야 할 뿐 아니라 가구수를 많이 넣을 수 있어야 한다. 가구수를 올리기 위해서는 기본적으로 면적이 많이 확보되어야 하겠지만, 그에 못지않게 중요한 것이 가능한 한 많은 주차 면 수의 확보다. 다가구주택을 지을 때는 최소한 한 가구당 0.5대 이상의 주차 면 수를 확보해야 한다. 주차 면 수를 법이 정하는 대로 확보하지 못하면 아무리 연면적이 커도 가구수를 늘릴 수 없다.[7]

연면적을 크게 확보하기 위해서는 부지가 북측 도로에 접하는 것이 중요하고, 다가구주택 같은 것을 지을 때 수익성에 크게 영향을 미치는 가구수를 늘리기 위해서는 부지가 접한 북측 도로폭도 중요하다.

인접도로가 집의 가치에 미치는 영향의 크기는 간단히 계산할 수 있다. 연면적 증가량을 계산하고, 거기에 평당 단가를 곱해 얻을 수 있다. 혹은 동일한 연면적이지만 들어가는 가구수가 달라질 수 있으니, 가구수에 평균 임대료를 곱해 계산할 수도 있다. 가장 극단적인 사례를 상정해 계산해 보자.

가로 9.8m, 세로 10m의 동일한 땅이 있다고 가정하자. 그중 하나는 남쪽에 3m 폭의 도로가 있고, 다른 하나는 북쪽에 8m 도로가 있다. 인접도로

---

7 2021년 현재 서울시 조례에 의하면 서울시에서는 $20m^2$ 이하인 경우는 0.5대, $30m^2$ 이하인 경우는 0.8대, 그 이상인 경우는 1대의 주차 면 수를 확보해야 한다.

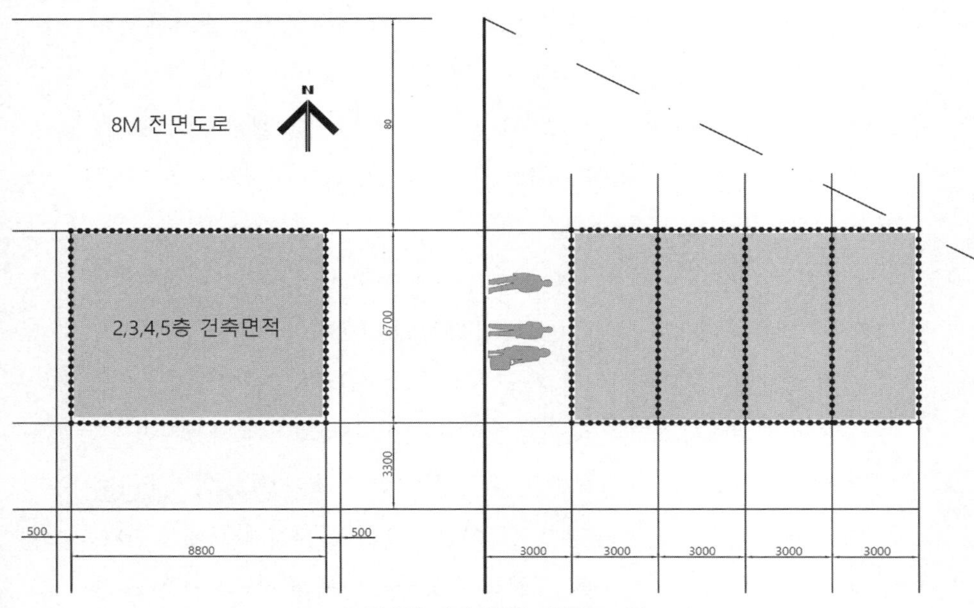

〈그림 3-4〉 가장 유리한 인접도로 조건

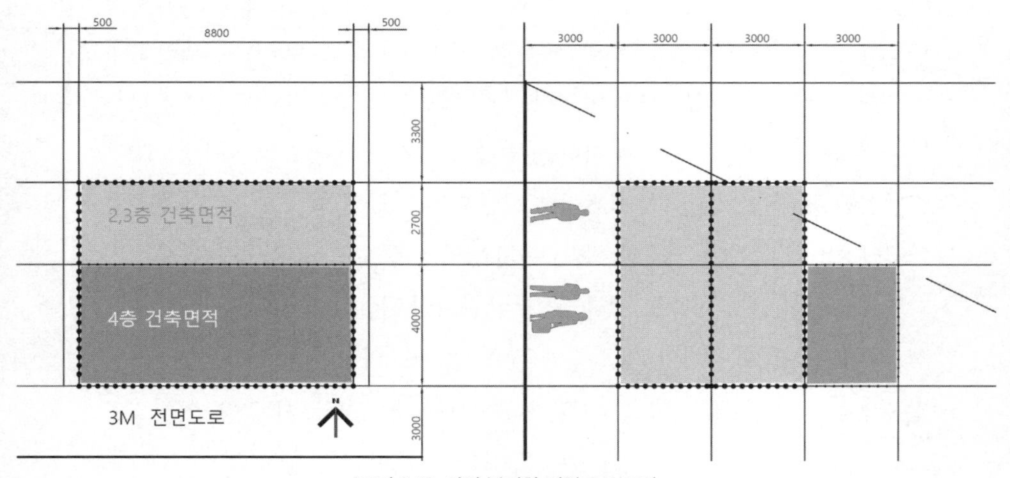

〈그림 3-5〉 가장 불리한 인접도로 조건

조건만 다를 뿐 모든 조건이 동일하다. 제2종 일반주거지역의 일반적인 건폐율 60%와 용적률 250%를 적용해 실제로 얼마의 면적을 확보할 수 있는지 계산해 보자.

남쪽 인접도로 부지는 정북 방향 이격거리 제한으로 인해 1층을 필로티로 해서 주차 공간을 확보할 경우 2, 3층에 60m^2, 그리고 4층에 36m^{2}를 사용할 수 있다. 그런데 주차 대수 확보가 문제다. 전면 폭이 9.8m이니 3대만 주차할 수 있다. 게다가 전면도로 폭이 3m이니 대지 안쪽으로 1m를 더 확보해야 하고, 그러면 대지에서 주차 공간으로 사용할 수 있는 길이가 9m이다 보니 겹주차가 불가능해진다. 각 층 가구의 면적을 20m^2 이하로 계획하면 2, 3층에 총 6호가 들어가게 되고, 이에 필요한 주차 대수는 3대다.

결국 남쪽 인접도로 부지는 개별 가구의 면적을 20m^2 이하로 할 경우 2, 3층의 면적을 합한 120m^{2}가 사용할 수 있는 최대치다. 주호의 개수를 손해 보더라도 개별 주호의 면적을 늘릴 수도 있지만, 이 사례에는 해당되지 않는다. 개별 주호의 면적을 30m^2 이하로 해서 2, 3층에 각 층별로 2호씩 4호, 그리고 4층에 1호를 넣어서 5호로 계획한다고 해도 필요한 주차 대수는 5 × 0.8 = 4이므로, 이를 충족하지 못한다. 따라서 이 부지의 경우 2, 3층만 활용 가능하고 연면적은 120m^{2}이다. 이때 실제 용적률은 120%에 불과하다. 매우 복잡해 보인다. 건축 전문가가 아닌 한, 이와 같은 세세한 내용을 다 이해하기는 어렵다. 다만 남쪽 인접도로 부지의 경우 주차 대수 제한에 걸려서 최대 120m^{2}까지만 활용 가능하다는 것을 기억하면 된다.

북쪽 인접도로이면서 그 도로의 폭이 충분할 경우, 정북 방향 이격거리 제한의 영향을 받지 않는다. 1층을 필로티로 해서 주차 공간으로 사용할 경우 2, 3, 4, 5층을 각 층 바닥면적 60m^{2}로 활용 가능하다. 이 부지 조건에서 확보 가능한 주차 대수는 총 6대다. 대지의 깊이가 10m이고 전면도로 폭이 4m를 초과하므로 겹주차가 가능하기 때문이다.

3, 4, 5층을 다가구로 사용하면 각 층별로 세 개의 주호가 들어가 총 9개의 주호가 된다. 각 주호의 면적을 20m^2 이하로 할 경우 각 주호당 0.5대의 주차 대수가 필요하니 총 4.5대가 필요하다. 건축법상 다가구주택에서 주택으로 사용할 수 있는 층의 개수는 3개 층 이하이므로, 2층은 근린생활시설로 사용할 수 있다. 확보 가능한 주차 대수에서 1.5대의 여유분으로 근린생활시설이 필요로 하는 주차 대수를 충족시킬 수 있다. 이런 계획을 통해 4개 층(2, 3, 4, 5층)에서 각각 60m^{2}를 사용할 수 있어 총면적은 240m^{2}로 실제 용적률은 240%가 된다.

이처럼 인접도로 상황만 다르고 다른 모든 조건이 같다고 가정할 때 가장 유리한 조건은 가장 불리한 조건에 비해 2배 이상 경제적 가치가 높다.

인접공지

집값에 영향을 미치는 땅의 조건 중에는 인접공지가 있다. 우선 인접공지라는 말뜻부터 알아보자. 인접공지는 집과 맞닿아 있는 공지라는 뜻이다. 내 부지가 있고, 내 부지에 맞닿아서 다른 땅이 있는데, 그 땅이 공지라는 얘기다. 인접이라는 말은 근접이라는 말과 구분해 사용되어야 한다. 근접은 반드시 맞닿아 있어야 하는 것은 아니다. 반면 인접은 맞닿아 있어야 한다.

이제 공지에 대해 알아보자. 일상적인 용어로 공지는 비어 있는 땅을 의미한다. 그런데 건물을 짓는 일과 관련해서 생각할 때는 그런 정의는 무의미하다. 현재 시점에서 건물이 없어서 비어 있는 땅이라 해도 미래에 건물이 지어질 수 있다면 그것은 공지가 아니다. 흔히 건물이 아직 지어지지 않은 땅은 공지가 아니라 나대지라고 부른다.

공지의 대표적인 사례는 공원이다. 건물이 없는 상태이면서 미래에도 건물이 지어질 가능성이 없는 땅이다. 사실 비어 있으면서 미래에도 집이 지어지지 않을 땅은 대부분 공원으로 지정되어 있다. 이렇게 보면 공지는 공원이 전부인 것처럼 보이기도 한다. 하지만 조금만 생각해 보면 다른 것들을 찾아낼 수 있다. 하천이나 강, 호수 같은 것들이다. 그것도 땅이다. 호수에도 주인이 있고 사고팔 수 있다.

공원, 하천, 강, 호수 정도면 다 열거된 듯하지만 사실 제일 중요한 것 하나가 남아 있다. 도로다. 도로는 빈 땅이고, 미래에도 건물이 지어지지 않는다. 도로도 공지 중 하나다.

흔히 보이는 빈도로 보자면 가장 많은 공지는 역시 도로다. 하천이나 강, 호수 같은 것들은 매우 특별한 공지다. 특히 도시에서는 흔히 찾아보기 어렵다. 하지만 도로는 어디에나 널려 있는 공지다. 이 공지를 얼마나 잘 활용하느냐에 따라 집의 가치가 달라질 수 있다.

공지가 집의 가치에 영향을 미치는 방식은 크게 보아 두 가지다. 하나는 일조 확보와 관계가 있다. 이미 얘기한 것과 같이 부지가 공지와 인접하고 있으면 일조 확보를 위한 법 규정을 지키면서 건축 연면적을 최대로 사용하기 용이해진다. 특히 부지의 북쪽 방향에 공지가 있으면 정북 방향 일조 확보를 위한 이격거리의 기준점이 달라진다. 대지경계선이 아니라 공지의 반대편 경계선이 기준점이 되면서 사실 정북 방향 일조 확보를 위한 이격거리 조건은 있으나마나 한 제약 사항이 된다. 간단히 말해, 같은 면적의 땅이라도 북쪽으로 공지와 인접해 있는 땅이 훨씬 더 많은 건축 연면적을 사용할 수 있다는 말이다.

공지를 활용하면 건축 연면적을 더 사용할 수 있기에 그런 땅을 찾으려고 애를 쓴다. 더 적극적인 방법도 있다. 인접한 부지를 공원으로 만드는 방법이다. 인접한 부지를 공원으로 만들어 시에 기부채납을 하면 그곳은 영원한

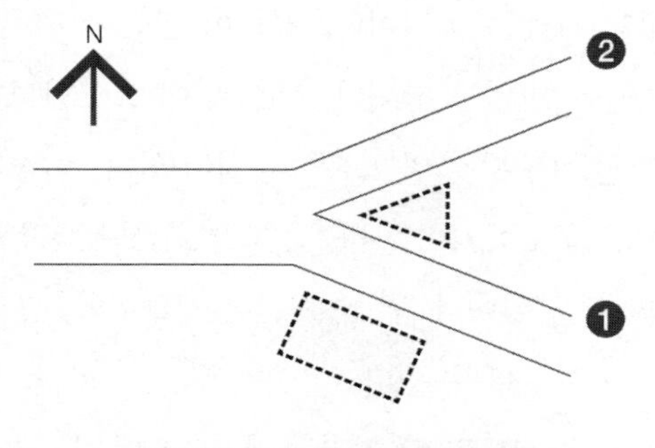

〈그림 3-6〉 특별한 부지 활용 방법

공지가 된다. 정북 방향 일조 확보를 위한 규정에서 자유로울 수 있다. 얼핏 듣기에 그럴 듯한 얘기처럼 들릴 수 있다. 그런데 그저 인접한 부지를 구입해 공원으로 만드는 것은 조삼모사다. 두 개의 부지에 걸쳐 지을 수 있는 연면적을 하나의 부지에서 사용하는 형식이다. 오히려 층고 제한이나 다른 규정에 걸려 연면적에서 손해를 볼 수도 있다. 인접부지를 구입해 공원으로 만들면서 이익을 얻는 경우는 매우 특수한 상황에서 발생한다.

〈그림 3-6〉을 보자. 이 그림과 같이 부지 북측에 도로가 있고, 도로 북측에 삼각형의 조그만 땅이 있는데, 이 땅이 해당 부지의 정중앙 북쪽에 있다면 이 땅 때문에 부지의 활용에 심각한 장애가 생긴다. 이럴 때는 이 조그만 삼각형 땅을 매입해 공원으로 만들면 용적률에서 큰 이익을 얻을 수 있다.

이것은 땅의 숨겨진 가치를 찾아내는 일이다. 개인의 이익을 최대화하기 위한 노력이지만, 공공의 이익과 상치되지도 않는다. 공원을 만들어서 공공에 제공한다는 점을 생각하고, 또한 도시의 땅이 제 기능을 다할 수 있는 기회를 만든다는 측면에서 보자면 이것 또한 공공의 이익에 기여하는 일이다. 땅의 숨겨진 가치 중에서는 공공의 이익과 배치되는 것도 있지만, 찾아낸 가치가 공공의 이익과 부합한다면 얼마든지 장려해야 한다.

공지가 집의 가치에 영향을 미치는 두 번째 방식은 시각적인 방식이다.

〈그림 3-7〉 인접공지

집의 가치를 결정하는 요소 중 하나인 조망과 관련이 있다. 인접한 대지가 공지가 아니라면 언젠가는 다른 집이 들어설 수도 있다는 의미다. 좋은 조망을 즐기다가 어느 날 갑자기 건물이 앞을 가린다면 그것은 매우 큰 손실이다.

외관만으로는 나대지와 공지 구분이 어려운 경우도 많다. 공지의 규모가 매우 작은 경우, 공원처럼 본격적으로 단장을 하지 않는 경우도 있다. 이럴 때 흔히 나대지라고 생각할 수 있다. 하지만 나대지처럼 보이지만 공지라면 그런 공지에 인접한 부지에서는 좋은 조망을 영구적으로 확보할 수 있다.

〈그림 3-7〉의 '인접공지' 사진을 보자. 경복궁 옆이다. 빈 땅이 나대지인지 공원인지 보기만 해서는 구분되지 않는다. 얼핏 보기에는 나대지일 것 같다. 딱 한 필지만 한 구획을 남겨두고 나머지는 다 건물이 들어차 있기 때문이다. 하지만 이 빈 땅은 공원이다. 법적으로 서울시가 보유한 공원이다 보니, 건물이 들어설 일이 없다. 이 공지 안쪽의 집은 경복궁으로 향하는 좋은 조망을 영구히 보유할 수 있다.

공지에 의해 좋은 조망이 확보되는 좀 더 극적인 사례가 있다. 서울숲 인근에 세워진 갤러리아포레, 아크로서울포레스트, 서울숲트리마제다. 50층

〈그림 3-8〉 45도 각도로 구성된 입면

가까이 되는 초고층 아파트로 한강과 서울숲을 볼 수 있다. 서울에서 최고급 아파트에 속한다. 서울의 한강 남쪽에는 이미 아파트들이 들어차 있어서 재건축이 아니고는 이런 고층 아파트를 짓는 것이 불가능했다. 모두가 한강 뷰를 찾는 상황에서 더 많은 사람에게 한강 뷰를 제공할 수 있는 효과적인 방법으로 고층을 원했고, 서울시는 허가해 주었다. 이 지역이 준공업지역이었다는 것도 허가를 용이하게 해준 하나의 요인이기도 했다. 일반적인 주거지역이었다면 기존 주택의 조망권과 일조권 때문에 지금과 같은 고층이 허용되기 어려웠을 것이다.

서울숲 인근에 세워진 세 개의 고층 아파트 단지 중에서 눈길을 끄는 것은 아크로서울포레스트다. 특히 한강변과 평행하지 않고 어슷한 각도로 구성된 입면이 눈길을 끈다. 아무 생각 없이 보면 건물 전체 덩어리의 모양을 보기 좋게 한 것으로 생각할 수 있다. 한강변에 평행한 평면으로 입면을 구성했더라면 조금 밋밋해 보일 수도 있었을 것 같다. 일견 타당성이 있다. 그런데 그게 전부가 아니다.

아크로서울포레스트를 하늘에서 내려다보면 숨은 사정을 짐작할 수 있다. 아크로서울포레스트 남쪽으로, 아크로서울포레스트와 한강 사이에 나

대지가 있는 것을 확인할 수 있다. 공지가 아닌 나대지다. 이것은 언젠가는 그곳에 건물이 들어설 것임을 의미한다. 이 나대지에 아크로서울포레스트와 비슷한 정도의 고층 아파트가 들어선다고 생각해 보자. 그러면 아크로서울포레스트가 누렸던 조망을 더는 기대할 수 없다. 더군다나 아크로서울포레스트를 한강변과 평행한 형태로 만들었다면 말할 필요도 없다. 아크로서울포레스트는 새로 생긴 아파트의 뒷면을 보면서 살아야 한다.

기존에 있던 갤러리아포레의 조망을 망치고 들어선 아크로서울포레스트로서는 같은 피해를 입지 않으려면 뭔가 강력한 대책이 필요하다고 생각했을 것이다. 아크로서울포레스트는 장차 한강으로의 조망이 가로막힐 것을 예상해 지금과 같은 형태를 선택했다. 한강으로 향하는 시선을 45도로 비스듬하게 틀어 향후 건물이 들어서더라도 한강 뷰를 확보할 수 있게 할 목적이었다.

이처럼 집의 가치는 인접공지의 존재 여부에 따라 크게 달라질 수 있다. 공지가 있다면 적극 활용해야 한다. 공지가 없어질 수도 있다면 그런 상황에 대비해야 한다. 도시가 팽창하고 날마다 새로운 건물이 들어서는 현 상황에서는 빈 땅 덕에 누리고 살던 조망이 하루아침에 없어지는 경우가 비일비재하다. 흔히 일어나는 일이기는 하지만, 없어질 것을 알고 그것을 감안해 집을 선택하고 구매한 경우와 없어질 것을 모르고 선택해 구매한 경우는 천지 차이다. 나중에 땅을 치고 후회하지 않기 위해서는 인접한 공지에 대해 좀 더 세심한 주의를 기울일 필요가 있다.

조망이 집의 가치를 결정하는 데 중요한 요소가 될 수 있다는 것은 어렵지 않게 인정할 수 있다. 그런데 도대체 그 가치의 크기는 얼마나 되는 걸까? 조망의 가치를 알아볼 수 있는 몇 가지 사례가 있다. 한강 변 아파트다. 같은 단지에서도 한강이 보이느냐 보이지 않느냐에 따라 가격이 달라진다. 한 조사에 따르면 같은 단지, 같은 평형에서도 5억 원 이상 차이가 나기도 한다. 평균적으로는 2억 원 이상 차이가 난다고 한다(≪한국경제≫, 2017.4.3).

조망의 가치를 계량적으로 가늠해 볼 수 있는 또 다른 사례가 있다. 판례다. 집 옆에 다른 집이 들어서면서 조망을 가리는 경우는 비일비재하다. 그러다 보니 소송이 끊임없이 일어난다. 법원에서는 어쨌든 판단을 내려야만 한다. 조망을 가리는 데 대해 얼마를 배상하라고 한다. 때로 공사 자체를 중지시키기도 한다. 전자의 대표적인 판례로 '리바뷰아파트한강조망권 사건'이 있다. 리바뷰아파트와 한강 사이에 있던 5층짜리 아파트를 철거하고 19~25층의 LG한강빌리지를 신축했다. 이 때문에 리바뷰아파트의 조망권이 심각하게 침해되었고, 법원은 이를 인정해 침해 정도에 따라 피해 가구당 100~6000만 원까지 배상하도록 했다.[8] 판사의 법적 판단에 의한 배상금 책정이 얼마나 타당한지는 알기 어려우나 어찌 됐든 후속되는 유사한 분쟁에 선례로 작용할 것은 분명하다. 어떤 조망(이 경우는 한강)이 어느 정도(리바뷰아파트에서도 가구별로 조망권 침해의 정도가 달랐다) 침해를 받느냐에 따라 금전적 배상이 얼마만큼 필요한지를 계산하는 근거가 될 것이다. 그리고 이 배상액만큼을 조망권의 금전적 가치로 생각할 수 있다.

좀 더 구체적으로 조망의 가치를 제시한 연구들도 있다. 주택산업연구원의 연구는 충분한 조망이 확보되느냐 아니냐에 따라 평균 1.5% 정도의 가격 차이가 발생한다고 보고하고 있다(주택산업연구원, 1998). 또 다른 연구에서는 산이나 강과 같은 특별한 경관 자원이 있는 경우, 전체 가격 중 6% 정도 영향을 미친다고 주장한다(오규식·이왕기, 1997). 한강 조망의 경제적 가치에 대해 평가한 연구도 있다. 이 연구에서는 한강 조망 가능 여부가 주택 가격의 5~6%를 차지한다고 밝혔다(정홍주, 1995).

8 대법원 2007.6.28. 선고 2004다54282 판결.

공지의 가치는 두 가지 방향에서 다 따져봐야 한다. 첫째, 공지 덕에 얻는 연면적 증가 효과다. 이 효과의 가치를 계량화하는 것은 어렵지 않다. 늘어나는 연면적에 평당 가격을 곱하면 그것의 경제적 가치를 계산할 수 있다. 둘째, 조망 확보의 가치다. 이 가치는 앞서 논의한 것처럼 간접적인 방식으로만 추산이 가능하다.

경사

감정평가사들이 땅의 가치를 평가할 때 사용하는 기준들 가운데 이해하기 어려운 것이 있다. 땅의 경사다. 감정평가 기준에는 땅이 평평할수록 높은 가치를 매긴다. 그게 정말 합리적인 것일까?

평평한 땅을 좋아하는 것은 비단 감정평가사들만이 아니다. 건축 설계의 기본 과목인 건축계획학에서도 땅은 평평하고, 네모반듯할수록 좋다고 얘기한다. 땅이 평평할수록 가장 많은 가능성이 있기 때문이다. 이것은 설계라는 측면뿐만 아니라 공사를 할 때도 마찬가지다. 평평한 땅일수록 공사 비용이 덜 들어간다.

일반적으로 생각할 때 평평한 땅이 여러모로 유리한 것은 사실이다. 그러다 보니 별생각 없이 평평한 땅에 더 많은 가치를 부여한다. 하지만 경사가 어느 정도 있는 것이 유리할 때도 있다. 몇 가지 예를 들자면 이런 것이다. 먼저 가장 큰 가능성은 1층이 두 개가 될 수 있다는 점이다. 1층이 두 개라는 것은 상업용 건물에서 대단히 환영할 만하다. 분양 가격에서 1층과 다른 층은 서너 배 이상의 차이가 있기 때문이다. 1층이 평당 3000만 원이라면 2층은 1000만 원, 5층 정도 되면 500만 원으로 떨어진다. 1층 분양가가 다른 층에 비해 훨씬 높기 때문에 1층을 선호한다. 경사를 잘 활용하면,

〈그림 3-9〉 경사지 활용 사례

평지일 경우 2층이 되어 접근성이 떨어지는 층을 마치 1층처럼 접근하게 할 수 있다. 낮은 쪽에 출입구를 두고, 높은 쪽에 별도의 출입구를 설치하면 가능하다. 물론 아무 땅에서나 이런 진입이 가능한 것은 아니다. 높이 차이, 즉 경사가 있어야 할 뿐만 아니라 두 개 이상의 도로가 인접해야 가능하다. 어찌 됐든 추가적인 조건이 좀 더 필요하기는 하지만, 경사가 있는 땅에는 1층을 두 개로 만들 가능성이 분명히 있다.

땅에 경사 차이가 있으면 건물의 실내 공간구조가 더 다채로워지기도 한다. 경사가 높은 쪽은 자연히 땅속에 묻힌다. 이곳에 채광을 끌어들이기 위해 광정을 설치하기도 하는데, 이에 따라 공간구조가 다채로워진다. 그렇다면 평지에서는 광정을 만들지 못하는 것인가? 그런 것은 결코 아니다. 하지만 평지에서 광정의 효과를 얻으려면 빛이 들어오지 않는 공간을 일부러 만들고 광정을 설치해야 한다. 이는 억지스러운 건축설계다. 빛이 안 들어오는 땅속 공간이 불가피하게 생기는 경사지와는 다른 조건이다.

감정평가사들과 달리 건축가들은 경사진 땅을 선호한다. 평평한 땅에 맞춰 설계하다 보면 형태나 공간구조가 일반적이어서 밋밋해지기 쉽다.

건축가들은 대체로 특별한 공간구조나 특별한 형태를 만들고 싶어 한다. 평평한 땅에서 뭔가 특별한 형태나 공간구조를 시도하려면 약간의 억지를 부려야 한다. 건물의 쓰임새만 따지면 굳이 그럴 필요가 없는 것을 일부러 만드는 것이라서 결국 공사 비용 증가로 이어진다. 이런 점은 특히 건축주 입장에서는 받아들이기 쉽지 않다. 반면에 경사가 있는 땅에서는 경사가 주는 제약을 극복하면서 건물이 제대로 된 쓰임새를 갖추도록 여러 가지 고안이 필요하다. 하지 않아도 될 것을 굳이 (단지 공간과 형태를 유별나게 하기 위해) 추가로 하는 것이 아니라, 건물의 쓰임새를 극대화하기 위한 불가피한 고안이다 보니 건축주를 설득하기도 쉽다.

경사는 여러모로 좋은 기회를 제공한다. 설계만 잘할 수 있다면 경사지의 가치는 평지보다 높다고 봐야 한다. 평지가 유리하다는 것은 일종의 게으름에서 비롯되는 편견이다. 경사지의 활용 가능성을 찾아서 건물의 가치를 극대화할 수 있는 기회가 있다는 것을 무시하면 그냥 앉아서 손해를 보는 것과 같다.

경사의 가치를 계량하면 그 가치는 어느 정도 될까? 경사의 가치는 마이너스 값이 될 수도 있다. 평지에서 구현할 수 있는 건물의 기능을 구현하는데 더 많은 공사비가 들어갈 수도 있기 때문이다. 때로 더 나쁜 것은 아무리 공사비를 들여도 평지에서 구현할 수 있는 기능을 구비하지 못하는 경우도 있다. 이럴 때 경사의 가치는 더 큰 마이너스 값이 된다. 하지만 경사의 가치는 때로 대단히 큰 경제적 가치를 창출하기도 한다.

경사를 잘 이용하면 건물의 공간구조와 독특한 형태를 구현할 수 있고, 이것이 건물의 가치를 높이는 데 도움이 됨은 분명하다. 하지만 그게 얼마의 가치가 있는지 계량해 내는 것은 어려운 일이다. 그런데 분명하게 계산할 수 있는 부분도 있다.

경사를 이용해 실질 용적률을 높일 수도 있다. 경사지에 반 이상이 묻혀 있는 층은 건축법상 지하층으로 분류되고, 해당 층의 면적은 용적률 산정 시 포함되지 않는다. 건축법상 지하층으로 분류되는 층을 사실상 1층처럼 사용할 수 있으니 실제 용적률은 그만큼 늘어나는 셈이다. 이 경우 얻게 되는 경제적 가치는 건물의 평당 가격에 늘어난 용적만큼을 곱하면 계산이 가능하다.

경사는 잘 활용하느냐 아니냐에 따라서 마이너스의 가치가 되기도 하고, 대단히 큰 플러스의 가치가 되기도 한다. 땅의 경사를 활용하는 창의적인 능력에 달린 문제다. 그것을 딱 잘라서 얼마라고 단언하는 것은 어렵다. 또한 얼마다라고 단언할 필요도 없다. 얼마나 창의성이 잘 발휘되느냐에 따라 이전에 없었던 큰 가치를 창출할 수 있는 가능성이 있기 때문이다. 경사에 대해서는 이렇게 결론을 내릴 수 있다. 평지가 경사지보다 좋다고 생각할 필요도 없고, 경사진 땅이라고 피할 이유도 전혀 없다.

향

향만큼 건물의 가치를 결정하는 데 크게 영향을 미치는 요인도 없다. 해가 잘 안 드는 집에 살아보면 그 가치를 뼈저리게 느낀다. 햇빛이 풍부한 하절기에는 모르고 넘어갈 수 있지만, 태양의 고도가 낮아지고 그나마 해가 떠 있는 시간이 짧아지는 동절기에는 창을 통해 들어오는 햇빛이 소중한 자산이라는 것을 새삼 깨닫게 된다.

햇빛은 여러 가지 작용을 한다. 어둠을 밝히는 채광 기능이 있고, 실내를 따뜻하게 해주는 온열 기능이 있으며, 실내에서 번식하는 여러 나쁜 균들을 죽이는 살균 기능이 있다. 햇빛이 과하면 문제가 되기도 한다. 과도한 조도는 눈이 부시게 만들고, 여름철에는 더위를 가중시키기도 하며, 살균 작용이 지나치면 피부 건강에 좋지 않을 수도 있다. 하지만 햇빛이 과다한 것은 별로 걱정할 일이 아니다. 차양 하나만 있어도 과도한 햇빛을 적절히 통제할 수 있다. 그러니 햇빛은 무조건 많이 받을 수 있으면 좋다.

햇빛을 많이 받는 방법도 간단하다. 남향이면 된다. 사람이 장시간 거주하는 방을 남쪽에 배치하고, 되도록 큰 창을 뚫어놓으면 햇빛을 많이 받을 수 있다. 그런데 이렇게 하는 것이 만만치 않다. 여러 가지 장애가 있다.

북사면에 자리 잡은 집이라면 햇빛 많이 받기를 포기해야 한다. 북사면이라는 것은 집의 남쪽 방향에 경사진 언덕이 자리한다는 얘긴데, 해가 언덕에 가려 햇빛이 집 안으로 들어오지 못한다. 이건 언덕을 깎아내기 전에는 어찌할 도리가 없다.

북사면을 피하더라도 또 쉽게 만나는 장애물이 인접한 집들이다. 내 집 남쪽에 집이 있으면 그 집에 가려 햇빛을 풍족하게 받기 어려워진다. 내 집 남쪽에 있는 집이 만드는 그늘에서 벗어나려면 앞집과 우리 집 사이에 간격이 벌어져야 하는데, 이건 대지면적이 넓어야만 그럴 수 있는 일이다.

이런 장애물을 피해 햇빛을 듬뿍 받으려면 남사면을 찾아야 한다. 내 집 남쪽으로 공지가 있으면 가장 좋다. 이미 얘기한 것처럼 공지에는 여러 종류가 있다. 공원, 하천, 호수 같은 것들이 대표적이고, 가장 흔하게는 도로가 있다. 도로도 공지여서 내 집으로 들어오는 햇빛을 가로막지는 않는다. 하지만 도로가 남쪽에 접해 있으면 소음이 문제가 될 수도 있다.

이런저런 경우를 고려해 보면 남향을 확보하는 가장 좋은 방법은 남사면에 있으면서 남쪽으로 도로가 아닌 공지가 있는 경우가 최고다. 하지만 이런 장소가 어디 흔하겠는가. 이론적으로야 뻔한 얘기지만, 실제로 그런 장소를 찾는 것은 쉬운 일이 아니다. 어렵사리 그런 장소를 찾았다고 해도 문제가 없는 것은 아니다. 그런 장소는 비싸다.

남향을 최대로 활용하기 위해서는 우선 가장 좋은 조건을 구비하고 있는 부지를 물색해야 한다. 그다음은 설계를 잘해서 남쪽에서 들어오는 빛을 잘 받아들이면서도 남쪽으로 열린 탓에 발생할 수 있는 소음이나 시각적 침해와 같은 단점을 보완해야 한다.

남향을 잘 활용하는 것은 때로 묘기를 부려야만 가능하지만, 일단 부지 면적이 넓으면 쉽게 해결할 수 있다. 아파트 단지처럼 규모가 있는 부지라면 남향을 확보하는 것이 어렵지 않다. 성냥갑을 쌓아놓은 것 같다는 비난을 듣기는 해도, 기다란 판상형으로 남쪽을 향해 일렬로 배열하는 것이 남향을 활용하는 가장 효과적인 방법이다.

볼썽사납게 두 겹, 세 겹으로 늘어선 판상형 주택이 괜히 그리 서 있는 게 아니다. 지구의 북반구에 위치하여 동절기면 해가 떠 있는 시간도 줄어들고, 기온도 상당히 낮은 우리나라의 자연 환경에서 남향만큼 중요한 것도 없기 때문이다.

아파트가 우리나라에 처음 도입되었을 때는 나란히 정렬된 성냥갑들이 들어서는 데 별 불만이 없었다. 하지만 시간이 좀 흐르면서 불평이 흘러나온다. 성냥갑 아파트들이 병풍처럼 둘러치고 들어앉는 바람에 풍경을 가리고, 바람길을 막아 통풍이 잘 되지 않고, 더위가 심해졌다는 비난을 듣게 되었다. 성냥갑 아파트는 사는 사람은 좋지만, 주변 사람들에게는 재앙이다. 그래서 이런저런 규제들이 생겨났다.

판상형으로 만들기는 하되, 너무 길게는 안 된다. 이게 무슨 소리냐 하면 아파트 한 동의 길이를 제한한다는 얘기다. 아파트 동은 단위 주호를 길이 방향으로 붙여서 만드는데, 붙이는 개수를 제한한다. 지자체별로 조금씩 차이가 있기는 하지만, 대개 네 개까지만 이어 붙일 수 있다. 긴 병풍을 작은 토막으로 잘랐다고 생각하면 된다. 잘린 토막들 사이로 공간이 생기면서 이 공간을 통해 풍경이 확보되고, 바람길을 확보할 목적이다.

처음에는 아파트의 길이를 제한해서 답답한 병풍이 되는 것을 막으려

했지만, 점차 규제가 심해졌다. 아예 판상형을 만들지 못하게 하기도 한다. 엘리베이터 홀을 중심으로 네 개 단위 주호를 배치하는 방식을 강요하기도 한다. 이런 걸 타워형이라고 부른다. 길쭉하게 높다고 하여 붙인 이름이다. 타워형은 기다란 판상형과 달리 시선과 바람길을 덜 가로막는다. 그런데 다른 문제가 생긴다. 판상형에서는 모두가 남향이지만, 타워형에서는 남동, 남서, 북동, 북서가 고루 섞일 수밖에 없다. 남향이 주는 이점을 마음껏 누리는 것이 불가능해진다.

타워형이 남향의 이점을 얻지 못하는 것은 불가피한 선택이지만, 적극적 선택의 결과로 남향을 잃어버리는 경우도 많다. 기역자형이나 디귿자형 아파트가 대표적인 사례다. 이런 형식이라면 어느 한 동은 동향이나 서향이 될 수밖에 없다. 부지 조건이 허락한다면 형평성을 추구할 수도 있다. 남동향과 남서향으로 배치할 수도 있다. 이렇게 하면 불공평은 개선되지만, 남향이 주는 이점을 100% 얻지는 못한다. 타워형이 통경축이나 바람길을 확보한다는 목적이 있었던 것처럼, 기역자형이나 디귿자형 배치도 뭔가 이득이 되는 부분이 분명 있을 것이다.

경제적 이점이 있다. 일정한 면적에 더 많은 주호를 넣자면 판상형보다는 기역자나 디귿자가 훨씬 더 유리하다. 아파트 단지에서 동의 개수를 빽빽하게 넣지 못하는 가장 큰 이유는 인동간격이다. 앞 동과 뒤 동 사이에 일정 거리 이상을 반드시 띄워야 한다는 규정이 있다. 그런데 이 규정은 창문이 난 면을 기준으로 직각 방향으로만 적용된다. 그러니 기역자형으로 두 개 동을 붙이면 이런 규정을 피해 갈 수 있다.

남향이 좋다는 것은 다 잘 아는 사실이고, 남향을 유지하자면 나란히 늘어놓는 방법이 가장 좋지만, 그럼에도 불구하고 남향의 이점을 최대로 활용하는 것이 불가능한 기역자형이나 디귿자형이 사용되는 것은 이런 형태가 일정한 면적에 더 많은 주호를 넣을 수 있기 때문이다.

남향이 여러 가지 이점이 있으니 남향집이 다른 향에 비해 비쌀 것은 틀림없다. 그런데 얼마나 더 비쌀까? 정확하지는 않지만 단지 안의 모든 아파트를 남향으로 하는 것보다 다른 향을 섞어서 건설하는 것이 분양 총액을 늘리는 데는 분명 효과적이다.

남향의 가치에 대해 좀 더 자세히 들여다보자. 먼저 남향이 경제적 가치, 즉 매매 시 가격에 영향을 미친다는 연구들은 많다. 의사결정 기법을 사용해 가격에 남향이 미치는 영향의 크기를 구체적으로 밝힌 연구도 있다. 이 연구에 따르면 교통편의성이 0.211423이고, 남향의 중요도는 0.009964라고 한다(최형근 외, 2017). 이보다 더 직접적으로 향의 경제적 가치를 설명하는 연구들도 있다. 주택산업연구원의 연구가 눈길을 끈다(주택산업연구원, 1998). 이 연구에 따르면 북향을 제외한 향의 경제적 가치는 총주택 가격의 4.2~13.58%에 해당한다. 구체적으로는 남향을 100이라고 할 때 동향은 95.22%, 서향은 86.42%의 가치를 평가받는다고 한다. 대략적으로 10억 원짜리 집이면 남향의 가치는 1억 원 내외가 된다는 얘기다. 다른 조건이 같고 향만 서향이라면 그 집은 남향집에 비해 2400만 원 정도 저렴하게 평가된다.

층

단독주택이 아닌 공동주택이라면 층수도 집의 가치에 영향을 미친다. 몇 층이냐에 따라 가치가 달라지는 것은 주로 조망과 일조, 접근성과 연관된다. 조망과 일조는 고층으로 올라갈수록 유리하다. 반면 고층은 엘리베이터 운행 시간이 길다는 단점이 있다. 대개는 좋은 조망과 일조를 확보하면서도 접근성을 심하게 떨어뜨리지 않는 중간층 정도를 선호한다.

구본창은 로열층, 준로열층, 끝 층으로 구분하여 층별 가격을 조사했다(구본창, 2000). 끝 층은 최하층과 최상층을 지칭하는 것으로, 명백한 기준이 된다. 그런데 로열층과 준로열층의 구분은 좀 모호한 감이 있다. 몇 층부터 몇 층까지를 로열층, 그리고 몇 층 외를 준로열층이라고 할지 일반적 기준을 세우는 것은 불가능하다. 그렇지만 최상층과 최하층을 제외한 모든 층이 동일한 가치가 있다고 보기에도 무리가 있다. 이럴 때 사용하는 방법이 선발 방식(screening method)이다. 선발 방식을 사용하는 경우에는 로열층과 준로열층을 먼저 구분하지 않고, 가능한 구분을 몇 개 설정하여 다수의 구분을 대상으로 다수의 분석을 실시한다(예를 들어 10~15층을 로열층으로 구분해 분석을 실시하고, 12~17층을 로열층으로 구분해 분석 실시한다). 모형 설명력, 계수의 부호 값, 유의도를 기준으로 가장 적절한 추정 결과를 산출하여 로열층과 준로열층을 구분하는 방법을 사용한다. 분석 결과는 로열층을 100으로 볼 때, 준로열층은 97.6%, 끝 층은 92.5% 정도의 가치가 부여된다고 밝혔다.

소음

특정 땅을 둘러싼 주변은 인간의 오감을 통해 영향을 미친다. 여기에 접근의 용이성을 추가하면 주변이 특정 땅에 미치는 영향을 전부 포괄할 수 있다. 지금까지는 주로 접근의 용이성과 인간의 오감 중에서 시각을 중심으로 땅의 가치를 얘기했다. 이제부터는 다른 감각에 초점을 맞춰보자. 청각이다.

청각이라고 하면 소음 문제가 자연스레 떠오를 것이다. 소음처럼 주거 생활에서 사람들의 신경을 갉아먹는 것도 드물다. 그런데 청각과 관련된 문제가 소음처럼 싫은 것, 그래서 피해야 하는 것만 있는 것은 아니다. 주택에서 생활하다 보면 빗물이 떨어지는 소리, 살랑살랑 부는 바람 소리, 멀리서 들리는 개 짖는 소리 등 듣기에 좋은 소리들이 있다.

지붕 처마에서 토방으로 떨어지는 빗소리처럼 감성 충만한 소리도 없다. 작은 정원이라도 꾸며서 물길을 만들어놓으면 물 흘러가는 소리도 즐길 수 있다. 바람 소리도 좋지만, 바람 소리를 더 즐기려고 풍경을 이용하기도 한다. 바람이 살랑 불면 풍경이 좋은 소리를 들려준다. 주택가라고 해서 아무 소리도 들리지 않는 적막감보다는 멀리서 들려오는 사람 사는 소리가 지루함을 덜어주는 데 효과적이다. 도시에 사는 사람은 잊고 산 지 오래겠지만, 예전에는 개가 짖는 소리도, 때로 닭이 우는 소리도 듣기 좋은 소음이라는 것을 잘 알았다.

청각과 관련해, 좋은 소리는 더 잘 듣게 해주어야 한다. 아파트에 사는 사람들은 때때로 아쉬워한다. 비 오는 소리를 들을 수 있다면 얼마나 좋을까라고. 빗소리를 들으려면 비가 내리 떨어지는 마당이 필요하다. 아파트에는 마당이 없으니 빗소리를 들을 기회도 없다. 발코니를 창문 없이 둔다면 빗소리를 들을 기회가 있겠지만, 대개는 발코니에 창문을 추가로 설치하니 그나마도 들을 기회가 없다. 작은 공간을 최대한 활용하기 위한 주거 형식이다 보니 그런 것이다. 하지만 대형 평수의 아파트가 심심치 않게 공급되고 있으니, 빗소리를 즐길 수 있게 외기에 노출된 마당 있는 아파트가 출현할지도 모를 일이다.

소음도 주택 가격에 영향을 미칠 정도로 중요한 요인이다. 구본창의 연구에 따르면 소음이 없는 아파트를 100이라고 할 때, 소음이 보통인 경우는 97.6%, 소음이 심할 때는 92.5%의 가치가 있는 것으로 평가된다. 소음이 없는 경우는 아파트 동과 차도 사이에 소음을 차단할 다른 건물이 있는 경우이며, 소음이 가장 심한 경우는 아파트 동이 차도와 사이에 건물이 전혀 없이 인접하는 경우다. 소음이 보통인 경우라면 이 두 가지 극단적 경우의 중간 정도 되는 상황을 의미한다(구본창, 2000).

소음은 우리가 흔히 생각하는 것보다 훨씬 더 심신을 피로하게 만드는 요소다. 소음의 주 발생원이 도로의 자동차라는 것을 감안하면 도로변 집에는 소음 피해가 있을 수밖에 없다. 이 점을 꼭 생각해야 한다. 한편 듣기에 좋은 소리도 있다. 물, 바람, 새와 같은 자연의 소리를 들을 기회가 있다면 그런 기회를 놓치지 말아야 한다.

결론

부지, 즉 땅이 집값에 미치는 영향은 위치에 비해 명료하다. 용도가 바뀌면 용도별로 다른 시세를 적용하면 된다. 건축 연면적에 변화가 생길 것 같다면 시세로 평단가를 계산해 그것을 적용하면 된다. 인접도로 또한 집값에 영향을 미치는데, 결국은 건축 가능 연면적 상승이라는 방식으로 작용한다. 따라서 이 또한 시세에서 얻을 수 있는 평당 가격을 적용해 계산해 낼 수 있다.

인접공지가 집값에 미치는 영향은 앞서 언급한 세 가지와는 조금 다르다. 앞의 세 경우와 마찬가지로 산술적으로 계산해 낼 수 있는 가치가 있고, 다른 한편으로 기계적인 계산이 불가능한 가치도 있다. 산술적 계산이 가능한 것은 인접공지 덕분에 생기는 허용 연면적 상승이다. 이런 가치는 이미 말한 것처럼 시세에서 평당 가격을 얻어 계산하면 된다.

인접공지가 주는 또 다른 가치 상승은 조망이다. 조망의 가치는 판례나 경험 등 직관적 판단에 의존하는 수밖에 없다. 여기서 한 가지 더 언급해야 할 것이 있다. 가능 건축 연면적 상승은 누구에게나 동일한 가치로 작용하지만, 조망은 그렇지 않다는 점이다. 조망의 가치를 더 쳐주는 사람이 있고, 그렇지 않은 사람도 있다. 집에 거주하는 시간이 길수록 조망의 가치는 올라가고, 그렇지 않다면 조망의 가치는 상대적으로 저평가될 수밖에 없다. 집에서 거주하는 시간은 주로 연령대와 관계된다. 은퇴한 연령대의 사람들이 집에 머무는 시간이 더 긴 것은 달리 생각해 볼 필요도 없다. 반면 한창 직장 생활에 충실해야 할 젊은 세대라면, 게다가 맞벌이 부부라면 조망의 중요성은 떨어진다.

경사가 집의 가치에 영향을 미치는 방식은 인접공지와 동일하다. 산술적으로 계산해 낼 수 있는 부분이 있고, 그렇지 않은 부분이 있다. 산술적으로 계산이 가능한 부분은, 여기서도 마찬가지로 건축 가능 연면적 상승이다. 기계적인 계산이 불가능한 것은 경사를 얼마나 잘 활용해 사람들이 선호할 만한 건물을 만들어내느냐에 달려 있다. 선호할 만한 건물은 분양 가능성을 높이고, 임대료를 높이 받을 수 있는 기회를 주기도 하지만, 그것을 구체적인 가치 혹은 가격으로 표시하는 것은 어렵다. 하지만 경사가 평지에 비해 더 풍부한 기회를 준다는 것은 분명하다.

부지 조건 중에서 주택가치에 미치는 영향의 크기로 볼 때 무시하기 어려운 것이 향이다. 향의 가치는 조망의 가치와 비슷하다. 누구에게나 동일한 가치로 작용하는 것이 아니라 누군가는 더 중요하게 생각할 수도 있고, 또 누군가는 남향이 아닌 것을 대수롭지 않게 받아들일 수도 있다. 향도 조망과 마찬가지로 집에 머무는 시간이 길어질수록 중요도가 더 높아진다. 집을 구매하려면 자신의 라이프스타일을 되돌아볼 필요가 있고, 그 집에서 얼마나 오래 살 것인지를 생각해 볼 필요도 있다. 나이가 들면 들수록 조망과 향의 가치가 높아진다는 것을 간과하면 크게 후회할 수도 있다.

집의 가치를 평가할 때 소음 문제를 소홀히 하기 쉽다. 그 이유는 이것이다. 집을 사기 위해 집을 둘러볼 때 주로 낮에 둘러본다는 것과 장시간 머물러 있지 않는다는 것이다. 사람은 낮보다 밤에 소음에 더 민감하며, 소음에 노출되는 시간의 길이에 비례해 민감도는 더 커진다. 낮 시간에 짧게 경험한 것만으로는 얼마나 소음이 나는지 가늠하기 어렵다. 낮에 잠깐 방문해서 느끼는 소음의 정도보다 훨씬 더 심각할 것이라고 생각하는 것이 좋다.

소음의 정도를 파악하는 가장 좋은 방법은 자동차 통행량에 차이가 나는 주간과 야간에 걸쳐 실제로 소음을 측정하는 것이다. 그게 어렵다면 기존의 연구 자료를 근거로 추정하는 것도 가능하다. 주택 주변에 자동차도로의 차선 수와 허용 속도를 고려하면 제법 정확하게 소음의 정도를 추측할 수 있다. 차선 수는 자동차 통행량과 관계가 있고, 제한속도는 자동차가 발생시키는 소음의 크기와 관계가 있기 때문이다.[9]

땅의 속성으로 이미 언급한 위치에 비해 땅 자체의 특성이 집값에 미치는 영향은 제법 정량화된 계산이 가능하다. '정보의 비대칭성'을 믿는다면, 그리고 자신이 운이 좋은 사람이라고 믿을 수만 있다면 땅의 특성을 주의 깊게 살펴볼 만하다. '정보의 비대칭성'은 불법적인 고급 정보에서 나오는 것도 아니고, 발품을 팔아서 얻을 수 있는 것도 아니다. 전문적 지식이 제대로 된 '정보의 비대칭성'을 획득할 수 있는 기회를 준다.

9 김도완의 연구에 따르면 통행량이 많으며 평균 시속 80km의 속도를 보이는 외부순환고속도로(불암산 TG) 같은 경우에는 112dB, 반면 통행량이 적고 평균 시속이 50km인 주택가(누원초등학교)의 경우는 94.4dB로 측정되었다(김도완·권수안·배윤신·문성호, 2013: 193~209).

04

건물

구조적 안전성

건물에서 가장 중요한 것이 뭘까? 뉴스에는 새로 지어진 멋진 건물들이 자주 소개된다. 뉴스에서 건물을 특별하게 소개할 때는 두 가지 정도 얘깃거리가 있을 때다. 하나는 형태다. 뉴스는 특이한 형태를 좋아한다. 많은 사람들이 미적으로 아름답다고 공감하지 않는 형태라도 좋다. 그저 사람의 눈길을 잡아끄는 힘만 있으면 된다. 다른 하나는 용도나 공간 사용 방법이 특이할 때다. 도서관이라고 만들어놓았는데, 가보니 카페 같은 경우가 이에 포함된다. 사람들은 기존 도서관하고는 매우 다르다면서 관심을 보인다. 기존의 전통적인 도서관하고는 달라 분위기가 답답하지도 않고, 공부하는 분위기도 아니고 오히려 고급 카페에 온 것 같은 느낌이라면서 좋아들 한다.

건물을 경험할 때 이 두 가지가 가장 먼저 사람들에게 와닿는 요소임은 분명하다. 그리고 그것이 그 건물에 대한 평가를 좌우한다. 여기서 좋은 평가를 받으면 뉴스에 소개될 수도 있고, 연말쯤이나 다음 해에 건축계에서 주는 상을 받을 수도 있다. 뉴스에 나오는 것은 그 건물을 설계한 건축가에게는 매우 기쁜 일이고, 건축주도 건축계가 인정해 주는 건물을 소유했으니 자부심을 느낄 수 있어 좋은 일이다. 하지만 여기까지다. 이런 요소들은 건물의 가치를 판단하는 매우 이례적인 요소로 작용할 뿐이다.

매우 이례적이라고 표현하는 것은 건축주가 이런 건물을 만나는 것은 매우 어렵기 때문이다. 일반적인 수준에서 건물을 평가하는 기준으로 삼을 수는 없다는 얘기다. 얘기가 모호한 듯하니 다시 직설적으로 말해보자. 뉴스에 나오고 상을 받는 건물은 쉽게 기대할 수 없는 결과물이라는 얘기이고, 그런 건물이 자기 것이 되는 것은 운이 따라야 한다는 것을 지적하려는 것이다. 그런 건물을 기대할 수는 있지만, 그런 건물을 목표로 해서는 안 된다는 말이다. 현실에서는 그런 것보다는 좀 더 실질적인 것들이 건물의 가치를 평가할 때 고려된다.

건물을 볼 때 뉴스에 나오거나 상을 타는 그런 기준을 제외하고 가장 중요한 것은 역시 구조적 안정성이라고 할 수 있다. 구조적 안정성을 일반 언어로 표현하자면 무너지지 않는다는 것이다. 집이 무너지면 큰일이다. 사람이 다치거나 죽을 수 있다. 사람의 목숨보다 더 중요한 것이 어디 있겠는가. 그러니 건물에서 가장 중요한 것은 당연히 무너지지 않게 만드는 것이다.

때때로, 아주 간혹 건물이 무너지는 사고가 발생하기도 하지만, 대체로 사람들은 건물은 무너지지 않는다고 알고 있다. 하지만 건물은 무너지기도 한다. 절대로 안 무너진다고 말한다면 그것은 거짓말이다. 건물의 종류에 따라, 그리고 그 건물에 적용된 안전율 기준에 따라 건물은 더 안전할 수도 있고, 상대적으로 더 무너지기 쉬울 수도 있다. 이제부터 어떤 건물이 더 구조적으로 안전하고, 어떤 건물이 더 무너지기 쉬운지 알아보자.

건물의 구조적 안정성을 책임지는 첫 번째는 건물의 골조다. 골조란 뼈대를 말한다. 건물에 사용되는 뼈대의 종류에는 철근콘크리트가 대표적이다. 시멘트로 형상을 만드는데 그 안에 철근을 넣어서 더 튼튼하게 만든 것이 철근콘크리트다. 철근콘크리트만큼 많이 사용되는 구조 종류가 하나 더 있다. 철골구조다. 철을 이용해서 건물의 뼈대를 만든다. 우리에게는 철이 가장 튼튼한 재료라는 고정관념 같은 것이 있다. 따라서 철을 사용한다고 하니 철골구조가 가장 튼튼할 것 같다. 철근콘크리트와 비교해도 그럴 것 같다는 생각이 쉽게 든다. 그런데 꼭 그런 것이 아니다. 평상시에 건물에 실리는 무게를 견디는 힘을 생각하면 철골이 더 강력할 수 있다. 그런데 무게가 수평 방향으로 실리는 경우도 있다. 두 가지가 대표적이다.

하나는 바람이다. 바람이 불면서 건물에 수평 방향으로 힘이 가해진다. 바람의 힘이 얼마나 된다고 그리 걱정하느냐 하겠지만, 바람의 힘을 무시할 수 없는 이유가 있다. 아무리 태풍이 세게 불어도 그 힘 자체만으로는 건물이 무너질 리 없다. 문제는 바람이 불면서 생기는 건물의 진동이다. 그네를 생각하면 된다. 힘만 주어 세게 민다고 그네가 높이 올라가는 것은 아니다. 그네의 움직임과 박자를 맞춰 그네가 멀어질 때 살짝살짝 밀어주기만 해도 그네는 높이 올라간다. 바람은 그런 식으로 작용한다. 바람에 의해 생기는 건물의 최초 진동은 아주 미세하다. 이런 미세한 진동이 건물을 무너지게 하지는 못한다. 문제는 미세한 진동에 추가로 가해지는 바람이 건물의 진동과 박자가 맞을 때다. 이런 바람은 건물의 진동을 점점 더 증폭시켜, 건물이 더는 지탱할 수 없을 정도로 진동을 키울 수 있다. 그러면 건물은 무너진다.

건물을 옆으로 흔들리게 해서 결국 무너뜨리는 힘에는 바람만 있는 것이 아니다. 바람이 건물에 작동하는 메커니즘을 그럴싸하게 설명했지만, 독자들은 '그래 봤자 바람이다'라고 생각할 수 있다. 우리의 경험상 바람으로 건물이 무너진 사례가 낯설기 때문에 그럴 수 있다.

이번에는 절대로 무시할 수 없는 수평 방향의 힘을 소개한다. 지진이다. 지진은 땅이 좌우로 흔들리는 현상이다. 지진으로 땅이 흔들리면 건물에는 수평으로 작용하는 힘이 작용한다. 바람의 힘이 작용하는 것과 동일한 방식이다. 지진은 건물을 한 번 흔들고 끝나지 않는다. 연이어서 작용하는 지진의 힘이 건물의 진동수와 맞으면 바람처럼 지진도 건물을 무너뜨린다. 지진은 바람보다 더 무섭다. 바람이 건물을 무너뜨리려면 건물의 진동과 바람의 작용이 동조화되어야 하지만, 지진은 많은 경우 동조하는 힘이 없어도 지진 자체의 흔들림으로 건물을 무너뜨릴 수 있기 때문이다.

전통적으로 우리나라는 지진 안전대라고 생각했다. 그러나 최근 들어 과거에 비해 상대적으로 잦은 빈도로 지진이 발생하면서 지진에 대해 달리 생각하게 된다. 지진의 위력을 극도로 걱정하게 만드는 잘 알려진 비밀을 말해보겠다. 우리 주변에 있는 건물 중 일부는 지진에 대한 대비가 전혀 되어 있지 않다는 것이다.

지진도 대비만 잘하면 크게 걱정할 것은 아니다. 건물의 골조를 튼튼하게만 만들면 큰 지진도 견뎌낼 수 있다. 그러자면 지진에 대비할 정도로, 그리고 지진 대비에 특화된 방식으로 구조를 만들어야 하는데, 이러자니 돈이 더 든다. 돈이 좀 더 든다는 것은, 피해 갈 수만 있다면 피한다는 얘기이기도 하다. 우리나라도 지진으로 피해를 입을 수 있다고 체감하기 전에는 건물을 지을 때 지진을 고려하지 않았다. 돈이 더 들기 때문이고 반드시 지진에 대비해야 한다는 법적 제약이 있었던 것도 아니니 당연히 지진에 대비하지 않았다. 우리나라가 법 규정에 지진을 고려해야 한다고 명시한 것은 1988년도 이후이다. 이 말은 그 이전에는 지진에 대비할 수 있는 강도와 방식으로 건물을 짓지 않았다는 뜻이다. 이 얘기는 바꿔 말하면 1988년도 이전의 건물은 지진에 대해 그 이후에 지어진 건물보다 취약하다는 뜻이다.

철골로 만든 건물은 위에서 내리 누르는 힘에 철근콘크리트보다 강력하게 저항할 수 있지만, 바람처럼 수평 방향으로 작동하는 힘에는 그렇지 않다. 건물에 작용하는 힘을 구분해 생각하면 철근콘크리드와 철골은 각각 장점이 다르다.

건물을 무너뜨리는 요인으로 바람과 지진만 있는 것도 아니다. 화재도 있다. 철골은 힘은 세지만 화재에는 약하다. 철이 시멘트보다 화재에 약하다는 뜻이다. 화재에 대해서는 철근콘크리트가 철골보다 우수하다. 그래서 철골을 사용할 때 철골을 시멘트로 둘러싸서 화재에 대응하는 힘이 우수한 구조를 만들기도 한다.

무너지는 사태에 대비하기 위한 성능으로만 보자면 철근콘크리트가 철골보다 우수하지만, 그럼에도 불구하고 철골조가 많이 사용되는 것을 보면 뭔가 이유가 있을 것이다. 그 이유를 알아보자.

철골에 비해 철근콘크리트는 공사에 소요되는 기간이 길다. 콘크리트가 마를 때까지 걸리는 시간이 적지 않기 때문이다. 철근콘크리트로 한 개 층을 만들고, 그 위에 층을 더 얹으려면 층마다 한 달 정도는 기다려야 한다. 한 달 정도 콘크리트를 잘 말려야 콘크리트의 강도가 제대로 발현되기 때문이다. 반면에 철골조는 철골을 리벳이나 용접으로 고정하는 방식이기 때문에 강도가 발현되기를 기다릴 필요가 없다. 철근콘크리트의 또 다른 약점은 자체 하중이 많이 나간다는 점이다. 건물은 그 안에 적재되는 물건과 사람의 무게를 견뎌야 하는데, 사실 그것보다 원천적으로 건물 자체의 무게를 견딜 수 있어야 한다. 철근콘크리트 자체 무게가 많이 나가다 보니 고층으로 올릴수록 더 높은 자체 강도를 필요로 하고, 이는 재료비가 인상되는 결과를 초래한다. 다시 말해 철골은 철근콘크리트에 비해 공사 기간도 짧고, 자중(自重)도 적게 나간다. 이런 장점 때문에 지진과 같은 횡력에 약하다거나 화재에 약하다는 단점이 있음에도 건물 공사에 흔히 사용된다.

철근콘크리트와 철골이 가장 일반적인 구조이지만, 이런 구조만 사용되는 것이 아니다. 사용 빈도로 볼 때 이 두 가지만큼 많이 사용되는 것으로 목구조와 조적식 구조가 있다. 목구조는 나무로 건물의 뼈대를 만드는 방식이다. 대개 2층 정도의 건물에 사용되지만, 10층 이상 고층 건물에도 사용할 수 있다. 구조적 안정성만 놓고 보면 목구조는 철근콘크리트나 철골조에 비할 수 없다. 그럼에도 불구하고 목구조는 주택에 제법 많이 사용된다. 그 이유는 친환경적이라는 것, 그래서 사람의 건강에 도움이 된다고 믿기 때문이다. 화재에 매우 취약하다는 치명적인 약점과 건물 내에서 소음 차단이 어렵다는 점 등 문제가 많지만, 친환경이라는 이유만으로도 잘 사용된다.

조적식은 벽돌 같은 작은 덩어리를 쌓아서 만드는 구조를 말한다. 이렇게 쌓을 수 있는 재료로는 벽돌 이외에 돌, 전돌, 블록 같은 것들이 있다. 이런 재료들은 구조적으로 안정적이고, 화재에도 비교적 안전하다. 이 구조의 단점은 지진과 같은 수평 방향의 힘에 취약할 수 있다는 점이다.

건물의 가치를 구조적 안정성이라는 측면에서 평가할 때는 앞서 언급한 정도의 구조 방식만 알면 된다. 어떤 구조를 적용하든 안전할 수 있다고 믿어도 좋다. 철근콘크리트는 철근콘크리트대로, 철골은 철골대로, 목구조는 목구조대로, 조적조는 조적조대로 안전 기준이 마련되어 있고, 모든 허가받은 건물은 그러한 기준을 충족하고 있기 때문이다.

이렇게 말하면 모든 건물이 구조적 안정성을 다 만족시킨다는 얘기로 들릴 수도 있을 텐데, 그렇다면 건물의 가치를 평가할 때 구조적 안정성은 거론할 필요도 없다는 뜻이 될 수도 있다. 그런데 그런 얘기는 아니다. 구조적 안정성을 따져볼 필요가 있다. 먼저 지진의 예에서 알 수 있듯이, 시기에 따라 건물에 적용된 구조 기준에 차이가 있기 때문이다. 지진 대비 규정이 없었을 때보다 있을 때 지은 건물이 지진 대비 구조적 안정성이 높은 것은 당연하다. 또 다른 변화도 있었다. 이건 좀 전문적인 얘기인데, 구조 계산 시 사용할 재료의 강도를 탄성 범위 안에서만 볼 것이냐 아니면 그것보다 더 범위를 넓혀 소성 범위를 포함할 것이냐 하는 문제다(박찬수, 1982).

우리나라의 구조 계산 기준은 탄성 설계에서 소성 설계로 바뀌었는데, 아주 간략하게 말하자면 소성 설계에 따라 구조적 안정성은 떨어졌다고 할 수 있다. 왜 구조적 안정성을 떨어뜨리는 방향으로 구조설계 기준이 바뀌었는지 의아할 것이다. 이유는 간단하다. 구조적 안정성을 무조건 높이자면 공사비가 많이 들기 때문이다. 일어나지도 않을 일을 대비해서 그 정도로 강력하게 만드는 것은 비효율적이라고 생각했기 때문이다.

한 예를 들자면 이런 것이다. 강변에 집을 짓는데 홍수가 나면 집이 잠길 수도 있다. 이렇게 홍수가 나면 물에 잠기는 지역과 그 외의 지역을 가르는 고도를 홍수위라고 한다. 홍수위 아래에 속하는 지역은 범람에 대비해 설계되어야 한다. 물론 이러자면 당연히 돈이 더 든다. 반면에 홍수위 이상의 지역에서는 그런 과도한 대비가 필요하지 않으니 돈이 덜 든다. 그런데 홍수위는 딱 하나로 정해지는 것이 아니다. 50년 홍수위도 있고, 100년 홍수위도 있다. 50년 홍수위는 과거 50년 동안 발생한 최대 범람 높이를 말하는 것이고, 100년 홍수위는 과거 100년 동안 가장 높았던 물 높이를 기준으로 삼는다. 우리나라에서는 100년 홍수위를 기준으로 하지만, 500년 홍수위라는 것도 상상해 볼 수 있다. 과거 500년 동안 벌어진 일이라면 앞으로 그런 일이 있을 수도 있을 것이다. 하지만 이렇게 확률이 아주 낮은 일을 기준으로 대비를 하려면 비용이 많이 든다. 이런 걸 비효율적이라고 생각하고 '과다 설계'라는 전문적인 용어를 사용해 설명한다. 구조설계에서 탄성이 아닌 소성 설계를 택한 것은 과다 설계를 하지 않겠다는 의도다. 그저 돈을 덜 들이겠다는 얄팍한 계산속은 절대로 아니라는 얘기다.

건물의 안정성을 걱정할 이유는 또 있다. 지을 때는 잘 지었지만, 짓고 난 이후에 건물의 안정성을 해치는 일이 자연적으로 발생하기도 한다. 간혹 건물 벽에 균열이 생기는 현상을 발견할 수 있다. 건물 벽에 생기는 약간의 균열은 철근콘크리트 건물에서는 당연히 발생하는 현상으로 이것을 건물의 하자로 보지는 않는다. 이런 균열은 어느 정도 발생하고 난 후 더는 커지지 않기 때문이다. 건물의 구조적 안정성에는 영향을 미치지 않는다. 다만 외관상 보기 싫을 수는 있다. 이럴 때는 외장을 좀 손보면 그걸로 끝이다.

건물 외벽에 균열이 생기면 대개는 철근콘크리트가 수축 팽창하면서 표면에 생긴 균열이라고 생각한다. 균열이 좀 더 벌어질 때까지 두었다가, 더 이상 벌어지지 않는 시점에 외장을 손보는 걸로 족하다. 문제는 균열이 계속 커지는 경우도 있다는 점이다. 균열이 문제가 되는 것은 그것 자체가 당장 구조적인 문제를 불러일으키지는 않지만, 균열을 통해 침입한 습기가 철근콘크리트 내부의 철근이 녹스는 것을 가속화하기 때문이다. 한편 철근콘크리트에 침투한 습기가 겨울철에는 얼었다 녹았다를 반복하면서 철근콘크리트의 균열을 점점 더 커지게 하기도 한다. 물이 얼 때 팽창하는 힘으로 균열을 더 벌린다. 물이 어는 힘은 생각보다 엄청나다. 옛날에 채석장에서는 물이 어는 힘을 이용해 바위를 잘랐다. 물이 얼면서 팽창하는 힘은 자연의 바위도 조각을 낸다.

균열이 점점 더 벌어지는 것이 멈추지 않으면, 표면에 그치는 단순한 균열이 아니라 다른 이유가 있는 균열로 생각해야 한다. 균열의 이유는 여러 가지가 있을 수 있지만, 가장 문제가 되는 것은 부동침하로 발생하는 균열이다.

부동침하는 건물의 기초가 부동하게, 그러니까 동일하지 않게 침하한다는 얘기다. 건물 기초 중에서 일부는 깊이 침하하고 다른 일부는 얕게 침하할 때, 부동침하가 발생했다고 한다. 부동침하가 발생하면 깊게 침하한 쪽과 그렇지 않은 쪽 중간에 구부러지는 힘이 작용하게 된다. 무게가 어느 정도 있는 쇠로 만든 막대자의 한쪽 끝을 잡아 수평을 지탱한다고 생각해 보자. 손으로 잡고 있지 않은 쇠자의 다른 쪽 끝이 아래로 휘어진다. 건물에도 이와 동일한 현상이 벌어진다. 건물의 중간이 구부러지면서 균열이 발생하는 것이다.

부동침하는 땅이 가라앉으면서 생기는 자연스러운 현상이다. 어느 건물이나 공사 완료 이후 상당 기간에 걸쳐 침하가 생긴다. 원래는 없었던 건물의 무게가 땅에 가해지니 건물의 무게에 의해 땅이 예전 상태보다 눌리는 것은 당연하고, 그로 인해 땅이 조금 가라앉는 일이 발생한다. 이때 건물 전체가 동일한 깊이로 가라앉으면 건물이 구부러질 일도 없다. 문제는 건물이 동일한 깊이가 아니고 건물의 한쪽이 다른 쪽보다 깊게 가라앉을 때 생긴다. 이런 식으로 부동침하가 생기는 이유는 땅의 강도에 부분적으로 차이가 날 때다. 건물 일부는 암반에 걸쳐 있고 다른 일부는 흙 위에 걸쳐 있다면, 두 지점 간에 강도 차이가 있는 것은 당연하다. 흙으로 되어 있는 지점에서는 건물이 더 많이 가라앉는다. 이러면 부동침하가 발생하고, 건물에 구부러지는 힘이 발생하여 결국 균열로 이어진다.

모든 부동침하가 발생한 뒤 건물이 무너질 때까지 진행되는 것은 아니다. 부동침하도 어느 정도 발생하다가 멈춘다. 그 멈추는 지점에서 발생하는 구부러지는 힘을 건물이 감당할 수 있느냐 없느냐가 문제이다.

건물의 부동침하는 주로 낮은 곳을 메워서 땅의 기초를 만든 곳에서 주로 나타난다. 경사지나 늪지가 대표적인 예다. 경사지에서 낮은 곳을 메워서 평평한 땅을 만들거나, 늪지의 흙을 다져서 건물의 기초를 세웠다면 부동침하를 유의해야 한다. 한편 부동침하가 발생했다고 해도 건물이 튼튼하면 부동침하의 정도도 덜하고, 균열이 발생하는 정도도 심하지 않을 수 있다. 문제는 부동침하가 발생했는데, 건물이 충분히 튼튼하지 못할 때다. 이때 발생하는 균열은 건물을 무너지게 할 수 있다.

건물의 구조적 안정성은 당연히 집의 가치에 영향을 미친다. 이런 악영향을 피하려면 건물이 서 있는 부지의 원래 상태가 무엇이었는지를 알 필요가 있다. 경사지를 메워서 만든 평지이거나 원래 그곳이 늪지였다면 부동침하 가능성을 염두에 두고 건물의 상태를 면밀하게 살펴야 한다.

건물의 구조적 안정성을 우려할 수준으로 해칠 수 있는 또 하나의 요인은 불법 개조다. 인테리어를 새로 하면서 벽에 손을 대는 경우가 종종 있다. 에어컨 냉각수 배출을 위해서 벽에 구멍을 뚫는 일 등은 비일비재하다. 아파트에서는 불법 개조를 금지하고 있을 뿐만 아니라 인테리어 공사를 할 때 절대 손대서는 안 되는 구조체를 표시해 의도적이지 않은 불법 개조를 피할 수 있게 하고 있다. 그런데 사람들은 종종 이런 경고를 무시한다. 벽에 구멍 하나쯤 더 뚫는다고 집이 무너지랴, 벽의 일부를 뜯어낸다고 집이 무너지랴 하면서 쉽게 생각하지만 무너질 수도 있다.

구조체에 손을 대도 집이 당장 무너지지 않는 것은 집의 구조적 안정성을 충분히 하기 위해서 기본적으로 집에 작용하는 힘의 3배를 견디도록 만들었기 때문이다. 이 3을 안전율이라고 부른다. 100이라는 힘이 집에 작용할 것으로 본다면 300의 힘에도 견딜 수 있을 정도로 튼튼하게 만든다는 것이다. 대개의 경우 이렇게 크게 잡아놓은 안전율 덕분에 구조체에 손을 좀 대도 당장 무너지지는 않는다. 하지만 사고는 악재가 겹치면서 난다. 하나하나에서는 이 정도 변형이나 부실로 무너지기까지 하랴라고 생각할 수 있다. 그리고 그런 생각이 헛된 믿음만은 아니다. 대개는 그런 믿음이 옳다. 그런데 아닐 때도 있다는 것이 중요하다.

이제는 기억하는 사람이 별로 없을 것 같지만 50여 년 전 대한민국을 떠들썩하게 했던 아파트 붕괴 사고가 있었다. 와우아파트다. 아파트가 순식간에 무너지면서 사상자가 다수 발생했다. 왜 이런 일이 발생했는가? 악재가 겹쳤기 때문이다(연합뉴스, 2020.4.11). 철근콘크리트로 지은 건물은 철근이 건물을 지탱해 주고, 시멘트도 건물을 지탱해 준다. 그 둘 중 하나라도 제대로 되어 있으면 건물이 순식간에 무너지지는 않는다. 와우아파트의 비극은 철근 공사의 부실과 콘크리트 공사의 부실이 겹치면서 발생했다.

철근 공사를 담당하는 인력과 콘크리트를 담당하는 작업 팀이 다르다. 철근 공사에서 나타나는 대표적인 부실은 철근을 덜 쓰는 것이다. 이유는 간단하다. 빼돌린 철근 값을 챙기려는 의도다. 시멘트 공사에서 볼 수 있는 대표적인 의도적 부실은 콘크리트를 만들 때 시멘트를 적게 쓰는 것이다. 이것도 이유는 같다. 철근 공사나 콘크리트 공사나 공사가 끝나고 난 후에는 철근이 제대로 사용되었는지, 시멘트의 함량이 시방서대로 되어 있는지를 확인하기 어렵다.

와우아파트에서는 철근을 빼먹은 사람들은 콘크리트만 제대로 되면 집은 무너지지 않을 거라고, 콘크리트 공사를 하는 사람들은 철근만 제대로 되어 있으면 시멘트를 좀 빼먹어도 괜찮을 것으로 생각했다. 하지만 부실이 겹쳤다. 악재가 겹치면서 건물이 무너져 버렸다.

인테리어를 하기 위해 구조체에 좀 손을 대도 집이 무너지지는 않을 거라는 생각을 버려야 한다. 구조체 손상으로 구조적 안정성에 문제가 생길 정도로 변형이 생긴 집들은 우리가 상상하는 것 이상으로 많다. 집의 가치에 영향을 미치는 구조적 안정성을 세심히 따져보려면 구조체에 변화를 가한 개조가 있는지를 꼭 확인해야 한다.

구조체에 변화를 준 수리가 있었다는 것, 그래서 구조적 안정성에 위협이 될 정도로 변형이 진행되고 있다는 것을 발견했다고 해도 너무 크게 걱정할 필요는 없다. 요즘은 구조 보강 기술이 엄청나게 발전했다. 웬만한 구조적 하자는 간단한 공사로 보강할 수 있다. 웬만하다는 것이 도대체 어느 정도를 얘기하는 것인지 모호할 수도 있다. 이렇게 말을 바꾸자. 구조적 안정성을 해칠 모든 변형은 보강 가능하다고. 한 가지 단적인 사례를 들어보자. 집의 내부 칸막이 벽 중에는 구조체 역할을 하는 벽도 있고, 구조체 역할은 하지 않고 구획을 나누는 역할만 하는 벽이 있다. 후자는 철거해도 되고, 전자는 손대면 안 된다. 하지만 전자에 변형을 가하는 경우가 종종 있다. 인테리어 업자가 "이거 구조벽이기는 해도 철거해도 돼요. 다른 집도 다 그렇게 합니다"라는 말을 믿지 마라. 안전율이라는 게 있어서 한두 집이 그러는 것은 괜찮을 수도 있다. 하지만 악재가 겹쳐서 많은 집이 그렇게 하면 집은 무너진다. 이렇게 구조체 역할을 하는 벽을 철거하면 나타나는 가장 흔한 문제는 천장이 처지는 현상이다. 천장, 혹은 공동주택이라면 위층 바닥이 움푹 처지게 된다. 이런 일로 위아래 층간에 분쟁이 심심치 않게 발생한다.[1]

일반인들은 바닥이 처질 정도가 되면 그제야 큰일 났다고 생각한다. 전 주인이 공사한 거라 나는 모르는 일이라고 발뺌을 하고 싶을 것이고, 실제로 그럴 수도 있다. 하지만 공동주택에서 발뺌한들 뭣하나, 집이 무너지게 생겼는데. 자신의 법적 책임을 면하는 게 가장 급한 일이지만, 그 이후에도 문제는 여전히 남는다.

바닥이 축 처지는 모양새를 보고 있자면 아주 큰일이 난 듯싶지만, 그리 크게 걱정을 하지 않아도 된다. 처진 바닥판을 지지대를 이용해서 원래의 위치로 되돌린 다음 테이프를 하나 붙이는 것만으로도 해결이 가능하다.[2] 구조체에 변형이 생긴 것을 발견한다면 쉬쉬하고 집 팔고 이사 갈 생각을 하기 전에 수리할 생각을 먼저 할 필요가 있다. 구조체 변형도 복구가 생각보다는 쉽기 때문이다.

구조체의 안정성이 집의 가치에 미치는 영향은 얼마나 큰 것일까? 구조체의 안정성이 높다고 해서 집의 가치가 올라가지는 않는다. 집의 구조체에 문제가 있다면 집의 가치는 떨어질 일만 남는다. 그렇다면 얼마나 감해야 하는가? 계량적 평가는 간단하다. 구조체를 복구하는 데 드는 비용을

1 아파트의 불법 개조는 비일비재하다(≪조선일보≫, 2016.8.24).

2 이와 같은 공법의 사례로 하기주의 연구가 있다(하기주·이동렬·하영주·강현욱, 2016).

뽑아보면 된다. 이렇게 간단한 문제이기는 하지만, 일반인들은 기술을 신뢰하지 못하는 경향이 있다. 테이프 하나만으로도 바닥 처짐 문제가 근본적으로 해결되지만, 그걸 믿지 못하는 경우도 많다. 이런 걸 감안한다면 구조체 손상으로 인한 집의 가치 하락은 단순히 복구 비용 이상이라고 생각해야 한다.

공간구조

부동산 중개소에 가면 "이 건물이 설계가 좋아서 사람들이 좋아해요"라는 말을 종종 듣는다. 상가건물을 두고 설계가 좋다는 얘기를 한다면 분양면적이 많이 나왔다는 얘기일 가능성이 높다. 관련 법을 잘 따져서 요리조리 피하고 활용하다 보면 허용된 용적률을 다 찾아 먹을 수 있는데, 이런 상황을 에둘러 표현하는 말이다.

부동산 중개업자가 주택을 두고 하는 얘기라면 좀 달라진다. 특히 세입자를 앞에 두고 하는 말이라면 더욱 그렇다. 세입자 입장에서야 분양 면적이 많든 용적률이 높든 무슨 상관이겠는가. 오히려 용적률이 높다는 것은 밀도가 높다는 것이고 그렇다면 '답답할 수도 있겠다'는 생각만 들지, '그래서 좋다'는 생각은 하지 않는다. 부동산 중개업자가 말하는 "집이 설계가 잘되었다"라는 말은 무슨 뜻인지 살펴보자.

건축의 3대 요소라고 하는 것이 있다. 건축물에 사람들이 기대하는 가장 중요한 것 세 가지를 말하는데, 여기에 해당하는 것이 구조, 기능, 미다. 구조는 건물이 얼마나 튼튼하냐의 문제다. 엄청난 천재지변이나 예상치 못한 사고가 아니라면 절대로 무너지지 않는다는 얘기다. 그래야 마음 놓고 살 수 있다. 이제 남은 것은 두 가지다. 기능과 미다.

기능은 편리함이라고 생각하면 된다. 얼마나 편리한가에 따라 건물의 가치가 달라진다. 이제 문제는 편리함이란 도대체 무엇이냐다. 편리함이란 사람이 필요한 행동을 얼마나 용이하게 할 수 있느냐와 관계가 있다. 이번에는 필요한 행동이 무엇인지 알아야 한다.

건물과 관련된 행동은 머무름과 이동이 전부다. 이제 말을 좀 바꿔볼 수 있다. 건물 안에서 얼마나 원하는 대로 머무를 수 있고, 또 원하는 대로 이동할 수 있느냐가 편리하냐 아니냐를 결정한다. 머무르는 행동을 원하는 대로 하려면 우선 면적이 일정 정도 이상이 되어야 한다. 사실 이게 가장 중요하다. 방의 면적이 일정 정도 이상만 되면 머무르는 데 불편은 없다. 면적이 확보되고 나면 그때부터 다른 것도 눈에 들어온다. 천장 높이도 좀 높은 것이 좋다. 천장이 너무 낮으면 육체적으로 불편할 수 있다. 딱 키만큼만 높이가 확보되어도 물리적으로 부딪힐 일은 없다. 하지만 심리적으로 몹시 답답하다. 집을 팔 의도로 집을 짓는 사람들은 층고를 가능한 한 낮게 하려고 한다. 이러면 우선 공사비가 적게 든다. 한 층 짓는 데 들어가는 재료가 절약되니 그렇다. 층고를 낮게 하는 더 결정적인 이유가 따로 있다. 같은 높이에 더 많은 층을 올릴 수 있다는 점이다. 이른바 분양할 수 있는 단위 주호 수가 확 늘어난다. 이렇다 보니 층고를 낮추려고만 한다. 그래서 법이 생긴다. 건축법에서는 실(室) 내부의 바닥에서 천장까지의 높이를(천장고) 2.1m 이상으로 못 박아 규정하고 있다.

면적과 높이가 확보되면 그다음으로는 창이다. 사람이 살려면 햇빛도 들어오고 바람도 통해야 한다. 햇빛은 많이 들어오면 들어올수록 좋다. 바람도 마찬가지다. 없는 햇빛이나 바람을 인공으로 만들어내는 것은 불가능하니, 우선 받을 수 있는 햇빛과 바람의 양은 많을수록 좋다. 실내로 들어오는 빛과 바람의 양은 창문과 차양으로 얼마든지 조절할 수 있다.

창으로는 햇빛도 들어오고 바람도 들어오지만, 그에 못지않은 역할이 요

〈그림 4-1〉 자양동 강변현대아파트

구된다. 창을 통해 보는 조망이 좋아야 한다. 조망이 좋다는 것은 내다보는 경치가 좋다 정도로 생각하면 되지만, 햇빛이나 바람에 비해 고려해야 할 것이 좀 더 많다. 예를 하나 들어보자. 한강이 보이는 부지를 생각해 보자.

주택 평면도는 한강 뷰를 잘 즐기도록 설계되어야 한다. 사실 잘 즐기게 한다는 말은 뭐 특별할 것도 없다. 한강을 바라볼 수 있는 창을 가능한 한 크게 뚫어놓으면 된다. 그런데 특별한 조건을 갖춘 지점들이 있다. 한강이 건물의 한 면이 아니라 두 면 혹은 세 면에 있을 수 있다. 한강이 부지를 둘러싸고 흐르는 경우다. 이 경우라면 한강을 바라보는 조망이 두세 방향으로 형성된다. 일반적인 아파트처럼 한 면으로만 창을 내서는 한강 뷰를 온전히 즐길 수 없다. 서울 자양동 강변현대아파트는 발코니를 모서리에도 설치했다. 이렇게 하여 두 개 면에서 한강을 조망할 수 있게 했다. 좋은 설계다. 어찌 보면 좋은 조망이라고 평가받는 한강 뷰를 살리기 위한 당연한 조치이지만, 이렇게 하지 않고 흔히 하듯 한 면에만 발코니를 둘 수 있다. 이런 데 비하면 확실히 좋은 설계다.

이제 이동에 대해 생각해 보자. 이동하는 행동은 출발 장소에서 도착 장소까지 빨리 도달할 수 있으면 그걸로 만족스러울 것 같다. 하지만 절대 그렇지 않다. 이동속도는 미묘하다. 어떤 때는 빠르게 또 어떤 때는 느리게 걷는 게 좋다. 빠르게 갈 수 있다면 느리게 가는 것은 마음먹기에 달린 것 아닌가라고 생각할 수 있다. 그런데 그게 아니다. 느리게 걷고 싶을 때 느리게 걸을 만하게 해줘야 한다. 이러자면 통로의 폭을 좀 넓게 하고, 통로 중간에 휴식을 취할 만한 구석 공간을 만들면 금상첨화라 할 수 있다. 잠시 휴식하는 장소에 창을 내고 좋은 조망을 끌어들일 수 있으면 그렇다. 이렇게 하는 것이 좋은 것은 누구나 아는 얘기다. 중요한 것은 물리적 자원, 특히 면적의 제약, 외부 조망의 제약 등으로 인해 이런 것들을 확보하기 어려울 때 묘수를 풀어내는 것이다. 이런 능력이 설계자에게 요구되고, 설계자가 이런 요구에 효과적으로 부응했을 때 나온 결과물을 좋은 설계라고 한다.

머무르거나 이동할 때 집 안팎을 쳐다보게 되는데, 이때 건축의 3대 요소 중 하나인 미가 작동한다. 보기에 아름다워야 한다는 것이다. 밖으로 향하는 시선에 들어오는 아름다움은 주로 경치에 의해 좌우된다. 외부 경치는 손댈 수 없다. 눈으로 감상하는 것만 가능하다. 이러다 보니 경치를 어떻게 잘 활용하느냐가 중요하다.

아름다움은 건물 바깥에만 있는 것이 아니다. 건물 외부에서 건물로 향하는 시선에 들어오는 건물 자체의 아름다움도 있어야 한다. 흔히 조형성이라고 부르는 미적 가치다. 형태가 가지는 아름다움을 지칭하는 단어다. 조형성은 건물의 전체적인 형태와 장식을 통해 얻을 수 있다.

좋은 설계가 집의 가치를 높이는 것은 분명하다. 그런데 얼마나 가치가 높아지는지를 판단하기는 쉽지 않다. 때로 좋은 설계 덕에 임대가를 높이 받을 수 있다고도 하고 매출이 늘었다는 말을 심심치 않게 들을 수 있지만, 그것의 가치를 딱 잘라 말하는 것은 불가능하다. 하지만 그런 가치가 있는 것은 틀림없다.

공간구조가 주택 가격에 얼마나 영향을 미치는지 살펴보자. 다시 회귀분석을 사용한다. 주택 가격을 종속변수로, 공간구조를 독립변수 중 하나로 두고 회귀분석을 실시하여 가격에 영향을 미치는지, 미친다면 얼마나 미치는지를 알아보자. 공간구조를 대표할 수 있는 요인을 좀 더 구체적으로 만들어야 한다. 다양한 가능성이 있지만, 아파트를 염두에 둔다면 공간구조를 큰 틀에서 결정하는 것은 복도식이냐 홀식이냐다.

홀식은 엘리베이터 홀을 가운데에 두고 두 개 주호가 붙어 있는 것을 말한다. 복도식은 하나의 엘리베이터 홀을 두고 그 홀에서 시작하는 복도를 만든 다음, 그 복도에 단위 주호들을 연결하는 방법이다. 복도식은 주호의 앞면이 공용인 복도에 접하므로 외부인의 시각적 침해가 있을 수 있고, 통풍이나 채광 모든 면에서 홀식에 비해 불리하다. 그럼에도 불구하고 복도식을 선택하는 것은 일정한 면적에 더 많은 주호를 넣을 수 있고, 그래야 주택사업자의 이윤이 커질 수 있기 때문이다. 나의 경험상, 홀식 아파트가 복도식에 비해 비쌀 것 같다. 하지만 분석 결과는 기대와는 다르다. 회귀분석 결과 통계적으로 의미가 있는 회귀식이 성립되지 않는다. 즉 아파트 동이 홀식이냐 복도식이냐 하는 것은 가격에 영향을 미치지 않는다. 이런 예상을 빗나가게 하는 현상에 대한 설명이 불가능한 것은 아니다. 거주의 편리성으로 보면 홀식이 비싸게 평가받겠지만, 복도식이 대체로 오래된 아파트라서 대부분 재건축 중인 경우가 많기 때문에 그로 인한 가격 상승이 작용해 홀식과 복도식 간의 가격 차이를 희석하는 것으로 이해할 수 있다.

실내 환경 성능

집의 가치를 결정하는 건물의 특성 중 무시할 수 없는 것이 실내 환경 성능이다. 좋은 설계라는 가치가 주로 편리함과 아름다움에 의해 대표되는 반면, 실내 환경 성능은 쾌적함이라는 단어를 써서 대신할 수 있다. 실내가 쾌적하다는 것은 곧 실내 환경 성능이 좋다는 뜻이다. 이제 해결해야 할 문제는 무엇이 사람들에게 쾌적함을 느끼게 하는지 알아야 한다는 점이다.

무엇이 사람에게 쾌적함을 느끼게 하는지를 알아낼 간단한 방법이 있다. 쾌적함이란 결국 몸이 저절로 느끼는 것이라는 점을 고려하면 된다. 사람은 몸, 특히 감각기관을 통해 외부 환경의 특성을 받아들인다. 그리고 그 과정에서 쾌적함을 느끼기도 하고 때로 불쾌감을 느끼기도 한다. 그러니 사람에게 쾌적함을 느끼게 하는 것은 오감을 통해 들어오는 외부의 자극이다.

오감 중에서도 쾌적함과 관련된 자극은 주로 촉각이다. 후각도 쾌적함에 당연히 영향을 미친다. 우선 후각에 대해 알아보자. 후각은 잠시 동안에도 금방 감지할 수 있는 자극이다. 누군가 집의 가치를 판단하기 위해 집을 둘러보는 잠깐 사이에도 악취가 있다면 금방 감지할 수 있다. 그래서 후각과 관련된 문제는 놓치기 어렵고 이것에 대해서는 별도로 신경을 쓰지 않아도 된다. 하지만 항상 그런 것도 아니다. 후각을 자극하는 원천이 집의 외부에 있다면 더욱 그렇다. 악취가 있어도 항상 나지는 않는다. 바람의 방향에 따라 악취가 나기도 하고, 안 나기도 한다. 바람이 있고, 그 바람이 악취의 원천에서 집으로 불어올 때만 악취를 감지할 수 있다.

우리나라는 여름철에 남동풍이, 겨울철에 북서풍이 분다. 그러니 악취가 나는지를 제대로 파악하려면 상당히 오랜 기간 거주해 보는 수밖에 없다. 그런데 그것은 사실상 불가능하다. 현실적으로 말하자면 지도를 펴놓고 악취가 발생할 수 있는 혐오시설의 위치를 파악해 보는 수밖에 없다.

앞서 말한 것처럼 악취의 발생원이 인근에 있다고 해도 바람의 방향에 따라 악취가 날 수도 있고 아닐 수도 있다. 이럴 때는 어떡해야 하는가? 좀 더 전문적인 지식과 노고가 따르기는 하지만, 방법은 있다. 지역별·시기별·시간대별로 바람의 방향에 대한 데이터가 존재한다. 이것을 이용하면 인근에 악취 발생원이 있을 때, 특정한 집에서 악취가 날 것인지 아닌지를 가늠해 볼 수 있다.

주거 생활에서 쾌적함을 결정하는 주된 요인은 온도와 습도다. 여름철에 온도가 높을 때 습도도 같이 높으면 최악의 환경이 된다. 온도와 습도를 감지하는 신체감각이 촉각이다. 이제부터 촉각과 관련된 얘기를 해보자. 우선 온도부터 시작하자.

적당한 열을 확보할 수 있어야 적절한 온도를 얻을 수 있고, 열적 쾌적함을 얻을 수 있다. 이러자면 단열이 중요하다. 건물의 단열 성능은 건물 외피와 창에 의해서 좌우된다. 단열 성능이 좋은 외피를 충분한 두께로 사용했는지, 그리고 유리창을 여러 겹으로 사용했는지가 중요하다. 유리창이 여러 겹인지 아닌지는 외관상 쉽게 파악된다. 과거 달랑 한 장짜리 유리창을 사용하던 때, 창은 열이 쉽게 빠져나가는 통로였다. 그러나 지금은 최소한 복층 유리 혹은 삼중 유리를 사용한다. 삼중 유리 정도라면 단열 성능을 의심할 필요가 없다.

창의 단열 성능은 눈으로 보아 쉽게 판단할 수 있는 데 비해, 외피의 단열 성능은 겉으로만 보아서는 판단하기가 쉽지 않다. 벽체의 두께를 살펴보는 것 이외에 재료의 특성을 살펴보아야 하는데, 벽체를 마감하고 있는 외부 수장재를 뜯어보기 전에는 알 수 없다. 이럴 때는 불가피하게 공사 도면을 확인하는 수밖에 없다. 집주인들이 그런 도면을 가지고 있을 거라고 생각하기는 어렵다. 그러나 아파트라면 그런 걱정은 하지 않아도 좋다. 아파트는 관리사무소에서 도면을 잘 보관하고 있다. 보여달라고 하면 당연히 성의껏 보여준다. 다만 도면을 읽기 위해서는 약간의 지식이 필요하기는 하지만 말이다.

아파트 도면을 처음 보는 사람은 놀라기도 할 거다. 도면이라면 기껏해

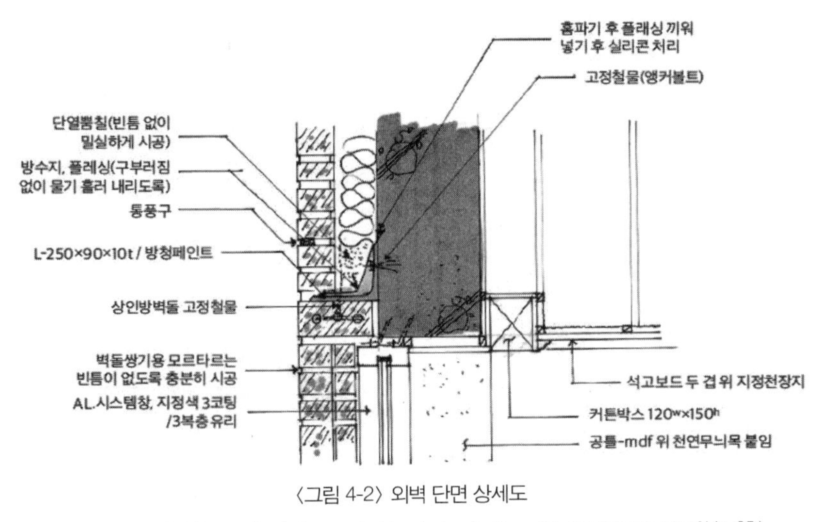

〈그림 4-2〉 외벽 단면 상세도

자료: A+PLATFORM, https://a-platform.co.kr/story/index.php?boardid=story&mode=view&idx=951.

야 몇 장 정도를 생각했을 텐데, 관리사무소에 보관 중인 도면은 책으로 여러 권이다. 거기에는 건축에 관련된 도면도 있고, 조경에 관련된 도면도 있으며, 기계 및 전기 설비 등등의 도면이 있다. 그중에서 어떤 것을 찾아보아야 하는지 알기 어렵다.

단열 성능을 파악하고자 도면을 열람하려면 건축도면 중에서 상세도면을, 그리고 그중에서도 외벽 단면 상세도를 찾아 살펴보아야 한다. 도면이 복잡해서 뭐가 뭔지 알기 어렵다고 겁먹을 일은 아니다. 딱 한 가지만 확인하면 된다. 열관류율이다. 열관류율이라는 것은 일정한 시간 외피를 통해 빠져나가는 열의 양을 의미한다. 열관류율이 높다는 것은 열이 쉽게 빠져나간다는 의미다. 반대로 열관류율이 낮다는 것은 열이 잘 빠져나가지 않는다는 뜻이다. 건축 관련 법에서는 건물이 위치하는 지역별로, 그리고 건물 부위별로 요구되는 열관류율을 적시하고 있다. 이 열관류율로 건물의 단열 성능을 확인할 수 있다.[3]

적절한 열을 확보하고 있다면, 그다음은 습도가 문제다. 습도는 통풍으로 조절될 수 있다. 통풍이 잘되게 하면 습도를 떨어뜨릴 수 있다. 통풍이 잘되게 하려면 우선 필요한 것이 일정 면적 이상 창이 필요하다. 건축법에서는 모든 실에서 바닥면적의 10분의 1 이상의 창을 요구한다. 창이 그 정도 있으면 통풍이 가능해진다는 뜻이다. 창의 크기 말고도 통풍 성능에 큰 영향을 미치는 것이 있다. 내부 공간구조다.

내부 공간구조가 통풍이 잘되는 구조인지 알아보는 가장 좋은 방법은 살아보는 것이겠지만, 이는 가능한 일이 아니다. 통풍 문제는 주로 여름에 발생하니 딱 그때에 맞춰서 살아본다는 것은 어려운 일이다. 차선책은 시뮬레이션을 해보는 것이다. 시뮬레이션에는 크게 두 가지 방법이 있다. 하나는 건물을 모델로 만들어놓고, 연기를 섞은 공기를 특정한 방향에서 불어보는 방법이다. 이런 실험을 풍동실험이라고 한다. 모델로 표현된 건물의 주요 실에 카메라를 장착하고 공기의 흐름을 연기로 관찰한다. 이런 방법으로 공기가 흘러가는 방향과 양을 알 수 있다. 이 두 가지를 알면 특정 실에서 일어나는 환기의 양을 알 수 있다. 다른 하나는 컴퓨터 시뮬레이션이다. 건물을 디지털 모델로 만들어놓고 특별한 애플리케이션을 사용해 건물의 통풍 성능을 알아보는 방법이다. 이런 시뮬레이션 방법들은 제법 정확하게 통풍 성능을 파악할 수 있지만, 일반인들이 집을 구할 때 사용하기에는 적당치 않다.

집의 공간구조에 따른 통풍 효과의 차이를 가늠할 수 있는 간편한 방법도 있다. 흔히 말하는 맞바람이 칠 수 있는 공간구조인지를 보면 된다. 외

---

3 지역별, 건물 부위별 적절한 열관류율은 「건축물의 에너지절약설계기준」에서 찾아볼 수 있다. 이 기준에서는 적절한 수준의 열관류율을 확보하기 위한 벽체의 두께와 단열재 성능도 함께 표시한다. 만약 벽체 단면 상세도에 열관류율이 표시되어 있지 않으면 벽체 두께와 단열재 성능을 통해 단열 성능을 파악할 수 있다.

부로 향하는 창과 실내의 문을 열어놓았을 때 바람이 불어와서 다른 창으로 빠져나갈 수 있는 구조가 되면 대체로 통풍 성능이 좋다. 맞바람이 칠 수 있는 집이 통풍에 유리하다는 것은 상식이다. 대개는 다 잘 알고 있다. 그럼에도 불구하고 이것을 다시 짚어보는 것은, 그와 같은 맞바람 치는 통풍의 위력을 항상 과소평가하기 때문이다.

대개 아파트 동의 공간구조는 판상형과 타워형으로 나뉜다. 판상형은 널빤지 모양으로 단위 주호들이 일렬로 배치된 것이고, 타워형은 중앙 엘리베이터 홀을 중심으로 단위 주호들이 방사형으로 모여 있는 것이다. 판상형과 타워형은 각각 나름의 장점이 있다. 판상형은 모든 실이 남향을 향유할 수 있다는 있다는 장점이 가장 부각된다. 반면 판상형은 길게 일렬로 병풍처럼 늘어서 있어 아파트 외부를 지나는 사람의 시선과 바람길을 막는다는 단점이 있다. 타워형은 이런 판상형 아파트의 단점을 극복하고자 고안된 형태다. 병풍처럼 늘어서지 않으니 시선이 타워 사이사이로 개방되고 그곳으로 바람도 흘러갈 수 있다. 사실 좀 단순화해 말하자면 판상형은 사는 사람에게 좋고, 타워형은 아파트 인근 사람에게 유리하다고 얘기할 수 있다. 특히 통풍이라는 면에서 더욱 그렇다. 판상형은 기본적으로 맞바람이 치는 구조다. 반면 타워형에서는 맞바람을 기대할 수 없다. 둘 중에서 어느 것이 통풍에 유리한지는 자명하다.

맞바람이 얼마나 중요한지는 판상형이기는 하지만 복도식 아파트에 살아본 사람들이 더 잘 안다. 부족해야 필요를 더 잘 느낀다는 말이 여기에 딱 들어맞는다. 단위 주호를 일렬로 늘어놓고, 그것들을 복도를 이용해서 연결하는 방식이 복도식 아파트다. 이 방식은 주거 생활에 불편한 점이 참 많다. 복도를 지나다니는 사람들에 의해 실내가 들여다보일 수 있다는 것이 가장 큰 단점이다. 복도를 지나면서 이웃들과 불가피하게 빈번히 마주치고 그래서 사생활이 침해된다는 문제가 있는데, 이것은 생각하기 나름이다. 이웃과 같이 사는 느낌이 들어서 더 좋다고 한다면, 딱히 아니라고 할 수도 없는 문제다.

복도식 아파트의 단점은 무더운 여름이 되면 분명해진다. 맞바람을 위해서는 현관문을 열어놓아야 하는데, 그러면 집 안이 훤히 다 들여다보인다. 복도의 양 끝이라면 몰라도 중간에 있는 집들은 지나가는 사람들에게 집 안 살림을 다 공개해야 한다. 이런 경험은 맞바람이 얼마나 중요한지 실감케 한다.

건물의 성능이 중요한 또 한 이유가 있다. 이웃집 소음이다. 이웃집 소음은 두 가지 방향에서 들어온다. 옆에서, 그리고 위에서. 다 같은 소음이지만 사람들은 옆에서 들려오는 소음에는 덜 민감하다. 이유가 뭘까? 위에서 들려오는 소음과 옆에서 들려오는 소음에 질적 차이가 있나? 소음은 다 같은 소음 아닌가? 그렇지 않다. 소음에도 종류가 있다. 분류 기준에 따라 다양한 소음이 있을 수 있지만, 들어서 참아 넘기는 데 큰 차이를 내는 분류 기준이 있다. 진동 소음과 그게 아닌 소음이다. 옆집 텔레비전 소리는 그냥 소음이다. 소음원으로 인해 소리가 발생하면 그 소리가 벽을 넘어 전달되는 것이다. 그런데 윗집에서 아이들이 뛰는 소리는 진동 소음이다. 아이들의 움직임이 바닥을 진동시켜서 나는 소음이다. 진동 소음은 더 잘 들리고, 때로 귀뿐만 아니라 몸으로도 느껴진다. 이래서 사람들은 옆집 소음보다는 윗집 소음이 더 신경에 거슬릴 수 있다. 그런데 그것만일까?

옆집 소음 문제는 당연히 상호적이다. 옆집 소음은 나를 괴롭히기도 하지만, 마찬가지로 우리 집 소음이 옆집을 괴롭힐 수도 있다. 그런데 윗집에서 나는 소음은 나를 괴롭게 하지만, 내가 똑같이 윗집에 갚아줄 수 있는 방법이 없다. 위층과 아래층 간의 소음 문제는 일방적이다. 그렇기 때문에 윗집 소음에 더 민감하고, 짜증을 증폭하는 요소로 작용한다.

위층과 아래층 사이의 소음에는 층간소음이라고 이름이 붙어 있다. 옆집에서 나는 소음에는 특별한 이름이 없다. 그저 옆집에서 나는 소음이다. 명칭부터 이런 차별이 있는 것만 봐도, 옆집 소음에 비해 층간소음이 훨씬 더 심각하다는 것을 알 수 있다. 층간소음은 이웃 간에 살인까지 일어날 만큼 심각한 사회적 문제가 되고 있다. 공동주택에 사는 사람이라면 누구나 다 겪는 고통이다. 위층 살던 사람이 이사를 간다고 하면 그때부터 걱정이 되는 건 인지상정이다. 지금 사람들도 소음을 전혀 안 내는 것은 아니지만 그래도 참아줄 만했는데, 이번엔 어떤 사람들이 올까 궁금해하면서 걱정을 한다. 위층이 이사 오는 날 눈여겨보는 것은 그 집에 쿵쿵거리고 다닐 만한 나이의 아이가 있는지다. 없다면 안도, 있다면 앞으로 예상되는 험난한 주거 생활로 우울해진다.

층간소음은 사회적 문제가 될 정도로 중요하지만, 정작 해결 방법은 매우 간단하다. 공사를 잘하면 된다. 화성에 탐사선을 보내는 위대한 인류가 그깟 위층 소음을 막지 못할 리가 없다. 층간소음이 견딜 만한 수준이 되도록 공사를 잘하는 것은 어렵지 않다. 다만 하기 싫은 것뿐이다. 괜히 하기 싫은 것은 아니다. 이유는 딱 한 가지다, 돈이 더 든다는 것.

층간소음은 층별 바닥 두께를 두껍게 하면 해결된다. 전문적인 용어를 빌려 쓰자면 바닥의 강성을 높인다는 뜻이다. 바닥을 두껍고 밀실하게 하면 상부에서 발생하는 진동에 대항하는 능력이 커진다. 위층 아이가 쿵쿵거리고 다녀도 진동이 잘 발생하지 않는다는 것이고, 또한 진동이 발생한다 해도 잘 전달되지 않는다는 뜻이다. 바닥을 두껍게 하는 것에서 좀 더 나가서 위층 진동을 단절시키는 방법도 있다. 위층과 아래층 구조체 사이에 고무 같은 것을 끼워 넣으면 된다. 이런 고무를 전문적인 용어로 멋있게 표현하면 진동절연체라고 한다.

바닥의 강성을 높이고, 진동절연체를 삽입하는 좋은 방법이 있어도 그리하지 않는 것은 그렇게 하면 돈이 많이 들기 때문이다. 우선 재료비와 노임이 상승한다. 증가하는 바닥의 두께만큼 재료비가 상승하고, 진동절연체를 삽입하는 과정에서 까다로운 노동이 추가로 투입되어야 한다. 이런 좋은 방법들을 적용하기 어려운 이유는 오로지 돈 문제다.

진동을 단절하기 위해서 바닥의 두께를 두껍게 하고, 진동절연체를 삽입했다고 해보자. 그만큼 층고가 늘어난다. 바닥과 진동절연체를 합해 10cm 층고를 높였다고 해보자. 만약 이것이 30층 아파트의 경우라면 3m가 늘어나는 셈이고, 이 얘기는 한 층이 날아간다는 뜻이다. 왜냐하면 층고 제한이라는 것이 있기 때문이다. 요지에 짓는 아파트이고 4호가 연립된 아파트 주동일 경우 한 호당 10억을 잡으면 40억을 손해 보는 셈이다. 층간소음 문제를 원천적으로 해결하자면 개발사업자 입장에서는 하나의 아파트 주동당 최소 40억을 손해 봐야 한다. 자신이 손해를 보고 싶지 않다면 그 비용을 구매자에게 부담시켜야 하는데, 그러자면 가격이 올라간다. 가격이 괜스레 비싸다 싶으면 분양에 실패할 수도 있다. 어느 개발사업자라도 선뜻 나설 리가 없다.

공사비를 아끼고 매출 총액을 높여 시공업자가 더 큰 이득을 보자는 차원만의 문제가 아니다. 제대로 공사를 하면 시공비가 올라가고 당연히 분양가가 올라간다. 건물 사용자는 층간소음이 싫지만, 집값이 올라가는 것 또한 아주 싫다. 현재의 층간소음 문제는 소음의 고통과 비싼 집값이 주는 고통 사이의 타협의 산물이다.

결론

구조나 공간의 특이함, 단열, 통풍 성능 같은 건물 자체의 특성이 집의 가치를 결정하는 데 어느 정도 역할을 하는 것은 분명하다. 하지만 사람들은 그런 가치에 대해서는 별 관심이 없어 보인다. 구조와 관련해서는 웬만하면 건물은 무너지지는 않는다고 생각하기 때문이고, 공간의 편리성이나 아름다움 같은 감각적 요소는 그저 살다 보면 무뎌진다고 생각하기 때문이다. 단열은 난방비가 조금 더 드는 정도의 문제다. 어떤 시각에서는 난방비도 무시하지 못할 금액이라고 할 수 있지만, 집값과 비교해 보면 무의미하다. 통풍이 조금 나빠도 환기장치를 추가로 달거나 에어컨을 좀 더 틀면 된다고 생각한다. 이런 생각이 크게 잘못된 것도 아니다. 그러다 보니 건물 자체의 특성은 집의 가치에 큰 영향을 미치지는 않는다. 특히 집의 가격에 크게 영향을 미치지 않는다. 관념적 수준에서 건물 자체의 특성이 집의 가치에 영향을 미친다고 생각할 뿐이다.

건물 자체의 성능이 우수해서 집의 가치, 특히 가격이 올라가는 것은 기대할 수 없을 것 같다. 이것도 가성비 문제가 될 수 있는데, 건물 자체의 특성과 성능을 향상시키려 하기보다는 그때그때 상황에 맞춰 필요한 성능을 보강하는 게 경제적으로 유리하고, 성능 구현에도 효과일 수 있다. 그러나 건물 자체 성능을 평균보다 더 높이는 것이 그다지 추구할 만하지 않더라도, 건물 자체 성능이 용인할 수 없는 수준으로 떨어지는 것은 막아야 한다. 단적인 예는 구조다. 구조는 웬만하면 무너지지 않지만 악재가 겹치면 무너질 수도 있다. 건물의 편의성은 장기간에 걸쳐 사람에게 꽤나 부정적인 영향을 미칠 수 있다. 이걸 증명 혹은 설득하기 위해 긴말은 필요 없다. 옛날 할머니들의 굽은 허리를 지목하는 것만으로도 충분하다. 할머니들의 굽은 허리는 재래식 부엌과 상관관계가 있다. 다른 성능들, 단열도 마찬가지이고 통풍도 마찬가지다. 최소한의 성능은 확보되어야 한다. 이렇게 보면 건물 자체 성능은 필요조건이라는 개념이 성립한다. 충분할 것까지는 없더라도 필요조건은 충족시켜야 하는 것이 건물 자체 성능이다.

05

평판

뭔가 빠진 것이 있는 것 같은데

지금까지의 얘기를 좀 정리해 보자. 집의 가치는 위치와 부지, 건물에 의해서 결정된다는 얘기를 했다. 경험적으로 매우 타당한 주장이다. 집의 가치는 위치와 부지, 건물에 의해서 결정된다는 것을 증명할 수 있는 이론적 방법에 대해서도 얘기했다. 회귀분석이다. 회귀분석은 종속변수가 어떻게 변화하는지를 알고 싶을 때 종속변수를 몇 개의 독립변수로 설명하는 방식이다. 지금까지의 논의를 통해 우리가 알 수 있었던 것은 집값을 종속변수로 놓았을 때 위치는 독립변수로서 확고한 의미를 지닌다는 점이다. 한편 부지와 건물의 자체적 특성은 경험적으로나 논리적으로 볼 때 집의 가치에 영향을 미치는 것은 분명하지만, 실생활에서는 통계적으로 유의미한 정도로 영향을 미친다는 것을 확인할 수는 없었다. 그러나 관련된 기존 연구들을 살펴볼 때 부지나 건물 자체의 특성 또한 건물의 가치 혹은 가격에 영향을 미친다는 것을 확인할 수 있었다.

집의 가치를 이론적으로 설명하자면 결국 집의 가치는 주로 위치, 부지,

건물 자체 특성에 따라 결정된다. 서울 일부 지역을 대상으로 한 회귀분석 결과가 이러한 주장의 유효성을 견고히 뒷받침한다. 그런데 집의 가치를 규정하는 것이 위치와 부지, 건물이라는 것은 경험상 타당해 보이기는 하지만, 뭔가 빠졌다는 느낌이 든다. 그것들이 집의 가치를 결정하는 데 영향을 크게 미치는 것은 맞지만, 그것들이 집의 가치에 영향을 미치는 모든 요인을 포괄하지 않는다는 생각이 드는 것도 무리는 아니다. 뭔가 분명히 빠져 있다.

집의 가치를 위치와 부지, 건물 자체로만 설명하면 뭔가 빠졌다는 것을 증명할 수 있는 간단한 방법이 있다. 강북과 강남을 별개로 실시한 회귀분석 결과를 다시 살펴보자.

- 강남(송파구)

m^2당 가격 = -.879 × 전철역까지거리 + 1320.821

R^2 = .524 전철역까지거리(유의확률) = .000 전철역까지거리(베타) = -.724

- 강북(노원구, 도봉구, 강북구)

m^2당 가격 = -.228 × 전철역까지거리 + 639.928

R^2 = .386 전철역까지거리(유의확률) = .000 전철역까지거리(베타) = -.621

강남과 강북의 회귀식을 비교해 보자. 강남, 강북 각각의 회귀식의 설명력은 0.524, 0.386이다. 이번에는 강북과 강남의 데이터를 합해서 한 단위로 회귀분석을 실시해 보자. 회귀분석 결과는 다음 식과 같다.

- 강남(송파구) + 강북(노원구, 도봉구, 강북구)

m^2당 가격 = -.616 × 전철역까지거리 + 1025.829

R^2 = .323 전철역까지거리(유의확률) = .000 전철역까지거리(베타) = -.568

이 분석에서 눈여겨보아야 할 것은 설명력(R^2)의 변화다. 지역별로 회귀분석을 실시했을 때 강남 지역의 R^2은 0.524, 강북 지역의 R^2은 0.386이다. 반면 두 개 지역을 합해서 얻은 회귀식에서 R^2은 0.323으로 떨어진다. 두 개 지역을 별도로 분석했을 때보다 설명력이 현저하게 떨어지는 것을 알 수 있다.

회귀분석에서 회귀식을 구성하는 독립변수들이 개별적으로 유의미한 상태이지만, 설명력이 떨어진다는 것은 이 독립변수들만으로는 종속변수의 분포를 설명하기에 부적당하다는 뜻이다. 이는 바로 뭔가, 즉 종속변수에 영향을 미치는 다른 어떤 중요한 독립변수가 빠져 있다는 것을 의미한다. 무엇일까? 지금 당장 알 수는 없지만 추정을 위한 실마리는 분명하다. 뭔가 다른 독립변수가 있는데, 그것은 두 개 지역, 즉 강남과 강북에서 상당히 다른 크기로 나타나는 무엇일 것이라는 점을 추측할 수 있다. 이제부터 그 무엇을 찾아보자.

자왈(子曰) 이인(里仁)이 위미(爲美)하니

서울 강북과 강남을 비교하면서 뭔가 빠진 것을 찾고 있는데, 그 단서를 찾기 위해 예전부터 내려오는 집에 대한 우리의 관념을 살펴볼 필요가 있다. 빠진 고리는 아마도 그 안에 들어 있을 가능성이 많다.

집터를 고르는 법과 집을 잘 짓는 방법에 대해 옛사람들이라고 생각이 없었던 것이 아니다. 공자님도 한 말씀 하신다. "이인(里仁)이 위미(爲美)하니"(『논어집주』, 제4편, 제1장)라고. 마을의 인심이 인후(仁厚)한 것이 아름답다는 말씀이시다. 공자가 그렇게 말하니 이 땅에도 같은 생각을 한 사람들이 많았을 것이다. 특히 조선 중기 이후에 들어서면 제법 현대인의 감각과도 어울리는 방식으로 집에 대해 생각을 하기 시작한다. 이런 시류의 대표적인 예가 이중환이다. 그가 저술한 『택리지』는 우리나라에서 가장 널리 알려진 인문지리서이고, 특히 집터를 고르고 집을 짓는 방법에 대해 상세하게 얘기하고 있다.

이중환 이전이라고 해서 집터 고르기와 집짓기에 대해 언급이 없었던 것은 아니다. 하지만 그것은 이른바 풍수가의 영역이었다. 풍수지리설에 의지해서 근대적인 과학의 눈으로 보자면 이해할 수 없는 미신에 가까운 이론으로 좋은 집터와 좋은 집을 짓는 방법에 대해 얘기했다. 이때만 해도 집터 고르기와 집짓기는 사대부가 할 만한 일과는 거리가 있었다. 이는 풍수가의 일이었을 뿐이다.

조선 중기에 오면서 상황이 변한다. 사대부들이 집터 고르기와 집짓기에 관심을 쏟는다. 사대부들의 숫자가 늘어나고 관직에 나가지 못하거나 또는 관직에서 물러나 은거할 수밖에 없는 사대부 계층이 늘었다. 한양을 떠나야 하고 기왕 자신의 근거지를 옮길 필요가 생기면서 자신의 근거지를 고르고 집을 짓는 일을 풍수가의 손에만 맡기지 않게 된다. 한편 실학의 영향은 여기에도 미친다. 집터 고르기와 집짓기를 풍수로만 이해하는 데서 벗어나 비교적 과학적으로 접근하기 시작했다. 이런 시기를 연 사람이 바로 이중환이다. 이중환의 저서 『택리지』는 이후 다수의 사대부에게 영향을 미쳐 유사한 저술들이 뒤따른다. 홍만선의 『산림경제』, 유중림의 『증보산림경제』, 서유구의 『임원경제지』가 세상에 나온다.

이중환의 『택리지』에서 말하는 집에 관한 내용은 주로 「복거총론」에 실려 있다. 이중환은 이 글에서 집에서 중요한 것은 첫째는 지리이고, 둘째는 생리라고 말한다. 지리는 현대적으로 말하자면 위치가 좋다는 말이다. 생리는 주로 물산을 생산할 수 있는 가능성에 대해서 얘기한다. 구체적으로 말하자면 농사가 잘되는 곳과 물자 교류가 편리한 곳을 지목하고 있다.

너무나 당연한 얘기이기도 하니, 이 둘보다는 이중환이 세 번째로 중요하다고 하는 요건이 더 관심을 끈다. 이중환이 『택리지』 「복거총론」에서 세 번째로 중요하다고 주장하는 것은 인심이다. "지리와 생리는 모두 좋으나 또한 인심이 각박하다면 반드시 후회하는 바가 생기지 않겠는가?(地理及生利俱好而人心不淑則必有悔)"라면서 인심의 중요성을 강조하고 있다.

이중환이 인심을 강조한 것을 보면 사람 사는 세상은 언제, 어디나 비슷한 구석이 많다는 것을 실감하게 된다. 모여서 사회를 이루고 사는 사회라면 언제, 어디서나 사람들의 관계가 중요할 것 같다는 생각이 조선 후기에도 여지없이 들어맞는다는 증거를 보여주기에 그렇다. 그런데 『택리지』를 좀 더 살펴보면 반전이 있다. 이중환이 말하는 인심이라는 게 우리가 기대했던 인심과는 좀 다르다. 이중환의 말을 들어보자.

> 시골에 내려가 거주를 정할 때는 인심의 좋고 나쁨을 논할 것 없이 동색이 많은 곳을 찾아가서 서로 자유롭게 담화하고 학문을 연마함이 좋을 것이다.…… 사대부가 없는 곳을 찾아가 문을 닫고 외부와의 교제를 그만두고 그 몸을 깨끗이 하면 농업, 공업, 장사에 종사하더라도 즐거움이 있을 터이니 인심의 좋고 나쁨은 '살 만한 곳'의 조건이 되지 못할 것이다.

이중환의 말 중에 동색이 무슨 뜻인지 낯설 수도 있겠다. 동색은 같은 당파를 의미한다. 이중환이 생각하기에 인심이 좋은 곳은 결국 같은 당파 동료들이 많이 모여 사는 곳을 말한다. 흔히 기대하는 이웃 간에 물질적·정신적으로 서로 돕고 의지하며 사는 것과는 별로 관계가 없다.

이중환의 각 지역에 대한 인심 평을 보면 더욱 놀랍다. 지역에 대한 평이라면 대략 어디는 뭐가 좋고, 또 어디는 어떠해서 좋고라는 식으로 서술됐을 거라 기대하기 쉽지만, 이중환의 평은 기대에서 크게 벗어난다. 평안도와 경상도에 대해서만 넉넉한 평을 할 뿐, 나머지 지역에 대해서는 이래서 나쁘고 저래서 나쁘다가 얘기의 골자다. 평안도와 경상도를 제외하고 전부 다 나쁜 인심이니 굳이 인심으로 살기 좋은 곳을 찾는다는 것 자체가 적어도 이중환으로서는 말이 안 되는 얘기다.

집터 고르기나 집짓기와 관련해서 인심이 우리가 기대하는 바대로 쓰이는 것을 찾자면 서유구의 『임원경제지』까지 가야 한다. 서유구는 『임원경제지』의 「상택지」 편에서 집을 짓기에 적합한 장소 선택과 집의 조영 방법을 제시하고 있다. 터를 잡을 때 중요하게 고려해야 할 것으로 지리, 물과 토지, 생업의 이치, 풍속과 인심(이인), 뛰어난 경치, 피해야 할 장소를 제시하고 각각에 대해 설명을 덧붙였다. 이 중에서 인심을 살펴보자. 서유구는 이렇게 말한다. "동네 안팎에 수십 가구에서 일백 가구에 이르는 집이 있어서 도적 떼의 침입과 도둑질에 대비하고 홍수와 가뭄에 서로 돕도록 해야 한다"(서유구, 2019: 71). 사람이 살다가 겪는 환란으로 도적 떼의 침입과 홍수, 가뭄을 적시하면서, 어려울 때 서로 도울 만한 인심이 있는 곳이어야 함을 강조한다. 이중환과 서유구가 동일하게 인심의 중요성에 대해 말하고 있지만 이중환의 인심은 붕당이고, 서유구의 인심은 풍속에 가깝다(안대회, 2019: 460). 어쨌거나 이중환에서는 아쉬웠던 부분이 서유구에 와서 채워지는 느낌이다.

서유구에게 인심이 중요한 이유는 환란을 당했을 때 서로 도움을 주고받을 수 있는 조건이 필요하다고 생각했기 때문이다. 일종의 '환난상휼'이라는 건데, 이쯤 되면 향약과 연결고리가 분명하게 드러난다. 향약은 조선 중기 이후 향촌의 자치 규약이다. 그런데 자치 규약이라기보다는 관제적 성격이 더 강하다. 지역 사대부들이 향촌민에 대한 지배를 강화하기 위해 의도적으로 조직한 모임이기에 그렇다. 율곡이나 퇴계 같은 영향력 있는 유학자들이 나서서 조직한 향약은 사실 그 이전부터 향촌에 자연발생적으로 존재하던 '두레'와 같은 상부상조 체제를 관제화한 것과 다름없다.

두레는 환란에 대비한다기보다는 서로의 농사일을 돕기 위한 목적이 강했다. 두레가 언제부터 있었는지는 모르지만, 대개 이앙법이 시작된 이후 두레가 적극적으로 형성됐다고 한다. 두레의 시작점으로 이앙법이 지목되는 것은 상당히 설득력 있다. 이앙법을 실행하려면 협동 작업이 필수적이기 때문이다.

이앙법 이전에는 '직파법'이라는 것이 있었다. 볍씨를 논에 직접 뿌리는 방식이다. 직파법을 사용하면 볍씨가 몰린 곳에는 벼가 빼곡히 자리 잡게 돼서 원활한 성장이 어려워진다. 이앙법을 사용하면 이걸 피할 수 있다. 논에 벼를 일정한 밀집도로 균일하게 심을 수 있게 되어 벼의 성장이 원활해지고 궁극적으로 소출이 늘어난다. 당연히 이앙법이 도입된 이후 벼농사에서는 더 이상 직파법이 사용되지 않았다.

이앙법은 소출 증대 효과가 있지만, 품은 더 들어간다. 특히 짧은 시간 안에 노동력을 집중해야 한다. 못자리에서 키운 벼 모종을 웃자라지도, 덜 자라지도 않은 상태에서 논으로 옮겨 심어야 한다. 이때 노동력이 집중적으로 필요하다. 못자리의 벼 모종을 한 집의 인력만으로 논에 옮겨 심자면 상당한 시간이 소요된다. 가장 적절한 정도로 성장한 모를 옮겨 심는 것이 불가능하다. 모를 옮겨 심는 동안 모가 웃자라서 이후의 생육에 지장을 받는다. 이걸 해결하자면 노동력을 집중할 필요가 있다. 여러 집이 모여서 한 집의 모내기를 마치고, 다음 집 모내기를 하는 방식으로만 적기에 모내기를 할 수 있다.

여러 집이 노동력을 모아 한 집, 한 집 차례대로 모내기 작업을 하는 경우, 어느 집은 먼저 하고 어느 집은 늦게 되어 최적의 시기를 놓치지 않을까 우려할 수도 있지만, 그런 걱정은 하지 않아도 좋다. 못자리를 만드는 시기를 달리하면 된다. 연초에 모내기 순서를 정하고 각 집마다 다른 모내기 시기에 맞춰 못자리를 설치하면 모든 집이 가장 최적의 시간에 모내기를 할 수 있다.

'두레'라는 방식의 상부상조는 농경사회이기 때문에, 특히 이앙법이라는 특별한 농사법에 의해 불가피하게 발생한다. 이중환에게는 같은 당파와 어울리는 민심이 중요하고, 서유구에게는 환란을 상호 구제하기 위해 민심이 중요했지만, 농민들에게는 농사를 잘 짓기 위해 인심이 중요했다. 인심은 각기 조금씩 다르기는 하지만 이중환 같은 사람에게도, 서유구 같은 사람에게도, 농민들에게도 반드시 필요한 일종의 사회보장제도였다.

산업화 이전 사회에서의 인심의 역할과 현대 사회에서의 인심의 역할

요즘도 굶어 죽는 사람이 없지는 않다. 신문 사회면 기사에 간혹 등장하는 기사다. 누군가 고독사를 했는데, 집 안을 살펴보니 먹을 쌀이 다 떨어진 상태더라는 식의 얘기다. 정녕 쌀이 없어서 굶어 죽은 것은 아닐 테니, 이런 고독사를 놓고 굶어 죽었다고 보도하는 것은 지나치게 선정적이라는 생각이 들기도 한다. 그러나 이런저런 다른 이유가 당연히 끼어 있겠지만, 상당한 굶주림 상태를 거쳤을 테니 굶어 죽었다는 말이 전혀 틀린 말도 아니다.

굶어 죽는 일이 현대에는 신문에 날 일이지만, 옛날에는 신문에 날 일이 전혀 아니었다. 많은 사람들이 흔히들 굶어 죽었다. 누구나 이렇게 굶주려서 죽을지도 모를 상황에 처할 수 있었다. 이럴 때 도움을 줄 수 있는 사람은 이웃밖에 없었을 것이고, 굶어 죽을 지경에 처했을 때 쌀 한 됫박 빌려줄 수 있는 인심 좋은 이웃이 있다는 것은 큰 힘이 되었을 것이다. 이웃이 다른 이웃에게 보살핌이 되어줄 수 있는 조건이 인심이라는 말로 표현되어

서유구의 『상택지』에 나오고 속설로 굳어졌을 게다.

인심 좋은 이웃이 된다는 것은 쉬운 일이 아니다. 춘궁기에 나도 굶어 죽을지 모를 상황에서 쌀 한 됫박을 나눠준다는 것은 아무나 할 수 있는 일이 아니고, 아무 관계에서나 가능한 일도 아니다. 가까운 친인척이라면 좀 더 수월할 수도 있다. 이렇다 보니 가까운 친인척이 지근거리에서 이웃을 이루고 사는 일이 많았다. 이렇게 해서 생겨난 것이 동성마을이다. 같은 성씨의 사람들이 한 동네에 모여 산다. 인심 좋은 이웃과 함께 사는, 현실성 있는 전략적 방법이 바로 동성마을이다.

지금은 동성마을이라는 것이 있기나 했나 싶을 정도다. 전국을 샅샅이 뒤져도 찾아보기 어렵다. 하지만 한 50년 전만 해도 우리나라 전국 어디에든 동성마을이 있었다. 1934년에 조선총독부가 간행한 『조선의 성』에 따르면 1930년(조사 시점) 우리나라의 마을 총수는 2만 8336개인데, 그중 동성마을이 1만 4672개라고 한다(정운영, 1986: 29). 절반이 조금 넘는 비율이다.

사람이 모여 사는 사회에서는 언제, 어디서나 인심이 중요했다. 이유는 언제 어려움을 겪을지 모르니 그때 서로 도움을 주고받을 수 있기를 기대하기 때문이며, 또한 사회 자체를 유지하기 위해서 사회 구성원 전체의 협업이 필요한 경우가 드물지 않았기 때문이다. 어찌 보면 인심은 사회가 유지되기 위한 효과적인 전략이다. 인심은 오랫동안 사회를 유지하는 데 중요한 역할을 해왔지만 이런 역할에도 변화가 생겼다.

현대에는 국가가 위협에서 개인의 삶을 보호한다. 이게 복지국가의 개념이다. 옛날에는 개인이 굶어 죽고, 얼어 죽고 하는 것은 개인이 해결할 일이라고 생각하기도 했지만,[1] 현대에 들어오면서 최소한의 인간적 삶은

1 이 부분에서 동양과 서양은 현격한 차이를 보인다. 서양에서는 여전히 개인이 알아서 책임져야 할 일로 보며, 국가나 사회가 참견할 일이 아니라는 입장이다. 반면 동양에서는 나라가 개인을 보살펴야 한

국가가 나서서 제도로 보장해야 한다고 생각한 것이다.

국가제도와 함께 등장하는 것이 보험이다. 형편이 괜찮을 때 저축을 해 두었다가 혹시라도 형편이 어려우면 꺼낼 수 있는 제도로 마련된 것이 보험이다. 복지국가 개념과 사적 보험의 확대는 옛날 이웃의 인심에 기대했던 것들의 중요성을 약화시켰다.

과거에는 기왕 살 자리라면 인심이 좋은 곳을 당연히 선호했지만, 복지국가 개념이 보편화되고 사적 보험이 확대된 현대에는 인심 좋은 동네를 굳이 찾아갈 필요성이 많이 줄어들었다.

인심 대신 자부심

이런저런 이유로 이웃 인심이 예전보다 덜 중요해진 것은 사실이다. 그런데 잘 살펴보면 인심을 대신해 인심과 비슷한 다른 대체 관념이 생겨난 것을 알 수 있다. 특정 지역에 산다고 자랑할 때 예전에는 인심을 내세웠지만, 지금은 그게 좀 달라졌다. 동네에 대한 자부심은 있는데, 그 원인이 인심은 아니라는 말이다.

사실 속내를 따져보면 인심 좋은 동네라는 말은 어디나 있다. 세상에 인심이 좋지 않은 동네로 소문난 곳은 별로 없다는 얘기다. 또 흔히 하는 말로 시골 인심이 좋다고 하는데, 사실 그렇게 말하기에 곤란한 점도 있다. 시골에서 접하는 인심이 대도시 동네라고 아예 없지도 않기 때문이다. 그래서 요즘 사람들이 하는 시골 인심 좋다는 말은 그저 시골에 대한 예우처

다는 정치철학이 강하게 작용했다. 황제나 왕은 개인의 안녕을 위해 존재하는 것이므로, 당연히 통치자는 백성의 삶을 돌보아야 한다는 정신이 강했다.

럼 들린다. 이 말은 결국 인심은 우리나라 전국 어디나 그저 비슷비슷하다는 뜻이다. 내가 어려울 때 이웃의 보살핌이 반드시 필요한 것도 아니고, 또 인심의 수준이라는 것이 전국 어디나 비슷하다 보니, 더는 우리 동네 인심이 좋다고 자랑하지 않는다. 그 대신 다른 자랑거리를 찾은 것처럼 보인다. 그것이 무엇인지를 확실히 보여주는 사례가 있다.

한때 서울에서 강남 자동차 번호판이 유행한 적이 있다.[2] 지금은 자동차 번호판에 지역 표시가 없다. 그런데 예전에는 번호판에 자동차 소유주의 거주지를 알 수 있는 표시가 있었다. '55고 ○○○○' 이런 식이다. 55는 차의 소재지가 서울 강남이라는 것을 알려준다. 번호판을 보면 운전자가 어디에 사는지를 알 수 있다. 강남 소재 번호판을 단 차를 운전하고 있다면 그 사람은 강남 사람이다. 강남 사람이라는 것이 자랑인 세상이다. 왜 자랑거리가 되었을까? 그 동네 사람들이 단체로 애국을 해서 사회에 기여한 것도 아니고, 그 동네 인심이 특히 좋아서도 아니다. 강남이 자랑스러운 것은 부자 동네로 소문이 났기 때문이다. 그런데 자랑스러운 강남을 더 자랑스러운, 혹은 시각을 좀 달리해서 보면 더욱 부러운 동네로 만드는 요인이 있다. 더 부자가 될 수 있는 동네다. 집값이 그 어느 지역보다 더 오를 것이 분명하다고 사람들이 생각하기 때문이다.[3]

근래에 강남 부동산에 가보면 부동산 사장님들이 흔히 쓰는 표현이 있다. "고객의 강남 입성을 위해 최선을 다하겠습니다." 여기서 중요한 단어는 '입성'이다.[4] 이제 강남에 사는 것은 조선시대에 벼슬을 따낸 것만큼이

---

2 신문 기사를 통해 강남 번호판 유행을 확인할 수 있다(≪동아일보≫, 2011.6.4).

3 강남권(강남, 서초, 송파) 아파트는 1988년 3.3m^{2}당 285만 원에서 2017년 4536만 원으로 16배 상승했고, 강북 아파트는 같은 기간에 315만 원에서 2163만 원으로 7배 상승했다. 이런 추세를 보면 앞으로도 강남권에 산다는 것은 더 부자가 될 가능성이 높다는 것을 보여준다(≪EBN 산업경제신문≫, 2017.3.6).

나 자랑스럽고, 부러운 일이 되었다. 그래서 '입성'이라는 단어를 서슴없이 사용한다. 요즘 사람들에게는 인심 대신 자부심이 생겼다. 돈이 많아서 자부심이 있고, 돈을 더 벌 것만 같기에 그 자부심은 커진다.

서울 강북 지역과 강남 지역을 각기 회귀분석을 했을 때는 제법 높은 설명력이 두 개 지역을 합해놓으면 떨어지는 현상은 이런 종류의 자부심과 밀접한 관련이 있다. 이제부터 그것에 대해 알아보자.

강남이라는 독립변수

회귀식을 이용해 자부심이 어떻게 작용하는지를 살펴볼 수 있다. 회귀식에 자부심을 넣어보자. 그런데 자부심을 도대체 어떤 방식으로 넣어야 할까? 전철역까지의 접근성이 집의 가치에 영향을 미친다는 것을 회귀식에 반영하기 위해서 우리는 독립변수로 전철역까지의 거리를 선택했다. 어떤 가치 있는 목표가 있는데, 그 목표를 계량적인 단위로 환산하는 과정을 거친 것이다. '전철역이 집에서 가깝다'는 추상적인 목표를 '집에서부터 전철역까지의 거리'라는 계량적인 단위의 크기로 표현했다. 자부심을 회귀식에 넣기 위해서도 그런 작업이 필요하다.

이제 어려운 점은 자부심이라는 추상적인 목표를 측정할 수 있는 계량적 단위를 발견하는 일이다. 무엇이 자부심의 측정 단위가 될 수 있을까? 흔히 콧대가 높은 사람은 고개를 치켜드는 경향이 있다고 하니, 평가 대상인 집 인근을 돌아다니는 사람들의 고개 각도를 측정해 그걸 독립변수로

4 '입성'이라는 표현이 강남에 집을 사는 사람들을 위한 립서비스로만 사용되지 않는다. 기자들도 '입성'이라는 표현을 사용하는 데 별 거리낌이 없다(≪매일경제≫, 2017.8.18).

사용할까? 이렇다면 독립변수는 평가 대상 주택 인근을 돌아다니는 사람들이 고개를 드는 평균 상향 각도가 될 것이다. 이런 걸 측정할라치면 못할 것도 없지만, 뭔가 좀 이상하다. 좀 다른 방식으로 생각해 보자.

일상생활에서 남자와 여자 간에 나타나는 선택의 차이는 제법 분명하다. TV를 보더라도 남자는 스포츠 채널을 좀 더 좋아하는 것 같고, 여자들은 드라마 채널을 더 좋아하는 것 같다. 이런 말을 하면 성차별이다. 남녀의 성향은 생물학적 차이가 아니라 사회문화와 교육의 부산물에 불과하다고 봐야 한다. 나도 동의하는 바다. 하지만 중요한 것은 남자와 여자의 차이가 선천적이고 생물학적인 것이든 아니든 간에 우선 드러나는 차이가 있다는 것만 인정할 수 있으면, 내가 하고자 하는 얘기를 끌어가는 데는 문제가 없다.

일단 남자와 여자 간에 성향에 차이가 있다면 남자와 여자의 성향을 계량화할 필요가 있다. 남자와 여자의 차이를 키나 몸무게 혹은 근육의 힘과 같은 물리적 양으로 대표할 수 있을 것인가? 남자가 여자보다 평균적으로 키가 좀 더 크고, 몸무게도 많이 나가고, 근육량도 많은 것은 사실이지만, 이런 물리적 연속량으로 남자와 여자의 차이를 대표했을 때, 남자와 여자의 차이에 포함될 수 있는 또 다른 많은 속성들이 사라지고 마는 느낌이 드는 것은 어쩔 수 없다. 즉 남자와 여자의 차이를 근육량의 차이로 대표하는 순간, 정말 우리가 관심을 기울여야 할 남자와 여자의 차이가 그런 대푯값, 즉 근육량에 의해서 적절하게 반영되는 것인지 알 길이 없다. 이럴 때는 어찌하는가?

회귀분석에는 거리와 같은 물리적 연속량 이외에 남자, 여자의 구별을 위해 명목척도라는 것을 사용할 수 있다. 예를 들어 남자면 0, 여자면 1이라는 값으로 대표하는 것이다. 여기서 말하는 0이나 1에는 물리적 연속량의 개념은 전혀 들어 있지 않다. 그리고 남자와 여자의 차이 중에서 무엇을 대푯값으로 삼느냐를 명시하지도 않는다. 그저 분석 대상이 사람인데, 그 사람이라는 집단에서 크게 두 가지로 대별되는 소그룹이 있다. 그래서 그 두 가지에 각각 아무 이름을 붙인 후, 그 값을 '0' 또는 '1'로 하면 된다.

회귀분석이 명목 척도를 사용할 수 있다는 것을 믿고 집의 가치에 영향을 미치는 자부심이라는 것도 그렇게 취급할 수 있다. 도대체 자부심이라는 것의 내용물이 무엇인지 구체적으로 몰라도 상관없다. 또한 자부심이라는 것이 집의 가치에 영향을 진짜 미치는 건지 아닌지를 판단하려고 고민할 필요도 없다. 그것도 회귀분석이 알아서 해준다. 자부심을 회귀분석에 넣을 때는 지역별로 다른 명목을 부여해 주면 된다. 강북은 '0', 강남은 '1' 이런 식이다.

강북만 따로 분석했을 때 의미 있는 회귀식이 얻어졌고, 또한 강남만 따로 분석했을 때도 의미 있는 회귀식이 얻어졌다. 그런데 강북과 강남을 한데 묶어서 회귀분석을 해보면 이때 얻은 회귀식은 통계적으로 의미가 감소되었다. 설명력이 너무 낮았다. 여기서 '너무'라는 표현이 모호하다면 이렇게 바꿔도 좋다. 강북, 강남을 따로 분석했을 때보다 설명력이 낮아져서 통계적 의미가 감소했다. 강북을 분석해서 도출한 회귀식으로는 강남 집의 가치를 설명할 수 없고, 반대로 강남을 분석해서 얻은 회귀식으로는 강북 집의 가치를 설명할 수 없다는 얘기다. 이 둘을 동시에 설명하기 위해서는 강남과 강북을 구분해서 작용하는 숨은 요인을 찾아내야 한다. 강남과 강북 구분을 '지역'이라는 요인으로 추가하여 회귀분석을 실시해 보자. 분석 결과는 다음과 같다.

- 강남 + 강북

m^2당 가격 = -.536 × 전철역까지거리 + 350.365 × 지역 + 809.723

R^2 = .599 전철역까지거리(유의확률) = .000 전철역까지거리(베타) = -.494

지역(유의확률) = .000 지역(베타) = .531

설명력이 높아졌고, 모든 독립변수들의 유의 수준이 통계적으로 유의미한 수준이 됐다. 이 분석 결과를 통해 강북과 강남을 합해보았을 때 빠져 있던 요인이 지역 구분임을 알 수 있다. 특히 베타계수를 비교해 보면 강남이냐 강북이냐는 차이는 전철역까지의 거리보다 더 크게 작용하고 있음을 알 수 있다. 가격으로 보자면 강남의 가치는 m^2당 350만 원 × 1 = 350만 원이고, 평당으로 따지자면 이 수치에 곱하기 3.3을 해서 1155만 원이 된다. 반면 강북의 가치는 250만 원 × 0 = 0원이다. 모든 조건이 다 같다고 하더라도 강남에 있다는 것만으로 강북에 있는 집보다 평당 1150만 원이 더 비싸진다는 얘기다. 이것만으로도 충분히 놀랍지만, 베타계수의 의미도 무시할 순 없다. 베타계수로 보면 강남의 가치는 전철역까지의 거리가치보다 7.5% 더 크다.

결론

집값을 설명하는 물리적 조건은 위치, 부지, 건물 자체의 특성만으로도 충분해 보인다. 하지만 우리가 집을 사고팔 때 집의 물리적 조건만을 고려하지는 않는다는 것을 잘 알고 있기에 뭔가 더 중요한 것이 빠졌을 수도 있다는 생각을 자연스레 하게 된다.

뭔가 중요한 것이 빠져 있다는 것은 물리적 조건만으로 강남의 집값을 잘 설명할 수 있고 강북의 집값을 잘 설명할 수 있었지만, 그 둘을 통합할 경우 물리적 조건만으로는 설명의 힘이 부족해진다는 데서 분명히 드러난다.

뭔가 빠지긴 했는데 뭐가 빠졌는지 고민할 필요 없이 회귀식에 의존해서 빠진 그것을 찾아볼 수 있다. 빠진 것은 강남이라는 것 자체였다. 그것도 그냥 강남이 아니고, 강북과 구분되는 강남이다. 강남과 강북의 구분을 별도의 독립변수로 추가하면서 강남과 강북을 아울러 설명할 수 있는 회귀식이 가능해짐을 보았다.

강남과 강북을 구분하는 변수를 추가하면서 비로소 완성형이 된 회귀식을 통해 우리가 알 수 있는 것은 강남의 가치다. 평당 1155만 원이 강남의 가치다.

집의 가치는 위치, 부지, 건물 자체의 특성이라는 물리적 변수에 강남과 강북이라는 지역적 구분을 또 하나의 변수로 추가함으로써 통계적으로 유의미하게 설명될 수 있다. 집의 가치를 계량적으로 확인하기 위해서 가격을 사용했지만, 결국 우리가 확인한 것은 집의 가치는 위치, 부지, 건물, 평판이라는 변수로 구성된다는 점이다.

집은 어떤 위치에 있느냐, 부지 조건이 어떠하냐, 건물 상태는 어떤가, 건물이 존재하는 위치에 대한 사람들의 관념은 무엇인가에 의해 건물의 가치가 결정된다. 어느 사람이 자신이 살던 곳을 떠나 이 집을 누군가에게 팔고자 했을 때, 생판 모르는 그 누군가를 시장에서 만나 흥정을 시작하면서 집은 가치가 아니라 가격으로 재평가받게 된다.

06

시장

시장의 역할

시장은 사람들이 생활에 필요한 물건들을 사고파는 곳이다. 아주 단순하고 당연한 얘기지만, 시장이 이런 모습을 갖추는 데는 아주 오랜 시간이 걸렸다. 선사시대 인간들이 작은 무리를 이루어 살던 때로 돌아가 보자. 삶에 필요한 모든 물건을 자급자족해야 했다. 먹을 것, 입을 것, 심지어 집도 스스로 만들어야 했다. 자급자족이 불가능하다면 그건 그냥 소멸을 뜻했다. 자급자족은 선택 문제가 아니고 불가피하게 해결해야 할 문제였다.

자급자족 시기에는 시장이라는 것이 당연히 필요 없다. 하나의 무리가 필요한 물건은 그 하나의 무리 안에서 다 생산되니 당연한 얘기다. 자급자족은 충분하다는 뜻보다는 남는 것이 없어서 남에게 주고 말고 할 것도 없다는 뜻이다. 다른 무리들 간에 교환이 가능하려면 남는 물건이 있어야 한다.

사람이 무리를 이루어 살면서 자급자족 수준에서 남는 물건, 즉 잉여가 발생하는 데까지는 수천 년이 걸렸다. 남는 물건이 생기기 시작했는데, 무리마다 남는 물건이 서로 다른 상황이 벌어졌다. 이것은 매우 자연스러운 일이다. 강가에 사는 무리는 물고기가 많은 것이고, 산속에 사는 무리는 육고기가 많은 것은 당연하다. 강가에 사람들이 더 좋은 어로법을 생각해내면 물고기를 점점 더 잘 잡게 되고, 산속에 사는 사람들이 더 좋은 사냥법을 고안해 내면 각각의 무리에게 남는 물고기, 남는 육고기가 생겼을 것이다. 남는 것은 저장해 두었다가 필요할 때 먹을 수도 있다. 소금에 절이기도 하고, 햇볕에 말리기도 하면서 오래 두고 먹을 수 있게 되었다. 생산법과 저장법이 발달하면서 잉여는 증가했고, 더는 저장이 불가능하고 또 불필요한 시점이 되었다. 이제부터 교환 필요성이 생긴다. 남는 물고기를 주고 육고기를 얻을 수 있다면 그보다 더 좋을 수 없다.

두 무리는 그들이 살고 있는 지역의 중간 어디쯤인가에서 만나 남는 물건을 교환했을 것이다. 이런 지점이 시장인데, 시장의 첫 번째 기능이 확인된다. 공간적 차이의 극복이다. 시장은 물건이 남는 지역에서 물건이 부족한 지역으로 물건을 옮겨주는 역할을 한다.

시장에서 물건을 교환하는 것은 그 물건을 만들 줄 몰라서 그런 것만은 아니다. 물건이라는 게 있을 때도 있고 사용하다 보니 없어질 때도 있다. 나는 다 써버리고 없지만, 누군가는 가지고 있을 수도 있다. 이럴 때도 교환이 필요하다. 현재 내가 가지고 있는 것을 넘겨주고 현재 내가 가지고 있지 않은 것을 받아오는 교환이다.

한 개인으로 볼 때 가지고 있는 물건 상태에 변화가 있다. 그 변화는 대개 주기적이다. 물건을 많이 가지고 있을 때가 있고, 부족할 때가 있다. 각 개인의 주기는 서로 다르다. 내가 충분한 시점에 누군가는 부족할 수 있고, 내가 부족한 시점에 누군가는 충분하게 여유분을 가지고 있을 수도 있다. 이럴 때 약속한 장소에서 만나 풍부하게 가진 것을 건네주고, 부족한 물건을 받아오면 좋다. 시장이 이런 역할을 해준다. 여기서 시장의 두 번째 기능을 발견한다. 시간차의 극복이다.

공간적 차이와 시간적 차이를 극복할 수 있게 해주는 것이 시장의 역할이다. 여기까지는 단순 명쾌하다. 문제는 시장에서 만난 사람들 간의 교환 비율이다. 물고기 다섯 마리와 닭 한 마리를 교환하던 시장이 있었다고 하자. 항상 이런 비율로 교환이 일어나지 않으며 그럴 수도 없다는 것은 잠깐만 생각해 봐도 알 수 있다. 물고기가 잘 잡히는 때가 있고, 이런 때에 닭 유행병이 돌아 닭의 숫자가 줄어들었다면, 물고기 다섯 마리와 닭 한 마리를 교환하는 것은 불합리할 뿐만 아니라 물리적으로 가능하지도 않다. 자연스럽게 조정이 일어난다.

예전 시장에서 시장에 나온 물고기가 총 50마리이고, 닭이 10마리였다면 교환 비율은 5 대 1이다. 그런데 닭 유행병이 돌아 시장에 나온 닭의 숫자가 5마리라고 하면, 교환 비율은 10 대 1이 된다. 시장에 나온 교환 대상 물건의 숫자에 비례해 교환 비율이 정해진다. 이걸 전문적인 경제학 용어로 수요-공급의 법칙이라고 부른다. 수요-공급의 법칙은 이제 전 국민적 상식이 되어서 경제학 용어라기보다는 생활 용어라고 부르는 것이 맞겠다 싶다.

수요-공급의 법칙은 맞는 얘기이기는 하지만, 여기에 전제가 있음을 잊어서는 안 된다. 사는 사람도 다수이고, 파는 사람도 다수여야 한다는 전제다. 그런데 다수라고만 하면 얼마나 다수이어야 하는지 모호하다. 좀 더 설명이 필요하다. 사고파는 사람이 다수여서 시장에서 유통되는 양을 조작하기 어려울 정도로 다수이어야 한다. 파는 사람이 한 사람이라면 얼마든지 가격을 조작할 수 있다. 파는 사람이 대여섯 정도 된다면 이들끼리만 입을 맞춰도 가격을 조작할 수 있다. 전자는 독점이라 부르고, 후자는 과점이라고 부른다. 독점과 과점은 파는 사람에게만 해당되는 것이 아니다. 사는 사람의 경우에도 독점과 과점이 해당된다. 사고파는 사람이 다수여서 어떤 방식으로든 가격을 임의로 조작할 수 없는 조건을 갖춘 시장을 완전경쟁시장이라고 부른다. 그리고 이것이 수요-공급의 법칙이 제대로 작동하기 위한 전제다.

시장의 효율성은 장기적으로는 신뢰할 수 있지만, 일시적인 시장 오작동은 수시로 발생한다. 예를 들어 호황기 시장은 가격이 올라도 물건에 대한 수요가 증가하지만, 불황기라면 가격이 내려가도 물건의 수요가 늘지 않는다. 또 다른 측면에서도 시장의 불완전성이 드러난다. 시장은 거래되는 물건의 종류에 따라 특별한 방식으로 작동하기도 한다. 생산할 수 있는 수량이 한정적인 물건이라면 그런 물건이 거래되는 시장은 당연히 완전경쟁 체제일 수 없다. 우리가 상상하는 시장의 모습 안에는 다양한 시장이 포함된다.

집을 사고파는 시장에는 어떤 특별함이 있을까? 수요-공급의 법칙이 집을 사고파는 시장에서 얼마나 효과적으로 작동하는지에 초점을 맞춰 살펴보자.

수요-공급의 법칙

경제학에서 말하는 수요-공급의 법칙만큼 간단명료하고 속 편한 법칙도 없다. 이 법칙은 수요와 공급은 균형을 이루는데, 공급에 비해 수요가 늘어나면 가격이 오르고, 공급에 비해 수요가 줄어들면 가격이 내린다는 얘기다. 같은 논리이지만 수요 측면에서 이렇게 얘기할 수도 있다. 수요에 비해 공급이 늘어나면 가격이 내려가고, 수요에 비해 공급이 줄어들면 가격이 올라간다. 간단명료하다. 속이 편한 것은 이 법칙은 절대적으로 신뢰할 만하다고 주장하고 그런 주장이 받아들여지기 때문이다. 하지만 그렇게 속 편하게 수요-공급 법칙이 잘 작동한다고 믿고만 있을 수 없다는 것도 잘 안다. 경제학이 스스로 말하기도 한다, 수요-공급의 법칙은 완전경쟁시장에서만 제대로 작동한다는 것을. 그런데 이런 완전경쟁시장이라는 것은 순수하게 이론적 차원에서만 가능한 것이고, 실제 시장은 완전경쟁 상태로 존재하기는 매우 어렵다는 것도 잘 안다. 하지만 이런 완전경쟁시장이 존재하기 어렵다는 엄연한 사실은 흔히 무시된다.

수요-공급의 법칙이 주택시장에서 작동하는 메커니즘을 살펴보자. 우선 수요를 증가 혹은 감소시키는 원인에 대해 살펴보자. 주택 수요의 증감에 영향을 미치는 것은 인구, 가구수, 일자리, 가수요의 증감이다. 인구가 증가하면 주택이 더 필요한 것은 말할 필요도 없다. 그러나 세 명이 사는 집에 네 명이 살 수도 있는 일이어서, 인구의 증가가 정확하게 선형적 비례로 주택 수요의 증가로 이어지지는 않는다. 인구 증가가 선형적으로 일어난다면 이로 인한 주택 수요 증가는 계단식으로 발생한다고 보면 된다.

가구수 증감은 인구 증가보다 확실하게 주택 수요 증가로 이어진다. 이것은 대체로 한 집에 한 가구가 사는 핵가족 양식이 확고하게 자리를 잡았기 때문이다. 과거 농경 사회에서처럼 한집에 여러 세대와 여러 가구가 모여 사는 대가족제도에서라면 가구수 증가와 주택 수요 증가가 선형적 관계로 이어지지는 않는다. 대가족제도에서는 가구수가 늘어도 여전히 한집에 같이 살 수도 있다. 대가족제도의 경우에는 가구수 증가가 일어나도 그것이 곧바로 주택 수요 증가로 이어지지는 않는다.

집에 대한 수요에 영향을 미치는 요인으로 일자리 증가를 빼놓을 수 없다. 일자리 증가는 일하는 사람의 숫자가 늘어나는 것을 의미한다. 이런 경우 인구의 유입이 발생한다. 인구 유입이 발생할 때 일자리 수가 늘어나는 만큼만 인구가 늘어나는 것이 아니라는 점에 유의해야 한다. 노동인구가 부양하는 인구가 동반된다. 일자리가 10만 개가 늘어나면 인구 증가는 10만 이상이 된다는 말이다. 한편 일자리 증가에서 유의할 것은 일자리가 일어난 만큼 선형적 비례로 외부 인구의 유입이 발생하는 것이 아니라는 점이다. 일자리 증가 부분 중 일정 부분은 기존의 내부 인구에 의해 충당될 수 있다. 일자리 증가에 따른 주택 수요 증가를 가늠하기가 쉽지 않은 이유가 여기에 있다. 일자리 증가분에서 얼마만큼의 비율이 기존 인구에 의해 충당되는지를 살펴봐야 하는데, 이걸 가늠할 수 있는 체계적인 방법이 확실치 않기 때문이다.

집의 수요에 영향을 미치는 요인 중 가수요를 빼놓아서는 안 된다. 인구, 가구수, 일자리의 증가는 발생이 점진적이다. 하루아침에 인구가 1000만 명에서 2000만 명으로 늘지는 않는다는 얘기다. 가구수나 일자리 증가도 마찬가지다. 하루아침에 2, 3배가 되는 일은 없다. 또한 이러한 증가는 어느 정도 예측이 가능하다는 점도 중요하다. 그런 증가가 예측 가능한 것은 상당 부분, 그것들이 점진적으로 발생하기 때문이다. 점진적으로 변화하는 경우 추세를 파악할 수 있고, 통계적으로 매우 유의미한 수준으로 추세에 의한 미래 예측이 가능하기 때문이다. 반면 가수요는 전혀 다르다.

가수요는 폭발적으로 발생한다. 단기간에 2배가 될 수도 있다. 이런 주장은 우선 경험이 뒷받침한다. 우리의 경험은 특정 지역의 집에 대한 수요가 단시간 내에 급증할 수 있음을 말해준다. 2019~2020년간 서울 강서구의 아파트 거래 건수 증가량은 100.7%로 2배 증가했다. 이 수치를 서울 평균 및 전국 평균과 비교하면 그 증가 크기가 특별하다는 것을 알 수 있다. 같은 기간 서울 평균은 28.7%이고, 전국 평균은 29.3%이다. 2019~2020년 사이에 강서구에서 나타난 거래량 증가를 모두 가수요라고 볼 수는 없다. 하지만 다른 지역과 비교해 볼 때 비정상적인 거래량 증가라는 것은 분명히 확인된다.[1]

1 한국부동산원 부동산통계정보시스템(R-ONE) 부동산거래현황 중 아파트거래현황(연도별 행정구역별).

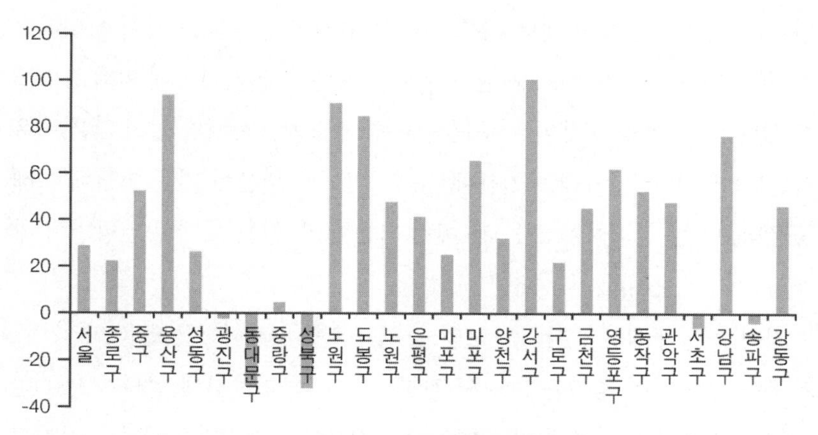

〈그림 6-1〉 2019~2020 아파트 거래 건수 증가율(단위: %)

한국부동산원의 가용 자료를 볼 때, 강서구 아파트 거래량의 급격한 증가는 2019~2020년간 이외에 2006, 2015, 2016, 2017년에도 나타난다. 2015~2017년간은 박근혜 정부의 초이노믹스가 작동하던 시기였다. 2014년 7월 초이노믹스가 본격적으로 가동되었다. 부동산과 관련된 초이노믹스의 골자는 LTV, DTI를 중심으로 한 대출 규제 완화였다. 이러한 규제 완화는 문재인 정부 들어 2017년 8·2 부동산 대책으로 이전 수준으로 돌아갔다(≪매일경제≫, 2017.8.7). 2015~2017년간 거래량 증가와 2019~2020년간 거래량 증가는 전자는 대출 규제가 완화된 상태에서 발생한 것인 반면, 후자는 대출 규제가 강화된 상태에서 발생했다는 차이에 유의해야 한다. 2006년에 보이는 거래량 증가는 그것이 노무현 정부 기간의 집값 폭등 시기와 맞물려 있음을 확인할 수 있다.

이제 공급 증감이 어떻게 일어나는지 알아보자. 집 공급에서 주요한 재료는 땅과 건물이다. 집을 지을 수 있는 땅의 증감과 건물을 짓는 데 필요한 재료가 얼마나 풍부하냐에 따라 집 공급에 증감이 발생한다.

집을 지을 수 있는 땅을 공급하는 방법은 두 가지가 있다. 하나는 집이 있던 땅을 다시 사용하는 방법이다. 이런 방법을 재건축 혹은 재개발이라고 한다. 재개발과 재건축은 유사한 개념이다. 있던 집을 다 부수고 새로 짓는다는 면에서 보면 같은 말이다. 법률적 관점에서는, 대지를 변경하지 않고 새로 지으면 재건축이고 구획 정리 등의 방법으로 대지를 변경하여 새로 지으면 재개발이다. 하지만 재건축과 재개발을 구별하는 실질적인 관심은 새로 지을 때 늘어나는 건축 연면적의 증가 정도에 놓여 있다. 건축 연면적 증가가 크면 재개발, 그렇지 않으면 재건축이라고 보면 된다.

집을 부수고 새로 지었을 때 늘어나는 건축 연면적이 많으려면 기존 집의 용적률이 낮아야 한다. 예를 들자면 기존 용적률이 100%가 채 안 되는 단독주택지에서 단독주택을 부수고 거기에 아파트를 지으면 같은 땅의 면적에서 얻을 수 있는 집의 건축 연면적이 매우 커진다. 반면 기존의 집이 아파트라면 아무리 못해도 200% 정도는 되니, 부수고 다시 짓는다 해도 건축 연면적이 크게 늘어나지는 않는다. 이래서 단독주택지를 부수고 새로 지으면 재개발, 아파트 단지를 부수고 새로 지으면 재건축이라는 말이 성립한다. 흔히 시중에서는 건축연면적의 증감을 고려하기보다는 아파트를 다시 지으면 무조건 재건축, 단독주택지를 아파트로 바꾸면 재개발이라는 식으로 용어를 사용한다.

사실 아파트를 부수고 다시 짓는 것을 굳이 재건축이라고 부를 필요는 없을 것이다. 하지만 재개발보다는 재건축이라는 단어를 좀 더 선호하게 된 데는 짐작할 만한 사정이 있다. 아파트가 지어지기 시작한 초기에는 있던 집을 모두 부수고 새로 짓는 행위를 재개발이라고 불렀다. 그리고 그 용어 자체가 부정적인 의미를 포함하고 있지 않았다. 오히려 재개발은 새로운 발전을 의미하는 것처럼도 들렸다. 재개발이라고 하면 뭔가 좋은 일이 벌어지는 것으로, 대체로 그렇게 생각했다. 그러나 재개발이 전면적으로 진행되면서 부작용도 많이 발생했다. 부작용으로 지적해야 할 첫 번째는 이주민들이 겪는 고통이었다. 재개발 지역은 이미 여러 차례 실거주자가 바뀌는 필터링을 거치면서 실제 주인은 다른 지역에 거주하고 해당 지역에는 임차인이 사는 그런 구조였다. 재개발이 되면서 오갈 데 없는 임차인들이 피해를 봐야만 했다. 임차인들 역시 그냥 당하고만 있을 수는 없었다. 당시의 법대로라면 임차인은 그저 주인의 퇴거 요청에 따라 집을 비워주고 나가야만 했다. 임차인들에게 인정되는 권리는 딱 그 정도였다.

임차인들은 재개발로 삶의 터전을 원하지 않은 상태에서 떠나야만 했으므로, 때로 법의 테두리를 넘어서는 저항을 하기도 했다. 이런 저항은 종종 불상사를 일으킨다. 사람이 다치고 죽고 하는 일들이 심심치 않게 벌어졌다.

재개발을 놓고 벌어지는 임차인 투쟁의 골자는 재개발로 인한 이익을 나누자는 것이다. 임대인, 즉 집의 실제 소유주는 엄청난 경제적 이익을 보지만, 임차인은 하루아침에 삶의 터전을 잃고 헤매게 된다. 임차인이 살던 집을 떠나야만 하는 것이 고통인 이유를 살펴봐야 한다. 임차인의 특성상 새로운 곳에서 자신이 할 수 있는 생업을 얻기가 매우 어렵다는 점이다. 10년, 20년을 살아온 동네를 떠나서 다른 곳에서 지금까지 학습한 경험과 기술로 생업을 이어간다는 것은 어려운 일이기 때문에 그렇다.

임차인과 임대인 사이의 갈등을 그대로 두고만 볼 수는 없었다. 실정법상 임차인의 투쟁은 불법적이고, 임대인의 권리 주장은 합법적이기에 이들 간의 극한적인 대립에는 공권력이 자동으로 개입했다. 경찰력을 이용해 임차인의 불법적 요구를 무력화하는 것이 공권력이 하는 일의 전부였다. 하지만 상황은 조금씩 변했다. 임차인의 권리를 확대해 인정하기 시작했고, 드디어 일정 정도 임차인도 재개발 이익을 가져가는 구조로 변했다.[2]

---

2 「도시 및 주거환경정비법」 제66조(용적률에 관한 특례)에 따르면 2009년 11월 28일부터 대통령령으로 정하는 손실보상 기준 이상으로 세입자에게 주거이전비를 지급하거나 영업의 폐지 또는 휴업에 따

재개발에서 나오는 이익을 나누는 화해 분위기에서 사업의 이름도 슬그머니 바뀐다, 재건축이라는 이름으로. 낮은 용적률이 적용된 아파트 단지를 부수고 다시 지을 때는, 의미는 재개발에 가깝지만 그래도 재건축이라고 부르는 것이 여러모로 매우 적절해 보였다. 재개발이 연상시키는 문제를 슬그머니 감추는 효과가 있었기 때문이다.

재개발로 부르든 재건축으로 부르든 간에 어찌 됐든 있던 집을 부수고 다시 짓기는 마찬가지다. 있던 집을 부수고 다시 짓는 방법은 집을 지을 땅을 공급하는 효과적인 방법 중 하나다. 이런 방법이 매우 효과적인 시절도 있었다. 서울에서 재개발이 처음 시작되던 때는 분명히 그랬다. 낡아서 건물이 제 기능을 다하지 못하는 상태였지만, 위치상으로 볼 때는 매우 좋은 땅들이 많이 있었다. 이런 땅을 그대로 사용하는 것보다 용적률을 높여 고밀도로 재개발하는 것이 여러모로 좋은 것은 분명했다.

서울에서 수십 년간 재개발이 진행되었다. 노태우 정부가 들어설 무렵이면 서울 안에서 재개발 방식으로 땅을 찾기가 어려워진다. 사실 땅 자체가 없는 것은 아니었다. 땅값이 너무나도 비싸졌다는 것이 문제였다. 서울의 인구는 꾸준히 증가했다. 게다가 지속된 경제성장으로 인해 많은 사람들이 주택을 구매할 능력을 갖추게 되었다. 이제 집을 지을 수 있는 적절한 가격의 땅이 절실한 상황이 되었다.

이제 땅을 확보하는 두 번째 방법이 등장한다. 서울 안은 땅값이 비싸니 서울 밖에서 땅을 찾는 방법이다. 서울 밖으로 벗어나면 두 가지 문제가 생긴다. 하나는 기반시설이 없다는 점이다. 기존 재개발은 서울의 기반시설을 사용하면서 주택만 공급하면 됐다. 서울 밖에서는 주택과 함께 기반시

른 손실을 보상하는 경우에는 해당 정비구역에 적용되는 용적률의 100분의 125 이하의 범위에서 용적률을 완화해 적용할 수 있도록 규정하고 있다.

설을 통째로 만들어야 한다. 주택도 짓고, 기반시설도 설치하고, 내친 김에 업무시설도 공급한다. 이러다 보니 결국 하나의 작은 도시가 된다. 이런 방법에 적절한 이름이 붙었다. 신도시다.

다른 하나는 접근성이다. 신도시가 자급자족적 도시를 목표로 한다고는 해도 구호에 불과하다. 워낙 태생 자체가 서울의 집 부족을 해결하기 위한 것이다 보니 서울로 출퇴근이 불가능하다면 무용지물이 된다. 접근성 문제를 해결할 수 있는 방법은 교통체계를 추가로 건설하는 것 이외에는 없다. 간선도로를 신설하거나 전철을 설치하는 방법이 동원된다.

재개발·재건축과 신도시가 땅을 공급하는 주된 방법이다. 공급의 증감은 재개발·재건축과 신도시 개발이 얼마나 원활하게 진행되느냐에 달려 있다. 양적인 측면에서 보자면 신도시 개발의 중요성이 더해진다. 재개발과 재건축으로는 대규모 공급이 불가능하기 때문이다. 특히 지금과 같이 서울 안 기존 주택지의 밀도가 높은 상황에서 재건축은 공급 증가 효과를 기대하기 어렵다. 하지만 공급 효과 측면에서 재개발·재건축을 무시할 수도 없다. 공급의 질적인 측면에서 보자면 도심에 가까운 주택일수록 가격 안정에 기여하는 효과를 더 크게 기대할 수 있기 때문이다.

공급의 증감을 결정하는 또 다른 요소인 건물을 짓는 재료에 대해 얘기해 보자. 건물을 지을 때 필요한 재료는 철근과 콘크리트다. 철근은 쇠로 만들고, 콘크리트는 시멘트와 모래로 만든다. 때로 집을 짓고 싶어도 자재가 없어서 짓지 못하는 일이 벌어졌다. 철강의 유통이 원활하지 못해 철근이 부족한 적도 있었다. 우리나라는 시멘트가 풍부한 편이라 시멘트가 부족해 집을 짓지 못한 적은 없었다. 그보다는 모래가 모자랐다. 강이나 하천 바닥을 파서 무한정 사용할 수 있을 것 같았던 모래가 소진되면서, 바다 모래를 사용하느니 마느니 할 정도로 모래 공급이 원활치 못한 시절도 있었다.

원래 경제학에서 말하는 수요-공급의 법칙을 따르자면 건물을 지을 자재 부족은 집값 상승으로 이어져야 했다. 그런데 그런 일은 벌어지지 않았다. 철근 파동이 나서 집을 지을 수 없고, 모래가 부족해 모래 가격이 올라갔어도 집값은 오르지 않았다. 다만 집 공급량이 줄었을 뿐이다. 이는 경제학에서 말하는 수요-공급 법칙에서 벗어나도 한참 벗어난 일이 일어난 것이다. 이런 일, 즉 공급이 부족해도 가격이 상승하지 않는 상황을 설명하려면 수요-공급 법칙은 잠시 접어두어야 한다.

철근 파동과 모래 파동으로 집의 공급량이 줄어도 집값이 상승하지 않은 것은 철근이나 모래 같은 자재 공급이 조만간 원활해질 것이라는 믿음이 있었기 때문이다. 당분간 주택 공급이 줄어들기는 하겠지만, 곧 공급이 정상화될 것이 분명하기 때문에 당장 비싼 값을 주고 집을 사려 하지 않았다. 누구라도 그럴 것이다. 소나기는 피해 가라는 말처럼 집값이 비싸면 잠시 기다려 떨어질 때를 기다리는 것이 합리적인 구매 행위다. 집을 공급하는 사람도 불가피하게 공급을 잠시 줄였지만, 집을 사려는 사람도 구매 시기를 미루었다. 공급이 감소했지만, 수요 역시 저절로 감소한 셈이다. 이런 측면에만 초점을 맞춰보면 수요-공급 법칙이 맞는 것 같지만, 속내를 구체적으로 살펴보면 좀 다른 면이 있다. 이에 대해서는 이후에 좀 더 자세히 얘기할 것이다.

건물의 공급 증감에 영향을 주고, 결국 가격에도 영향을 미치는 것은 재료가 아닌 다른 측면에서 나타난다. 재료보다는 제도적 측면이 더 큰 영향을 미친다. 분양가상한제와 선분양제라는 제도가 건물 공급에 큰 영향을 미친다.

분양가상한제는 분양가에 상한을 둔다는 말이다. 정부는 토지 원가와 건물 원가에 일정한 이윤을 붙여서 그 가격 이하로 집을 팔도록 했다. 박정희 정부 때 처음 선보인 제도다. 당시 중동 특수가 있었고, 그로 인해 오일 달러가 국내로 쏟아져 들어왔다.[3] 이 돈은 아파트에 몰리기 시작했고, 그로 인해 아파트 가격이 그냥 둘 수 없는 정도로 상승했다. 아파트를 지어서 비싼 가격을 매겨도 쉽게 팔려나갔다. 이러면 공급하는 사람은 더 가격을 올리게 된다. 더 올렸는데도 잘 팔리면 더 올린다. 이런 식으로 아파트 가격이 상승했다. 이에 대한 대책이 바로 분양가상한제다. 그간 마음대로 붙이던 이윤에 제동이 걸렸다. 원가에 일정 비율 이상을 더할 수 없게 되었다.

분양가상한제는 아파트 가격의 상한을 정한 것이지만, 결국 공급 감소로 이어진다. 이윤이 감소하는데 공급을 늘릴 이유가 없다. 하지만 분양가상한제로 인한 공급 감소는 미묘한 측면이 있다. 분양가상한제에서 적용하는 원가 인정 부분과 이윤 비율에 변화가 생길 수도 있다는 공급자의 기대가 중요한 역할을 한다. 분양가상한제가 실시되면 향후 장기적으로는 원가 인정 비율과 이윤 인정 비율이 상승할 것이라는 기대로 중단기적으로 공급 물량을 줄이는 일이 벌어진다.

전략적 판단에 의한 공급 물량 감소가 해소되는 것은 반드시 분양가상한제의 폐지나 원가 인정 비율과 이윤 비율의 상향 조정에만 의존하는 것은 아니다. 분양가상한제가 장기적으로 흔들림 없이 유지될 것이라고 믿게만 된다면, 공급자는 미래 기대 이익의 일부를 포기하는 수밖에 없다. 간단히 말하자면 분양가상한제는 중단기적으로만 공급을 감소시킨다는 것이다.

공급 증감에 영향을 미치는 제도로 선분양제가 있다. 선분양제는 사실 좀 웃기는 얘기다. 어찌 보면 봉이 김선달 대동강 물 팔아먹기와 유사한 면이 없지 않다. 있지도 않은 물건을 팔아먹는 일이기에 그렇다. 선분양제란

3 1976년에는 8000만 달러, 1977년에는 3억 달러가 들어와 부동산과 주식 시장으로 유입되었다고 한다. 자세한 내용은 이원준(1978: 91) 참조.

미리 분양을 한다는 얘기인데, 여기서 말하는 '미리'는 어떤 시점을 말하느냐 하면 '착공 시점'을 얘기한다. 건물이 완성되기도 전에 완성된 가격으로 건물을 팔 수 있다. 선분양제도는 우리나라에만 있는 매우 특수한 제도다. 있지도 않은 물건을 팔 수 있게 해준 데는 다 그럴 만한 사정이 있다.

과거 우리나라 개발업자들의 자본력이 약했다. 건물을 완성할 때까지 소요되는 비용을 감당할 수 없었다. 그래서 건물 대금을 미리 소비자한테 받아서 그 돈으로 건물을 완성할 수 있게 해준 것이다. 이것이 선분양제의 시작이다. 선분양제는 공급을 증가시키는 효과가 있다. 원래 거래 관행대로라면 공급할 엄두도 내지 못했을 테지만, 선분양제 덕분에 개발업자들이 건물을 지을 수 있었다.

선분양제도의 효과에는 미묘한 구석이 있다. 선분양제가 처음 시도된 시점에는 공급 증가 효과가 있지만, 지속되는 상황에서는 공급 증가 효과를 기대하기 어렵다. 그렇다고 선분양제를 없애도 되는 것은 아니다. 지금 수준의 공급을 유지하기 위해서는 선분양제를 유지해야만 한다.

선분양제가 공급 증가에는 좋은 효과가 있지만, 부작용도 있다. 가장 대표적인 것은 분양 사기다. 개발업자가 선금을 받아놓고 건물을 인도하지 못하는 일이 종종 발생한다. 개발업자가 애초부터 선금을 떼먹을 심산은 아니기에 사기라고 부르는 것이 좀 어폐가 있기는 하다. 그래도 원래부터 건물의 정상적인 양도 가능성이 희박한 상황에서 선분양제를 이용해 선금부터 받아 챙기고, 건물은 넘겨주지 못하는 일이 적지 않았으니 적어도 이런 경우라면 사기라고 해도 안 될 말은 아니다.

선분양제의 또 하나의 부작용은 투기에 쉽게 이용된다는 점이다. 선분양제에서 계약이 성립된 당시에 개발업자가 소비자에게 주는 것이 분양권이다. 건물이 완성되면 그때 건물을 주겠다는 약속의 표시다. 이 표시를 사고파는 방식으로 투기가 일어난다. 과거의 경험을 보면 건물이 완성되어 입주가 시작되기도 전에 분양권이 수차례 매매되면서 결국 집값을 올려 놓는 결과를 만들었다.

선분양제의 부작용 때문에 선분양제도를 마땅치 않게 보던 차에 이를 이용할 수 있는 방법을 찾아낸다. 선분양제는 이미 오래 시행되어 온 탓에 더는 공급 증가 효과를 기대할 수 없다. 하지만 다른 효과가 있다. 선분양제를 없애면 공급을 감소시키는 효과를 기대할 수 있다. 요즘에는 개발업자와 시공회사의 자본력이 좋아져서 선분양제 폐지가 얼마나 큰 효과를 거둘 수 있는지는 미지수이지만, 어쨌든 공급 감소 효과가 나타날 것임은 분명하다.

의도적인 공급 감소가 왜 필요할까? 이는 매우 미묘한 문제다. 대개 공급 증가는 가격을 안정화하거나 가격을 떨어뜨릴 수 있으니 공급 감소보다는 공급 증가를 택한다. 그런데 왜 공급 감소를 의도하는 상황이 벌어질 수 있는 것인가? 가수요 때문이다. 시장에서 가격 상승을 주도하는 것이 가수요라고 판단하게 되면, 가수요를 통제하기 위해 공급을 감소시키는 방법을 사용한다.

가수요적 상황, 즉 공급이 수요를 견인하는 상황에서는 공급을 차단함으로써 가격 상승을 멈추는 효과를 기대할 수 있다. 실수요라면 공급 증가는 가격 안정 혹은 하락으로 이어진다. 하지만 가수요라면 적절한 수준의 지속적인 공급이 오히려 가격 상승을 지원하는 효과가 있다. 가격 상승이 가수요에 의한 것이라고 판단할 수 있다면 가수요를 지속시키는 먹잇감을 통제하는 방법으로 후분양제를 활용할 수 있다.

지금까지 수요 증감에 영향을 주는 요인과 공급 증감에 영향을 주는 요인들에 대해 살펴보았다. 이제부터는 수요와 공급의 증감이 어떻게 일어났고, 그 결과 가격에 어떤 변동이 있었는지에 대해 알아보자.

집값과 수요-공급의 법칙

역대 정부에서 수요 증감과 공급 증감은 꾸준히 나타났다. 하지만 수요 증감의 원인이나 공급 증감의 원인은 다양했다. 수요 증감은 대개는 정부의 의도적 정책과는 별로 상관없이 일어났다. 반면 공급 증감은 정부 정책에 의해서 의도적으로 발생했다는 것이 가장 주목할 부분이다.

박정희 정부에서는 수요 증가가 나타났다. 특히 아파트 공급이 본격화되고 아파트에 대한 선호도가 높아지면서 아파트에 대한 수요(needs)가 많아졌다. 중동에서 벌어들인 달러가 이런 수요를 구매력 있는 수요(demand)로 바꾸어놓았다(고영천, 2021: 58). 이런 상황이 시사하는 바가 크다. 유의해야 할 대목은 전체적인 통화량 증가와 별도로 일부 특정 계층, 예를 들어 중동 특수에 따른 호황의 수혜자에게 집중된 돈이 특정 재화의 가격을 상승시킨다는 점이다. 문재인 정부에서는 코로나로 인해 대량의 통화량 증가가 있었다. 이 통화량 증가를 주택 가격 상승의 요인으로 지목하기도 하지만, 박정희 정부에서 있었던 일과 비교해 생각해 보면 그런 판단은 매우 성급하다고 할 수 있다.

아파트 수요 증가에 따른 주택 가격 상승에 대처하기 위해 나온 것이 분양가상한제다. 분양가를 단위면적당 일정 금액 이하로 결정하게 함으로써 가격을 통제했다(고영천, 2021: 60). 정책 시행 결과, 원하는 효과를 얻었다. 아파트 가격 상승은 수그러들었다.[4] 인근 주택의 집값을 견인하는 상대적으로 비싼 아파트 공급을 차단하여 가수요를 통제할 수 있었다. 공급을 통제하는 방식으로 가격을 통제할 수 있음을 보여준 대표적인 사례였다. 물론 실수

---

4 1977년 분양가상한제 최초 실시 이후, 1980년 들어 경기회복을 위해 국민주택 규모 민영 아파트의 분양 가격을 일시적으로 자유화한다. 이 점이 박정희 정부의 분양가상한제가 가격 상승 통제에 효과가 있었음을 반증한다(연합뉴스, 2019.8.1).

요에 기인하는 수요 증가와 가격 상승이라면 또 다른 결과를 보였을 것이다.

분양가상한제는 박정희 정부에서 도입한 이후 지속적으로 사용되었다. 지역적 범위 제한을 비롯한 다양한 제한 조건을 덧붙이기도 했지만, 분양가상한제는 가격 상승을 차단하는 데 효과를 발휘했다. 기대한 효과만 나타나면 좋겠지만, 박정희 정부의 분양가상한제는 부작용을 낳기도 했다. 분양가상한제가 시장을 왜곡할 수 있다는 흔한 주장을 되풀이하려는 것은 아니다. 분양가상한제의 부작용은 엉뚱한 곳에서 불거졌다. 분양가상한제를 통한 가격 통제 성공 사례는 이후 집권한 정부들에게 규제의 방법으로 주택 가격을 통제할 수 있다는 자신감을 심어주었고, 이것이 문제였다. 때로 이 자신감이 지나쳐 독이 되기도 한다.

노태우 정부 시기에도 수요 증가가 나타났다. 박정희 정부에서 일어난 주택 가격 상승과 다른 점은 이번에는 아파트와 같은 특정한 주거 유형 및 특정 지역에서 제한적으로 발생한 것이 아니라 주택 가격이 전반적으로 상승했다는 것이다. 그 원인에는 세 가지 상황이 겹쳐 있다. 첫 번째는 인구 증가다. 두 번째는 서울 집중의 심화이고, 세 번째는 경제성장이다.

해방 직후 2000만 명 정도였던 우리나라 인구는 노태우 정부 시기에 4200만 명에 도달한다.[5] 반세기가 조금 넘는 시간 동안 2배로 늘어났다. 인구가 2배로 늘어났으니, 2배까지는 아니라도 주택이 상당 정도 더 필요해졌다.

두 번째 이유인 서울 집중은 이미 박정희 정부 시기부터 우려할 만한 수준으로 나타났다. 서울 집중을 완화할 수 있는 각종 정책을 실시했지만, 별반 효과가 없었다고 평가한다. 하지만 꼭 그렇게 볼 것만은 아니다. 눈에

5 국가기록원, "총인구수 및 추계인구". https://theme.archives.go.kr/next/populationPolicy/statisticsPopup_01.do.

띄는 분명한 효과는 없었을지라도 그마저 없었다면 서울 집중은 더욱 심각했을 수도 있다. 서울의 인구는 1948년대에 170만 명 정도에서, 노태우 정부 시기가 되면 1000만 명으로 늘어난다.[6] 이 또한 주택 수요를 증가시키는 중요 요인이 되었다.

세 번째 이유는 경제성장이다. 경제가 성장하면서 주택을 필요로만 하던 사람들에게 주택을 실제로 구매할 능력이 생겼다. 이른바 필요(needs)가 수요(demand)로 전환된 것이다. 국내총생산(명목 GDP 기준)이 1970년대 3조 원에 조금 못 미치던 것이 1988년에 노태우 정부가 들어서면 145조 원으로 늘어났다.[7] 50배 가까이 늘어난 셈이다. 집을 구매할 능력을 갖춘 사람이 늘어났다는 것이고, 집에 대한 수요도 그만큼 늘어났다고 봐야 한다.

노태우 정부는 주택 가격 상승이 발생하자 우선 규제로써 주택 가격을 통제하려고 했다. 이 지점에서 분양가상한제를 활용한 주택 가격 상승 억제 성공 경험이 독이 되어 돌아올 수도 있다는 것이 확인된다. 하지만 역부족이었다. 사실 규제로써 통제하려고 하기보다는 공급량을 늘리는 대책을 서둘러 강구할 필요가 있었다. 이 시기의 수요는 여러모로 실수요가 분명했기 때문이다. 하지만 공급 정책이 실효를 얻기까지 상당한 시간이 걸린다. 공급 정책이 효과를 내기만 기다리는 사이, 불만이 축적되고 정치적 위기를 맞을 수도 있다. 이를 감안하면 공급 정책보다는 효과가 빨리 나타나는 규제에 먼저 초점을 맞추는 것이 전혀 일리가 없지는 않다.

규제가 별반 효과를 내지 못하자 공급 정책을 발표한다. 대규모 공급을 통해 주택 가격 상승을 조절하고자 했다. 이것이 노태우 정부의 '주택건설

6 서울 열린데이터광장, "서울시 인구추이(주민등록인구) 통계", https://data.seoul.go.kr/dataList/418/S/2/datasetView.do.

7 e-나라지표, "국민소득", https://www.index.go.kr/potal/stts/idxMain/selectPoSttsIdxSearch.do?idx_cd=2736.

200만 호' 정책이다. 정책이 발표되고 실행되는 과정에서 주도적인 도구는 신도시였다. 서울 주변의 분당·산본·평촌 등지에 신도시가 건설되었다. 이것이 이른바 1기 신도시다.

신도시 정책은 효과를 보여, 주택 가격 상승세가 멈췄다. 이 지점에서 의문을 제기하기도 한다. 공급 정책이 효과를 본 것인지, 가격이 오를 만큼 올라 더는 오르지 않는 이른바 조정 국면에 들어서면서 가격이 진정된 것인지 분명하게 알 수 없기 때문이다. 어느 쪽에 얼마나 가격 진정 효과가 있었는지 알 수 없지만, 그 두 가지가 가격을 진정하는 데 역할을 했음은 분명하다.

노태우 정부가 주택 가격 상승이 나타난 초기에 서둘러 공급 대책을 마련하지 않고 규제에 의존한 것은 앞서 말한 것처럼 장기적인 효과를 드러내는 공급 정책을 실시하기 전, 응급 처치를 위해서일 수도 있다. 하지만 박정희 정부에서의 학습효과일 가능성도 있다. 분양가상한제와 같은 규제에 의한 가격 통제 성공 사례가, 공급보다는 규제를 노태우 정부가 쉽게 선택하게 한 원인일 수도 있다.

노무현 정부에서도 주택 가격 상승이 나타났다. 이 상황은 단순히 수요 증가에 공급이 뒤따르지 못해 가격 상승이 발생했다고 보기에는 어려운 좀 더 복잡한 국면이다. 수요 증가가 정확히 파악되지 않는 상태에서 가격 상승이 일어났다. 당시에는 인구 증가의 누적이나 가구수 증가, 일자리 증가가 나타나지 않았다. 즉 실수요 증가라고 인정할 만한 상황이 아니었다는 것이다.

노무현 정부 초기에는 김대중 정부의 주택 경기 진작과 같은 정책적 노력에 의해 집값 상승 기미가 있었다. 게다가 동일한 시기에 공급을 감소시킬 만한 정책들이 실시되었다. 집값 상승 기미와 공급 감소 정책은 그 어느 것이 다른 하나의 원인이라고 볼만 한 인과관계 없이 동시에 진행된 것으로 보인다. 노무현 정부의 공급 감소 정책은 공급을 적극적으로 줄이겠다는 방식으로 진행된 것은 아니다. 재개발·재건축 요건을 강화한 것뿐이지만, 결과적으로 서울 내에서 신규 공급을 어렵게 만들었다. 다른 한편으로는 부동산 관련 세금을 상향 조정함으로써 부동산 경기를 냉각하는 정책을 실시했다.

결과론적으로 볼 때 노무현 정부의 주택 정책, 특히 공급 감소의 원인이 될 수도 있는 정책 실시가 주택 가격 상승을 유발한 것으로 보인다는 점을 전적으로 부정하기는 어렵다. 노무현 정부의 정책적 실패로 볼 수도 있는 점인데, 도대체 그런 정책은 왜 나왔을까? 가만히 있으면 오히려 덜 나빴을 것을 나서서 뭔가를 하는 바람에 일을 어렵게 만든 셈이다. 노무현 정부는 왜 가만히 있지 못했던 것일까?

노무현 정부의 초기 주택 정책, 특히 공급 감소를 야기할 만한 주택 정책의 목표는 주택 가격 조절을 목표로 한 것이 아니었음을 인식할 필요가 있다. 이 시기의 정책은 부동산 가격 통제가 목표가 아니라 일부 계층에 의해 주도되는 부동산 투기를 통제하는 것이 주목적이었다. 노무현 정부의 얼핏 이해할 수 없는 정책을 이해하기 위해서는 '복부인'의 역사를 이해해야 한다.

요즘은 재테크라는 말이 일반적으로 사용된다. 그러나 불과 20여 년 전만 해도 재테크라는 말은 대부분의 사람들에게 생소한 말이었다. 재테크란 재화를 늘리는 기술 혹은 재화를 늘리는 기술을 실행하다 정도의 뜻이다. 과거 재화를 늘리는 수단은 노동을 통하는 것뿐이라고 생각했다. 열심히 노동하는 것, 그리고 노동의 수확물을 덜 쓰는 것이 재화를 모으는 유일한 방법이었다. 그런데 꼭 노동만이 유일한 방법이 아니라는 것을 알게 된다.

노동의 수확물을 저장할 때는 그것을 모두 돈(화폐)의 형태로 보관하는 것은 아니다. 집을 사기도 하고 토지를 사기도 한다. 때로 장신구의 일종으로 귀금속을 사기도 한다. 그리하고 남는 돈은 급전이 필요할 때를 대비

〈그림 6-2〉 우상향하는 가격 추세

자료: 한국은행 경제통계시스템, "주택매매가격지수(서울, 아파트)".

해 화폐 형태로 은행에 보관한다. 사람들은 시간이 지나면서 집과 토지와 귀금속 값이 변하는 것을 발견했다. 10년 전 살 때는 1억 원이던 집이 10년이 지난 지금 3억 원이 됐다. 토지도 값이 올랐고, 귀금속도 값이 올랐다. 오르는 가격이 신기해서 가격의 변화를 좀 더 유심히 들여다보게 되었다. 가격은 오르기도 하지만 내리기도 한다. 2억 원이었던 집이 2억 원이 되지 못할 때도 있지만, 조금만 길게 보면 집값은 올랐다. 토지도 마찬가지이고, 귀금속도 대체로 그랬다. 썩지 않아서 계속 가지고 있을 수 있으며 또한 이런저런 용도로 활용할 수 있는 재화에는 가격 변화가 있다는 것을 알게 되었고, 경험상 가격은 아주 단기간을 제외한다면 대체로 오른다는 것도 알게 됐다. 이제부터 재화를 늘리는 다른 길이 있다는 것을 실감하게 된다. 재테크의 탄생이다.

이미 가지고 있는 재화를 활용해 돈을 버는 기술로 재테크가 탄생했다. 우리나라에서 재테크의 시작은 집이다. 지금은 집 이외에 주식이라는 재화가 거기에 추가되었지만, 그래도 여전히 주류는 집이라고 할 수 있다. 집을 이용한 재테크 종류는 다양하지만, 가장 단순한 재테크는 집을 사서 오를 때까지 기다리는 거다. 그런데 아무 집이나 사서는 안 된다. 어떤 집은 값이 잘 오르지만, 또 어떤 집은 값이 잘 오르지 않는다. 한 가지가 더 있다. 값이 잘 오르는 집이라고 해서 계속해서 그런 정도로 오르지는 않는다는 점이다. 하나의 집을 놓고 보자면 집값은 강하게 상승하다가 보합세를 유지하고, 시간이 더 흐르면서 다시 강하게 오르는 추세를 보인다는 것도 깨닫는다. 집값의 변화가 이런 추세를 보인다는 데 이견이 있을 수도 있다. 하지만 박정희 정부 이후 집값 변동을 장기적으로 살펴보면 이런 추세를 인정하기에 어려움이 없다.

집을 사서 재화를 늘리려면 강한 상승세에 집을 샀다가 보합세가 오면 팔고, 또 다른 강한 상승세 초기에 집을 사는 방법이 최고다. 이 집에서 저 집으로 갈아타기를 하는 것이다. 이런 식으로 집을 서너 번 옮기면 어느새 남들이 말하는 부자가 되어 있는 자신을 발견한다.

집안에서 이런 일들은 대개 주부들이 맡아 했다. 집안의 남성 가장은 주로 직장 생활을 했다. 상대적으로 이런 일에 신경을 쓸 시간이 적었다. 주부들이 복덕방을 찾아 집을 알아보고 다니는 일이 빈번해지자, 이들을 지칭하는 신종 단어가 생겨났다. 그게 바로 '복부인'이다.[8]

박정희 정부 시기에 시작한 강남 개발 때부터 복부인이 모습을 드러내기 시작했다. 어딘가 개발이 된다는 정보를 얻은 복부인들은 개발 예정지를 찾아가 땅이나 허름한 집을 샀다. 도면 위에 그림으로만 존재하던 복부인의 정보는 실제 건물로, 도로로 세상에 모습을 드러냈고, 복부인은 점점

---

8 복부인이 활개를 치던 사회 상황은 소설에 잘 나타난다. 조정래의 「장님 외줄타기」에는 한 평범한 주부가 어떻게 복부인이 되고, 또 어찌하다가 비참한 결말을 맞는지가 생생히 잘 그려져 있다. 하지만 조정래 소설의 복부인은 특이한 사례다. 더 일반적인 복부인의 실상을 잘 보여주는 소설이 박완서의 「낙토의 아이들」이다. 소설 속 주인공은 복부인을 아내로 둔 덕에 이름도 심상치 않은 '무릉동'에서 안락한 생활을 소심하게 누린다. 이 소설에 등장하는 복부인에게는 '장님 외줄타기'에서 보이는 그런 불행은 찾아오지 않는다. 「낙토의 아이들」의 복부인처럼 대부분의 복부인은 행복하게 잘살았다.

부자가 되었다.

재테크라는 개념이 처음 등장하고, 복부인이라는 단어가 생소하게 들릴 무렵, 집 사고팔기 방식은 부수적인 것이었다. 여전히 노동을 통해 돈을 벌고, 그것을 아껴서 큰돈을 만드는 것이 중요했다. 그러나 재테크를 새로운 눈으로 바라보게 되는 데는 그리 긴 시간이 걸리지 않았다. 복부인의 재테크 수입이 노동 수입을 쉽게 능가하는 세상이 곧 도래했다. 돈을 벌기 위해서 1년 내내 출퇴근에 시달리며 부지런히 노동하는 것보다 한 달에 서너 번 집을 보러 다니고, 몇 년에 한 번 정도 이사하는 노고를 마다하지 않는다면 그것을 통해 벌 수 있는 돈은 노동의 몇 배, 몇십 배가 되었다. 이런 소득을 불로소득이라고 부른다. 노동으로 얻은 소득보다 노동하지 않고 재테크로 벌어들이는 불로소득이 훨씬 더 커지고 중요해졌다.

집을 사고팔고 이사를 하면서 재물을 모으는 행위는 노태우 정부의 200만 호 사업을 거치면서 주목할 만한 '산업'으로 성장했다. 박정희 정부 시기 일부 계층의 부업이었던 것이, 노태우 정부 시절 마구 쏟아져 나온 신도시 물건들을 대상으로 점점 더 많은 사람들이 참여하는 버젓한 산업의 형태를 갖추기 시작했다.

노태우 정부 시절 이미 집을 통한 투기가 사회적으로 만연한 상태가 된다. 노태우 정부 초기 집값 상승이 시작될 때, 집값 상승 요인으로 공급 부족보다는 투기를 지목한 것이 전혀 이상하지 않다. 당연히 투기를 근절하기 위한 다양한 규제 대책을 내놓는다. 그런데도 집값이 잡히지 않자, 집값 상승의 원인을 늘어난 실수요 때문이라고 생각을 바꾸게 된다. 일단 실수요 때문이라고 판단하면 공급은 당연한 일이 된다. 노태우 정부는 신도시 사업을 통해 공급을 늘려 집값을 잡아보려고 시도한다. 의문의 여지가 전혀 없지는 않지만, 일단 집값을 진정시키는 데 성공한다.

노태우 정부에서 결국 공급을 늘려 집값을 진정시켰다고 해서, 당시의 집값 상승 원인을 실수요의 증가로만 봐서는 안 된다. 아무리 많은 부분이 실수요라고 해도, 투기를 목적으로 하는 가수요가 동시에 존재하고 있었음은 분명하다. 여기서 얘기하고 싶은 것은 집을 이용한 투기라는 개념과 용어가 노태우 정부 시절 이미 우리 곁에 바싹 다가왔다는 점이다.

집을 이용한 투기의 성공 여부는 집값 상승의 연속 S 자 곡선을 잘 타는 데 달려 있다. 강한 상승세를 지나 보합세로 들어서면 집을 이용한 재테크는 당분간 잊어야 한다. 김영삼 정부 들어 외환위기를 맞으면서 집값 상승 곡선은 전반적으로 보합세를 장기간 유지한다. 김영삼 정부의 뒤를 이은 김대중 정부에서도 상황은 비슷했다. 전반적으로 집값은 보합세를 유지했고, 때로 변동 폭이 작기는 하지만 집값이 하락세를 보이기도 했다. 이때 '복부인'들은 장기 휴가를 떠난다.

김대중 정부 시기가 끝나갈 무렵 경제는 안정을 되찾기 시작했고, 집값 상승의 S 자 곡선이 강한 상승세를 탈 차례가 되었다고 '믿기' 시작했다. 그리고 그러한 '믿음'은 실현되는 양상을 보였다. '믿기' 시작했다는 것은 장기간 조정 국면이 이어졌으니 이만하면 오를 때도 되지 않았나라고 '복부인'들이 생각하기 시작했고, 작은 '방아쇠'만 작동해도 '믿음'을 행동으로 옮길 준비가 되어 있었다.

김영삼 정부와 김대중 정부의 혹독한 경제 겨울을 지나는 동안 경제적으로 손해를 본 사람만 있었다고 생각하면 큰 오산이다. 당시에는 부동산이나 주식 같은 자산보다는 현금이 더 중요한 시절이었다. 한때 시중 금리가 20%에 달하기도 했다. 이런 상황에 돈을 가진 사람들은 돈을 굴려서 더 큰돈을 벌지 않았겠는가? 경제를 좀 볼 줄 아는 사람이라면 가격이 떨어지는 자산을 팔고 그것을 현금으로 바꾸어서 금리 장사를 했을 것이다. 김영삼, 김대중 정부를 거치는 동안 누군가는 돈을 차곡차곡 모을 수 있었고, 현금의 시대가 끝이 나고 이제 다시 자산의 시대가 돌아오는 것을 직감하는 사람들이 있었다.

'복부인'은 다시 부동산에 관심을 가지기 시작했고, 노무현 정부는 이들의 불로소득을 인정하고 싶지 않았다. 이런 시점에 공급, 특히 서울 요지에 재건축 형태로 제공되는 공급은 '복부인'들에게 먹잇감을 던져주는 행위에 불과했다고 평가하기도 한다.

"노무현 정부가 차라리 가만히 있었으면 집값이 그리 오르지 않았을 것인데"라고 하면서 노무현 정부의 정책, 구체적으로 말하자면 불로소득자의 먹잇감 공급 감소를 기도한 정책이 실패했다고 지적하기도 한다. 그렇다면 노무현 정부에서 그런 정책이 나오게 된 배경을 알 필요가 있다.

노무현 정부는 집값 상승 조짐이 보이자 집값 상승의 원인을 투기로 분명하게 지목한다. 집값 상승의 원인을 투기라고 판단하면 그때 택할 수 있는 처방이 '규제'가 되는 것은 당연하다. 노무현 정부는 각종 규제책을 내놓는다. 일견 복잡해 보이기도 하지만 모든 대책은 세금 조정, 대출 규제, 주택 거래 자체에 대한 법적 규제, 재개발·재건축 인센티브 축소로 요약된다. 세금과 관련해 주목할 만한 것은 종부세다. 대출에서는 주택담보대출비율을 하향 조정한 것이고, 주택 거래와 관련해서는 과열지구, 조정지구를 지정하는 방법을 동원했다. 다른 한편으로 중요한 수요 규제책은 흔히 공급 감소 정책으로 비판받는 재개발·재건축 인센티브의 축소다. 재개발·재건축과 관련된 노무현 정부의 정책을 재개발·재건축 규제라고 표현하기도 하지만, 그것은 부적절한 표현이다. 노무현 정부는 단순히 그간 재개발·재건축에 제공되었던 인센티브, 즉 혜택을 축소했을 뿐이다.

노무현 정부의 각종 규제책은 효과를 보지 못했다. 주택 가격 상승은 계속되었고, 정부는 하는 수 없이 공급 대책을 내놓는다. 타오르는 주택 가격 상승의 불길을 끄기 위해서는 대규모 주택 공급이 필요했고, 결국 신도시를 방법으로 택한다. 이렇게 하여 2기 신도시가 탄생한다.

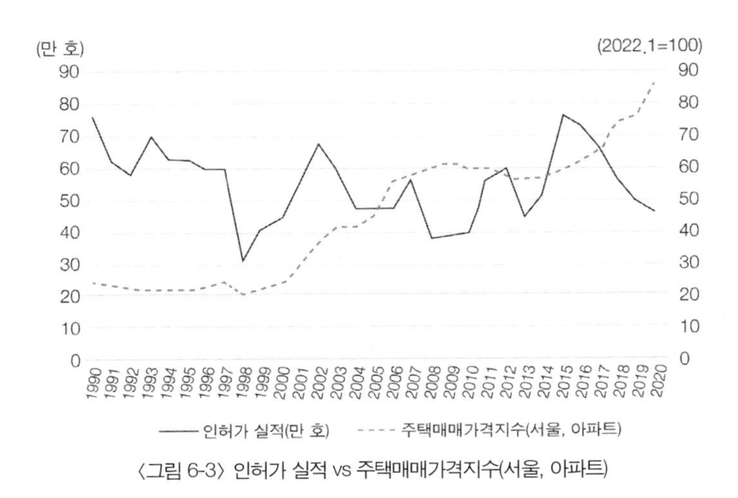

〈그림 6-3〉 인허가 실적 vs 주택매매가격지수(서울, 아파트)

2기 신도시는 결과적으로 성공한다. 주택 가격은 안정되었다. 노무현 정부에서 보인 주택 가격 변동은 경제학에서 말하는 수요-공급의 법칙의 전형으로 보인다. 공급을 의도적으로 감소시키면서 가격이 상승했다. 가격이 상승하자 다시 공급을 늘리니 가격 상승세가 멈추었다. 수요-공급의 법칙이 정확히 들어맞는 듯이 보인다.

노무현 정부 시기의 공급 추세(인허가 실적)와 주택 가격 추세[한국은행 경제통계시스템, "주택매매가격지수(서울, 아파트)"]를 겹쳐보면, 공급이 줄어들면서 주택 가격이 상승하는 것을 분명히 확인할 수 있다. 이 데이터를 가지고 대부분 이렇게 주장한다, 수요-공급의 법칙이 정확히 작동한 것이라고. 하지만 반드시 그렇게만 해석이 가능한 것은 아니다. 다른 해석이 더 유효할 수 있다. 이러한 해석을 이해하기 위해 중간 단계로 알아야 할 것들이 있다. 이를 먼저 알아본 후 새로운 해석을 소개할 것이다.

2008년 미국에서 시작한 금융위기는 우리나라에도 영향을 미쳤다. 주택 가격 상승 곡선은 고개를 숙이고, 보합세로 들어섰다. 당분간 주택 가격 상승은 걱정하지 않아도 되는 그런 때가 온 것이다. 그런데 긴장의 끈을 살짝 풀어도 좋을 만해 보이는 상황에서 이명박 정부는 상식과는 다른 판단을 한다.

이명박 정부에서는 당시 거시적 경제 상황만 보자면 집값을 걱정하지 않아도 될 만했다. 그런데도 언제든 집값 상승이 재연될 수 있다고 보았다. 집값 상승 추세를 결정적으로 견인하는 것은 도심에 가까운 집 공급 여부에 달려 있다고 보았기 때문이다. 전체적으로 아무리 집이 많이 공급되어 있어도, 다시 말해 주택보급률이 아무리 높아도 도심 가까이에 있는 집이 '지속적으로' 공급되지 않는다면 언제고 집값 상승이 발생할 수 있다고 판단했다(국토해양부, 2008.10.19).

이명박 정부는 서울 도심에서 가까운 지역에 신규 토지를 발굴하고 그곳에 주변 시세보다 싼값으로 주택을 공급하는 정책을 실시한다. 이른바 보금자리 주택이다. 서울 서초동에 있는 그린벨트를 헐어 사용했다. 서초동은 서울 도심 중에서도 요지다. 기존 도심인 강남에서 산 하나를 넘어가야 하지만, 큰 문제는 없었다. 터널을 뚫으면 그만이다. 직선거리 자체가 기존 강남의 중심에서 멀지 않으니 접근성은 나무랄 게 없었다.

그린벨트를 헐어 쓴다는 것 또한 대단한 강점이 있다. 우선 값이 싸다. 서초동 그린벨트의 60% 이상이 국유지다. 국유지라면 일단 공짜로 쓰는 것이나 다름없다. 나머지 40% 정도가 민간 소유이지만, 그린벨트의 값은 주변 시세의 10분의 1 정도에 불과하다. 주변 시세보다 싸게, 구체적으로는 85% 정도 수준으로 공급하자면 주택 건설 원가를 낮춰야 하는데, 그린벨트만큼 적격인 곳도 없다. 또 하나 무시하지 못할 중요한 강점이 있다. 주택 건설을 위한 토지 개발에 소요되는 시간이 적게 걸린다는 점이다. 이 또한 대상 부지 대부분이 국유지라는 특성에 기인한다.

이명박 정부는 주택 가격 상승을 당분간 걱정하지 않아도 좋을 시기에 서둘러 서울 강남 요지에 싼 아파트 공급을 실행했다. 이 보금자리주택 공급이 실행될 당시 민간 건설업체의 불만이 적지 않았다.[9] 당연한 일이다.

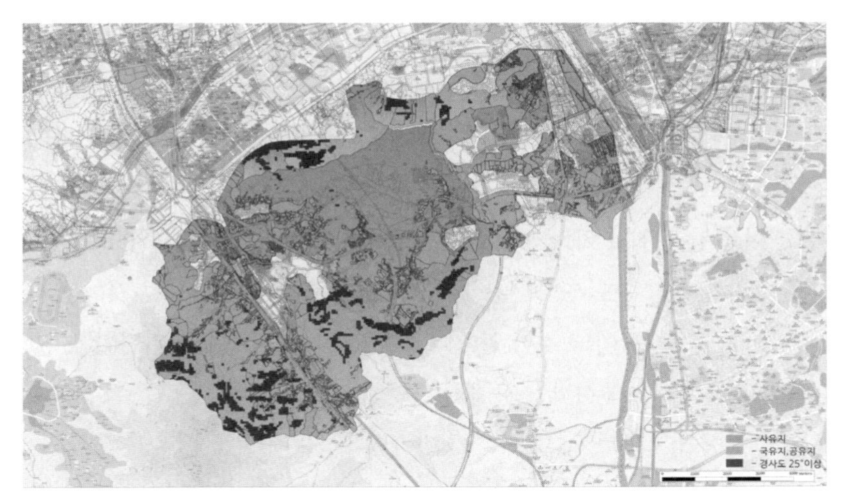

〈그림 6-4〉 그린벨트 현황(2021)

민간 건설업자뿐만 아니라 일부 전문가들은 보금자리주택에 부정적인 의견을 내놓았다. 부정적 의견의 요지는 주로 시장 질서를 교란할 수 있다는 것이었다.[10]

보금자리주택사업도 수요-공급의 법칙의 힘을 증명한다. 보금자리주택 공급에 따라 수요가 늘지 않은 상태에서 공급이 늘어난 셈인데, 정말로 주택 가격이 하락했다. 이명박 정부 기간 내 서울의 아파트 가격 상승은 마이너스를 기록했다. 이명박 정부 기간 전체를 평균적으로 보자면 -4.5%의 주택 가격 상승을 기록했다.[11]

---

9 건설업체의 불만 사례를 실은 신문 기사들이 많았다. 그중 ≪동아일보≫, 2009.8.29 참조.

10 부정적 의견을 낸 사례로 조동근의 논설이 있다(조동근, 2011.4.12).

11 서울 아파트의 주택매매가격지수를 기준으로 한 이명박 정부 기간 상승폭은 2008년 3월 79.708, 2013년 2월 76.139로 -4.5% 상승(즉 하락)했다. 노무현 정부의 상승폭은 2003년 3월 56.076, 2008년 2월 78.62로 40.2% 상승했다. 박근혜 정부 기간 동안에는 2013년 3월 75.944, 2017년 4월 83.911로 10.5% 상승했다[한국은행 경제통계시스템, "주택매매가격지수(서울, 아파트)"].

외견상 보금자리주택은 수요-공급의 법칙이 맞는다는 것을 증명하는 또 하나의 전형적인 사례로 보인다. 하지만 그렇게만 볼 수도 없다. 2008년 미국의 금융위기가 우리나라에 미친 경제적 영향 때문에 집값이 하락했다고 보는 견해도 있다.[12] 어쨌든 이명박 정부 초기에 집값이 하락한 것은 사실이다. 이와 같은 집값 하락의 원인은 보금자리주택 공급일 수도 있고, 미국발 금융위기 탓일 수도 있다. 일단은 둘 다 영향을 미쳤다고 보는 것이 합리적일 것이다. 둘 중 어느 것이 얼마나 더 큰 영향을 미쳤는지 판단할 수 있는 방법은 없다. 후세 사람들은 자기 입맛대로 골라 쓴다. 누구는 보금자리주택의 영향이라고 하고, 또 누구는 미국발 금융위기 때문이라고 한다.

보금자리주택을 통한 공급 과다 탓인지, 미국 금융위기 여파가 지속된 탓인지 알 수 없는 상태에서 이명박 정부와 박근혜 정부 기간 동안 집값은 안정세를 유지했고, 부분적으로 하락세가 나타나기도 했다.[13] 박근혜 정부에서는 집값 상승을 우려하기보다는 집값 하락 가능성을 살펴볼 정도였다.

서민 경제에 미치는 악영향으로 보자면 집값의 지나친 상승이 문제이겠지만, 정치적으로 볼 때는 집값 하락이 더 엄중하다. 집값 하락은 자세히 살펴보면 좀 다른 속내도 드러나지만, 당장에는 집을 소유한 모든 개인이 부가 감소했다고 느끼게 한다. 이렇게 되면 정권에 대해 불만이 생길 수밖에 없다. 우리나라의 자가보유율이 60%를 넘는 것을 생각하면 집값이 하

---

12 상반되는 견해를 잘 정리한 기사가 있다(≪동아일보≫, 2021.12.2). 2008 금융위기 이후 집값의 하락세에 대해 나는 금융위기보다는 보금자리주택을 비롯한 정책적 영향이 큰 것으로 판단한다. 참조한 기사에서 알 수 있듯이 2008년 6% 하락했지만, 2009년 곧바로 6.36% 반등한다. 2009년 이후 집값은 다시 하락세를 보였다. 2008년 이후의 집값 하락이 금융위기 탓이라면 2009년의 반등은 불가능했을 것이다. 2008년 6%의 하락은 금융위기로 인한 것이고, 그 이후 하락은 주택시장 자체의 상황 때문으로 볼 수 있다.

13 한국은행 경제통계시스템의 서울 아파트 주택매매지수를 기준으로, 이명박 정부 기간 동안 -4.5% 상승(즉 하락), 박근혜 정부 기간에 10.5% 상승했다.

락하면 과반수가 불만을 가진다는 뜻이다. 정권 차원에서 우려할 만한 대목이다.

박근혜 정부는 집값 하락세를 이용해도 좋겠다고 판단한다. 어차피 집값 하락을 막아야 할 상황에서 하향세에 있는 집값을 이용해 경제를 끌어올리기로 한다. 노무현 정부 이후 이명박 정부에서 느슨해지긴 했지만, 여전히 낮은 수준의 주택담보대출 비율을 상향 조정하면서 집을 사도록 권고한다(MBC 뉴스, 2018.3.29). 부동산을 이용한 경기 진작의 전형이다.

문재인 정부에 들어서면 집값은 상승 조짐을 보인다. 그런데 공급 측면에서도 노무현 정부 때와 같은 일이 벌어진다. 집값 상승 시작과 공급 축소 정책이 동시에 일어났다. 문재인 정부 초기에는 집값 상승의 기미가 보여서 그동안 서울의 집값 상승에 주도적인 역할을 해온 재개발·재건축을 의도적으로 축소한 것도 아니고, 주택공급 감소를 야기할 만한 정부 정책이 실시될 것을 감지해 투기가 시작된 것도 아니다.

투자자 입장에서 볼 때 노무현 정부 초기에 집값이 상승한 이후 10여 년 동안 주택 가격이 제자리에 머물러 있었으니(물가 상승률을 고려한다면 실질적으로는 하락세), 이제는 상승할 만하다고 판단했을 것이다. 정부는 이와 별개로 노무현 정부의 철학을 실현할 필요가 있다고 판단했을 것이다, 불로소득을 없앤다는 철학.

문재인 정부는 두 가지 측면에서 공급 축소를 예고했다. 하나는 박근혜 정부 때부터 시작된 신도시 사업 중단을 지속하겠다고 천명한 것이고, 다른 하나는 노무현 정부 때와 마찬가지로 재개발·재건축에 부여하는 인센티브를 축소하는 정책을 발표한다. 문재인 정부의 주택 공급 축소 정책은 현실에 반영되었다. 착공 건수 추세를 보면 분명하게 확인된다. 공급이 줄었다. 그랬더니 같은 시기에 주택 가격이 상승하기 시작했다. 상관관계가 분명하다. 하지만 이것 자체가 인과관계를 보증해 주지는 않는다. 사람들

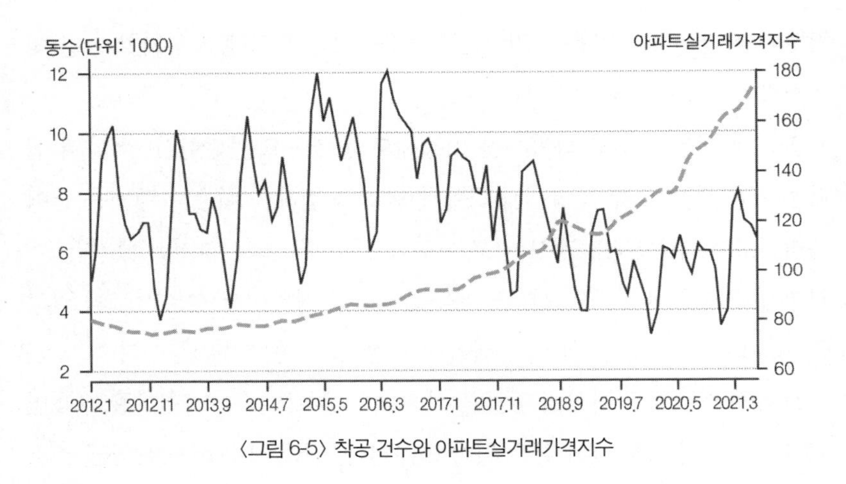

〈그림 6-5〉 착공 건수와 아파트실거래가격지수

은 인과관계가 증명되지 않았지만, 문재인 정부의 공급 축소 정책이 주택 가격 상승을 야기했다고 서슴없이 비판했다. 그렇게 주장하는 사람들도 그것이 상관관계이지, 인관관계를 주장할 만한 근거로는 미약하다는 것을 잘 알고 있었을 것이다.

착공 건수 감소와 주택 가격 상승이 시기적으로 일치하지만, 공급 감소를 가격 상승의 주된 원인으로 보기에는 여러모로 무리가 따른다. 첫째, 문재인 정부 출범 초기 6개월 동안 아파트 가격이 주택매매지수(KB) 기준으로 4% 상승한다.[14] 주택 가격 상승은 문재인 정부가 출범하면서 바로 나타났다. 공급 감소 효과를 감지할 만큼의 시간이 없었다.

두 번째는 착공 건수가 줄어들면서 주택 가격 상승이 동시에 일어났다는 점이다. 착공은 곧 분양을 의미하는 것이니, 시장에 나오는 물량이 줄어든 것은 사실이다. 하지만 시장에서 공급 물량이 줄어든 것을 감지하기 위해서는 어느 정도 시간이 필요하다. 주택시장에서 주택을 사고파는 사람

14 한국은행 경제통계시스템의 주택매매지수(아파트, 서울)를 기준으로, 2017년 5월 지수는 87.494, 6개월 후인 11월 지수는 84.095다.

들이 매일 착공 건수를 들여다보는 것도 아니고, 초단기적으로 착공 건수가 줄었다고 해서 좀 더 긴 기간에도 착공 건수가 지속적으로 감소하리라고 판단하는 것은 무리가 있다. 착공 건수 감소와 주택 가격 상승이 보이는 무시무시한 동시성이, 오히려 착공 건수 감소가 주택 가격 상승의 주원인이라는 생각을 더욱 어렵게 만든다.

두 가지를 지적해 얻으려는 논지는 공급 감소와 주택 가격 상승이 시기적으로 일치하는 모습을 보인다고 해서, 곧바로 공급 감소가 주택 가격 상승의 원인이라고 판단하는 것은 너무나 성급하다는 점이다. 이런 논지는 노무현 정부 시기와 문재인 정부 시기 모두에 적용될 수 있다. 노무현 정부 기간에 관찰된 인허가 건수 감소와 주택매매가격지수 상승 간의 시간적 일치, 그리고 문재인 정부 기간에 관찰되는 착공 건수 감소와 주택매매가격지수 상승 간의 시간적 일치는 얼핏 수요-공급 법칙의 증거로 보이지만, 그렇게 해석하는 것이 반드시 옳다는 증거는 되지 못한다는 것을 유념할 필요가 있다.

문재인 정부는 주택 가격 상승을 통제하기 위해 우선 규제 카드를 꺼내 든다. 문재인 정부 최초로 공급책을 제시한 2020년 8·4 대책 직전까지 22차례에 걸쳐 규제책을 내놓았지만, 가격 상승 추세는 잡히지 않았다. 가격 상승 추세를 보이기 시작한 초기에는, 본격적인 가격 상승 상황이 아니라고 부정할 만한 이유가 있기도 했다. 중위가격으로 본 주택 가격은 40% 이상 올랐지만, 전체 평균 가격으로 볼 때는 20% 수준이었기 때문이다. 하지만 22차례의 규제 대책을 내놓는 기간에 중위가격은 60% 상승했고, 믿었던 전체 평균 가격도 50% 수준으로 상승했다.[15] 이제 주택 가격 상승이 전체적인 국면에서 일어난다는 점을 부인하기 어려워졌다. 문재인 정부는 이런

15 한국부동산원, 월간주택가격동향 시계열(2020.7).

상황에서 할 수 없이 공급 대책을 내놓는다. 여기까지는 노무현 정부와 똑같다. 그러나 공급 방법에서 차이를 보인다. 문재인 정부는 노무현 정부와 마찬가지로, 3기 신도시 사업을 서두르면서 대규모 공급책을 내놓는다. 노무현 정부의 2기 신도시 사업과 문재인 정부의 3기 신도시 사업은 데자뷔라고 할 만큼 동일하다. 그런데 도심 요지 주택 공급에서 차이를 보인다.

노무현 정부에서 마지못해 공급책을 실행하기로 결정했을 때 또 하나의 쟁점이 나타났다. 서울 주변을 위주로 공급하는 신도시 정책에 대해서는 정부 관계자가 모두 동의했지만, 도심 요지에 주택을 공급하는 방안에 대해서는 의견이 갈렸다. 이때 김수현 정책실장은 "강남은 공룡 같아서 소 몇 마리 던져준다고 해결되지 않는다"("실록 부동산정책 40년", 2007.3.16)라며 도심 요지 공급을 반대한다.

문재인 정부의 태도는 달랐다. 무슨 자신감에서인지 도심 요지 공급 정책을 내놓는다. 2021년 2·4 대책이다. 서울의 전철역 역세권을 고밀도화해서 도심 요지 주택 공급을 늘리는 대책을 내놓는다. 도심 요지 공급에 가장 효과적일 수 있는 재건축은 제외되었다는 점이 주목할 부분이다. 문재인 정부도 재건축은 주택 가격 상승을 부채질할 뿐 가격 안정에는 도움이 되지 않는다고 판단했다. 또 한 가지 유의해야 할 것은 도심 요지 공급을 공공 위주로 실행했다는 점이다. 문재인 정부는 공공 위주의 공급이라면 주변 집값을 자극해 결국 주택 가격 상승으로 이어지는 부작용을 피할 수 있다고 판단한 것 같다.

문재인 정부가 공급 대책을 내놓았지만 주택 가격 상승세는 잡히지 않았다. 경제학에서 말하는 수요-공급의 법칙이 제대로 작동한다면 서서히 가격 상승세가 멈추는 모양새가 나올 때가 되었는데 말이다. 문재인 정부가 집권 후반기에 쏟아낸 공급 정책의 효과는 윤석열 정부 들어 본격적으로 나타나고 있다. 집값 폭등 추세는 확연히 꺾였고, 일부 지역에서는 집값 하락 우려가 나오고 있다(≪한겨레신문≫, 2022.6.30).

지금까지 현실 시장에서 수요-공급의 법칙이 어떻게 작동했는지를 살펴봤다. 내용을 요약하자면 주택시장은 경제학에서의 주장대로 수요-공급의 법칙이 정확히 작동한다고 얘기할 수 있다. 하지만 그게 다는 아니다. 속내를 살펴보면 수요-공급의 법칙과는 거리가 먼 양상도 발견된다. 이제부터는 수요-공급의 법칙에서 벗어나는 예외적인 양상을 살펴보겠다.

주택시장에서 나타나는 수요-공급 법칙의 한계

주택 가격 상승세가 가파른 모습을 보일 때마다 모든 정부는 규제책을 먼저 실시한다. 또한 규제책 대부분은 실패로 돌아간다. 규제책이 없었다면 가격 상승이 더 가팔랐을지도 모른다. 그래서 규제책이 어느 정도 효과가 있었다는 것을 부정할 수 없다. 하지만 어찌 됐든 기대하는 만큼의 효과를 얻지 못하는 것이 사실이다. 박정희 정부 시절, 분양가상한제로 아파트 가격을 잡는 데 성공한 사례를 빼고는 말이다.

(1) 주택시장은 완전경쟁시장이 아니다

모든 정부가 항상 주택 가격 조절을 위해 첫 단계에 실시하는 규제책이 부분적으로라도 실패하고 나면 언제나 나오는 비판이 있다. "시장을 거스르지 마라. 가격은 시장에서 수요-공급의 법칙에 의해 자연스럽게 결정되도록 두어야 한다. 한 걸음 더 나아가서 원색적인 공격을 한다, "초등학생도 아는 시장의 법칙"이라고(≪주간조선≫, 2021.8.9).

시장의 수요-공급의 법칙은 아무 때나 제대로 작동하는 것이 아니다. 초등학생도 아는 수요-공급의 법칙이 제대로 작동하기 위해서는 조건이 필요하다. 이것 또한 초등학교 수준의 경제학이다. 수요-공급의 법칙은 완전경쟁시장 상태에서만 제대로 작동한다. 완전경쟁시장이란 사는 사람도 아주 다수이고, 사람도 또한 아주 다수인 경우다. 파는 사람이 아주 다수이다 보니 파는 사람들끼리 입을 맞춰 가격을 자기들 뜻대로 올려 받는 것이 불가능한 시장이다. 사는 사람 쪽에 초점을 맞춰 보아도 마찬가지다. 사는 사람이 아주 많다 보니 이들끼리 의견을 맞춰 원하는 가격이 아니면 사지 않겠다고 파는 사람을 압박할 수도 없다. 완전경쟁시장에서 파는 사람이 기대하는 판매 행위를 달성하기 위해 동원할 수 있는 수단은 가격뿐이다. 덜 팔린다 싶으면 가격을 내리고, 기대보다 잘 팔린다 싶으면 가격을 올리는 방법이다. 이렇게 가격을 조절하는 것 외에 다른 방법이 적용될 수 없는 시장을 완전경쟁시장이라고 부르고, 이때는 수요-공급의 법칙이 정확히 작동한다.

시장은 완전경쟁시장 이외에 불완전경쟁시장, 과점시장, 독점시장도 있다. 사는 사람이건 파는 사람이건 간에 그들의 수가 얼마나 크냐에 따라서 달리 붙이는 이름이다. 독점시장은 사거나 파는 사람이 하나인 경우다. 과점은 사거나 파는 사람이 둘 이상이면서 서넛 정도 되는 시장이다. “서넛 정도 되는”이라는 표현이 모호하게 들릴 수 있다. 그런데 그건 그럴 수밖에 없다. 딱 몇 개인 경우라고 못 박을 수 있는 상황이 아니기 때문이다. 과점은 사는 사람이나 파는 사람의 수보다는 사는 사람 혹은 파는 사람 간에 가격경쟁 이외의 방법이 적용될 수 있느냐 아니냐에 따라 좌우된다. 가격 이외의 경쟁 방법으로 대표적인 것은 광고가 있을 수 있다. 제품 가격은 그대로 둔 채 광고와 같은 수단에 의해서 판매량에 변화를 줄 수 있다면 그것 또한 완전경쟁시장이 아니라고 본다.

광고는 과점 상태에서 사용할 수 있는 합법적 수단이지만, 비합법적인 방법도 심심치 않게 등장한다. 그것의 대표적인 예가 담합이다. 파는 사람끼리 입을 맞춰서 가격을 올려 받는 방법이다. 담합 행위를 규제하는 법체계가 느슨했을 때 담합은 공공연한 수준으로 이루어졌다. 법체계가 잘 갖춰지고 제대로 적용되기 시작해도 담합은 사라지지 않는다. 암묵적인 수준에서 담합 행위는 꾸준히 이어진다. 동일 제품을 제공하는 몇 명 되지 않는 사업자들이 오랜 시간 사업을 운영하고 있다고 생각해 보자. 다른 회사의 속사정을 속속들이 알고 있는 상황에서 경쟁회사가 제품 가격을 어떻게 운영하고 싶어 하는지 짐작하기는 어렵지 않다. 담합 행위에 대한 처벌 기사가 끊이지 않는다는 것 자체가 아무리 잘 갖춰진 법체계에서도 담합은 항상 일어난다는 것을 잘 증명한다.

불완전경쟁시장은 독점이나 과점만큼 사고파는 사람의 수도 적지 않고, 또한 가격경쟁 이외의 방법이 과점시장에서만큼 효과적으로 작동하지는 않지만 어쨌든 완전한 경쟁시장이 아닌 시장을 지칭하는 이름이다. 이 시장에서는 가격경쟁 이외의 수단이 부분적으로 그리고 일시적으로라도 작용할 수 있는 시장이다.

주택시장은 어떤 시장일까? 명백히 과점시장이다. 우리나라에는 2021년 현재 전국적으로 1만 4270개의 건설업체가 있다.[16] 전국적으로 건설업체가 이렇게 많은 데 그걸 과점시장이라고 부를 수 있겠는가라고 반문할 수 있겠다. 하지만 속사정을 살펴보면 그런 의문에 속 시원한 답을 줄 수 있다. 서울을 생각해 보자. 전국에 아무리 많은 건설업체가 있어도 서울에서 주택사업을 할 수 있는 업체는 별로 없다. 두 가지 분명한 이유가 있다. 하나는 서울의 땅값이 어마어마하게 비싸다는 점이다. 자본력이 크지 않은 건설업체는 끼어들기 어렵다. 이런 의문도 있을 수 있다. 작은 아파트를

16 대한건설협회, "건설업 등록 분포 현황", http://www.cak.or.kr/stat/Statistics_company_program.do?menuId=505.

지어서 팔면 되지 않나? 작은 아파트는 땅도 작게 필요하니 적은 자본으로도 사업을 할 수 있을 것 같다. 이쯤 해서 두 번째 이유를 얘기해야 한다. 두 번째 이유는 이른바 브랜드아파트가 아니면 서울에서는 사업성이 없다는 점이다.[17] 브랜드아파트가 되려면 명성이 있어야 되고, 실제로 지어지는 아파트들은 명성에 걸맞은 물리적 조건을 갖춰야 한다. 물리적 조건을 갖춘다는 것은 복잡한 속내가 있기는 하지만, 간단히 말하자면 고급스러워 보여야 한다는 것이다. 고급스러워 보이자면 규모가 좀 커야 한다. 규모가 커야 외부공간도 좋아지고, 단지 중앙에 공원도 설치하고, 각종 휴게 시설을 설치할 수 있기 때문이다. 이런 것을 다 고려하다 보면 서울에서 주택사업을 할 수 있는 건설업체의 수는 손가락으로 꼽을 정도가 된다. 2020년 서울에서 분양한 아파트 총 2만 5838가구 중 10대 건설사가 지은 곳이 2만 2451가구로 약 86.8%에 달했다(≪조선비즈≫, 2021.1.15).

우리나라에서, 특히 서울을 놓고 보자면 주택사업은 분명히 과점체제다. 공급자가 소수여서 가격경쟁 이외의 방법을 사용할 수 있다는 의미이고, 때로 담합도 가능하다는 얘기다. 이런 시장에서는 당연히 수요-공급의 법칙이 전통적인 방법대로 적용되지 않는다. 이것도 초등학교 교과서에 나오는 얘기다. 주택 가격 상승이 문제가 될 때마다 터져 나오는 시장을 거스르지 말라는 얘기나 수요-공급의 법칙을 따라야 한다고 얘기할 때는 한 번쯤은 주택시장이 완전경쟁시장이 아니고 과점에 더 가깝다는 것을 먼저 생각해 봐야 할 것 같다. 이제 본격적으로 주택시장이 수요-공급의 법칙에서 벗어나는 예외적 상황이 벌어질 수밖에 없는 이유에 대해서 살펴보자.

17 브랜드 아파트의 위력은 실로 대단하다. 잘 알려지지 않은 건설업체도 서울에서 아파트 사업이 가능했었다. 그런데 어느 순간 잘 알려진 이름이 중요해지기 시작했다. 별로 유명하지 않은 건설업체의 이름을 따서 지은 아파트 단지들이 슬그머니 유명 아파트의 이름을 빌려 쓰기 시작했다. 아파트 개명 붐이 한창 일었다. 이제 서울에서 유명세 없는 이름을 붙인 아파트 단지는 찾아보기 어렵다.

(2) 수요-공급의 법칙의 일방향적 작동

수요-공급의 법칙이 가격이 상승할 때는 잘 적용되고, 가격이 하락할 때는 적용되지 않는다는 점이 가장 이목을 끈다. 수요가 증가하거나(물론 이에 부응하는 공급 증가가 없을 때), 공급이 감소하면(물론 이에 부응해서 수요 감소가 없을 때) 주택 가격은 상승했다. 수요 증가로 인한 가격 상승은 박정희 정부와 노태우 정부에서 확연하게 드러났고, 공급 감소로 인한 가격 상승은 노무현 정부와 문재인 정부에서 분명하게 나타났다.

노무현 정부 시기와 문재인 정부 시기에 나타난 가격 상승은 수요-공급의 법칙의 교과서와 같은 전형처럼 보인다. 공급이 감소하고 이어서(혹은 거의 동시적으로) 가격 상승이 나타났기 때문에 그렇다. 그런데 수요-공급의 법칙에 따른 가격 상승은 언젠가는 멈추게 되어 있다. 또한 가격 상승으로 인해 더 많은 돈을 벌 수 있는 기회가 왔다고 생각하는 공급업자의 공급이 계속되므로 가격은 하락해야 한다. 수요-공급의 법칙을 믿는다면 말이다. 하지만 한번 올라간 가격이 내려가는 법은 거의 없다.

주택시장의 가격 변동이 보이는 특이성은 시금치 가격과 비교해 보면 분명해진다. 무슨 이유가 됐든 시금치 작황이 나쁘면 시금치 가격은 금세 상승한다. 시금치가 금치가 되기도 한다. 이런 일은 종종 발생한다. 그런데 주택이 공급되기까지는 2~3년이라는 긴 시간이 걸리지만, 시금치는 짧으면 한 달 정도면 공급된다. 하우스 재배를 염두에 둔다면 공급 주기가 대략 한 달이다. 무슨 이유에서든지 시금치 농사를 망쳤어도 다시 심어서 시장에 출하하는 데 한 달이면 충분하다는 얘기다. 이 정도로 짧은 시간에 시금치 공급은 예전 수준으로 정상화된다. 그러면 시금치 가격은 예전 가격으로 되돌아간다. 반면 주택 가격은 예전 가격으로 되돌아가지 않는다. 주택 가격도 수요-공급의 법칙을 따른다고 앵무새처럼 되뇌지만, 실상은 그렇지 않다. 주택 가격이 수요-공급의 법칙을 철저하게 따르는 것은 가격이 상승하는 국면에서만 그렇다.

수요-공급의 법칙에 따라 주택 가격이 하락한 사례가 있다고 주장하고 싶을 수도 있다. 이명박 정부 시기 보금자리주택 공급에 따른 가격 하락이다. 이때 가격 하락이 보인 것은 사실이지만, 그것을 주택 가격이 수요-공급의 법칙을 철저히 따른다는 사례로 보기 어렵다. 두 가지 이유를 들어서 그렇게 말할 수 있다. 하나는 하락 폭이 워낙 미미해서 가격 하락으로 보기 어렵다는 것이고, 두 번째 이유는 하락의 원인이 2008년 미국발 금융위기일 수도 있기 때문이다.

우리나라에서는 주택시장에 수요-공급의 법칙이 제대로 작동한다고 볼 만한 증거가 없다. 증거가 없으니 사실 수요-공급의 법칙이 제대로 작동한다고 주장하는 데도 무리가 있다. 딱 반만 잘 작동한다, 올라갈 때만. 그런데 가격이 상승할 때만 맞는 반쪽짜리 법칙이 사회현상을 설명하는 제대로 된 법칙이라고 할 수 있을까?

우리나라의 주택시장에 비해 미국의 주택시장은 꽤나 분명하게 수요-공급의 법칙이 작동하는 것처럼 보인다. 주택 가격에 오름세와 내림세가 분명히 있고, 그것이 수요와 공급에 의해서 영향을 받는다는 얘기다. 먼저 수요에 대해 살펴보자. 미국은 수요 변동이 우리나라보다 더 크다. 특히 실수요에 관한 한 우리나라의 주택 구매 행위는 매우 전략적이고 장기적이다. 십수 년간 장기 계획을 세우고, 그에 따라 돈을 모아서 집을 산다. 시중에 유동성이 풍부해지고 이런 것은 사실 크게 영향을 미치지 못한다. 집을 사려면 최소 10년 가까이 문자 그대로 허리띠를 졸라매고 살아야 하는 서민층을 생각해 보자. 시중에 유동성이 아무리 흘러넘쳐도 그들의 주머니에 장기적인 주택 구매 계획에 영향을 미칠 정도의 돈이 짧은 시간 안에 꽂힌다는 것은 상상할 수 없는 일이다.

미국이 유동성에 영향을 많이 받을 수 있는 이유가 있다. 두 가지다. 하나는 미국의 주택 구매 방법이다. '모기지'라는 방법을 사용한다. 이건 주택에 적용된 할부 구매라고 생각하면 된다. 우리나라에서는 고가의 제품 중에는 자동차를 이런 식으로 많이들 구매한다. 자동차 값의 일부를 먼저 내고, 매달 갚아나가면 된다. 못 갚으면? 그냥 자동차를 뺏기면 된다. 자동차 할부 기간은 3년 정도에서 시작해서 4년, 5년으로 늘어났다. 할부 기간이 늘어날수록 매달 내는 돈이 적어지니 그에 따라 구매자가 늘어날 수 있기 때문이다. 어찌 보면 누이 좋고 매부 좋고다. 구매자는 자동차를 가질 수 있어서 좋고, 판매자는 더 팔 수 있어서 좋다. 사실 판매자 입장에서는 2배로 좋다. 할부 기간이 길어지면 이자를 더 받을 수 있다. 물론 자동차 금융에 자동차 회사가 직접 관여할 때만 그렇다.

미국에서는 집을 이런 식으로 산다. 집값의 20% 정도만 먼저 내면 된다. 그리고 나머지는 길게는 50년에 걸쳐 나누어 갚는다. 현재 미국의 평균 집값이 6억 정도라고 하니, 1억 2000만 원만 먼저 내고, 나머지 4억 80000만 원을 50년에 걸쳐 나누어 내면 된다. 매달 80만 원씩만 내면 된다. 이걸 못 갚으면? 그냥 집을 내주면 된다. 그걸로 끝이다. 혹시 집값이 대출 잔액 이하로 내려가도 걱정할 것이 없다. 집만 내주면 부채는 그것으로 청산된다. 이런 걸 비소구주택담보대출이라고 한다. 미국의 주택담보대출은 대체로 비소구주택담보대출이다(유승동, 2015).

유동성이 늘어나면 개인의 호주머니로 큰돈은 아니더라도 돈이 들어오게 마련이다. 미국에서는 큰돈이 들어오지 않더라도 집을 한번 사볼까 마음먹을 수도 있다. 우리나라에서는 엄두도 내기 어렵다. 일단 미국과 유사한 모기지 제도가 미약하고, 더 중요한 것은 우리나라의 주택담보대출은 소구적이기 때문이다. 집값이 대출 잔액보다 더 떨어지면 집을 포기하고서도 그 차액을 물어줘야 한다.

다른 하나의 이유에 대해서 말해보자. 금융권의 역할이다. 미국의 금융기관은 참으로 너그럽다. 이것도 두 가지 이유에서 이렇게 말할 수 있다. 하나는 사람을 별로 차별하지 않고 누구에게나 다 돈을 잘 빌려준다. 미국이 신용사회라서 신용이 없는 사람에게는 가차 없다고 하지만, 그것도 아니다. 이렇게 말할 수 있는 증거가 있다. 2008년 미국발 금융위기를 만들어낸 '서브프라임 모기지'가 단적인 사례다. '서브프라임'이라고 하니 뭔가 특별한 것 같지만, 그런 것도 아니다. 신용 등급이 낮아서 대출이 되지 않던 사람에게도 대출을 해주겠다고 만든 대출 프로그램이다.[18]

서브프라임 모기지 사태를 통해 미국 금융권의 대출 관행의 문제점이 수면 위로 떠올랐다. 서브프라임 모기지 사태에서 드러난 미국 금융권 대출 관행의 문제점은 모기지 은행의 약탈적 대출 행위, 모기지 브로커의 무책임한 중개 행위, 차입자들의 무책임한 차입 행위로 요약된다(양기진, 2008: 62~66). 모기지 제도 자체와 과도한 대출을 관행으로 허용하는 제도적 느슨함이 미국에서 집 구매를 매우 용이하게 만들었고, 부실 대출은 대출 상품의 부실로 이어져, 곧 의도치 않은 집 매도를 빈번하게 만들었다.[19]

미국은 주택을 적은 돈으로 쉽게 구매할 수 있다. 금리나 대출 기준을 포함한 경제 상황의 작은 변화에도 주택을 매도해야 하는 상황이 쉽게 벌어진다. 시중 유동성에 영향을 크게 받을 수밖에 없기 때문이다.

이제 공급 측면을 살펴보자. 주택공급업자의 운영 구조에서 우리나라와 미국 간에는 큰 차이가 있다. 운영 구조상 첫 번째로 눈여겨볼 것은 미국의

18 비우량 주택저당대출이라고도 부른다(양기진, 2008: 59, 61).

19 채무자의 적정한 상환 능력을 고려하지 않은 과도한 대출은 미국에만 있었던 것이 아니다. 일본에서도 같은 일이 있었다. 버블의 전성기인 1986, 1987년에는 향후 부동산 가격의 추가 상승을 감안해 은행들이 관행적으로 담보 부동산 시가의 110~120%까지 대출을 실행했다(≪중앙일보≫, 2005.8.12). 주택담보대출 비율이 100%를 넘어간 사례는 유럽에서도 찾을 수 있다. 네덜란드의 경우 40대 이하 대출 가구의 50%는 LTV 100%를 초과한다(김지혜 외, 2020).

주택공급업자 규모다. 미국의 주택공급업자는 대체로 종합건설업자(general contractor)라기보다는 주택건설업자(home builder)이다. 대규모 주택건설업자가 존재하기도 하지만, 대개 주택만을 취급하는 건설업자들이 따로 있다. 한마디로 말하자면 중소형 주택건설업자가 주택공급망의 대세라는 얘기다(허윤경·김성환, 2018: 10).

두 번째 특징은 단독주택 위주로 공급이 이루어지고 있다는 점이다. 미국의 연간 공급되는 주택 물량은 100만 호를 상회하는데 이 중 70% 내외가 단독주택이다(허윤경·김성환, 2018: 6). 중소형 주택 공급업체가 단독주택 위주로 주택을 공급한다는 것은 주택 공급 가격의 변동 폭이 시장 상황에 따라 민감하게 움직인다는 것을 의미한다. 사업 규모가 작기 때문에 판매 시점에 주택 가격이 하락한다고 해서 대규모 물량을 보유하고 있을 수 없다. 단독주택을 개별로 판매하기 때문에 직전 판매 가격과 다른 가격을 선택하기도 용이하다. 주택 가격이 상승세라면 비슷한 성능을 지닌 주택이라도 단기간에 가격을 올려 받을 수도 있고, 반대로 주택 가격이 하락세라면 가격을 내릴 수도 있다. 미국 주택 공급 체계의 특징으로 인해, 즉 공급업체의 규모가 크지 않고, 단독주택을 주요 상품으로 하기 때문에 판매 가격을 시장 상황에 맞춰 조절하게 된다. 이는 2008년 금융위기 이후 완공된 주택이 가치하락에 따라 비용 상각이 있었던 사실로 확인된다(허윤경·김성환, 2018: 16).

미국의 주택시장은 수요 측면에서 볼 때 모기지 제도로 인해 적은 초기 자본으로도 집을 쉽게 구매할 수 있고, 반면 작은 유동성 변화에도 집을 팔아야 하는 경우가 빈번히 발생한다. 공급 측면에서 보자면 주택공급업체의 규모가 작은 탓에 판매되지 않은 재고를 장기간 보유하기 어렵다. 반대로 판매가 호조를 보일 때는 가격을 쉽게 인상할 수 있다.

〈그림 6-6〉는 2008년 1월 1일~2015년 1월 1일 기간의 주택가격지수다. 제법 오르락내리락하고 있다. 수요-공급의 법칙에 따라 수요가 많아지면

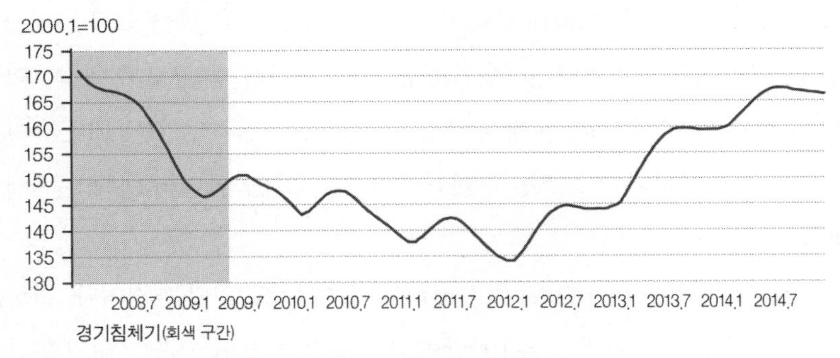

〈그림 6-6〉 미국 국내 주택가격지수(2008.1.1~2015.1.1)

자료: S&P/Case-Shiller US National Home Price Index, FRED Economic Research.

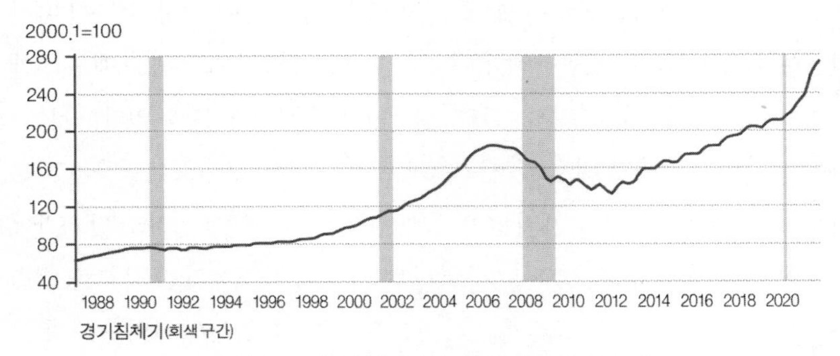

〈그림 6-7〉 미국 주택가격지수(1987.1.1~2021.10.1)

자료: S&P/Case-Shiller US National Home Price Index, FRED Economic Research.

가격이 오르고, 가격이 오르면 공급이 많아지면서 가격은 내려가는 모습이 보인다.

미국 주택시장은 우리나라와 다르게 수요-공급의 법칙을 따라서 움직이는 것처럼 보인다. 우리나라처럼 각종 규제도 없고, 공급 제한 없이 시장에 맡겨두기 때문에 그렇다고 주장할 수도 있어 보인다. 이런 주장을 확장해 우리나라도 미국처럼 시장에 아예 관여하지 않으면 수요-공급의 법칙에 따라 주택 가격이 오르락내리락하면서 순조롭게 조절될 것이라고 주장할 수도 있다. 하지만 장기적인 실상은 그렇지 않다. 미국 주택가격지수의 장

〈그림 6-8〉 주요 14개국 실질주택가격지수

자료: Knoll, Schularick and Steger(2014: 16).

기 변화를 살펴보자.

1987년 1월 1일부터 2021년 1월 1일 기간의 미국 주택가격지수를 살펴보면 앞서 언급한 일부 구간에서는 수요-공급의 법칙이 잘 작동하는 것처럼 보이지만 장기적인 대세는 지속적인 가격 상승이다. 장기로 살펴보면 미국의 사례 또한 주택 가격은 수요-공급의 법칙에 따라 변화하는 것이 아님을 보여준다.

20세기 중반 이후 실질 주택 가격 상승은 미국이나 우리나라만의 상황이 아니다. 카타리나 크놀(Katharina Knoll)의 연구에 따르면 14개 주요 국가(캐나다, 일본, 핀란드, 스위스, 영국, 미국, 오스트레일리아, 벨기에, 덴마크, 프랑스, 독일, 네덜란드, 노르웨이, 스웨덴)의 실질주택가격지수 또한 20세기 중반 이후 급격한 상승을 보여준다고 한다(Knoll, Schularick and Steger, 2014: 15). 우리나라에서 보인 1970년대 이후 주택 가격 상승을 수요 공급의 불일치 때문으로 보고 싶다면, 14개 주요국 모두가 그랬다고 주장해야 한다. 14개 주요국에서 나타나는 20세기 중반 이후의 실질 주택 가격 상승이 모두 수요 공급의 불일치 때문이라고 보기에는 무리가 있다. 그보다는 더 근본적이고 구조적인 이유가 있을 것이라는 추정에 무게가 실린다.

장기적으로 보면 집값은 세계 어디서나 대세 상승이 분명하다. 그렇다면 단기적으로는 어떨까? 단기적으로도, 수요-공급의 법칙이 잘 들어맞는 것처럼 보이는 2008~2015년간의 미국과 같은 상황이 우리나라에서 벌어지기는 쉽지 않다.

우리나라에서는 주요 주택공급업자가 종합건설업자라는 점이 중요하다. 미국의 주택 공급업자에 비해 규모가 클 뿐만 아니라 사업이 다각화되어 있다. 분양 초기에 미분양이 기대 이상으로 발생하더라도 상당 기간 버틸 여력이 있다. 만약 2년 정도를 버텼다고 가정해 보자. 2년간 물가상승이 최소 4% 정도 발생한다. 버티고만 있어도 판매 가격이 4% 할인된 것이나 다름없다. 또한 2년간 집값이 그 정도 상승했다면 여기서도 4% 할인 효과가 발생한다. 도합 8%에 달하는 판매 가격 할인이 자연스럽게 이루어진 셈이다. 미분양 상태를 감내하고 버틸 만한 이유가 된다.

미국과 다른 또 하나는 수백 채의 집을 동시에 판매한다는 점이다. 수백 채를 계획했던 가격보다 싼 가격으로 판다는 것은 쉽지 않은 일이다. 요약해서 얘기하자면 미국에서는 집이 시금치처럼 매매될 수 있지만, 우리나라 상황은 전혀 그렇지 않다.

올라갈 때는 수요-공급의 법칙이 잘 작동하고, 내려갈 때는 수요-공급의 법칙이 잘 작동하지 않는 것으로 보이지만, 이를 수요-공급의 법칙으로 설명할 수도 있다. 초과 공급으로 주택 가격이 하락할 것을 수요-공급의 법칙에 의거해 미리 알고 공급을 줄이기 때문에 일어나는 현상이라고 설명할 수도 있다. 일견 그럴듯해 보이지만, 이런 견해는 치명적인 결함이 있다.

공급자가 가격 상승을 예견해(예견할 수 있는 이유는 수요-공급의 법칙을 알고 있으니까) 공급을 줄여 가격 하락을 막는 것처럼, 수요자도 지금은 가격이 오르고 있지만 곧 가격이 하락할 것을 예견해(여기서도 마찬가지로 예견할 수 있는 이유는 수요-공급의 법칙을 알고 있기 때문이다) 구매하지 않음으로써 가격 하락을 유도할 수 있다. 얘기를 좀 단순하게 해보면 좀 기다렸다가 사면 현재보다 싼값에 살 수 있는데 왜 굳이 지금 당장 구매하느냐는 얘기다.

공급자나 수요자가 수요-공급의 법칙이 시장에 작용하는 것을 모른다면 수요-공급의 법칙이 잘 작동할 수도 있다. 하지만 수요-공급의 법칙을 초등학생도 아는 상황에서 수요자 입장에서는 비싸면 기다리면 되고, 반대로 공급자 입장에서는 싸면 기다리면 된다는 것을 모를 리 없다. 주택시장에서 수요-공급의 법칙이 철저히 작동한다고 주장하려면 공급업자만 수요-공급의 법칙이 작용한다는 것을 알고, 수요자는 몰라야 한다. 하지만 이미 초등학생들도 다 알고 있다. 결국 주택시장에서 가격 변동을 설명할 때 수요-공급의 법칙은 제한적으로만 타당하다는 얘기다.

수요-공급의 법칙에 의문이 들면, 자연히 문재인 정부의 부동산정책이 실패라는 주장을 되돌아보게 된다. 문재인 정부의 부동산정책은 정말 실패한 것일까? 문재인 정부의 부동산정책에 대한 비판은 넘쳐난다. 스물여섯 번의 부동산 대책이 나올 때마다 그것의 10배쯤 되는 비판이 쌓였으니 양으로 보자면 어마어마하다.

비판에는 어떤 것들이 있는지 살펴보자. 양이 어마어마해서 가닥을 잡기 어렵지만, 간추려 보면 골자는 분명하다. 가격이 폭등하는 것은 수요·공급의 불일치가 문제인데, 모든 대책이라는 것이 하나같이 오히려 수요를 부추기고 공급을 축소하는 방향으로 작용했다는 비판으로 모아진다. 자세히 들여다보자.

각종 법적 규제와 세금을 동원해 수요를 줄여보려 했더니 '똘똘한 한 채'

로 몰려가서 상위권 가격을 올려놓았다. 규제만을 외치다 보니 서울에서 더 이상의 공급은 없을 것 같다는 생각이 들게 해서 젊은 세대들을 '영끌'로 내몰았다. 토지거래허가구역을 남발하면서 풍선 효과를 불러일으켜 온 서울을 투기장으로 만들었다. 여기까지가 수요를 부추긴 정책이라는 비판의 세부 내용이다.

이번엔 공급 감소로 가보자. 뭐니 뭐니 해도 가장 큰 정책은 신도시 중단과 도심 재개발·재건축 요건 강화다. 문재인 정부가 가격 상승을 경험하기 전에 이미 선언한 정책들이 부작용을 불러왔다. 그냥 두었으면 오히려 덜 나빴을 것이다. 공급 감소를 예고하면서 수요-공급의 균형이 무너질 것이라는 예측을 불러왔고 이에 따라 가격이 상승했다.

양도세를 올렸다. 그랬더니 매물이 잠기면서 가격 상승세는 꺾이지 않고 공급이 감소되었다. 결국 이것은 가격 상승으로 반영된다.

대개 신고가로 공급되는 신규 분양은 흔히 인근 주택 가격의 동반 상승으로 이어진다. 분양가상한제는 이런 식으로 가격 조절 효과를 기대할 수 있다. 하지만 문재인 정부의 분양가상한제는 건설사가 신규 사업을 멈추고 상황을 관망하면서 이 역시 공급 감소로 이어졌다.

임대주택사업자 혜택 정책에도 문제가 드러났다. 임대주택사업자들은 양도세와 보유세 혜택을 이용하여 신규 공급 물량 중 많은 물건을 매입했다. 임대주택사업을 장려해 주택 공급을 늘리려는 시도였지만, 실제로는 실수요자에게 주어져야 할 기회를 임대주택사업자가 가로채면서 이 또한 공급 부족의 원인이 되었다.

문재인 정부의 정책이 실패라고 비판하는 내용은 대체로 이와 같다. 가수요를 줄이려는 정책은 오히려 수요를 부추기는 결과를 낳았고, 다른 한편으로 기대와 달리 실수요에 부응하는 공급을 감소시키는 결과를 가져왔다.

문재인 정부 정책이 실패라는 주장에는 선의의 피해자가 포함된다. 가수요를 줄이자고 시행한 정책이 결과적으로 실수요자의 통상적인 구매도 불가능하게 했다고 주장한다. 주택담보대출 비율을 낮추면서 현금 부자만 집을 살 수 있게 했다는 주장이다.

문재인 정부 정책 실패의 세 가지 유형 중 세 번째인 선의의 피해자, 즉 실수요자에 대해서는 완화된 조건을 제공하여 문제를 상당 부분 해소했다. 그렇다면 문제는 수요 부추김이고, 공급 감소다. 문재인 정부 정책에 대한 비판이 수용되려면 규제 위주의 정책에 따라 수요-공급 불균형으로 가격이 상승했다는 주장이 받아들여져야 한다.

별 이의 없이 수요-공급의 불균형은 곧 가격 상승을 의미하는 것으로 받아들여지지만, 앞선 논의는 그렇지 않다는 것을 알려준다. '수요-공급 불균형 = 가격 상승'이라는 등식 관계가 적어도 주택 가격 문제에서는 통용되지 않는다는 이론을 받아들인다면, 이는 곧 문재인 정부의 주택 정책을 실패로 보기에도 어려움이 있다는 얘기다.

문재인 정부의 잘못된 정책이 수요-공급의 불균형을 가져왔고 그로 인해 가격 폭등이 발생했다는 주장 자체도 재고의 여지가 충분하지만, 문재인 정부의 정책이 수요를 얼마나 부추겼는지, 공급을 얼마나 감소시켰는지 구체적으로 제시된 적도 없고 더구나 증명된 적도 없다.

양도세 증세가 매물을 감소시켰다는 주장이나 분양가상한제가 공급 물량을 축소시켰다는 주장은 사실 증명 자체가 불가능하다. 이런 주장을 증명하기 위해서는 양도세 증세 발표 전후와 분양가상한제 발표 전후의 매물과 물량을 비교해야 하는데, 전후의 양에 차이가 있다 하더라도 그 차이 중에 어느 정도가 양도세 증세 혹은 분양가상한제 실시에 기인한 것인지 알 길이 없기 때문이다.

사실 매물 감소나 공급 물량 축소는 양도세 증세와 분양가상한제 부작용을 지적하는 비판이다. 설령 양도세 증세가 매물 감소를 유발했고, 분양가상한제가 공급 물량 축소의 원인이 되었다고 해도 그 자체가 타당한 비판의 근거가 되지 못한다. 양도세 증세는 다주택자가 보유 물건을 시장에 내놓아 매물을 늘리도록 하는 데 목적이 있는 것이 아니라, 주택 투기를 통한 불로소득을 기대한 가수요를 억제하자는 데 주목적이 있기 때문이다. 분양가상한제도 마찬가지다. 분양가상한제에 대한 적절한 비판은 분양가를 제한한 결과 가격 상승 억제 효과를 얻었느냐 그렇지 못하느냐에 초점을 맞춰야 한다. 분양가상한제의 목적은 '신고가' 형성을 통제해 가격 상승 유발 효과를 차단하는 데 있기 때문이다.

문재인 정부의 정책 동반자 역할을 한 여당이나 진보 성향의 집단에서 터져 나온 비판이 오히려 야당이나 보수 성향의 언론이 하는 비판보다 설득력이 있다. 이들의 주장도 다양하지만, 결국은 두 가지로 초점이 맞춰진다.

하나는 국가균형발전의 실패다. 문재인 정부에서 불거진 집값 폭등 문제는 주로 서울의 문제다. 노무현 정부에서 추진되던 국가균형발전을 지속했더라면 서울의 인구나 일자리가 늘어나지 않았을 것이며 그에 따라 주택 수요 증가도 없었을 것이고, 결국 집값 상승도 없었을 것이라는 주장이다. 문재인 정부 시기 야당이나 일부 언론의 비판은 증명이나 증거가 필요하지만, 이런 주장에는 그것이 필요하지 않다. 그냥 진술 자체로 진위가 판명된다.

다른 하나는 보유세 증세 실패다. 진보층에서는 부동산 문제에 명쾌한 해법이 있다고 생각한다. 보유세다. 주택을 사는(live) 것 이외의 목적으로 보유하여 벌어들일 수 있을 것으로 기대하는 만큼의 세금을 부과한다면 간단히 해결될 수 있는 문제다. 이에 대한 해법으로 양도세가 있었다. 양도세를 주택 매도 시 집값이 오른 만큼 세금으로 거둔다면 주택 투기를 통한 불로소득은 원천적으로 불가능하다. 그런데 이 방법에는 치명적인 약점이 있다. 양도세는 팔기 전에는 물지 않는 세금이다. 양도세가 높으면 정권이 바뀌어서 세율이 낮아질 때를 기다리면 된다는 생각을 한다. 더 중요한 것은 그런 생각이 들어맞아 왔다는 점이다. 대체로 진보정권이 양도세를 올리면 보수정권은 양도세율을 내리는 일이 반복되어 왔다.

보유세는 안 팔고 버티기를 하는 계층들의 투기를 방지하는 데 효과적이다. 보유 기간 내내 세금을 내야 하니, 보유 기간이 일정 정도 이상으로 길어지면 투기로 얻을 수 있는 소득이 모두 소진될 수도 있다.

문재인 정부의 부동산 정책이 실패했다는 당시 여당 내부와 진보 계층의 주장은 설득력이 있어 보이지만, 수요-공급의 불균형에 기댄 야당과 일부 언론의 비판은 의심해 볼 필요가 있다. 그들의 비판이 유효하려면 수요-공급의 법칙이 굳건해야 한다. 그러기 위해서는 공급업자만 수요-공급의 법칙이 작용한다는 것을 알고, 수요자는 몰라야 한다는 어처구니없는 가정이 나올 수밖에 없다. 그 이유에 대해 알아보자.

(3) 장기에서 수요를 비탄력적으로 보는 오류

경제학의 수요-공급의 법칙에는 두 개 곡선이 등장한다. 곡선이 존재하는 2차원 평면을 x축과 y축으로 표시한다면, 이 두 개 곡선은 x 방향과 y 방향으로 평행이동이 가능하다. x축에는 수량이 표시되고, y축에는 가격이 표시된다. 수요 측면에서는 가격이 싸지면 수량이 늘어나고, 반대로 가격이 높아지면 수량이 줄어드니 수요곡선은 우하향한다. 공급 측면에서는 반대의 움직임이 나타난다. 가격이 높아지면 많이 팔아서 돈을 더 벌고 싶을 것이다. 반대로 가격이 낮아지면 팔고 싶은 마음이 덜할 것이다. 따라서 공급은 우상향으로 변화한다. 2차원 평면상에서 하나는 우상향하고 다른 하나는 우하향한다면 이 두 곡선은 언제나 어디선가 만난다. 경제학에서 말하는 수요-공급의 법칙은 수요 증감을 표시하는 2차원상의 곡선과 공급 증감을 표시하는 또 하나의 2차원상의 곡선이 만나는 지점에서 가격이 결정된다고 말한다.

가격에 따라 더 사고 싶고(때로는 덜 사고 싶고), 더 팔고 싶은(때로는 덜 팔고 싶을 때) 마음은 수요곡선과 공급곡선을 따라 움직인다. 사고자 하는 마음속 가격과 팔고자 하는 마음속 가격이 일치하는 단 하나의 점이 생기는데, 시장에서는 이 점에서 사고파는 행위가 일어난다. 사고자 하는 마음과 팔고자 하는 마음이 각자의 곡선상에서 별개로 움직일 때는 가격의 변화가 없다. 사고자 하는 사람과 팔고자 하는 사람의 마음이 맞으면 거래가 일어나고, 그렇지 않으면 거래가 성립하지 않는다.

가격에 변동이 생기는 것은 두 개 곡선 자체가 2차원 평면상에서 이동하면서 나타난다. 달리 얘기하자면 곡선 자체가 이동하지 않으면 가격 변동은 없다는 얘기다. 곡선 자체의 이동은 평행이동으로 가능해진다. x축 방향으로 이동하든지, y축 방향으로 이동하든지 두 가지가 가능하다. 두 가지라고 하지만, 실상은 하나다. x축으로 이동하든지 y축으로 이동하든 결과로 나타나는 곡선의 모양은 동일하다. 그래서 경제학에서는 수요의 증가를 표현할 때 곡선이 오른쪽으로 움직인다고 하거나 위쪽으로 움직인다고도 한다. 오른쪽으로 움직인다는 것을 수학적으로 표현하면 x축 방향으로 평행이동 한 것이고, 위쪽으로 이동한다는 것은 수학적인 표현으로는 y축 방향으로 평행이동 한 것이다. 이 정도면 경제학의 절대적 무기인 수요-공급의 법칙을 이해하고 적용하는 데 필요한 모든 준비는 끝난다.

사실 경제학의 거의 모든 것이 이 곡선에 의존한다. 개인의 경제 행위를 설명하는 미시경제학의 모든 것도 이 곡선에서 출발해 이 곡선으로 끝난다. 국가의 경제 행위를 설명하는 거시경제학도 마찬가지다. 이런저런 복잡한 내용들이 있어 보이지만, 분석적으로 들여다보면 모든 이론이 수요-공급 곡선의 변형이고 확장일 뿐이다.

이제, 주택시장에서 나타나는 가격 상승을 수요-공급의 법칙을 이용해

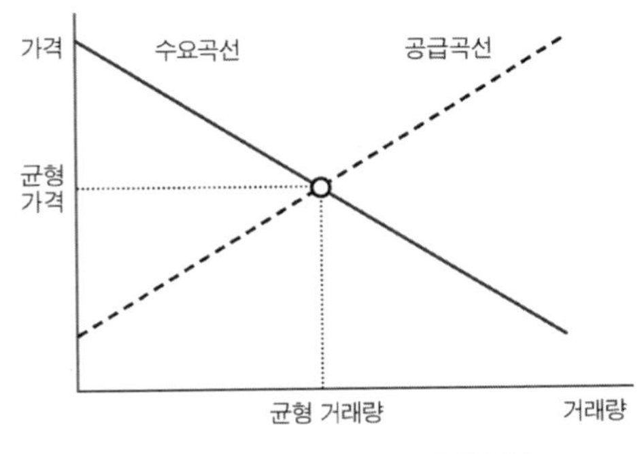

〈그림 6-9〉 정상적인 수요-공급 곡선

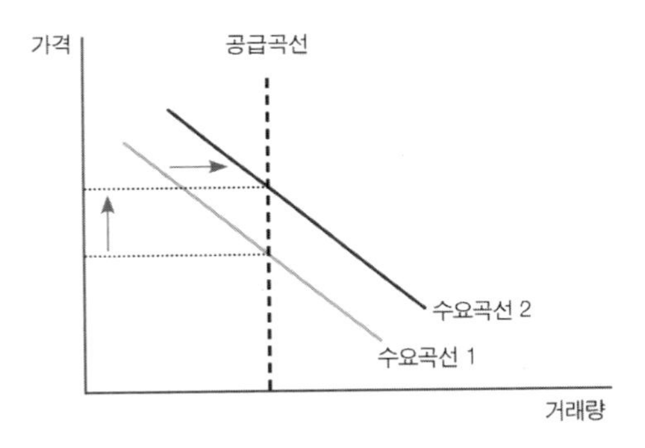

〈그림 6-10〉 단기에서 공급을 고정시킨 수요-공급 곡선

어떤 방식으로 설명하는지 살펴보자.

일반적인 수요곡선은 우하향하고, 공급곡선은 우상향한다. 수요가 증가한다는 것은 수요를 표시하는 우하향 곡선이 전체적으로 오른쪽으로 이동하는 것을 의미한다. 수요곡선이 오른쪽으로 이동할 때 공급곡선에 변화가 없다면, 즉 공급을 하려는 마음에 변화가 없어 곡선 자체가 한자리에 머물러 있다면 두 곡선의 교차점은 위쪽으로 올라간 부분에서 생긴다. 교차점이 위쪽으로 올라간 만큼 가격이 상승한다.

주택시장에서 주택 가격의 급등을 설명할 때는 종종 공급곡선이 수직선으로 그려진다. 수직선은 공급의 탄력성이 무한대로 비탄력적이라는 뜻이다. 머릿속에 2차원 그래프를 함께 생각하느라 좀 부담스러울 수 있지만, 절대로 복잡한 내용은 아니다. 비탄력적이라는 표현은 가격이 올라간다고 해서 더 많이 만드는 것이 어렵다는 얘기이고, 동시에 가격이 내려간다고 해서 갑자기 덜 만드는 것도 쉽지 않다는 얘기다. 수직선은 그런 비탄력적 성격이 극단화되어 가격이 변해도 공급량에는 변화가 없다는 뜻이다. 주택시장에서 이런 일이 일어난다고 가정할 수 있는 근거는 주택을 추가로 공급하겠다고 마음먹어도 최소 2~3년은 걸리는 공급 과정의 특수성 때문에 발생한다. 분석을 1~2년 정도 단기로 본다면 공급곡선은 수직선이 될 수 있다. 반면에 1~2년이라는 기간은 수요의 변화가 일어나기에 충분한 시간이다. 수요곡선 자체가 이동하기에 충분하다는 뜻이다.

이제 우하향하는 수요곡선과 수직으로 서 있는 공급곡선이 만나는 지점을 살펴보자. 우상향하는 모습으로 있던 공급곡선과 만나는 지점보다 훨씬 더 위쪽에서 교차점이 형성된다. 즉 더 높은 가격이 형성된다. 수요-공급의 법칙을 이용한 주택 가격 급등('상승'이 아니라 '급등'이라는 용어에 주의)은 이런 식으로 표현된다. 일견 논리적으로 보이지만 정말 그럴까? 가격이 형성되는 지점이 높은 것으로 보면 맞는 얘기처럼 들린다. 가격 형성 지점이 올라가는 과정에 대한 설명 또한 형식적인 논리 절차에는 어긋나지 않는다. 하지만 문제는 있다. 전제가 문제다.

관찰 기간을 1~2년으로 잡았을 때 공급은 고정이고, 수요는 변동한다는 전제에 문제가 있다. 1~2년의 기간에 공급은 고정적이라는 전제는 큰 무리가 없다. 문제는 수요가 변동한다는 데 있다. 수요가 변동할 수 있다는 것은 맞는 얘기지만, 수요가 반드시 변동하는 것은 아니다. 주택 가격 급등을 수요-공급 곡선으로 설명할 때는 이 지점에서 혼동이 생긴다.

구매자가 수요-공급의 법칙에 대해 전혀 모른다고 가정해 보자. 이 얘기는 수요-공급의 법칙에 따라 수요가 늘었지만, 공급량이 따라 늘면 가격이 올라가지 않는다는 것을 모른다는 의미다. 이럴 때 눈에 보이는 가격 상승은 단지 추세로만 보일 것이다. 오르고 있으니 더 오른다는 추세만이 눈에 보인다. 이렇다면 어차피 계속 오를 것이니 지금 사자라는 생각을 할 수 있다. 이런 순간에는 수요곡선이 오른쪽으로 이동한다.

그런데 초등학생도 수요-공급의 법칙을 안다. 당연히 구매자들이 수요-공급의 법칙을 알고 그것을 자신에게 유리하게 이용하려 할 것이다. 수요-공급의 법칙을 적용시켜서 보면 지금 가격이 상승하지만, 공급업자들이 돈을 더 벌 욕심에 공급을 늘릴 것이고 그러면 가격이 내려갈 것을 안다. 장기 수요를 비탄력적으로 보는 것은 구매자가 한 치 앞도 내다보지 못하는 단세포적 인간이어야만 가능하다.

하지만 결과론적으로 보면 가격이 오르고 있는 상황에서도 사기는 한다. 그런데 이것을 수요-공급 곡선으로 설명하는 것은 외관적으로는 맞는 말이지만, 내부적으로 작동하는 논리는 틀린 것이다. 말이 복잡해 보이니 간단한 사례를 들어보자. 태양을 중심으로 하는 행성들의 움직임을 설명할 때, 사람들의 눈에 보이는 것에 한정해 설명하면 지동설보다 천동설이 더 잘 맞는다. 수요-공급 곡선에 의존하는 설명은 천동설 같은 것이다.

눈에 보이는 행태만을 기준으로 예측하는 것이라면 천동설을 믿고 적용한다고 해서 큰일이 날 것이 없다. 마찬가지로 주택 가격의 상승을 설명하고자 한다면 수요-공급 곡선에 의존한 설명에 문제를 제기할 필요도 없다. 그런데 우리가 로켓을 타고 화성쯤 간다면 천동설의 한계가 분명히 드러난다. 천체의 움직임을 그저 보이는 것 이상으로 설명하는 지동설이 필요하다. 주택 가격 문제도 똑같다. 주택 가격 변동을 그저 설명만 한다면 수요-공급 곡선에 의존하면 충분하겠지만, 주택 가격 변동을 통제할 목적이라면 그렇지 않다. 천동설을 믿고 화성으로 가다 보면 엉뚱한 곳에 도착하는 것처럼 주택 가격 상승을 통제할 목적이라면 수요-공급 곡선에 의거한 설명만으로는 부족하다.

가격이 상승하면 수요곡선이 전체적으로 우측으로 이동하는 것이 아니라 수요를 미루므로 수요 자체가 발생하지 않는다. 수요-공급의 법칙을 아는 상태라면 상승한 가격이 곧 하락할 것임을 잘 알면서 왜 비싼 값을 주고 사겠는가? 때로 비싼 값을 주고라도 사야 하는 물건이 있기는 하다. 단기 소비재들이 그렇다. 시금치 값은 비싸도 사 먹을 수 있다. 시금치를 싸게 먹자고 두 달을 기다리는 것보다는 조금 비싸게 주고 사 먹는 게 좋다고 판단할 만하다. 주택은 아주 비싼 내구재다. 시금치와는 다르다.

(4) 공급 부족 상황에서 수요가 무한정하다는 전제의 오류

수요-공급 곡선에서 공급자에 의해 공급이 증가하는 과정을 살펴보자. 이를 위해 시장이 공급 부족에서 공급 과잉 상태로 이동하는 것을 설명하는 전제에 초점을 맞춰보자. 경제학은 이렇게 전제한다. 개별 공급업자는 특정 상황에서 시장수요를 무한정한 것으로 본다(김성태, 1999: 296). 공급업자들이 너도나도 물건을 만들어 팔면 머지않아 공급이 수요를 초과할 것임을 누구나 안다. 하지만 경제학에서는 공급업자들이 그것을 모른다고 전제한다. 어떻게 해서 그런 전제가 가능한 것인지, 혹은 현실적으로 일어날 수 있는 일인지에 대해서는 별다른 설명이 없다. 그냥 개별 공급업자는 현재 공급이 부족한 상태이니 물건을 만들면 만드는 대로 다 팔 수 있을 것으로 생각한다고 전제한다.

시장의 수요가 무한정하지는 않다는 것을 모를 수는 없다. 그런데도 일시적으로 공급 부족이 나타나는 특정한 시장 상황에서, 적어도 어느 한 공급업자의 공급 행위가 시장 전체의 수요를 잠식하는 일은 일어나지 않는다고 생각할 수 있으려면 두 가지 전제가 필요하다. 하나는 공급업자가 시장에 참여하는 수요자의 규모에 대해 몰라야 한다는 것이고, 또 하나는 시장에 참여하는 공급자의 규모에 대해 몰라야 한다. 이런 상황이라면 시장에 공급 부족 사태가 벌어졌을 때 공급 업자는 마치 공급 부족이 영원히 계속될 것처럼 생각해 주저 없이 공급량을 늘릴 수 있다. 하지만 있을 수 없는 일이다.

차라리 이런 해명이 더 나을 수 있다. 치킨 게임이라고 생각하는 것이다. 시장에서 공급 부족이 나타나면 공급업자들이 공급을 늘려 조만간 공급 부족 사태가 해결될 것임을 잘 안다. 공급업자들 중 누군가가 알아서 미리 생산량을 줄여준다면 좋겠지만, 그 누군가가 자신이 되는 것은 원치 않는다. 공급 부족이 해결되기 전까지 많이 팔수록 좋은 것이기에 그렇다. 누군가는 공급량을 줄여야 하지만, 자신은 줄이기 싫은 상황에서 모든 공급업자들이 치킨 게임을 벌이는 상황이다.

특정 국면에서 개별 공급자들이 공급량을 무한정으로 늘리는 것은 공급 부족을 야기하는 수요를 무한정한 것으로 생각하기에 그런 것이 아니라, 치킨 게임에서 탈락하지 않기 위해 그런 것이다. 공급업자들은 치킨 게임에서 비극적 결말을 보기 전에 공급량을 조절해야 한다고 생각한다. 이것이 바로 올라간 가격이 다시 내려가기 어려운 이유 중 하나다.

시뮬레이션을 통한 집값에서 보이는 수요-공급의 법칙의 이해

집값의 변화 추이를 일정 기간 이상 장기적으로 바라보면 경제학에서 말하는 수요-공급의 법칙이 전혀 들어맞지 않는다는 것을 알 수 있다. 이에 대해 앞에서 논의했다. 그러니 집값의 변동을 수요-공급의 법칙으로 이해하려면 뭔가 더 필요하다. 그냥 경제학에서 말하는 전통적인 수요-공급의 법칙만 가지고는 부족하다.

경제학에서 말하는 전통적인 수요-공급의 법칙은 시금치같이 소비와 공급이 단기간에 반복되는 물건에는 잘 들어맞는다. 먼저 수요 측면에서 시금치에 대한 수요가 주택과 같은 내구적 소비재에 대한 수요와 어떻게 다른지 살펴보자. 첫째, 시금치는 평생 수백 번 사 먹는다. 주택은 평생 잘해야 두세 번 산다. 둘째, 시금치는 값이 별로 비싸지 않다. 설령 단기간에 값이 2배로 비싸진다 해도 시금치를 아주 좋아하는 사람이라면 그런 비싼 가격을 주고라도 사 먹을 수 있다. 조금만 기다리면 시금치 값이 떨어질 것이라는 것을 잘 알고 있지만, 시금치 2배 가격이라는 것은 다른 소비에 비하면 매우 미미한 것이어서 그냥 그 2배의 값을 지불하고 필요할 때 즐기는 것을 선호할 수 있다. 집은 그렇지 않다. 단기간에 집값이 2배로 오를 경우, 추후 좀 더 기다리면 집값이 떨어질 것을 안다면 누구라도 집을 사지 않는다.

이제 공급 측면에서 시금치가 어떻게 다른지 살펴보자. 첫째, 시금치는 1년에 여러 번 수확한다. 따라서 특정 기간의 날씨에 따라 공급량이 들쭉날쭉할 수 있다. 여름철에는 노지 재배 시금치가 많이 출하되므로 공급량이 늘어날 수 있고, 겨울철에는 추운 날씨에 난방용 연료비가 비쌀 때라면 공급량이 줄어들 수 있다.

집은 다르다. 시금치처럼 공급량이 들쭉날쭉하지 않다. 주택에 대한 수요는 서서히 증가하고 또한 서서히 감소한다는 것을 알고 있기에 공급자들은 시장의 수요를 예측하면서 공급량을 조절할 수 있다.

둘째, 시금치 공급량은 작황에 따라 영향을 받는데, 이 작황이라는 것은 인위적으로 조절하기 어려운 부분이다. 여름철 호조건과 겨울철 악조건을 인위적으로 조절할 수 없다. 반면, 주택 공급은 인위적으로 조절이 가능하다. 아니 오히려 주택 공급량은 대부분 인위적으로 조절된다고 보아야 한다. 이 얘기는 설령 주택시장에서 공급 부족이 나타나도 곧 공급량을 늘릴 수 있다는 얘기이고, 반대로 공급량이 너무 많다면 줄일 수도 있다는 얘기다.

이제부터 시금치를 소비하는 행태와 시금치가 공급되는 방식을 고려하여 수요-공급의 변화와 그에 따른 가격의 변동을 시뮬레이션해 보자.[20]

시뮬레이션의 전제는 다음과 같다.

시뮬레이션의 초기 조건은 ① 기준 가격은 5000, ② 시장 참여자는 공급자 40~60%, 수요자 60~40% 사이에서 공급자와 수요자의 합이 100%가 되도록 무작위로 구성, ③ 초기 가격은 5000 ± 2.5%로 무작위로 설정한다.

정상적 거래 조건(예를 들어 시금치 거래)은 ① 총 20회 매매 시도, ② 매회 수요자 수 / 공급자 수 비율로 가격을 인상 혹은 인하, ③ 초기 3회 안에 거래가 성사되면 다음 주기에서 수요자는 가격을 인하하고, 공급자는 가격을 인상한다(얼마에 사겠다고 했더니 작자가 금방 나선 사례다. 이런 경우 보통 수요자는 내가 너무 높은 금액을 불렀나 싶어 후회하고, 공급자는 너무 낮은 가격을 부른 것 아닌가라고 후회한다. 이런 후회는 다음 거래에 영향을 미쳐 수요자는 가격을 낮춰 부르고, 공급자는 가격을 높여 부를 것이다). 4회 이후 거래가 성사되면 다음 주기에도 같은 가격으로 거래를 시작한다.

가수요적 거래 조건(예를 들어 주택 거래)은 가수요 특성을 반영해서 ① 총 20회 매매 시도, ② 매회 수요자 수 / 공급자 수 비율로 가격을 인상 혹은 인하, ③ 초기 3회 안에 거래가 성사되면 다음 주기에서 수요자는 가격을 인상하고(가격 상승기에 가수요자는 비싸지면 더 산다는 구매 행태를 반영), 공급자도 가격을 인상, 4회 이후 거래가 성사되면 다음 주기에서도 같은 가격으로 거래 시작, ④ 공급자는 초기 설정 가격보다 낮은 가격으로는 판매하지 않는 것으로(공급자는 가격이 하락하면 재고를 유지한다) 한다.

정상적인 거래 조건하의 시뮬레이션 결과는 〈그림 6-11〉과 같다. 초기

---

20 파이썬(Python)을 이용하여 시뮬레이션 코드를 작성했다.

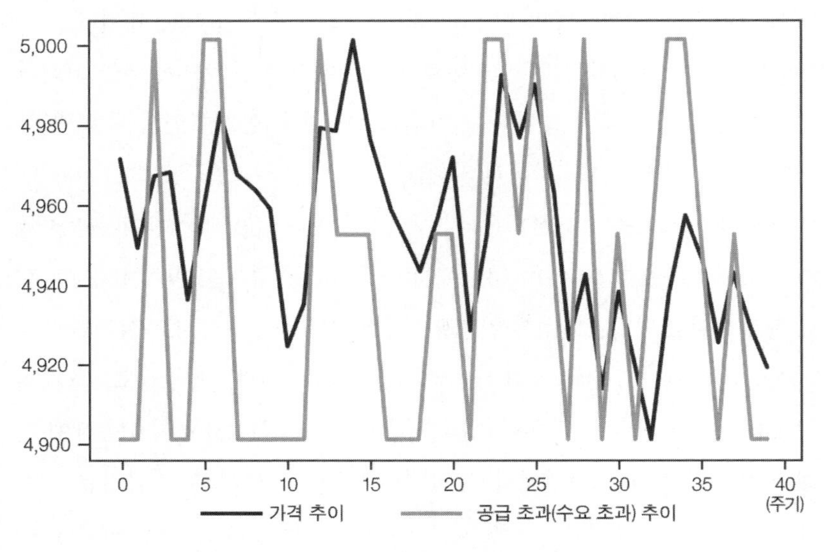

〈그림 6-11〉 전형적인 수요-공급의 법칙 사례

시금치 값 5000을 기준으로 등락을 반복되는 추세를 보인다. 시금치 가격 변동 곡선을 공급 대비 수요량 변화와 겹쳐서 보면 시금치 가격은 공급 부족에 의해서(옅은 회색 선의 정점이 상단에 있으면 수요가 공급을 초과, 하단에 있으면 공급이 수요를 초과하는 것을 의미한다) 영향받는다는 것을 분명하게 확인할 수 있다. 수요량에 비해서 공급량이 부족할 때, 시금치 가격은 상승한다. 또한 수요량 대비 공급의 부족한 정도가 크면 클수록 가격 상승이 크게 일어나는 것도 확인할 수 있다. 경제학에서 말하는 수요-공급의 법칙의 전형이 나타난다.

앞서 말했듯이 내구적 소비재인 (그리고 돈을 벌어주는 자본재이기도 한) 주택 구매 행위는 단기 소비재와 구매 및 판매 행태가 다르게 나타난다. 두 가지가 특히 다르다. 첫째, 주택 판매자는 어지간해서는 시세보다 싼 가격에 판매하지 않는다. 이 말을 좀 더 구체적으로 설명하자면 5억 원에 팔던 집을 4억 원으로 낮춰서 팔지는 않는다는 얘기다. 주택 판매자들이 이렇게 하는 이유는 이미 언급한 바 있지만, 다시 한번 요약하자면 이렇다. 첫째, 주택을 보유한 사람들이 집을 팔 때는 시세가 좋을 때이다. 산 가격보다 낮은 가격으로는 주택을 시장에 내놓지 않는다. 물론 이런 경우가 전혀 없는 것은 아니다. 산 가격보다 낮은 가격으로 주택을 파는 것은 대개 대출을 받아 무리하게 집을 샀을 경우다. 대출이자가 증가하는 상황이 닥쳤을 때 이자를 감당할 수 없는 경우에만 산 가격보다 낮은 가격으로 판매한다. 이런 일이 전혀 없는 것은 아니지만 그런 비율은 주택시장의 전체 거래 규모에 비하면 미미하다. 이런 식의 거래 규모가 거래 분위기에 영향을 주어 주택 가격 하락을 초래할 가능성이 아예 없는 것도 아니지만, 전체 거래에서 차지하는 이와 같은 거래 금액 규모로는 주택 가격 하락에 영향을 미치기는 어렵다. 둘째, 주택을 공급하는 건설업자들은 구조적인 이유로 낮은 가격으로 팔 수가 없다. 분양하던 중에 집이 안 팔린다고 해서 집값을 낮추어 팔 수 없다. 팔리지 않은 집을 낮추어서라도 팔고자 하면 이전에 판 집들의 값도 낮춰주어야 하기 때문이다.

두 번째로 다른 점은, 주택시장에서는 가격이 오르면 더 사는 현상이 종종 목격된다. 흔히 말하는 가수요 시장이다. 이 시장에서는 가격이 오르면 가격이 내릴 때까지 기다리는 것이 아니라 비싼 가격에도 산다. 흔히 추격 매수라고 하는 현상이다. 주택 가격 상승 시기를 여러 번 맞이하면서 학습된 결과다. 오른 주택 가격은 쉽사리 내리지 않을 것이라는 점을 확신한다. 흔히 얘기하는 부동산 불패 신화다. 부동산 불패 신화가 깨질 수 있다고 말하지만, 적어도 우리나라 시장에서 그런 적은 거의 없다. 일부 특정 시기와 특정한 지역에서 가격 하락이 있었던 것도 사실이지만, 주택시장 전체를 보거나 또는 조금만 더 장기적으로 보자면 집값이 떨어진 적은 없다. 이는 샌프란시스코 연방준비은행의 연구 결과에서 볼 수 있듯이 1875~2015 기

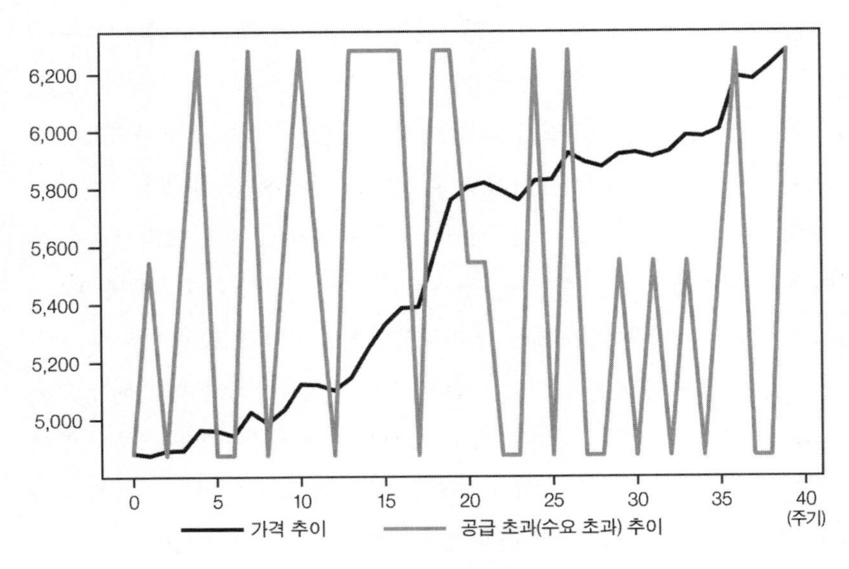

〈그림 6-12〉 시세보다 싸게는 팔지 않을 때 나타나는 우상향 곡선

간 동안 140년에 걸쳐 연평균 7%의 수익이 난 것으로 확인된다(Jordà et al., 2017). 장기적으로 보았을 때 주택 가격은 하락하지 않고 지속적으로 상승하는 추세는 우리나라에서도 확인된다. 서울 아파트 주택매매가격지수 기준 가격 하락이 가장 오래 지속된 기간은 2011년 5월부터 2013년 9월까지 29개월(2년 5개월)이었다[한국은행 경제통계시스템, "주택매매가격지수(서울, 아파트)"]. 이는 달리 표현하자면 3년 이상 보유하면 명목 가격상 하락은 없었다는 말이다.

지금까지 얘기한 두 가지 차이점을 시뮬레이션에 반영해 보자. 우선 첫 번째 요인, 시세보다 싼 가격에는 팔지 않는다는 특징을 고려해 보자. 시뮬레이션 결과는 〈그림 6-12〉과 같다. 주택 가격은 하락하지 않고 지속적인 우상향 추세를 보인다.

두 번째 요인은 가격이 올라도 기다리지 않고 사는 특징, 다시 말해 비싸

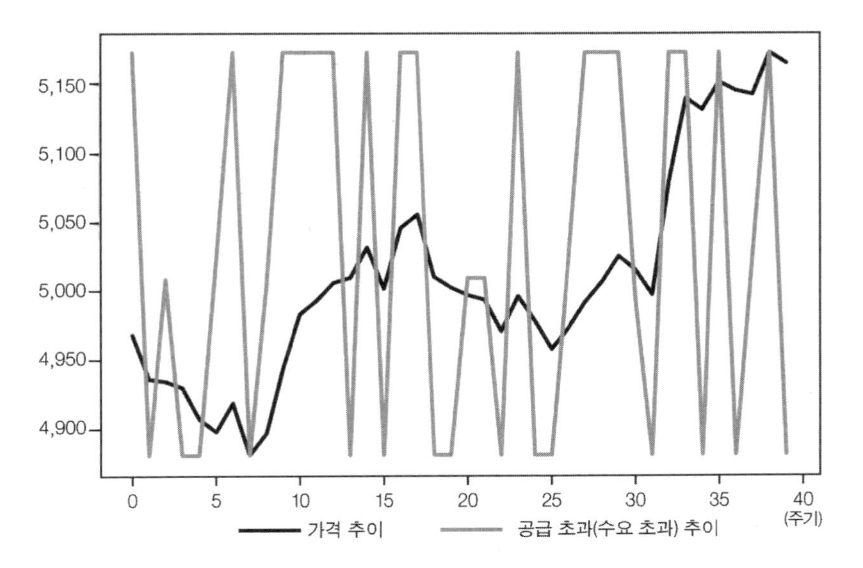

〈그림 6-13〉 비싸면 더 살 때 나타나는 우상향 곡선

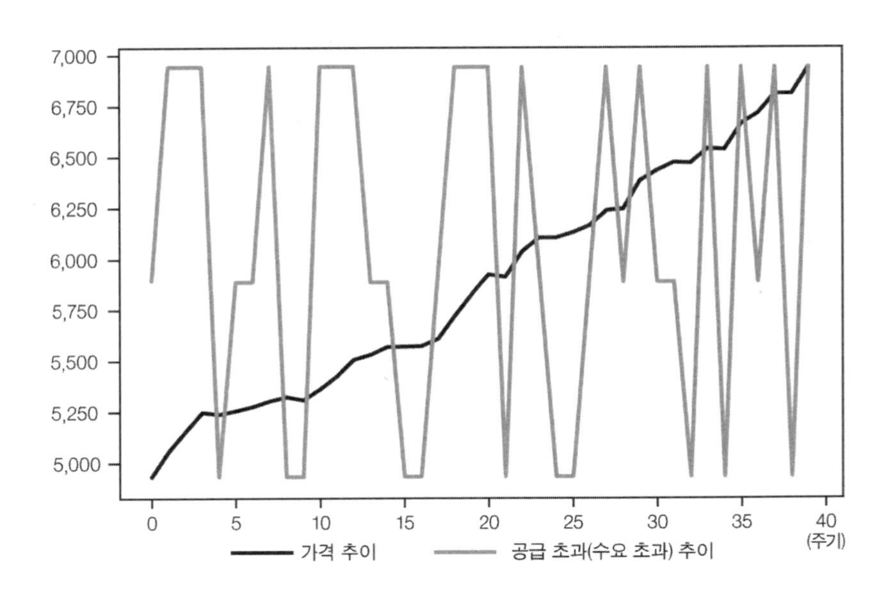

〈그림 6-14〉 시세보다 싸게 팔지 않고, 비싸면 더 살 때 나타나는 우상향 곡선

면 더 산다는 특징을 고려해 보자. 시뮬레이션 결과는 〈그림 6-13〉와 같다. 첫 번째 요인을 반영했을 때와 마찬가지로 지속적인 우상향 추세를 보인다.

이제는 첫 번째 특징과 두 번째 특징을 동시에 고려해 보자. 시뮬레이션 결과는 〈그림 6-14〉과 같이 우상향 추세의 강화를 보여준다. 우상향 추세 강화는 구체적으로 보면 두 가지 특징으로 나타난다. 하나는 가격 상승 폭이 크다는 것이고, 다른 하나는 일시적인 가격 하락 없이(부분적인 피크 없이) 지속적인 상승 추세를 보인다는 점이다.

시뮬레이션을 통해서 알 수 있는 것은 경제학에서 말하는 수요-공급의 법칙이 잘 들어맞는 것은 시금치와 같은 저렴한 단기 소비재인 경우다. 고가이면서 장기적인 내구재라는 주택의 특징을 감안해 시뮬레이션을 해보면 주택 가격은 특정 가격을 중심으로 오르고 내리기를 반복하기보다는 지속적으로 상승하는 경향이 있음을 확실히 알 수 있다.

결론

수요-공급의 법칙은 100년도 더 전에 앨프레드 마셜(Alfred Marshall)에 의해 정립되었다. 이 법칙은 물리적 세계에 적용되는 법칙이 아니라 인간 사회에 작용하는 힘들에 관한 법칙이다. 물리적 세계에 적용되는 법칙조차도 항상 도전을 받는다. 뉴턴의 운동 법칙은 아인슈타인의 도전을 받아 법칙의 의미가 축소되었다. 아인슈타인의 중력 법칙은 양자역학의 도전을 받아 중력 법칙이 지배하는 세상의 일부를 떼어줘야 했다. 물리적 세계의 법칙조차도 영구불변하지는 않다. 하물며 인간 세상에서 인간의 변덕을 끼워 넣은 상태에서 발생하는 규칙에 대해 논하는 법칙이라면 더 할 것 같지 않은가?

마셜이 정립한 수요-공급의 법칙도 무수한 도전을 받았다. 초등학교 교과서 수준에서는 다루지 않지만, 마셜의 법칙도 정비의 필요성을 절대적으로 부인할 수 있을 정도로 정교하고 견고한 법칙은 아니었다. 마셜 이후의 경제학은 수요-공급의 법칙이 적용되는 조건을 좀 더 정교하게 하는 방식으로 도전에 대응해 왔다. 뉴턴의 운동 법칙이 그랬고, 아인슈타인의 중력 법칙이 그랬던 것처럼 말이다.

수요-공급의 법칙이 제한되는 조건들이 목록에 추가되었다. 예를 들면 기펜재, 위풍재 같은 것들 또한 일반적인 수요-공급의 법칙과는 반대로 움직인다. 가수요라는 것도 고려해야 한다. 가수요는 미래 가격 상승을 예견하는 경우 가격이 오르면 더 사는 양상을 설명하기 위해 도입됐다. 여기까지는 수요 측면에서 봤을 때 수요-공급의 법칙의 예외이고, 공급 측면에서 봤을 때도 그런 일이 생겨난다. 대표적인 것이 노동이다. 임금이 일정 수준 이상 오르면 노동 공급은 오히려 줄어든다. 골동품같이 공급이 제한되는 물건도 마찬가지다.

수요-공급의 법칙에 예외가 되는 조건들의 목록이 늘어났지만, 이것들을 한데 묶으면 완전시장경쟁의 존재 여부로 요약된다. 완전경쟁시장이 수요-공급의 법칙의 절대적인 전제 조건이다.

주택시장은 공급이 한정적일 수밖에 없다는 측면에서 보면 골동품 같은 성격이 있다. 큰 집을 사서 과시하고 싶은 마음이 누구에게나 있다는 것을 생각하면 위풍재이기도 하다. 주택 종류가 다양하다 보니 일부 주택에서는 기펜재 현상이 나타나기도 한다. 주택시장에 더 잘 들어맞는 것은 가수요적 성격이다. 비싸지면 더 산다는 가수요적 성격이 주택시장에서는 분명히 드러난다. 어느 모로 보나 주택시장은 완전경쟁시장이 아니다. 초등학생도 알 수 있는 수요-공급의 법칙의 전제 조건이 유독 주택시장에서는 철저히 무시된다.

07

인플레이션

이 장에서 얘기해야 하는 것은 인플레이션이 집값에 어떤 영향을 미치는가이다. 결론부터 간략히 얘기해 보자. 인플레이션이 시작되면 다른 어떤 재화보다도 집값이 가장 먼저, 그리고 가장 큰 폭으로 상승한다. 인플레이션 시기의 집값은 6장(시장)에서 살펴본 바와 같이 상승 국면에서만 작동하는 수요-공급의 법칙에 따라 상승하고, 다시 하락하지 않는다. 인플레이션에 의한 가격 상승이 무서운 것은 미래에도 인플레이션은 주기적으로 계속될 것이기 때문이다.

인플레이션이란 무엇인가

인플레이션은 '물가상승'이라는 표현으로 사용하기도 하는데, 한 국가의 재화와 용역 가격 등의 전반적인 물가가 지속적으로 상승하는 경제 상태를 말한다. 결과적으로는 물가상승이라는 양상으로 드러나지만 속내를 살펴보면 다양한 원인이 존재한다. 발생 원인에 따라 나누어보면 인플레이션은 세 가지 정도로 나뉜다. 첫 번째는 수요 견인 인플레이션, 두 번째는 비용 상승 인플레이션, 세 번째는 통화 인플레이션이다.

첫 번째 수요 견인 인플레이션은 수요가 많아져서 가격이 올라간 경우다. 대개 공급은 수요를 뒤따라가게 되어 있다. 제품을 시장에 내놓아 보고 잘 팔리면 생산량을 더 늘리는 식이다. 기업들은 잘 팔려서 생산량을 늘리기 전에 가격을 올린다. 가격을 올려도 수요가 계속되면 높은 가격으로 적게 파는 것이 유리한지, 혹은 생산량을 늘려서 가격을 낮추는 것이 더 큰 이윤을 남길 수 있는 것인지를 계산해 생산량을 결정한다. 단기적으로는 가격을 올려서 이윤을 극대화하는 것이 유리할 수 있지만, 장기적으로 대체로 생산량을 늘리고 가격은 그대로 가져가는 것이 유리하다.

상품이 시장에 나와서 잘 팔리기 시작하면서 나타나는 가격 상승이 수요 견인 인플레이션이다. 이미 설명한 바와 같이 수요 견인 인플레이션은 대개는 생산량 증가로 해소된다. 다시 말해 수요 견인 인플레이션은 일시적인 것이 대부분이다.

주택시장에서 나타나는 수요 견인 인플레이션의 대표적인 사례는 노태우 정부에서 있었다. 인구가 증가하고 경제성장이 지속되면서 집을 구매할 만한 경제력을 갖춘 사람들이 많아지면서 수요가 늘어났다. 이에 따라 가격도 올랐다. 노태우 정부에서 나타난 수요 견인 인플레이션은 통상적인 경제학 이론에 따라 공급량을 늘리면서 진정되었다.

두 번째 비용 상승 인플레이션은 상품을 만드는 비용이 증가해 발생하는 가격 상승이다. 상품을 만드는 요소에는 크게 보면 두 가지가 있다. 하나는 원자재이고, 다른 하나는 노동력이다. 원자재 가격이 상승하거나 임금이 상승하면 이에 따라 상품 가격은 상승할 수밖에 없다. 원자재 가격 상승으로 인한 인플레이션의 대표적인 사례는 중동 오일 쇼크다. 중동의 원유 생산국가들이 담합해 원유 가격을 올리자 전 세계는 인플레이션을 맞았다.

상품을 생산하기 위해 사용하는 노동력의 가격, 즉 임금도 상품 가격을 올리는 원인이 된다. 하지만 임금이 올라서 상품 가격이 상승한다기보다는 상품 가격이 먼저 오르고, 그에 보조를 맞춰 임금이 오르는 경우가 대부분이다.[1]

주택을 생산하기 위한 비용 요소로 중요한 것은 토지와 건자재, 임금이다. 임금은 다른 생산 단위에서와 마찬가지로 인플레이션에 후행하는 것이지, 임금이 먼저 올라서 주택 가격이 상승하는 일은 거의 일어나지 않는다.

건자재의 주요 요소는 시멘트, 골재, 철강이다. 우리나라는 시멘트가 매우 풍부한 편이다. 시멘트 부족으로 주택 생산비가 증가하는 일은 일어나지 않았다. 강이나 하천에서 퍼내던 골재가 거의 소진되어 부족한 적이 있었고, 그에 따라 가격이 일시적으로 상승하기도 했다. 하지만 바다 모래를 골재로 사용하기 시작하면서 부족 현상이 되풀이되는 일은 없었다.[2]

필요한 철강을 생산하는 데는 두 가지 방법이 있다. 하나는 철광석에서 철강을 뽑아내는 방법이다. 다른 하나는 고철을 사용하는 방법이다. 고철 발생은 어느 정도 일정해서 개략적인 미래 생산량 예측이 가능하다. 즉 원자재 수급과 관련해 변동이 크지 않다는 얘기다. 하지만 철광석은 대부분 수입에 의존하기 때문에, 시기적으로 원활한 수급이 불가능할 때가 있다. 때로 철강 자재 부족이 자재 가격 상승으로 이어지기도 하지만, 건물 가격에 미치는 영향은 그리 크지 않다. 철광석 매장량이 미래를 심각하게 걱정

1 김기화는 물가가 오르면, 즉 물가 충격은 노동 비용에 영향을 미친 반면, 노동 비용은 장단기 물가 변동의 원인이 되지 못했다는 분석 결과를 제시한다(김기화, 2000: 235~266).

2 바다 모래를 골재로 사용하지 않았던 데는 이유가 있다. 바다 모래에는 염분이 섞여 있어서 콘크리트를 만들면 철근을 쉽게 부식시켰다. 이런 이유로 바다 모래를 골재로 사용하지 않았지만, 강이나 하천에서 얻을 수 있는 골재가 부족해지자 바다 모래를 사용하기 시작했다. 바다 모래를 사용할 때는 노천에 야적한 상태로 담수를 뿌려 소금기를 빼내는 과정을 거친다.

해야 하는 정도가 아니어서 그렇기도 하고, 한편으로 철강은 소모품이 아니라 재활용이 가능한 원자재이기 때문이다.

주택 생산 요소 중에서 가장 큰 비중을 차지하는 것은 토지다. 토지 비용은 전체 비용 중 3분의 1 내지 2분의 1을 차지한다. 비중으로 볼 때도 중요하다는 것을 부인할 수 없다. 또 다른 측면은 토지가 한정적이라는 것이다. 토지는 재생산이 불가능하다. 토지의 재활용 또한 매우 제한적이다. 재개발·재건축 방식으로 공급될 수 있는 토지는 한도가 일정 정도 정해져 있다.

건물 생산에 사용되는 생산 요소 중에서 토지를 제외한 대부분은 다른 경제 분야에서 발생한 인플레이션의 영향으로 가격이 상승한다. 건자재나 임금이 먼저 상승해 인플레이션을 촉발하는 경우는 거의 없다. 반면 토지는 다르다. 다른 경제 분야에서 발생한 인플레이션에 의해 토지 가격 상승이 유발되기도 하지만, 다른 경제 분야에서의 인플레이션에 의한 것이 아니라 자체로 가격 상승이 발생하기도 한다. 사용 가능한 토지가 점점 줄어들기 때문에 이런 현상이 발생한다.

토지는 얼마든지 있다. 그냥 토지라면 무한정이라고 할 수도 있다. 하지만 사람들이 모여서 살 만한 도시 내 토지는 매우 제한적이다. 도시 내에서 집을 지을 수 있는 땅이 점점 줄어들면서 다른 상품들의 가격 변동과 무관하게 가격 상승이 발생한다. 부지가 희소해지면서 가격이 상승하는 일은 우리나라 대도시권에서 항상 일어난다.

인플레이션이 발생하는 세 번째 이유로 지목되는 것은 통화량 증가다. 이 세상에서 유통되는 재화의 양은 통화량과 짝이 맞아야 한다. 이 세상에 한 종류의 재화가 100개만 있다고 가정해 보자. 그리고 통화(화폐)는 1000원이 있다고 가정해 보자. 재화 하나당 화폐 10원이 배당된다. 그러면 재화 하나의 가격은 10원이다. 이제 재화의 수량은 변함이 없는데, 화폐가 1000원이 더 늘어나서 2000원이 되었다고 해보자. 화폐와 재화의 짝을 맞줘보면 재화 하나당 20원이 배당된다. 이제 재화 하나의 가격은 20원이 된다. 가격이 올랐다. 즉 인플레이션이 발생한 것이다. 이런 비유가 너무 단순하고 유치해 보인다면 좀 더 그럴듯하게 바꿔 써볼 수 있다.

어빙 피셔(Irving Fisher)의 화폐수량방정식 MV = PY이다. M은 통화량이고, V는 통화 유통 속도, P는 물가 수준, Y는 총재화량이다. 화폐의 적정 수량을 결정하는 수식이다. 이때 V와 Y는 고정으로 놓는다. 화폐의 유통 속도는 해당 시기의 사회적·경제적 제도에 의해 결정되는 것이고, 이런 제도는 쉽사리 변하지 않는다. 그래서 고정값으로 계산해도 문제가 없다. 재화의 총량 또한 단기간에 크게 변하지 않는다. 그래서 고정으로 놓는다. V와 Y를 고정으로 놓으면 M ≃ P가 된다.[3] M ≃ P는 M과 P가 짝을 맞춘다는 뜻이다. M이 늘어나면 P가 늘어난다. P가 늘어난다는 것은 또한 M이 늘어난다는 것을 말한다.[4]

인플레이션이라고 얘기하면 대개는 이 세 번째를 의미한다. 첫 번째 수요 견인 인플레이션이나 두 번째 비용 상승 인플레이션은 대체로 일시적인 것이고, 장기적으로는 또 다른 균형점을 찾을 것이기 때문이다. 그런데 이 세 번째는 일시적인 것이 아니기에 문제가 된다.

문제를 심각하게 만드는 요인이 한 가지 더 있다. 첫 번째, 두 번째 인플레이션은 모든 재화의 물가를 동등하게 상승시킨다. 수요 견인 인플레이션은 특정 물품에 대한 수요가 먼저 증가해서 그 가격이 상승하면 그것과 연관된 제품의 가격이 동반 상승하는 방식이다. 비용 상승 인플레이션에 대해 말하자면, A라는 중간재 가격이 상승하면 이것을 사용해야 하는 B라

3 '≃' 기호는 '대략 비슷하다'는 뜻이다.

4 워낙 잘 알려진 공식이지만, 저명한 경제학자의 설명을 읽어보는 것도 의미가 있을 것 같다(프리드만, 2009: 60~62).

는 완성품의 가격이 상승하고, B를 사서 생활해야 하는 C라는 사람의 임금이 상승하는 식이다.

세 번째 인플레이션은 물품 가격 사이의 비율을 변화시킨다. 특정 물품의 가격은 다른 물품들에 비해 더 오르고, 이와 다르게 또 다른 특정 물품들은 덜 오르는 일이 벌어진다. 이것이 문제가 되는 것은 어떤 특정 계층이 보유하는 물품의 가격은 더 오르고, 또 다른 어떤 특정 계층이 보유한 물품 가격은 상대적으로 덜 오르기 때문이다. 전체 재화 중에서 특정 재화의 비율로 볼 때, 부유한 계층이 부유하지 않은 계층에 비해 상대적으로 많이 가지고 있는 재화는 자산이다. 반면 부유하지 않는 계층이 부유층에 비해 많이 가지고 있는 재화는 노동력이다. 통화량 증가에 따른 인플레이션은 노동의 가치에 비해 자산의 가치를 더 많이, 그리고 더 빨리 상승시킨다. 결과적으로 빈부격차가 심화된다.

세 번째 인플레이션은 주택의 가치 혹은 가격에 아주 큰 영향을 미친다. M ≃ P의 관계에서 통화량이 늘어나면 물가, 즉 주택 가격이 오른다. 장기적으로 볼 때 MV = PY의 관계에서 Y는 고정불변이 아니다. Y는 늘어날 수도 있고, 줄어들 수도 있다. Y가 늘어나면 M이 늘어나도 P는 증가하지 않는다. 시중에 공급되는 통화량이 늘어나도 주택 공급량이 늘어나면 주택 가격이 상승하지 않는다는 얘기다. 이런 이론이 주택 가격 상승이 나타날 때마다 공급이 부족해서 그렇다, 공급이 있으면 주택 가격 상승은 일어나지 않는다고 주장하는 사람들의 논리적 근거가 된다. 수식이 맞는다고 보면, 그리고 Y를 필요한 만큼 증가시킬 수 있다고 보면 맞는 말처럼 보인다. 하지만 여기에는 두 가지 함정이 있다.

첫 번째 함정은 거래가 지속적으로 일어나는 재화인 경우에만 통화량과 상호 관계한다는 데 있다. 해당 재화의 거래가 지속되면서 그 거래를 위해 화폐가 지속적으로 사용되는 경우에만 그 재화는 통화량을 흡수할 수 있다. 생수와 부동산을 비교하면 그 차이를 쉽게 알 수 있다. 생수는 화폐로 구매해 소비하고, 또다시 구매해 소비하는 과정이 이어진다. 생수라는 재화에 붙들린 화폐는 다른 곳으로 가지 못한다.

부동산과 같은 자산 거래는 다르다. 신규 부동산이 시장에 처음 진입할 때는(예를 들자면 아파트 신규 분양) 통화가 거래에 사용되면서 통화량 증가가 물가상승으로 이어지지 않는다. 그러나 부동산과 같은 자산 거래는 통상 수년에 한 번 일어날까 말까 할 정도의 빈도로 일어난다. 이는 상당 기간 거래되지 않는 재화가 되는 셈인데, 이런 경우라면 아예 Y에서 제외되면서 물가를 하락시키는 데 아무런 역할도 하지 못한다.

두 번째 함정은 Y를 필요한 만큼 증가시키는 것은 불가능하다는 데 있다. Y를 늘리는 공급에 필요한 토지가 한정적이기 때문이다. 토지가 한정적이라는 것은, Y를 필요한 만큼 늘리는 것은 불가능하다는 얘기이고, 그렇다면 통화량이 증가하면 주택 가격은 불가피하게 상승할 수밖에 없다는 얘기다. '통화량을 안 늘리면 되겠네'라고 생각할 수 있다. 도대체 통화량은 왜 늘어나는가? 이제부터 인플레이션의 주된 원인, 어찌 보면 유일한 원인이라고 할 수 있는 통화량 증가는 왜 일어나는지를 알아보자.

통화량의 증가와 인플레이션의 발생

통화량은 자연적으로 늘어나는 것이 아니다. 전적으로 의도적이다. 통화는 통화를 발행할 수 있는 권한을 독점하는 한국은행만이 증가시킬 수 있다. 이 말은 한국은행이 의도적으로 통화량을 늘리지만 않는다면 통화가 늘어날 일도 없다는 뜻이다. 물론 한국은행이 직접 시중에 통화를 공급하는 것은 아니다. 한국은행과 시중 사이에는 정부, 외환, 일반은행이라는 중간 경로가 있다. 정부 경로는 정부가 재정 정책을 실행하는 데 필요한 재원을 한국은행이 공급하는 방식이다. 당연히 한국은행이 공짜로 정부에 통화를 제공하지는 않는다. 정부는 국채를 발행하고 그것을 한국은행이 매입하는 방식으로 제공된다. 정부 재정이 흑자인 경우 정부는 한국은행에서 채권을 다시 사들일 수 있고, 이런 방식으로 시중의 통화량이 줄어들 수도 있다. 외환 경로는 기업들이 해외에 재화를 판매하고 받은 외화를 한국 화폐로 교환하는 과정이다. 일반은행 경로는 한국은행이 일반은행에 대출한 통화가 은행의 신용 창조에 의해 통화량이 증가하는 경우다.

이 세 가지 경로 중에서 외환은 불가피한 측면이 있고, 일반은행을 통하는 경로는 이자율을 수단으로 통화량 조정이 가능하다. 반면 정부 경로로 공급된 통화량은 회수가 매우 어렵다. 이런 이유로 통화량 증가에 의한 인플레이션의 주요한 책임은 정부에 있다고 볼 수 있다. 정부는 인플레이션 우려가 있는데도 통화량을 늘릴 수밖에 없는 나름의 사정이 있다. 경기부양과 완전고용을 위해서다.[5]

경기가 좋다는 것은 국가 전체적으로 돈이 잘 돌아가고 있다는 뜻이다. 예전과 비교해서 조금이라도 돈이 더 수중에 들어오는 것 같고, 그 돈으로 뭔가를 더 구매해 소비할 때 사람들은 경기가 좋다고 느낀다. 여기서 중요한 것은 경기가 잘 돌아간다고 생각했던 예전과 동일한 수준으로 돈이 수중에 들어오고 소비를 할 수 있어도, 이때는 경기가 좋다고 생각하지 않는다는 점이다. 경기가 좋다는 것은 경제 규모가 점점 커가는 상태여야만 한다.

시중에 돈이 잘 돌아서 개인의 수중에 돈이 더 들어오고, 그 돈을 더 소비하게 되면 생산자는 생산량을 늘리게 된다. 공급자가 생산량을 늘리는 정도

5 정부가 과도한 화폐 발행을 강행하는 이유에 대해 밀턴 프리드만은 첫째, 정부 지출의 급격한 증가, 둘째, 정부의 완전 고용 정책, 셋째, 연준의 잘못된 정책을 지적했다. 이 세 가지도 따지고 보면 결국 경기부양과 완전고용을 목표로 하는 정부 정책으로 귀결된다(프리드만, 2009: 228~243).

가 딱 소비자들이 소비할 만큼이면 좋을 텐데, 생산자는 그걸 딱 맞추지 못한다. 언제나 일정 시점이 지난 이후에는 소비하는 양보다 더 많은 양이 공급되고 재고가 쌓인다. 일견 어리석어 보인다. 경기가 좋다고 생산량을 늘리다 보면 더는 팔리지 않아 재고가 쌓이는 일을 한두 번 겪어보는 것도 아닌데, 줄곧 그런 일을 되풀이하고 있으니 말이다.

경제학에서는 이런 바보 같아 보이는 행위를 수요-공급 곡선으로 설명한다. 수요-공급 곡선에서 개인 공급자는 수요가 무한하다는 전제하에 생산한다. 그런데 공급자 각자의 생산량이 모이다 보면 공급 과잉이 발생한다고 설명한다. 그럴듯하기도 하고, 아닌 것 같기도 하다. 그럴듯해 보이는 것은 공급자 개인 입장에서 볼 때, 나 하나 생산을 늘리는 것이 시장 전체에 무슨 영향을 미칠 수 있을 거라고 생각하면 그럴 것 같다는 생각도 들기 때문이다. 이럴 때 비유를 들어보면 공감이 쉽게 된다. 해양오염에 대해 걱정하지만 나 하나 쓰레기를 더 버린다고 바다가 오염될 것 같지는 않다. 누군가 큰 악당이 따로 있어서 그 악당이 막대한 양의 쓰레기를 버려 그렇게 된다고 생각한다. 도저히 내가 매일 한 봉지 정도 버리는 쓰레기양으로는 해양오염이 불가능해 보이기 때문이다. 그러나 사실 내가 버린 한 봉지, 한 봉지가 모여 거대한 해양을 오염시킨다.

그럴듯해 보이지 않는 이유를 다시 해양오염 사례를 들어 효과적으로 설명할 수 있다. 나 하나가 버리는 쓰레기 봉지가 모이면 거대한 해양오염도 가능해지는 것을 일단 한번 경험하고 나면 쓰레기를 줄이려고 노력한다. 공급업자 개인이 조금씩 늘려 과잉이 되고 재고가 쌓이고 경기가 불황 국면을 맞게 된다는 것을 일단 한번 경험하고 나면, 수요가 무한정하다고 보고 생산량을 늘리는 것이 어리석다는 것을 더 이상 모를 수 없다.

각 개인 생산자가 조금씩 늘린 공급량이 모여 과잉으로 이어지고, 재고가 쌓이고, 불황으로 이어지는 사태는 차라리 게임이론으로 설명하는 것이 더 효과적이다. 두 명의 생산자가 있다고 가정하자. 불황기를 맞이해 개별 생산자는 생산을 늘릴 수도 있고, 그러지 않을 수도 있다. 경우의 수는 세 가지다. 둘 다 늘리는 경우, 하나는 늘리고 하나는 안 늘리는 경우, 둘 다 안 늘리는 경우다. 가장 행복한 경우는 둘 다 늘리지 않는 경우다. 그런데 개인적으로 볼 때 가장 이득이 되는 경우는 두 번째다. 나만 늘리고 다른 사람은 늘리지 않는 것이 최고다. 그런데 다들 자기가 이런 행운아가 되었으면 한다. 그러다 보면 둘 다 늘리게 되고 최악의 사태를 맞는다. 죄수의 딜레마와 동일하다.

게임이론에 비춰보자면 경기는 주기가 있고 호황과 불황을 겪는 것이 불가피해 보인다. 이제 관심은 불황을 어떻게 헤쳐나갈 것인가이다. 전통적인 방법, 그리고 지금도 굳게 믿는 방법은 시간에 맡기는 것이다. 불황이 오면 어쩔 수 없이 생산을 줄인다. 생산을 줄이자니 고용도 불가피하게 줄인다. 이후는 시간이 알아서 해준다.

시간이 흘러 창고에 쌓아놓은 재고가 소진되기를 기다리면 된다. 이렇게 견디다 보면 재고가 바닥나고, 다시 생산을 가동할 날이 온다는 것은 분명하다. 이건 하나의 해결책이 될 수는 있지만, 전적으로 불경기가 오래 지속되어도 견딜 만한 이들에게만 그렇다. 노동자 입장에서 보면 불황을 이렇게 견디는 것은 가혹하다. 실업 상태가 될 수도 있고, 그렇게 되면 생활은 더욱 어려워진다. 고전주의 경제학자들의 이런 입장은 장기적으로 보면 맞는 말이 분명하지만, 그 기간을 견뎌야 하는 노동자 입장에서는 가능하다면 피하고 싶은 상황이 분명하다.

저명한 경제학자 마셜은 장기 균형을 얘기한다. 맞는 얘기다. 장기적으로 불황은 해소되게 마련이다. 그 장기의 끝이 올 때까지 죽지 않고 살아 있으면 언젠가 불황이 끝나고 또다시 호황이 시작되는 것을 볼 수 있을 것이다.

또 다른 아주 저명한 경제학자 케인스는 이렇게 얘기한다, 사람은 죽는다고. 장기 균형을 기다리다가 불황 속에서 죽는 사람은 너무나 불쌍하지 않은가? 이런 입장이라면 그저 기다리는 것 말고 다른 방법을 찾아보고 싶을 거다.

케인스의 말을 직접 들어보자. "과잉투자가 호황의 특징이라고 보는 사람들, 그리고 이러한 과잉투자를 회피하는 것이 뒤따라 일어나는 불황에 대한 구제책이라고 보는 사람들, 그리고 앞서 설명한 이유로 말미암아 불황 이자율로는 예방할 수 없기는 하나 그렇다고 해서 호황도 높은 이자율을 가지고 예방할 수 없다고 보는 사람들"(케인즈, 2020: 384)이 있다. 이런 사람들이라면 그저 기다리는 게 가장 좋은 방법이다. 경제호황도, 불황도 장기적으로는 시장에 의해 저절로 적절한 균형 상태에 이를 것이기 때문이다. 일부에서는 "유용한 투자를 저지하고 소비 성향을 더욱 감소시킬 개연성이 있는 고이자율을 졸지에 과하는 데"(케인즈, 2020: 385)에서 해답을 찾는다고 한다. 또 다른 부류도 있다. "직장을 찾아다니는 노동의 공급을 감소시키는 데"(케인즈, 2020: 391)에서 찾기도 한다. 케인스는 이런 방법들을 부인한다. 케인스는 "소득을 재분배하거나 또는 그 밖의 방법에 의해 소비 성향을 자극하기 위한 대담한 조처를 취하는 데"(케인즈, 2020: 385)에서 해결책을 찾아야 한다고 주장한다.

경기가 불황 국면에 접어들 때 문제가 되는 것은 소비가 안 된다는 점이다. 소비가 되지 않아 물건이 쌓이고, 생산량을 줄이니 실업이 늘어난다. 그렇다면 소비를 늘려주면 될 것이다. 불황 국면에 돈을 풀어 소비를 진작하는 방법을 고안했다. 주로 케인스가 그렇게 주장했다고 하지만, 딱히 케인스만 그런 생각을 한 것은 아니다. 케인스가 『일반이론』이라는 불세출의 명저를 통해 불황을 그저 기다리지 않고 적극적으로 해결할 수 있는 방법을 이론적으로 깔끔하게 제시했지만, 비슷한 시기에 미국에서는 이미 같은 이론에 근거한 정책이 실천되고 있었다. 시어도어 루스벨트(Theodore Roosevelt)의 뉴딜 정책이다.

경기가 막 가라앉으려고 할 때 돈을 풀어 소비를 진작시키면, 불황은 덜 심각한 상태로 바닥을 치고 호황으로 돌아선다. 미국의 뉴딜 정책이 그 가능성을 확실하게 보여준 이후 세계 각국 정부는 너도나도 미국을 따라 한다. 불경기가 올 때마다 돈을 푼다. 정부 입장에서 불황을 맞이해 돈을 푸는 것은 너무나도 마음에 드는 방법이다. 일단 불황에 빠져 고통을 당하는 국민들에게 생색을 낼 수 있기 때문이다.

돈을 풀어 불황을 해결하다 보면 불황은 좀 더 잦은 주기로 찾아올 수 있고, 또한 작은 불황을 돈 풀기로 무마하려다 보면 더 큰 불황을 맞을 수 있다는 경고가 마음에 걸리기도 하지만 그건 다음, 혹은 다음다음 정권이 걱정할 문제라고 생각하고 싶어 한다.

한국은행이 통화량을 늘리는 이유는 여기에 있다. 돈을 풀어서 불황을 인위적으로 극복하고자 하기 때문이다. 불황이 올 때마다 돈이 풀리면 시중에 통화량은 늘어난다. 화폐수량설에 따르면 물가상승 또한 불가피하다. 한국은행이 통화량을 늘리는 주요한 이유가 하나 더 있다. 실업률과 관련이 있다.

불황이 덮치면 실업률이 증가할 수밖에 없지만, 불황 상태가 눈에 띌 정도가 아니라 해도 고용률에는 변화가 있다. 정부는 언제나 고용을 일정 수준 이상으로 유지하고 싶어 한다. 정치적으로 국민의 지지를 유지하기 위해서는 절대적인 것이 고용률이다. 고용을 인위적으로 유지하자면 통화량 증가가 불가피하다.

돈을 풀어 인플레이션을 유발시키면 고용이 늘어난다. 얼핏 반대일 것 같다는 생각도 드는 묘한 주장인데 이걸 실증적으로 증명한 사람이 있다. 윌리엄 필립스(William Phillips)라는 사람이다. 경제학자 필립스는 장기간

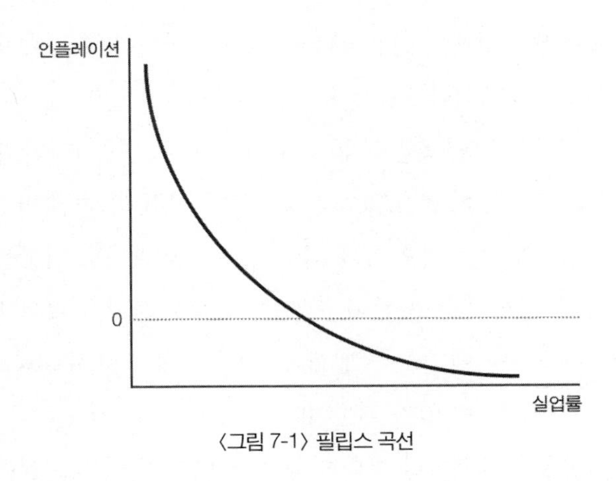

〈그림 7-1〉 필립스 곡선

에 걸쳐 광범위한 지역의 데이터를 수집해 인플레이션과 실업률 사이의 관계에 대한 실증적인 결론을 얻었다. 인플레이션이 촉진되면 실업률이 떨어지고, 반대로 인플레이션이 둔화되면 실업률이 증가한다는 것을 발견했다. 수학적 용어를 사용해 말하자면 인플레이션과 실업률에는 역의 관계가 있다는 것이다.

〈그림 7-1〉의 실업률을 x축, 인플레이션을 y축으로 하는 2차원 평면상에 곡선을 그려보면, 오른쪽으로 가면서 급격히 하향하는 곡선이 나온다. 이런 곡선을 필립스 곡선이라고 부른다. 필립스 곡선에 따르면 실업률을 유지하기 위해서는 인플레이션이 필요하다. 인플레이션을 일으키기 위해서는 통화량을 늘려야 한다.[6]

인플레이션은 정부가 불황 국면에서 빨리 벗어나고 싶어 한다면, 그리고 실업률을 일정 정도 이하로 유지하고 싶어 한다면 피할 수 없다. 국민의

6 필립스 곡선을 부정하는 사람들도 있다. 밀턴 프리드먼(Milton Friedman)과 로버트 루카스(Robert Lucas)가 대표적이다. 프리드먼은 단기적으로는 필립스 곡선이 성립할 수 있으나 중기적으로는 성립하지 않는다고 주장했다. 루카스는 인플레이션이 상승하면 실업률도 상승할 수 있다는 사실을 증명함으로써 프리드먼의 이론을 논리적으로 완성시켰다고 평가받는다(벡, 2017: 164~165).

복지를 국가가 진 책무로 보는 복지국가 개념에서는 어찌 보면 인플레이션은 피할 수 없는 운명과도 같은 것이다.[7]

인플레이션의 전개

인플레이션의 발생을 설명하는 데 아주 효과적인 화폐수량방정식을 다시 살펴보자. 우변의 P가 물가를 뜻하는데 좌변의 M, 즉 화폐가 증가하면 좌변과 우변이 등가가 되기 위해서는 물가 P가 상승한다(MV = PY). 이번에 주목할 것은 P가 그저 모든 물가를 뭉뚱그려 표시한다는 점이다. 모든 물가의 평균적 수치이니 이것만 보아서는 개별 재화의 인플레이션율이 같은 것인지, 다른 것인지는 알 수 없다.

인플레이션이 평균 2% 발생했다고 하면 많이 오른 것은 2% 이상일 수 있고, 적게 오른 것은 2% 이하일 수도 있다. 어떤 종류의 재화는 평균 이상으로 많이 오르고, 또 다른 물건은 평균 이하로 적게 오르는 특정한 경향성이 있을까? 실생활에서 예를 찾아보자.

물가가 오르기 시작하면 금세 가격이 오르는 물건도 있고, 그렇지 않은 물건도 있다는 것을 경험적으로 알 수 있다. 만약 이런 것을 알지 못하더라

7 국민의 삶을 왜 국가가 책임져야 하는가라고 반문하는 사람도 있다. 이들의 주장은 국민의 삶을 국가가 책임져서는 안 된다는 얘기가 아니라, 사실 국가가 책임질 수 없는 일이라고 주장하는 것이다. 이들은 인위적인 불황 타개와 정책적인 고용률 유지를 포기하고, 장기 균형에 맡겨두는 것이 장기적으로 볼 때 국가 경제와 국민의 삶에 도움이 된다고 믿는다. 인위적인 불황 타개와 정책적인 고용률 유지와 관련해 대립하는 두 개의 '믿음'은 케인스 경제학파와 신고전주의 경제학파로 대표된다. 이들의 주장은 이론이라기보다는 '믿음'으로 부르는 것이 더 타탕해 보인다. 어느 한쪽의 주장이 맞는다면 다른 한쪽은 틀릴 수밖에 없는 외통수의 국면이 100년 가까이 계속되고 있기 때문이다. 이들 간의 논쟁은 여전히 진행 중이다.

도 인플레이션 상황에서 모든 물건이 똑같은 비율로 오르지는 않는다는 말을 들으면 그럴 수도 있겠다는 생각이 들기도 한다. 그 이유는 과거의 경험을 되짚어 보면 정말로 그런 일이 벌어졌던 것을 확인할 수 있기 때문이다.

버스요금 같은 공공요금은 평균 이하로 오른다. 1980~2020년 사이에 콜라는 5배가 올랐고, 서울 택시 기본요금은 10배가량, 강남 아파트의 매매가는 84배가 올랐다. 40년이라는 상당히 긴 시간을 관찰해 얻은 결론이니, 어떤 물건값은 평균보다 더 오르고, 또 어떤 물건은 평균보다 덜 오르는 경향이 있음이 확인된다(하나금융경영연구소, 2020).

대략 150년 전 물건 가격 변동을 아주 면밀히 관찰한 사람이 있었다. 프랑스에 살던 리처드 캔틸런(Richard Cantillon)이라는 사람이다. 이 사람이 최초의 경제학 논문이라고 할 수 있는 학술적인 짧은 글을 써서 출간했다. 그 글에서 인플레이션이 닥치면 평균보다 더 오르는 물건과 평균보다 덜 오르는 물건이 따로 있음을 확인했다. 이뿐만 아니라 어떤 종류가 더 오르고 또 어떤 종류가 덜 오르는지에 대해서도 언급하고 있다. 한 가지 더 있다. 왜 그런 일이 벌어지는지에 대해서도 언급한다(Murphy, 2015).

캔틸런의 연구는 인플레이션이 시작되면 가장 먼저 오르기 시작해 가장 많이 오르는 재화가 자산임을 밝혔다. 그 뒤를 이어 상품의 가격이 오른다. 하나의 상품은 다른 상품과 연계되기 쉽다. 하나의 상품이 다른 상품을 완성하는 데 사용되는 중간재인 경우도 많기 때문이다. 한편 서로 취급하는 상품이 다를 경우라도 다른 상품 가격이 오르면 자신의 상품 가격도 올려 받게 된다. 이런 연관적 관계 때문에 하나의 상품 가격이 인상되면 다른 상품도 연쇄적으로 오른다. 인플레이션의 영향을 최종적으로 받는 것이 임금이다. 자산과 다른 모든 재화의 가격이 상승된 후 마침내 임금이 상승하게 되고, 그것으로 인플레이션의 한 주기가 완성된다. 인플레이션이 발생할 때 개별 재화에 미치는 영향에 시간차와 양적 편차가 발생하는 현상을,

이를 최초로 규명한 캔틸런의 이름을 따서 캔틸런 효과라고 부른다.

인플레이션이 연쇄반응을 일으킨다는 것에서 시간차가 쉽게 체감된다. 예를 들어 원유 가격이 오르면 플라스틱 가격이 오르고, 플라스틱 가격이 오르면 그것을 원재료로 사용하는 물품, 예를 들자면 일회용 포크 가격이 오른다. 제품 생산 고리의 앞 단에 있는 것들은 당연히 뒤 단에 있는 것보다 앞서 오를 수밖에 없다. 인플레이션의 크기 차이는 재화 종류별로 가격 상승이 다르게 나타나는 데서 명확히 알 수 있다.

통화량이 늘어나면 인플레이션이 발생한다. 인플레이션이 효력을 발휘하기 시작하면 우선 자산 가격, 특히 부동산 가격이 오른다. 부동산 가격은 가장 먼저 오르고 또한 가장 많이 오른다. 이것이 바로 흔히 말하는 캔틸런 효과의 단적인 사례다. 한 가지 더 반드시 첨부할 것이 있다. 통화량 증가는 언제, 어떤 정부에서든지 반드시 존재한다는 사실 말이다. 이 모든 것을 잘 알고 있는 현재 투자자들은 늘 부동산에 관심을 기울인다. 부동산 가격이 살짝 오르고 살짝 내리는 듯하면서 횡보하는 모양새를 보일 때 정부에 의한 통화량 증가가 관찰되고, 늘어난 유동성이 시간 맞춰 제때 흡수되지 않는 모양새를 보인다면, 캔틸런 효과를 떠올릴 수밖에 없다.

집의 가치에 영향을 미치는 요인으로 위치, 땅 모양, 건물 성능, 평판, 시장 조건이 있음을 앞서 확인했다. 이제 하나를 더 추가해야 한다. 인플레이션이다. 차차 더 상세히 얘기하겠지만, 인플레이션에 의한 집의 가치 변동은 타의 추종을 불허한다.

인플레이션과 집값

인플레이션은 물건의 가격이 오른다는 뜻이지만, 다른 시각으로 보면 화폐가치가 타락하는 것이기도 하다. 인플레이션 시기에 물건을 가지고 있느냐, 혹은 화폐를 보유하고 있느냐에 따라 희비가 크게 엇갈린다. 인플레이션이 오면 화폐가치가 타락하는 것을 모두가 다 잘 알고 있는 상황에서 누가 화폐를 보유하려 하겠는가라고 의문을 제기할 수도 있지만, 그런 경우가 있다. 아주 많이 있다.

집을 임차하는 사람이다. 임차에는 전세와 월세가 있다. 월세는 목돈을 넣어두는 것은 아니니 좀 덜하다. 전세라면 화폐 보유를 강제당하는 셈이다. 원해서 화폐를 보유하는 것은 결코 아니다. 인플레이션 시기에 전세보증금의 실제 가치가 팍팍 준다는 것을 잘 알면서도 화폐 형태로 가지고 있을 수밖에 없다. 전세보증금의 가치가 줄어든다는 것을 2년마다 집주인이 가르쳐준다. 전세금을 올려달라고 한다. 전세금을 올려주는 것만큼 내 돈이 더 늘어난다고 생각할 수도 있겠다. 하지만 그게 아니라는 것도 조금만 생각해 보면 안다. 이사를 가지 않고 같은 집에서 살기 위해 돈을 '더' 내는 것인데, 집 사용 가격이 올라갔다고 생각할 수 있지만, 그만큼 돈의 가치가 떨어진 것이기도 하다.

인플레이션 시기에 돈을 가지고 있는 것은 바보 같은 짓임을 잘 안다. 투자를 잘해서 큰돈을 벌었다는 어떤 이는 화폐는 쓰레기라고 한다.[8] 화폐가치를 금과 비교해 보면 인플레이션 시기에 화폐가치가 얼마나 떨어지는지 실감하게 된다.

1850년 이후 금 대비 주요 통화의 가치는 모두 100분의 1 수준으로 하락했다. 1850년부터 1914년 사이에는 비교적 안정적으로 화폐가치가 유지되었다. 이 기간 동안 화폐를 빌려줘서 얻는 이자수익이 금을 보유해 얻을

---

8 브리지워터 어소시에이츠 회장과 최고운용책임자(CIO) 레이 달리오는 코인데스크 컨퍼런스(2021.5.24)에서 "현금은 쓰레기"라고 발언했다.

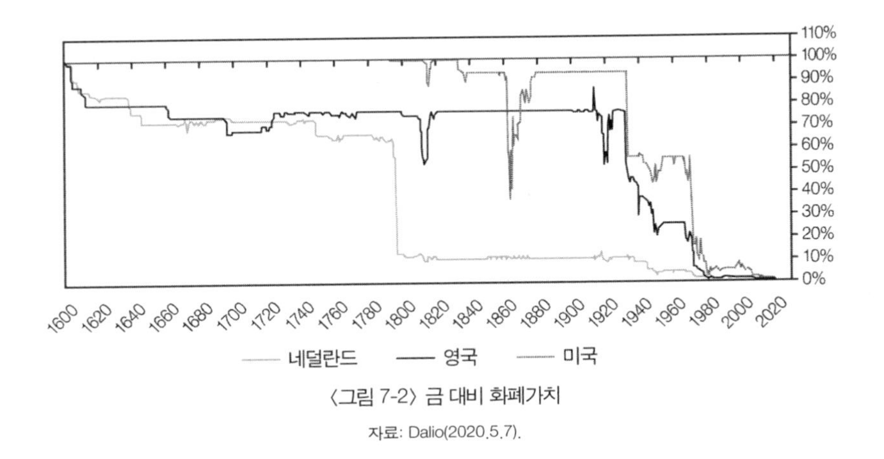

〈그림 7-2〉 금 대비 화폐가치

자료: Dalio(2020.5.7).

수 있는 수익을 넘어섰다. 돈을 빌린 사람들은 대출이자를 지불하는 것 이상으로 수익을 올릴 수 있었다.

1914년 제1차 세계대전이 발발한 이후 화폐가치는 점진적이 아니라 산발적으로 계단식 하락을 했다. 주요한 통화가치 하락은 제1차 세계대전, 제2차 세계대전, 미국의 금태환 종료로 촉발되었고, 2000년 이후에는 대량의 통화 발행과 신용 창조가 원인이 되었다. 특히 2000년 이후 상황에서는 인플레이션을 밑도는 이자율로 인해 통화가치 하락이 더욱 심하게 발생했다(Dalio, 2020.5.7).

화폐를 많이 보유하는 사람은 인플레이션을 무서워할 수밖에 없다. 그렇다고 '화폐를 가지고 있지 않으면 되는 거 아닌가'라고 생각한다면 너무 단순한 것이다. 인플레이션으로 인한 화폐가치 하락을 염려하면서도 화폐를 보유하는 데는 두 가지 이유가 있다.

장기적으로 볼 때 인플레이션에 의해 화폐가치가 떨어지는 것은 분명하다. 하지만 1885~1913년에 그랬던 것처럼 화폐를 보유하여 얻는 수익이 금이나 부동산 같은 자산가치의 상승을 능가할 때가 있기 때문이다. 시각

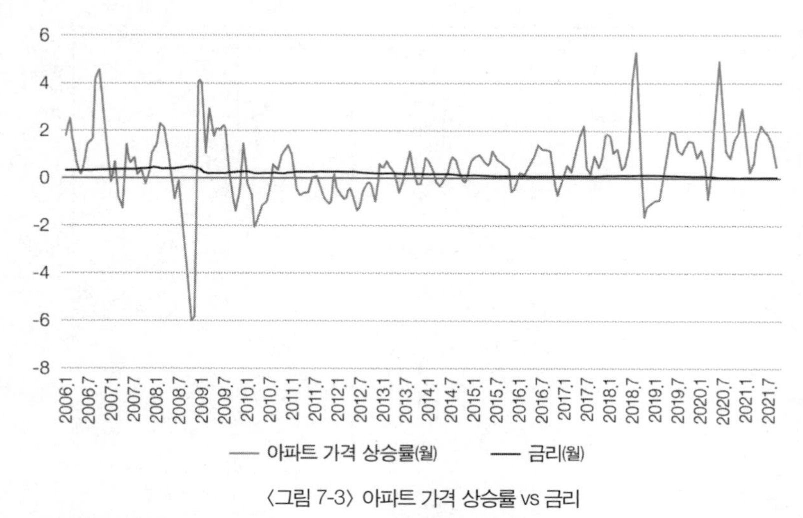

〈그림 7-3〉 아파트 가격 상승률 vs 금리

자료: 아파트 가격 상승률은 한국은행 경제통계시스템의 아파트실거래가격지수를 사용했다. 금리는 한국은행 경제통계시스템 예금은행 가중평균금리>수신금리>신규취급액 기준>저축성수신을 사용했다.

을 달리해 이 말을 음미해 보면 금이나 부동산의 가치가 떨어지는 때도 있다는 말이다. 이럴 때는 현금을 보유하는 것이 유리하다.

인플레이션이 무서워 현금 보유를 꺼리게도 되지만, 그럴 수밖에 없는 경우가 또 있다. 갑자기 급전이 필요할 수도 있다는 생각 때문이다. 이럴 때를 대비해 얼마간 현금을 보유하자는 마음을 가지게 된다. 사람들의 이런 마음 상태를 유동성 선호라고 부른다.

돈의 가치 증가나 부동산 가치 증가나 모두 돈이나 부동산을 굴려서 얻는 수익에 의존한다. 이 수익률을 보면 때로 돈을 굴리는 게 나을 때도 있고, 부동산을 굴리는 게 나을 때도 있다. 장기적으로 부동산이 좋다고 해서 부동산을 계속 보유하는 것도 바보 같은 짓이다. 돈의 수익률이 부동산 수익률보다 높을 때는 부동산을 팔아서 돈을 만들어 굴리는 것이 효과적이다. 돈이 많고, 부동산도 많은 사람들은 현금과 부동산 사이에서 끊임없이 고민한다. 이런 고민을 하는 사람은 인플레이션 상황에 크게 관심을 기울인다. 부자들에게 인플레이션은 한편으로는 무서우면서 다른 한편으로는 고마운 현상이다.

이 세상에는 인플레이션을 안 무서워하는 사람도 있다. 돈도 없고, 부동산도 없는 사람이다. 자산이 없는 상태에서 매달 받는 월급의 일정 부분을 떼어 월세를 내고 사는 사람들은 인플레이션을 별로 안 무서워한다. 잃을 것이 없기 때문이다. 부자들처럼 인플레이션을 이용해 돈을 벌 기회도 없다. 그러니 인플레이션에 관심을 기울일 일이 없다. 그저 그러려니 하고 산다.

인플레이션이 무섭기만 한 사람이 있다. 전세 사는 사람이다. 인플레이션이 발생하면 자기가 가진 돈의 가치가 떨어진다는 것을 잘 안다. 무서울 수밖에 없다. 게다가 인플레이션을 이용해 돈을 벌 기회를 잡을 밑천도 없다. 이런 사람들에게 인플레이션은 그저 무서운 존재다. 인플레이션의 기능에 대해 속속들이 안다 한들 피해 갈 수도 없고, 활용할 수도 없는 사람들은 애써 인플레이션의 존재를 모르는 척하고 산다.

돈을 잘 굴리는 부자들이 보기에 인플레이션의 존재를 모르고 살아가는 (사실은 애써 모른 척하는 것인데) 사람들이 어리석어 보이겠지만, 그들에게는 그게 최선의 전략이다. 경제적으로 손해 보는 것은 어쩔 수 없으니 정신만이라도 건져보겠다는 안간힘이다.

역사적으로 살펴볼 때 화폐가치가 안정적으로 유지되는 기간이라면 화폐를 보유해서 얻을 수 있는 이자수익을 추구하는 것이 유리하다. 그런데 일의 선후를 따져보면 화폐가치가 안정적으로 유지되어서 이자수익이 금이나 부동산을 통한 수익보다 커지는 게 아니다. 오히려 반대로 이자수익이 금이나 부동산을 통해서 얻는 수익보다 클 때 화폐가치가 안정적으로 유지된다. 따라서 화폐가치가 안정적이지 못하고 금이나 부동산에 비해 상대적 가치가 하락하는 국면, 즉 인플레이션 국면에서는 금이나 부동산을 통해 얻는 수익이 이자수익보다 커진다. 이 순간 집값은 상승한다.

인플레이션 기간 동안 상승한 집값은 어떻게 되는가? 수요-공급의 법칙에 따라 수요와 공급의 양이 장기적으로 균형을 맞추면서 집값이 인플레이션 이전의 가격으로 하락하는 일은 벌어지지 않는다. 이런 주장을 뒷받침하는 것은 우선 우리가 경험한 역사적 사실이다. 금 대비 화폐가치의 역사에서 특별한 계기를 맞이하여 한번 떨어진 화폐가치는 장기적으로 볼 때 한 번도 다시 올라가지 않았다.

부동산도 마찬가지다. 샌프란시스코 연준 연구 논문이 역사적 사실을 축약적으로 잘 보여준다. 부동산은 단기간에는 하락이 있었지만, 장기적으로 볼 때 지속적으로 상승한다는 것을 보여준다. 우리나라의 경험도 마찬가지다. 노태우 정부와 노무현 정부 시기에 나타난 폭등 이후 단기적으로 미소한 등락은 있을지언정 장기적으로 집값은 항상 상승했다. 어떤 특별한 계기를 만나서 한번 올라간 집값이 다시 내려가는 일은 없었다.

인플레이션에 대한 전망

인플레이션이 생기면 집 가격이 올라가는 것은 당연하다. 인플레이션에 대비하자면 집을 보유하는 것이 절대적으로 유리하다. 때때로 돈의 수익률이 부동산 수익률보다 높을 때가 있어서, 가능하기만 하다면 부동산과 현금 사이를 오가며 묘기를 부리면 더 큰돈을 벌 수도 있다. 하지만 대부분의 사람들은 그렇게 하지 못한다. 그래도 그렇게 하는 누군가가 있다면 그는 부자일 가능성이 높다. 반면 그렇게 하지 못한다면 부자가 아닐 가능성이 높다.

부동산에서 현금으로 갈아탈까 말까를 결정하는 데 가장 큰 주요 요인이 되는 것은 인플레이션의 지속 여부다. 인플레이션이 지속될 것 같으면 화폐로 표시되는 집의 가치, 즉 가격이 계속 상승할 테니 굳이 현금으로 갈아탈 이유가 없다. 이제 초점은 인플레이션이 지속될 것인가에 초점이 맞춰진다.

인플레이션의 역사를 간단하게 살펴보자. 인플레이션은 인간이 화폐를 사용하기 시작한 이후 언제나 있었다. 소규모 인플레이션으로 말하자면 항상 있었다고 보아야 할 것이고, 대규모 인플레이션도 종종 있었다. 인플레이션은 서양의 로마시대에도 있었고, 동양의 송나라 시대에도 있었다. 로마에서 일어난 인플레이션은 금화에 들어가는 금의 양을 속이면서 발생했다. 이 말은 주화에 들어가는 금의 양만 철저히 지키면 인플레이션은 없다는 얘기다. 중국 송나라에서 발생한 인플레이션은 당시 화폐가 지폐였기 때문에 발생했다. 국가에서 발행하는 지폐는 국가에 대한 신뢰가 돈의 가치를 뒷받침하는 유일한 장치였는데, 이는 정치적 안정성에 의해 크게 좌우된다. 한동안은 지폐의 가치가 인정되고 안정적으로 유지되기도 하지만, 정치적 불안이 어떤 이유로든 시작되면 지폐가 휴지 조각이 되는 것은 순식간이다.[9]

역사적으로 인플레이션은 끊이지 않고 발생했지만, 그 발생 빈도와 인플레이션의 크기를 20세기 이후와 비교해 보면 그 중요성은 쉽게 희석된다. 금본위를 포기하고 지폐를 화폐로 사용하기 시작하면서 인플레이션은 일상화되었다. 레이 달리오(Raymond Dalio)의 분석에 따르면 인플레이션은 발생 빈도가 잦고, 주기적이며, 그 주기는 짧아지고 있음을 보여준다.

인플레이션은 집값을 상승시킬 것이고, 인플레이션에 의한 집값 상승은

9 관련된 내용이 벡(2017: 42~46)에 흥미롭게 서술되어 있다.

주기적으로 더 빈번히 일어날 것이다.

인플레이션과 집값 관계의 실증

인플레이션이 주택 가격을 상승시킨다는 것은 다 잘 알고 있다. 사람들 대부분이 자주 경험한다. 누구네 집은 얼마였는데 얼마로 2배가 올랐다는 얘기를 듣는다. 인플레이션이 항상 남의 일만은 아니다. 부동산 사이트에 들어가 보고 흐뭇해하는 일도 적지 않다. 대체로 내 집이 오르면 남의 집도 같이 오른다는 것도 알지만, 그래도 기분이 좋아지는 것은 어쩔 수 없다.

인플레이션의 위력을 실감하는 때도 있다. 자신이 사는 지역이 토지거래허가구역으로 지정되었다는 뉴스를 접했을 때다. 내 땅 내가 파는데 왜 정부의 허락을 받아야 하는 거야라는 불만이 절로 나오지만, 거기에는 불만만 있는 것은 아니다. 토지거래허가구역은 다른 말로 과열지구라고 부른다. 경기가 과열되어 집값이 불같이 상승하는 지역이라는 뜻이다. 이런 뜻에서는 기분이 묘해진다. 집값이 오른다는 뿌듯함도 있다. 불만과 뿌듯함이 함께 있는 것이 당연하지만, 둘 중 어느 것이 더 크냐고 하면 뿌듯함이 크다고 할 것이다. 예전 같았으면 "우리 동네가 토지거래허가구역이 됐어. 글쎄 ……"라면서 불만스러운 어조로 은근히 자랑하기도 했다. 하지만 이제는 누구나 다 안다, 토지거래허가구역이 되었다는 것은 집값 상승 1등 지역이 되었다는 것을.[10] 당사자는 말을 아끼고, 아는 사람은 축하한다는 농담을 부럽게 건넨다.

10 토지거래허가구역으로 지정되었다는 것은 주택 가격이 오를 지역이라고 서울시가 공인하는 것과 마찬가지로 생각한다. 또한 많은 경우 토지거래허가구역으로 지정되었다는 것은 곧 있을 재건축의 신호탄으로 받아들여지기도 한다(≪서울신문≫, 2021.4.23).

집값이 전반적으로 상승한다는 것은 다른 이유도 있지만, 인플레이션의 영향이 적지 않다는 것을 이처럼 경험적으로 잘 알고 있다. 이제부터 인플레이션의 영향이 정말로 있는지, 있다면 얼마나 큰지, 다른 것들에 비해 얼마나 큰지를 계량적으로 살펴보자.

집값에 영향을 미치는 요인들은 여럿이다. 그것들이 정말로 영향을 미치는지, 그리고 얼마나 크게 영향을 미치는지 알아보기 위해 회귀분석이라는 통계 방법을 사용했다. 여기서도 같은 방법을 사용할 수 있다.

지금까지 m^2당 가격을 ① 전철역까지의 거리, ② 1000대 기업 수, ③ 지역이라는 세 가지 요인으로 잘 설명할 수 있었다. 같은 방식으로 2017~2020년을 분석해 보자. 분석 결과 2017~2020년간 각 연도별로 '전철역까지거리', '1000대기업수', '지역'이라는 독립변수로 설명력 .683, .693, .685, .647을 가지는 회귀식을 얻을 수 있었다. 2020년에는 '지역' 독립변수가 탈락한 상태에서 .607의 설명력을 보여주었다. 5개년 평균은 .663이다. 0.6이 넘는다는 것은 사회과학 분야에서는 대단히 높은 설명력이라는 점을 상기하자.

기존 분석과 다른 방식으로 샘플 집단을 구성하고 회귀분석을 실시해 보자. 다른 방식이란 이전의 분석에서는 동일 연도 거래 사례로 샘플 집단을 구성했지만, 이번 분석은 동일 주택의 5개년 데이터를 샘플 집단에 함께 포함시켰다. 회귀분석 결과 '전철역까지거리', '1000대기업수', '지역'이 독립변수로 포함되면서 설명력은 .507을 나타냈다. 설명력이 크게 떨어진 것을 볼 수 있다. 동일 연도 데이터만으로 샘플 집단을 구성했을 때 설명력은 평균 .663이었다.

5개년도 가격을 포함해 분석할 때 '전철역까지거리', '1000대기업수', '지역' 이외에 뭔가 다른 것이 영향을 미친다는 추정이 가능하다. 뭔가 빠져 있다. 그것이 뭔지 당장 알 수는 없지만 빠져 있는 변수는 5년에 걸쳐 일어난 어떤 변화라고 추측할 수 있다. 동일한 물건의 가격이 시간이 흐르면서 상승하는 변화는 인플레이션과 관계가 있다는 것을 잘 알고 있다. 이제 그 '무엇'을 인플레이션이라고 보고, 인플레이션을 회귀식에 포함시켜 분석을 실시해 보자.

인플레이션이라는 요인을 회귀식에 도입하려면 인플레이션을 대표할 수 있는 지표를 만들어야 한다. 인플레이션은 수요 견인이나 비용 상승이 원인이 되기도 하지만, 가장 영향의 크기가 크고 반복적으로 지속되는 것은 역시 통화량 증가다. 통화량 증가를 변수로 도입해 회귀분석을 해보자. 이번 회귀분석에는 통화량 중에서도 M2 통화량을 사용했다.

회귀식을 구성하는 초기 단계에 어떤 요인이 정말로 종속변수에 영향을 통계적으로 유의미하게 미칠 것인지 걱정할 필요가 없다는 말을 상기해 볼 필요가 있다. 일단 영향을 미칠 것으로 의심되는 요인을 회귀식에 넣어 분석을 실시하면 통계 프로그램이 알아서 처리한다. 실제로 미치는 영향이 없다면 분석 과정 중에 미치는 영향이 없다고 알아서 탈락시킨다. 회귀분석 결과는 다음과 같다.

m^2당 가격 = -.531 × 전철역까지거리 + 2.810 × 1000대기업수 + 197.956 × 지역 + 0.001 × M2 − 963.400

R^2 = .709

전철역까지거리(유의확률) = .000 베타계수 = -.309

1000대기업수(유의확률) = .000 베타계수 = .393

지역(유의확률) = .000 베타계수 = .189

M2(유의확률) = .000 베타계수 = .449

설명력이 올라간 것을 알 수 있다. 즉 인플레이션을 대표할 수 있는 지표로 M2 통화량을 선정하고, 그것을 요인으로 포함시킬 때 설명력이 올라간다. 베타계수 또한 매우 의미 있는 시사점을 보여준다. 가격에 영향을 미치는 크기를 보면 M2 통화량이 가장 크다. 이는 주택 가격에 인플레이션이 미치는 영향의 크기가 다른 요인들을 능가한다는 의미다.

결론

인플레이션을 실감하게 해주는 것은 장바구니 물가다. 흔히 자장면 지수나 버거 지수라는 말을 사용하기도 한다. 이는 우리의 일상생활과 가장 밀접하고, 자주 찾는 음식이기 때문이다. 1년 전의 자장면값이나 햄버거값을 현재 값과 비교하면 인플레이션이 얼마만 한 크기로 발생하고 있는지 실감할 수 있다.

1년 전 자장면값을 심각하게 아쉬워하는 것은 자신의 월급이 전혀 오르지 않았을 때다. 1년 전 자장면값이 몹시 그립지만, 이런 당혹감은 일시적이다. 대개 월급은 시기적으로 늦기는 하지만, 자장면값이 상승한 만큼은 오른다. 자장면값에 맞춰 월급이 오르면 인플레이션은 다시 잊고 살게 된다.

인플레이션을 그때그때 실감 나게 해주는 것은 자장면값이지만, 인플레이션을 뼈저리게 느끼게 해주는 것은 역시 부동산이다. 박완서 소설가의 단편 「가(家)」를 인용해 보자.

> 그 동안의 인플레이션 때문에 오십 평, 백 평만 가지고 있어도 땅 부자 소리를 듣게 되었다(박완서, 1989).

흔히 사용하는 과장법이 무색하게 땅값이 오른 상황을 설명한다. 집값이 2, 3배 올랐다면 놀란다. 지난 30년간 강남의 집값이 16배 올랐다면 더 놀란다. 하지만 땅을 보면 상황은 더 놀랍다. 서울에서라면 100, 200배 오른 땅을 어렵지 않게 발견할 수 있다.

자장면값의 상승폭은 같이 따라 오른 월급으로 상쇄할 수 있다. 하지만 땅값, 집값이 오른 것을 월급으로 어찌해 보겠다고 생각하면 그만큼 어리석은 짓도 없다. 찔끔찔끔 오르는 월급으로 땅과 집을 꼭 사겠다고 마음먹는다면 먹을 것 안 먹고, 입을 것 안 입고, 한 100년 후쯤이면 가능할 것이다. 산술적으로는 그렇지만 100년 후면 땅과 집의 값은 수백 배쯤 올라 있을 것이다.

인플레이션은 부의 격차를 벌리는 뻥튀기 기계와 같다. 한참 불을 때고 기다리다가 한순간 뻥 하는 큰 소리가 들리고 나면 기계에 들어갈 때보다 10, 20배 부풀어서 나온다. 자산의 격차가 2배쯤 되었을 때 이걸 인플레이션이라는 뻥튀기 기계에 넣으면 못 되어도 20배쯤 부풀어 나온다. 상황이 이쯤 되면 자산경제라는 유혹에 흔들리지 않기도 어렵다.

자산경제를 간략하게 정의할 수 있다. 자산 가격은 지속적으로 월급보다 훨씬 더 가파르게 증가할 것이니 자산을 사두고 있으면 그 혜택을 누구나 다 볼 수 있을 것이라고 기대하는 경제시스템이다. 자산경제를 추구한다는 것은 비유적으로 말하자면 누구나 다 뻥튀기 기계를 적극 사용하게 하겠다는 말이나 다름없다.

가장 주목할 만한 뻥튀기 기계 보급화가 20세기 말과 21세기 초에 있었다. 20세기 말 영국 보수당은 마거릿 대처(Margaret Thatcher)의 지휘 아래 자산경제를 시도했다. 주택 임차자에게 좋은 조건을 제시하면서 집을 사게 유도했다. 집을 사서 가지고 있으면 집값 상승효과를 얻을 수 있기 때문이다. 정책 실행 결과 자가보유율은 60% 중반대에서 70% 초반대로 상승했다. 그 기간에도 집값은 꾸준히 상승했으니, 무리를 해서라도 자가를 구입한 사람들은 자산경제의 혜택을 얻었다. 하지만 행복은 거기까지였다.

대처의 자가 보유 정책 덕에 집을 샀던 사람들 중 많은 사람들이 집을 되팔아야만 했다. 복잡한 속사정이 있을 수도 있겠지만, 요지는 간단하다. 집을 구매하기 위해 미리 당겨 쓴 대출이자를 감당할 수 없었기 때문이다. 영국의 주택보급률은 자산경제 추구 이전으로 돌아갔다.

이런 설명은 영국 자산경제의 실패를 지적하기 위해 단골로 사용하는 메뉴이지만, 놓쳐서는 안 될 다른 측면도 있다. 영국 정부의 자산 보유 정책 덕에 집을 어렵게라도 산 사람은 자산경제라는 뻥튀기 시스템에 올라탈 수 있었다. 하지만 뻥튀기 시스템은 투입량에 비례해 산출한다는 점에 유의해 보자. 싼 집과 비싼 집 모두 같은 크기로 뻥 튀겨진다. 정부 정책 덕에 1억짜리 집을 산 사람이 있고 뻥튀기 시스템 덕에 그 집이 2억짜리가 되었다면, 10억짜리 집을 가지고 있었던 사람은 20억 부자가 되었을 것이다. 설령 자산경제 시스템이 제대로 작동한다 해도 빈부의 차이는 오히려 더욱 커진다는 얘기다.

20세기 말 자산경제 사례의 또 다른 무대는 미국이다. 빌 클린턴(Bill Clinton)과 앨런 그린스펀(Alan Greenspan)이 주인공이다. 그린스펀은 클린턴에게 이런 조언을 한다. 임금 상승을 회피하면서, 즉 신자유주의자들의 불만을 회피하면서 자산 가격 상승에 따른 부의 집중을 회피할 수 있는 유일한 경로는 노동자들이 훨씬 높은 수준의 개인 소비자 신용을 활용해 자발적으로 자산경제에 참여하도록 유도하는 것이라고. 자산경제를 추구하라는 얘기이고, 다른 측면에서 보자면 자산 민주화 전략이다. 그린스펀은 사회적 투자와 임금 상승을 주축으로 하는, 신뢰를 얻기 힘든 정치로 되돌아가기보다는 신용 관련 규정을 완화해 자산가치 상승이라는 부의 효과를 일반화하는 것이 낫다고 클린턴에게 권고한 것이다(앳킨스·쿠퍼·코닝스, 2020: 126).

그린스펀의 권고가 어떤 결과를 가져왔는지는 2008년이 되면 분명해진다. 그린스펀 말대로 훨씬 높은 수준의 개인 소비자 신용을 활용해 노동자 계층도 자산경제에 적극적으로 참여했지만 결과는 참담했다. 노동자들은 모든 것을 잃었고, 다른 한편 노동자들이 잃은 것만큼 더 얻는 계층이 있었다. 자산 민주화는 허망한 것이었고, 부의 집중은 심화되었다.

영국과 미국에서 자산경제의 대표적인 실패를 확인할 수 있지만, 그렇다고 해서 자산경제가 완전히 틀렸다고는 할 수 없다. 국가 차원에서 보자면 자산경제는 계륵이기도 하고, 또 다른 시각에서는 아직 길들이지 못한 야생마일 수도 있다. 국가 단위에서는 이러지도 저러지도 못하는 상황이지만, 개인 단위로 보자면 분명한 방향성이 있다. 무슨 수를 써서라도 자산경제에 끼어들어야 한다는 절박감이다. 이들을 이토록 절박하게 만들고 있는 것이 바로 인플레이션이다.

08

부의 집중

부의 증가

조선시대 한양의 중산층과 현재 서울의 중산층이 보유한 부를 비교해 보자. 비교의 목적은 과거에 비해 현재 개인이 보유하는 부의 크기를 가늠해 보자는 것이다. 그러니까 과거나 지금이나 같은 조건을 비교 대상으로 삼아야 한다. 과거 하층민과 현대의 부유층을 비교하는 것은 말이 안 된다. 반대로 과거 세도가와 현대의 빈민층을 비교하는 것도 말이 안 된다. 적절한 비교 대상을 찾으려 해도 여러 개의 논문이 필요할 것이다. 여기서는 그런 정교함까지는 필요 없다. 개인이 보유하는 부의 크기가 과거에 비해 상당한 규모로 커졌다는 것만 증명하면 된다.

조선시대 중산층은 현대 서울의 종로 변에 살았다. 중인층이 모여 살던 곳이다. 현대에도 그곳에 사람이 살고 있다. 종로에 살고 있는 사람을 생각해 보자. 각각의 시대에서 사회경제적 조건이 비슷한 부류라고 할 수 있을 것이다. 각 시대 사람이 보유하는 자산과 현금의 경제적 크기를 세세히 비교할 수 있는 자료는 없다. 하지만 그저 상상해 보는 것만으로도 충분하다. 조선시대 사람이 가졌던 것 중 불필요한 것이 아니라면 현대인들은 모든 것을 가지고 있다. 현대인은 조선시대 사람들이 가지고 있지 않았던 것들도 많이 가지고 있다. 자동차도 있고, TV도 있고, 집 이외에 상가도 있을 수 있고, 땅도 가지고 있을 수 있다. 얼핏 짐작만으로도 조선시대 사람에 비해 현대인이 훨씬 더 많은 것을 소유하고 있음을 알 수 있다. 개인의 부가 증가했다는 얘기다.

우리가 사는 세상의 부는 개인의 부 이외의 것도 있다. 국가의 부다. 조선시대와 현대 대한민국 중 어느 쪽이 더 많은 부를 가졌는지 판단하는 것은 쉬운 일이다. 조선시대에는 구경할 수도 없던 공항, 항만, 철도, 고속도로 같은 것들이 대한민국에는 있다. 조선시대와 대한민국의 국가적 부의 크기를 비교한다는 것 자체가 무의미할 정도다.

과거에 비해 개인의 부나 국가의 부 모두 비약적으로 증대했다. 이런 증대는 역사적으로 볼 때 완만하게 지속적으로 증대된 것이 아니다. 인류가 자본주의를 본격적으로 도입한 이래로 급격히 증가했다.

세계 생산 성장률 추세를 보여주는 그래프를 보면 1800년대 말부터 성장률 증가 추세가 가파르게 오르는 것을 확인할 수 있다. 성장이 쌓여서 부가 되는 것이니 성장률 증가와 비례해 부가 증가했다고 보면 된다. 그런데 한 가지 더 짚어봐야 할 것이 있다. 성장률 증가와 비례해 부가 증가했다고 했는데, 어떤 비례인지에 대해 관심을 기울일 필요가 있다. 부는 성장률을 적분해서 얻어진다. 따라서 부의 증가는 성장률 그래프보다 훨씬 더 가파른 기울기로 증가한다. 이럴 때 "지수적으로 증가한다"라는 말이 명실상부하게 사용될 수 있다.

자본주의 도입 이후 개인과 국가의 부의 증가는 부인할 수 없는 사실이다. 이뿐만 아니라 과거의 추세가 미래를 확정적으로 말해주는 것은 아니지만, 부의 증가 추세는 적어도 당분간 지금처럼 유지될 것이라고 판단해

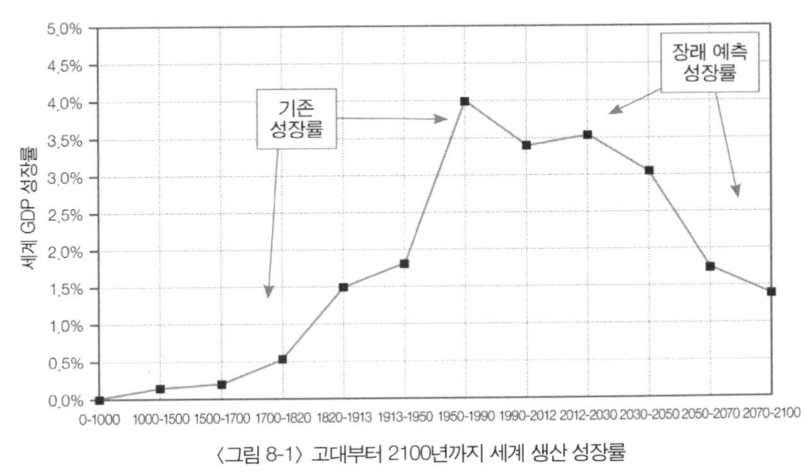

〈그림 8-1〉 고대부터 2100년까지 세계 생산 성장률

자료: 피케티(2013: 127); http://piketty.pse.ens.fr/files/capital21c/pdf/G2.5.pdf.

도 큰 무리는 없다. 그런데 경제성장률 변화 추이를 보여주는 그래프를 보면서 하고 싶은 얘기는 그게 다는 아니다.

5% 이상의 경제성장을 한 것은 인류 역사에서 특이한 현상이었다. 2000년 중에 200여 년 조금 넘는 기간이니 그렇다. 자료를 통해 고찰이 가능한 전 기간 중 단 10분의 1 기간에서만 관찰되는 부분적인 현상일 뿐이다. 인류가 연 5% 정도의 대단한 성장률을 경험한 것은 별로 오래된 일도 아니지만, 사람들은 고도성장을 당연한 것으로 여긴다. 근 2000년 가까이 유지된 0~1% 성장은 상상도 할 수 없다. 오늘날 선진국들은 2%대의 저성장을 경험하고 있지만, 이것은 벗어나야 하는 불황 정도로 생각한다. 2% 성장은 과연 저성장인가?

한국인의 평균 수명은 83세 정도 된다. 어떤 사람이 태어나서 죽을 때까지 매년 평균 2% 정도의 경제성장을 경험한다면 그는 80세가 될 무렵이면 태어날 때보다 5배(정확하게는 4.88배) 부자가 된다. 만약 6% 정도의 경제성장을 이어가면 어떤 일이 벌어지는가? 80세가 될 무렵이면 태어날 때보다

100배의 부자가 된다. 2배 부자가 된다는 것은 소모할 수 있는 물건의 양이 2배가 된다는 것을 뜻하기도 한다. 5배 부자는 물건이 5배 많고, 100배 부자는 물건이 100배로 많아진다. 이것이 가능한 얘기일까? 현재 세계 인구 70억이 경제성장 6%를 80년 지속하면 70억의 인구가 100배 더 많은 물건을 보유하고 있어야 한다.

2018년 1인당 세계 평균 철강 소비량은 224.5kg이다(≪철강금속신문≫, 2019.6.14). 2018년에 태어난 아이가 80년을 살면서 연평균 경제성장률 6%를 이어간다면 80살이 되면 산술적인 연간 철강 소비량은 22톤이 된다. 한 사람당 매년 웬만한 군용 장갑차 하나씩은 만들어 가져야 소비가 되는 양이다. 이런 풍요로움을 생산할 수 있는 자원이 우리 지구에는 없다.

부자가 되고 싶다는 모든 사람의 열망을 잠시 멈추고 생각해 보면 지속적인 고도성장을 추구한다는 것이 얼마나 위험하고 말이 안 되는 일인지 알 수 있다. 하지만 현실에서는 그건 모두의 일이기는 하지만, 나의 일은 아니다. 수요-공급 곡선에서 공급을 조절하면 불황을 피해 갈 수도 있으련만 모든 개별 생산자는 수요가 무한하다고 생각하는 것처럼, 그리고 죄수의 딜레마에 빠진 사람처럼 개인적 욕심을 버릴 수가 없어서 조만간 닥쳐올 것을 뻔히 아는 불황을 피하지 못하는 것처럼, 경제성장에 대한 집착도 마찬가지다. 고도성장 추구가 몰고 올 불행을 모르지 않지만, 거기서 내릴 생각은 꿈에서도 하지 못한다. 2%대 경제성장을 저성장이라고 투덜대는 사회를 보면 우리 사회의 부의 증가는 파국이 오기 전까지는 지속될 것 같다.

부의 집중

역사적으로 볼 때 부는 증가했다. 절대적인 부의 양으로 볼 때 모든 사람의 부가 증가했다. 그 덕분에 절대빈곤층은 많이 줄어들었고, 지금도 줄어들고 있다. 여전히 아프리카의 어느 나라에서는 굶어 죽는 사람이 있기는 하지만, 예전에 비하면 그 숫자가 적어졌다는 것으로 위안을 삼는다. 하지만 구성원들의 부가 고르게 증가하지는 않았다. 부의 상대적 분포를 보면 부자는 더 부자가 되고, 상대적으로 가난한 계층은 더 가난해졌다.

절대적인 부가 증가하면서 상대적인 빈부의 격차가 크게 벌어지는 것은 당연한 일이기도 하다. 부가 만들어지는 과정을 보면 알 수 있다. 부를 창출하는 방법을 보자. 세 가지가 있다. 하나는 노동을 통해 돈을 버는 것, 두 번째는 돈을 빌려주고 돈을 버는 방법, 그리고 세 번째는 사놓은 자산이 올라가서 돈을 버는 방법이 있다. 역사를 살펴보면 금융자본 수익률(두 번째 방법)과 자산가치 상승에 의한 수익률(세 번째 방법)은 언제나 임금 상승률보다 높았다.[1]

자산가치 상승에 의한 수익률(세 번째 방법)이 언제나 임금 상승률보다 높다는 것을 단적으로 보여주는 증거가 있다. 1988년 노동자 임금은 연 430만 원, 2016년 임금은 연 2895만 원으로 1988년 대비 6.7배 상승했다. 반면 같은 기간 강남의 아파트는 16배 상승했다(≪EBN 산업경제신문≫, 2017. 3.6). 또 다른 증거도 있다. 한국은행이 발표한 2020년 국민대차대조표에 따르면, 2015년 말에서 2020년 말에 이르는 기간 동안 소득은 14% 증가한

---

1 자본 수익률과 자산가치 상승에 의한 수익률이 임금 상승률보다 높다는 것은 토마 피케티의 'r > g'를 인용해 설명할 수 있다. 피케티에 따르면 r은 연평균 자본 수익률을 의미하는 것으로, 자본에서 얻은 이윤, 배당금, 이자, 임대료, 기타 소득을 자본총액에 대한 비율로 나타난 것이다. g는 경제성장률, 즉 소득이나 생산의 연간 증가율을 뜻한다. 두 번째 방법인 자본 수익률은 피케티가 말하는 r의 구성 요소에 당연히 포함된다. 자산가치 상승에 의한 수익률도 자산가치 상승은 결국 자본에서 얻은 이윤, 배당금, 이자, 임대료, 기타 소득으로 전환되므로 r에 포함된다. 한편 임금은 g를 구성하는 일부분인데, 나머지는 상품이다. g의 성장에서 임금이 차지하는 비중이 상품이 차지하는 비중보다 작다는 것을 고려하면 임금 상승은 g를 밑돌 것이 틀림없다. 따라서 피케티의 말대로 언제나 'r > g'라면 자본 수익률과 자산가치 상승에 의한 수익률은 언제나 임금 상승률보다 높다.

반면, 집값은 52% 증가했다(≪매일경제≫, 2021.7.27). 자산가치 상승에 의한 수익률(세 번째 방법)이 언제나 임금 상승률보다 높다는 또 하나의 증거다.

금융자본 수익률과 자산가치 상승으로 인한 수익률은 앞서거니 뒤서거니 하면서 위치를 바꾸기도 하지만, 이들이 임금 상승률보다 낮아진 적은 없다. 과거의 추세가 그렇다고 해서 앞으로도 반드시 그럴 거라고 장담할 수 있는 것은 아니지만 그럴 가능성이 높은 것은 사실이다. 가난한 사람이라고 해서 자본이나 자산을 전혀 가지고 있지 않은 것은 아니지만, 부자가 더 많이 가지고 있다(더 많이 가지고 있기 때문에 부자라고 불린다). 자본 수익률이나 자산 수익률이 임금 상승률보다 앞으로도 높을 것이라면 이는 부자는 부자가 되고, 상대적으로 가난한 사람은 더 가난해진다는 것을 뜻한다.

부의 격차가 심화될지 아닐지를 쉽게 가늠해 볼 수 있는 방법이 있다. 얼마 전 유명 연예인이 서울 한강 변의 집을 140억 원에 샀다는 뉴스가 나왔다. 140억짜리 집이라는 것도 그렇고 그 구매자가 유명 연예인이라는 것도 뉴스거리였지만, 그 돈을 은행 대출 없이 모두 현찰을 주고 샀다는 것이 더 대단한 뉴스거리였다. 유명 연예인과 자신을 비교해 보는 것은 부의 격차를 실감하는 가늠자가 된다. 현재 그 유명 연예인의 수입은 웬만한 사람의 수입보다 수십 배는 많을 거 같은데, 앞으로 그 유명 연예인이 돈을 더 많이 벌 것 같은지, 자신이 더 벌 것 같은지를 생각해 보면 쉽다. 지금 잘 벌고 있는 그가 앞으로도 더 잘 벌 것이라는 생각이 합리적이다. 부의 격차가 벌어지는 것은 피할 수 없다.

부의 격차가 심화되고, 부의 집중이 발생한다는 것을 계량적으로 알 수 있는 방법이 있다. 지니계수라는 것을 살펴보면 된다. 지니계수는 소득의 불평등을 지수화한 대표적인 것이다. 지니계수는 소득 이외의 자본이나 자산의 불평등을 계산할 때도 적용될 수 있다.

지니계수의 변화를 보면 불평등이 심화되는지 아닌지를 알 수 있다. 여

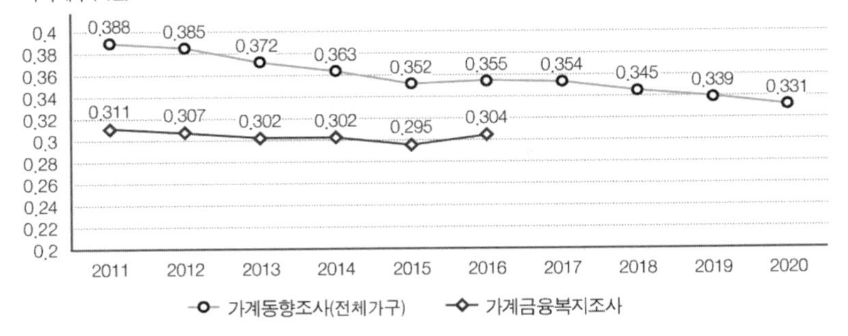

〈그림 8-2〉 지니계수의 변화

자료: e-나라지표, "지니계수", 통계청 가계동향조사>농가경제조사>가계금융복지조사.

기서 말하는 불평등은 소득의 불평등일 수도 있고, 자산의 불평등일 수도 있으며, 에너지 소비의 불평등일 수도 있다. 지니계수를 도출하는 과정은 어떤 측면에서의 불평등이냐를 가리지 않고 무엇에든 사용할 수 있다. 심지어 특정 자식에 대한 부모의 편애를 지니계수로 표시할 수도 있다. 부모가 자식에 대한 애정을 사탕으로 표시한다고 가정해 보자. 사탕이 100개 있으면 애정 총량은 100개다. 지니계수는 공평하지 않게 분배된 사탕 개수를 전체 사탕 개수로 나누어서 얻을 수 있다. 4명의 자식에게 100개의 사탕을 나누어 주는데, 각각 25개씩 공평하게 나누어 주면 공평하지 않게 분배된 사탕 개수가 0이 되어 지니계수도 0이 된다. 그런데 각각 15, 20, 25, 40개씩 나누어 주었다고 하면, 공평하지 못한 개수는 각각 0(15 −15), 5(20 − 15), 10(25 − 15), 25(40 − 15)가 된다. 공평하지 못한 개수의 총합은 40이고 이것을 전체 사탕 개수 100으로 나누면 0.4가 된다. 이것이 부모의 애정분배지수, 즉 애정지니계수가 된다.

우리나라의 지니계수를 살펴보면 하향 추세라는 것을 알 수 있다. 그런데 그렇게 읽으면 안 된다. 지니계수가 0이 아니라는 것은 불평등이 존재한

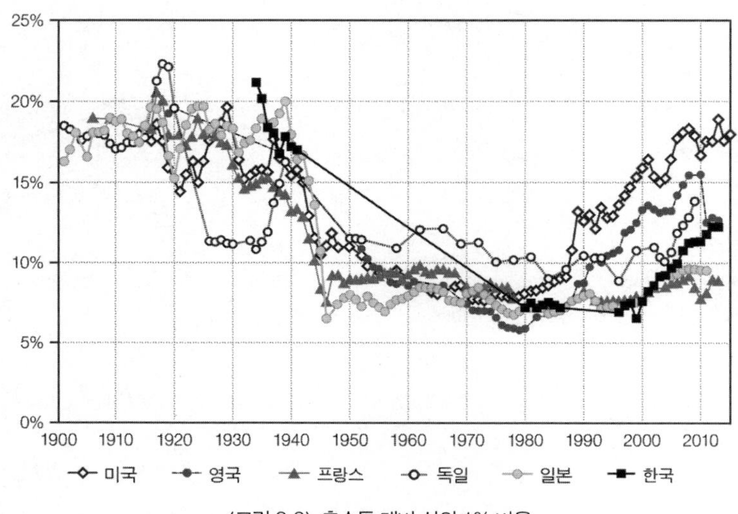

〈그림 8-3〉 총소득 대비 상위 1% 비율

자료: 윤영훈·이우진(2015.2.23).

다는 것이고, 지니계수가 하향하고 있다는 것은 불평등이 심화되는 정도가 약해진다는 의미이다. 일견 불평등이 개선되고 있는 것처럼 보일 수 있다. 그러나 지니계수의 추세에서 또 한 가지 주의해야 할 것이 있다. 지니계수가 하향 추세를 보인다고는 하지만, 10년 동안 0.057 하락했을 뿐이다. 이런 추세가 계속된다고 해도 완전한 평등에 도달하려면 60년이 걸린다.

부의 집중을 시간적으로 긴 안목으로 살펴보면, 지금의 부의 집중을 특이하게 생각할 것도 아니다. 지금, 바로 21세기 초반의 부의 집중이 그냥 그런 거라고 넘어가기 어려울 정도라는 주장도 많지만, 20세기 전반에 있었던 부의 집중과 비교하면 그보다는 덜하다는 것을 알게 된다. 제1차 세계대전 직전 상위 1%는 전체 부의 20%에 못 미치는 정도였다. 한편 1020년경 상위 1%가 전체 부에서 차지하는 비율은 15%에 근접하고 있다.

〈그림 8-3〉에서 우리나라 상황도 확인할 수 있다. 상위 1%가 전체 부에서 차지하는 비율이 1930년대 중반 이후 1980년경까지 급격히 하락한다.

1980~1990년에는 매우 완만하게 하락한다. 반면 1990년을 지나면서 다시 급격하게 상승하는 것을 볼 수 있다. 부의 집중이 급격히 심화되는 양상이다.

부의 집중은 어디까지 계속될 수 있을까? 상위 10%, 혹은 1%가 차지하는 부의 비율이 최고를 찍었던 벨 에포크 시대가 정점일까? 아니면 그보다 더 부의 집중이 심화될 수 있을까?

대략 1880년부터 제1차 세계대전이 발발하기 전인 1914년까지의 시기를 벨 에포크라고 부른다. 좋은 시절이라는 뜻인데, 누구한테 좋았던 시절이었는지를 분명하게 해둘 필요가 있다. 돈을 벌 수 있는 조건을 갖추고 있던 사람들이 좋은 조건을 만나 더 많은 돈을 벌 수 있어서 좋은 시절이었다. 1914년을 기점으로 벨 에포크의 시대가 끝나는 것은 다름 아닌 전쟁 때문이다.

제1, 2차 세계대전 이후 그래프에서 확인할 수 있는 것처럼 부의 집중이 완화되는 것을 볼 수 있다. 두 가지 힘이 작용했다. 하나는 생산이 감소하고 소비도 감소하면서 자본가의 매출 자체가 하락한 것이고, 다른 하나는 이윤 대비 임금이 상승하고 자본 수익은 하락했기 때문이다. 전쟁으로 의도치 않은 부의 리셋이 이루어진 셈이다.

벨 에포크 시대 이전에는 어떤 상황이었던가? 프랑스 대혁명이 궁금증의 많은 부분을 풀어준다. 이 시기에 왕과 귀족, 사제에게서 부를 빼앗는 일이 벌어진다. 프랑스 혁명의 대표적인 구호인 '평등'을 생각해 보면 기존 기득권층, 즉 앙시앵레짐의 기득권층에게서 빼앗은 부가 국민 모두에게 골고루 돌아가는 것이 맞겠지만, 그런 일은 일어나지 않았다. 원래 가진 사람들에게 빼앗아 생긴 새로운 부는 주로 부르주아 계급들이 차지했다.

프랑스 대혁명을 통해 부의 평등이 완전하게 이루어진 것은 아니지만, 부의 주인이 바뀌었다는 점, 그리고 부를 가지는 계층의 범위가 넓어졌다는 점에서 볼 때 부의 불평등은 적어도 그 이전 앙시앵레짐 시대보다는 덜 해졌다고 얘기할 수 있다. 부의 리셋이 이루어진 셈이다. 긴 역사적 안목으로 살펴보면 부의 리셋은 주기적으로 나타나는 듯 보인다. 우리나라도 마찬가지다. 우리나라에서 가장 최근에 있었던 부의 리셋은 토지개혁이다.

광복 이후 이승만 정권에서 토지개혁이 이루어졌다. 토지를 과다하게 소유한 사람들에게서 땅을 거두어들여 땅을 가지지 못한 실제 경작자에게 나누어 주는 작업이었다. 유상몰수와 유상분배를 원칙으로 했다. 토지를 과도하게 보유하고 있는 사람에게서 땅을 빼앗은 것이 아니라 일정한 금액을 보상했다. 보상액은 토지에서 생산되는 3년치 소출로 정해졌다. 어떤 토지에서 쌀이 매년 10가마가 생산된다면 그 토지를 국가가 몰수하는 대신 서른 가마의 쌀에 해당하는 금액을 보상하는 방식이다. 몰수한 땅을 실제 경작자에게 나누어 줄 때도 유상분배 원칙이 적용됐다. 땅을 분배받은 사람은 1.5년치 소출에 해당하는 금액을 국가에 분할 납입해야 했다.

이승만 정부에서 시행한 토지개혁에 적용된 배상 금액은 얼핏 보기에 적은 금액처럼 느껴진다. 땅을 분배받고 1.5년간 소출을 저축한다면 온전하게 자기 땅으로 만들 수 있기에 그렇다. 이 금액의 크기를 실감할 수 있는 비유를 들어보자. PIR(price to income ratio)과 비교해 보자. PIR은 수입 대비 주택 가격이다. 2021년 현재 서울의 PIR은 대략 10 정도다(≪한겨레≫, 2021.8.30). 서울의 중간 소득자가 중간 정도의 집을 사기 위해서는 10년 동안 버는 돈을 모두 저축해야 한다. 농지개혁 시 토지를 가지기 위해서는 1.5년 동안 버는 돈을 저축하면 된다. 이런 비교를 보자면 농지개혁 당시의 토지 인수 가격이 매우 저렴했다는 것을 알 수 있다.

농지개혁에 적용된 1.5년치 소출액을 다른 시각으로 볼 수도 있다. 임대료 개념을 적용해 보자. 농지를 임차해서 경작할 경우 농지 임차료, 즉 소작료는 대개 33%(1/3)라고 볼 수 있다(이대근, 1987: 99). 일제강점기에는 이보다 더 심했다. 일제강점기 말 무렵에는 소작료가 53.3% 정도가 된다. 이 수치도 어마어마하게 높은 것이지만, 1931년에는 59.3%를 기록하기도 했다(정청세, 2003: 40). 이제 33%의 임차료를 적용해 보자. 1.5년치 소출은 임차료 개념으로 보자면 4.5년치가 된다. 이제 이것을 현대의 상가 건물과 비교해 보자. 상가의 평균적인 임차료는 좀 넉넉하게 잡으면 상가 건물 가격의 5% 정도다. 빡빡하게 잡으면 3% 정도다. 상가 임차료는 대개 3~5% 정도가 되는데, 3%를 기준으로 보면 건물 가격은 대략 30년치 임대료에 해당한다. 현대에서 임차하고 있는 상가를 사려면 임대료 30년치를 모아야 한다. 반면 이승만 정부 농지개혁 시기에는 4.5년치 임대료만 모으면 되었다. 당시 농민들이 매우 저렴한 가격으로 토지를 인수할 수 있었다는 것을 또다시 확인할 수 있다.

농지개혁 당시에 적용된 1.5년치 소출은 현대의 PIR이나 건물 임차료에 비추어 보았을 때 상당히 저렴한 액수로 보인다. 이는 농지개혁의 의미를 더 높이 평가할 수 있는 계기를 제공한다.

이승만 정부에서 이루어진 토지개혁은 일종의 부의 리셋이었다. 개혁 자체는 제대로 대금을 치르고 땅을 사고, 판 것이기에 아주 적극적인 의미에서 부의 리셋이라고 보기 어렵지만, 우연히 인플레이션이 겹치면서 부의 리셋 효과가 제고된 것은 분명하다. 지주들이 땅을 넘기고 현금을 받은 상태에서 인플레이션이 발생했으니, 현금을 가진 지주의 부는 줄어들고 토지를 가진 농민의 부는 증가했기에 그렇다.

이승만 정부의 토지개혁으로 적어도 농지에 한해서는 부의 리셋이 이루어졌지만, 그 효과는 그리 오래가지 않았다. 농지 소유는 토지개혁 이후 점차 일부 계층으로 집중되었다. 토지개혁 당시 모든 경작자가 자신의 땅을 가지는 수준이었지만, 시간이 흐르면서 농지 소유의 불평등은 또다시 심화된다. 1970년대에는 임차 농지의 면적이 전체 농지의 17.8%로 늘어났고,

2000년에는 43.6%로 증가했다. 임차 농가의 비율도 1970년 30%, 2000년에는 72.3%로 늘어났다(박석두·황의식, 2002: 67). 물론 이때의 불평등은 이전과는 강도가 다르다는 것을 분명히 해둘 필요가 있다. 우리나라가 산업화되기 이전에 농지는 가장 중요한 생산수단이었다. 하지만 토지개혁 이후 우리나라는 급속한 산업화를 겪었고, 그에 따라 농지의 중요성은 감소되었다. 특히 경제적 수익을 얻는 도구로서의 농지의 중요성은 현저히 줄어들었다. 따라서 농지 소유에서 불평등이 다시 심화되었다고 해도, 이전의 불평등과 비교할 바는 아니다.

이승만 정부의 토지개혁이 유일한 부의 리셋은 아니다. 우리나라 땅에서 일어난 부의 리셋은 조선시대에도 있었다. 조선이 건국되면서 시행한 토지개혁이다. 조선은 고려 말 귀족과 사찰의 토지 겸병으로 인한 토지 소유의 불평등을 바로 잡기 위해 과전법을 실시했고, 결과적으로 훨씬 더 많은 사람들이 토지를 가지게 되었다.[2] 물론 이런 부의 리셋 또한 그리 오래 가지는 못했다. 조선 초기에는 대부분이 자작농이었는데 조선 중기 이후로 많은 이들이 소작농으로 전락하면서 토지 소유의 불평등이 다시 심화되었다. 아무리 리셋을 하고 다시 시작해도 부는 어김없이 일부에 집중된다.

부의 집중에 대해 관심을 가지게 되는 것은 그것이 집의 가치를 결정하는 데 큰 역할을 하기 때문이다. 부의 불평등, 즉 부의 집중은 흔히 집을 포함한 자산 보유의 불평등과 자산 가격의 상승으로 이어지기 때문이다.

2 이민우는 농민의 토지 소유 위에 설정된 수조권적 관계가 전시과에서 과전법에 이르는 과정을 통해 축소되고 엄격히 관리됨으로써 농민의 토지 소유가 확대되었다고 밝히고 있다(이민우, 2017: 79).

부의 집중과 부동산 가격 상승

부의 집중이 일어나면 자산의 가격이 상승할 수밖에 없다. 이건 매우 상식적인 것인데, 굳이 설명하면 이렇다. 때로 돈을 많이 벌었다는 명예심 때문에 돈을 번다고 주장하기도 하지만, 돈은 쓰기 위해서 번다고 하는 것이 적절하다. 돈을 어디에 쓸 수 있는지 생각해 보자. 돈은 재화를 사기 위해 주로 사용한다. 이때 재화에는 노동력(서비스), 물품, 자산이 포함된다.

사람이 번 돈을 쓴다고 할 때 사용할 수 있는 양은 한정적이다. 돈을 아무리 많이 벌어도 하루 세 끼가 아닌 여섯 끼를 먹는 사람은 없다. 자동차를 취미로 수십 대 구매하는 사람이 있기는 하지만, 그런 사람은 매우 드물다. 대개는 1대나 혹은 많아야 2~3대면 족하다. 더는 필요하지 않다.

돈이 없는 사람이 돈이 생기면 우선 생계를 유지하는 데 돈을 쓴다. 생계를 유지하는 데 사용되어야 할 필수적인 금액과 전체 수입을 대비해 부르는 말로 엥겔지수라는 것이 있다. 저소득층일수록 엥겔지수가 높고, 부자일수록 엥겔지수가 낮아진다. 이 말은 생계유지에는 필요한 한도가 있고, 그 이상 더 쓰기도 어렵다는 뜻이다.

생계유지를 넘어서서 기호나 취미로 돈을 쓸 수 있지만 이것 역시 한정적이다. 그 이상의 돈을 벌어들인다면 사람들은 저축하거나 혹은 자산을 구입하게 된다. 저축과 자산 구입 중 무엇을 선택할 것이냐는 수익률에 달렸다. 때로 이자수익이 자산수익보다 클 수도 있고 반대로 자산수익이 이자수익보다 크기도 하다. 이자수익률과 자산 수익률은 고정적이지 않기 때문에 미래에 대한 판단이 중요하다. 어찌 됐든 생계유지를 넘어서고, 또한 취미 생활에 필요한 소비를 넘어설 만큼 소득이 있는 사람들은 자산을 구입한다. 부가 집중되면 될수록 자산에 대한 관심이 높아지는 것은 자명한 일이다. 더 많은 사람들이 자산에 관심을 가지면 가질수록 (자산 가격이

상승할 때는 아주 잘 들어맞는) 수요-공급의 법칙에 의해 자산 가격은 상승할 수밖에 없다.[3]

돈 많은 사람들이 더 많은 돈을 가지게 되면, 그 돈을 주로 자산을 구입하는 데 사용한다고 생각하는 것이 상식적이다. 또한 자산을 구입하려는 사람이 많아지면 자산의 가격이 오르는 것도 매우 상식적이다. 그런데 그런 상식에만 의존해서 부의 집중이 곧장 자산 가격 상승으로 이어진다고 주장하기에는 미진한 구석이 있다. 상식을 좀 분석적으로 들여다보고, 거기에 몇 가지 근거를 붙이는 작업을 해보자. 우선은 미국 재무장관을 지낸 저명한 경제학자의 말을 빌려 시작해 보자.

클린턴 행정부에서 재무장관을 지낸 로런스 서머스(Lawrence summers)가 2016년 ≪포린 어페어스(Foreign Affairs)≫ 기고문에서 당시의 경제적 상황을 표현하기 위해 구조적인 경기침체라는 표현을 사용했다. 인플레이션이 우려될 만한 과열 상황에서도 경기가 침체되는 경향을 보였기 때문이다. 기고문의 주된 내용은 경기침체에 관한 것이지만, 우리가 관심을 두는 것은 자산 가격 상승에 대한 그의 견해다.

로런스 서머스는 자산 가격 상승은 주로 부의 집중에 의해서 일어난다고 분명하게 얘기하고 있다.[4] 일단 돈 많은 사람이 더 많은 돈을 가지면 자산을 더 구입하고, 이에 따라 상승한다는 상식을 저명한 경제인의 입을 통

3 앞서 수요-공급의 법칙이 잘 작동하지 않는다고 했는데, 이는 내구재이고 또 일종의 자본재이기도 한 주택시장에서 그렇다는 얘기다. 여기서 언급하는 자산시장은 주택시장과는 다르게 움직인다.

4 로런스 서머스는 기고문에서 "Absent many good new investment opportunities, savings have tended to flow into existing assets, causing asset price inflation.... Greater saving has been driven by increases in inequality and in the share of income going to the wealthy, increases in uncertainty about the length of retirement and the availability of benefits, reductions in the ability to borrow (especially against housing), and a greater accumulation of assets by foreign central banks and sovereign wealth funds"라고 주장했다(Summers, 2016.2.15).

해 다시 확인할 수 있다.

이번에는 생계유지나 기호나 취미에 쓸 돈 이상을 벌어들인 계층이 역사적으로 돈을 어디에 썼는지, 산업혁명기의 영국을 통해 알아보자. E. K. 헌트(E. K. Hunt)에 따르면, 산업혁명기 내내 빈민들의 생활수준이 상대적으로 빠르게 하락한 것은 의심의 여지가 없는 사실이라고 말한다. 이를 입증하기 위해 그는 다시 에릭 홉스바움(Eric Hobsbaum)을 인용한다.

> 가난한 사람들은 상대적으로 더욱 가난해졌다. 나라 전체와 부자와 중간계급이 부유해졌기 때문이다. 빈민들이 궁지에 몰려 있던 그 순간에……(Hobsbawm, 1968: 72).

사람들이 모여 사는 집단에서 누군가가 상대적으로 가난해졌다면 다른 한쪽에서는 부가 증대되고 있음이 틀림없다. 홉스바움은 그렇게 돈을 더 가지게 된 집단으로 부자와 함께 중간계급을 지목하고 있다. 산업혁명 이전이라면 부자는 왕과 귀족과 사제 계층으로 한정될 것이다. 산업혁명은 부자의 세상을 변화시켰다. 왕과 귀족과 사제 계층의 부가 감소하고, 부르주아 계층이 새로운 부자로 올라섰다. 산업혁명이 더 진전되면서 생계를 걱정하지 않아도 좋을 정도로 풍족한 돈을 보유한 새로운 계층이 나타난 것이다(헌트, 2012: 102).

새로 부자가 된 계층들은 이제 더는 생계유지를 위한 '빵'에 연연하지 않았다. '빵'을 아무리 많이 먹어도 하루 세 끼 이상을 먹을 수 있는 것도 아니고, 설사 하루 열 끼니를 먹는다고 쳐도 그들이 벌어들인 돈의 만 분의 일도 소모할 수 없었다. 홉스바움은 이렇게 말한다. 이들은 1851년 런던 대박람회에 진열된 눈이 휘둥그레질 정도로 호화로운 가구를 사들이고, 그러고도 잉여 자본을 주체하지 못해 철도에 미친 듯이 투자를 했으며, 매연이 자욱한 북부의 도시에 궁전처럼 으리으리한 건물을 지어댔다.

철도에 투자한 것은 주식을 매입했다는 것이고, 으리으리한 건물을 지어댔다는 것은 부동산을 구입했다는 뜻이다. 현대적 의미로 볼 때 주식과 부동산은 가장 대표적인 자산이다. 산업혁명기를 거치면서 새로운 부자로 등장한 중간 부르주아 계층이 벌어들인 돈을 어디에 썼는지를 알 수 있는 대목이다.

홉스바움이 지목하는 새로운 부자들이 자산 투자에 열을 올렸다는 점은 피케티도 강조했다. 피케티는 부의 구성 요소를 분석한다. 그에 따르면 돈이 많은 사람들이 모든 부를 현금 형태로 가지고 있는 것은 바보 같은 짓이다. 대부분 주식이나 채권 같은 금융자산이나 부동산 형태로 보유한다. 하다못해 은행에 정기예금의 형태로라도 보유한다.

생계유지와 취미나 기호 생활을 넘어서는 부를 보유한 사람들은 부의 잉여를 자산 형태로 바꾸어 보관하는데, 자산의 구체적인 형태에는 차이가 있다는 점도 부연한다. 그의 말을 요약하자면 이렇다. 상위 10%의 부자들은 부의 절반 이상 혹은 4분의 3을 부동산 형태로 가지고 있다. 하지만 좀 더 상위 부유층으로 갈수록 부동산 비율은 떨어진다. 상위 1% 부유층에 이르면 그들 부의 주된 부분은 주식이 차지한다. 비록 최상위 계층으로 올라갈수록 그들이 구입하는 자산에서 부동산의 비중이 떨어지기는 하지만, 여전히 생계와 취미나 기호를 유지할 수 있는 수준 이상의 부를 축적한 계층이 보여주는 동일한 경제 행태는 자산 구입이다(피케티, 2013: 312~313).

부의 집중이 일어나면 자산 가격이 상승한다는 것은 상식에 의거해서 추론할 수 있고, 또한 역사적 사실로도 뒷받침된다. 이전의 논의에서 부의 집중은 불가피하게 계속 심화될 것이라는 점을 밝힌 바 있는데, 이는 결국 자산 가격 상승이 지속되고 강화될 수밖에 없음을 의미하기도 한다. 이제 부의 집중이 자산 가격 상승, 특히 부동산 가격 상승과 관련이 있는지를 좀 더 객관적인 방법을 사용하여 확인해 보자.

집값과 부의 집중: 금융자산과 집값

부의 집중과 자산 가격 상승 간의 인과관계를 알아보기 위해 사용할 통계적 분석 방법은 VAR 모델을 이용한 충격반응과 분산분해분석이다. VAR 모델은 관찰 대상을 표현하는 과거 값의 선형조합으로 관찰 대상 자신을 표현하는 방법이다. 충격반응과 분산분해분석은 시계열적 사건 A와 또 다른 시계열적 사건 B가 어떤 관계인지와 얼마만 한 크기의 영향을 상호 간에 미치는지를 알아보는 데 사용되는 분석 방법이다.[5] 여기서 말하는 어떤 관계란 A가 B의 원인인지, 혹은 B가 A의 원인인지를 알아보는 것이다. 또한 A가 B의 원인이라면 얼마나 크게 영향을 미치는지를 알 수도 있다. 또한 A, B가 시계열적 데이터, 그러니까 시간적으로 변화하는 자료이니까, A가 B에 미치는 영향 또한 시간적 차이가 있을 수도 있다. 충격반응분석과 분산분해분석은 두 사건의 인과관계와 인과성 정도, 그리고 얼마만 한 시간 차이를 두고 인과관계가 성립하는지를 알려준다.

부의 집중과 자산 가격 상승이 관련이 있는지 없는지를 통계적으로 알아보려면 우선 부의 집중을 표시할 수 있는 지표가 있어야 하고, 또한 자산 가격 변화 추이를 알 수 있는 지표가 있어야 한다. 부는 대부분 금융자산과 비금융자산 형태로 저장된다. 금융자산에는 각종 예금과 주식, 채권 같은

5 VAR은 일변량 자기회귀모형을 다변량 자기회귀모형으로 확장시킨 모형으로, 예측 및 내생 변수의 변화에 따른 효과 분석에 사용된다. VAR은 충격반응분석을 통해 어떤 한 변수의 변화가 내생 변수에 미치는 동태적 효과를 파악할 수 있게 해주며, 분산분해를 통해 각각의 내생 변수 변동 중에 이 변수들이 전체 변동에 기여하는 부분의 상대적 크기를 알 수 있다(문권순, 1997: 24).

것들이 포함된다. 비금융자산으로 대표적인 것은 부동산이다. 이번 검토에서는 부의 집중의 변화 양상을 표시하기 위해 가계별 금융자산을 사용한다(한국조세재정연구원, "재정패널조사 2007~2018"). 자산 가격 상승 변화 추이를 표시하는 지표로는 주택매매가격지수(전체)를 사용한다.[6]

(1) VAR 모델 분석: 전체 금융자산과 집값

우선 알고 싶은 것은 전체 소득자의 금융자산과 자산(주택) 가격 상승 추이와의 관계다. 흔히 유동성이 많으면 자산 가격이 상승한다고 말한다. 유동성은 부의 구성 성분으로 볼 때, 금융자산에 해당한다고 보아도 된다. 그러니 유동성이 얼마나 풍부한지 표시할 수 있는 지표로 사용할 수 있는 것이 금융자산이라고 할 수 있다.

유동성을 개인이 보유하고 있는 금융자산으로 표시할 수도 있지만, 다른 방법도 있다. 시중에 풀린 통화량을 유동성을 표시하는 지표로 볼 수도 있다. 통화 중에서도 특히 M2 통화가 적절하다고 여겨진다. 본원통화에는 은행에 의한 신용창조가 덧붙어야 하니 유동성을 너무 적게 잡은 것이고, Lf 통화는 현금으로 환전하는 데 시간이 소요되는 자금들이 많이 섞여 있기에 그렇다.

유동성, 즉 M2 통화량과 자산 가격 추이의 관련성에 대해서는 많은 연구가 이루어졌고, 이 중 대부분의 연구에서 M2 통화량과 자산 가격 상승에 양의 유의미한 관계가 있음을 보여준다.[7] 여기서는 전 소득계층의 금융자산을 유동성이라고 보고, 자산 가격 상승 추이와의 인과관계를 살펴보자.

6 한국부동산원, 월간주택가격동향 시계열(2020.7).

7 정규일은 유동성과 자산 가격 간의 연관관계에 대한 기존의 연구를 일목요연하게 설명한다(정규일, 2006: 8~9).

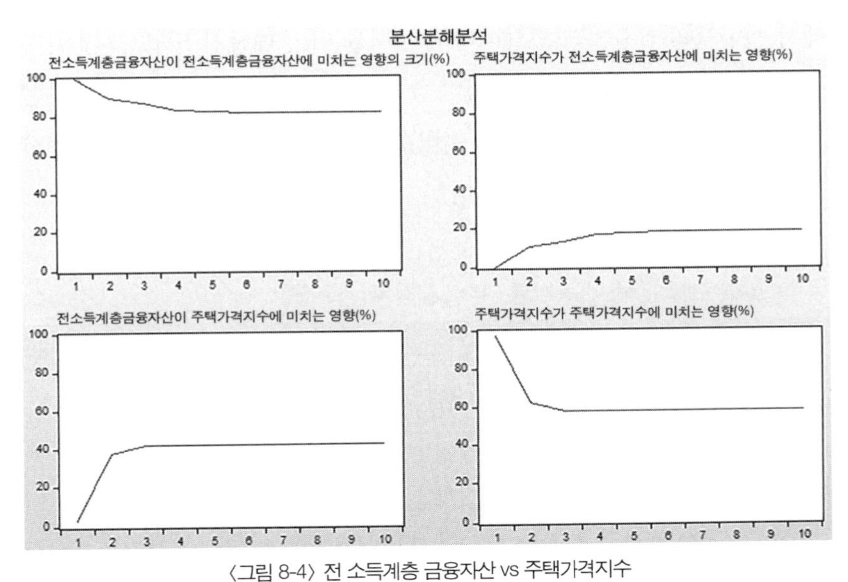

〈그림 8-4〉 전 소득계층 금융자산 vs 주택가격지수

자료: 주택가격지수는 전체주택가격지수 2007~2018을 사용했다.
금융자산은 한국조세재정연구원 재정패널조사>소득5분위별 자산 및 부채(순자산) 2007~2018을 사용했다.

이렇게 전 소득계층의 금융자산을 대상으로 자산 가격 상승 추세와의 관련성을 살펴보는 것은 흔히 말하는 광범위한 유동성이 자산 가격 상승에 미치는 영향을 구체적인 국면에서 다른 시각으로 살펴볼 필요가 있다는 것을 확인하기 위함이다.

전 소득계층의 금융자산 시계열 데이터와 주택가격지수 시계열 데이터의 VAR 모델 분석 결과, 전 소득계층의 금융자산이 주택가격지수에 미치는 영향은 42%로 나타났다. 반면에 주택가격지수가 전 소득계층의 금융자산에 미치는 영향은 18%로 상대적으로 작다. 이 수치가 얼마나 큰 것인지, 얼마나 압도적으로 영향을 미치는지를 판단할 수 있는 기준이 구체적으로 제시되지는 않는다. 간단히 말해 이 수치만 놓고 보면 주택가격지수가 전 소득계층의 금융자산에 미치는 영향보다는 전 소득계층의 금융자산이 주택가격지수에 미치는 영향의 크기가 더 크다는 것만을 알 수 있다. 다시 말해서 사람들의 금융자산이 늘어나면 주택을 더 구매하게 되고, 그에 따라 주택 가격이 상승하는 경향이 있다(그 영향이 얼마나 큰지는 알 수 없지만)는 것만 알 수 있다. 이 수치 42%의 의미를 좀 더 실감 있게 이해하기 위해서는 다른 수치와의 비교가 필요하다.

(2) VAR 모델 분석: 소득계층 5분위 금융자산과 집값

이번에는 소득계층 5분위(즉, 상위 20%)의 금융자산 시계열 데이터와 동일 기간 주택가격지수의 관계에 대해 VAR 모델 분석을 실시해 보자.

분석 결과 금융자산이 주택가격지수에 미치는 영향은 56%, 반대로 주택가격지수가 금융자산에 미치는 영향은 10%이다. 이로써 금융자산이 주택가격지수에 유의미하게 영향을 미친다는 것을 알 수 있다. 이번 분석에서 보이는 소득계층 5분위 금융자산이 주택가격지수에 미치는 영향이 56%이고, 전 소득계층 금융자산이 주택가격지수에 미치는 영향이 42%인 것을 비교해서 보면, 소득계층 5분위의 금융자산이 주택 가격 변화에 미치는 영향의 크기가 더 크다는 것을 알 수 있다.

이 비교를 통해 우리가 알 수 있는 것은 두 가지다. 하나는 흔히 말하는 유동성 증가가 자산 가격 상승의 원인이 된다는 주장은 모호하며, 좀 더 구체적일 필요가 있다는 점이다. 유동성을 보유하는 주체들에 대해 좀 더 면밀한 검토가 필요하다. 유동성이 전 소득계층에 골고루 분포될 경우 주택 가격 상승에 미치는 영향이 상위 계층에 집중될 경우보다 상대적으로 작기 때문이다. 유동성이 자산 가격 상승, 특히 주택 가격 상승에 영향을 미치기 위해서는 유동성이 상위 계층에 집중될 필요가 있음을 알 수 있다.

이런 비교를 통해 알 수 있는 두 번째는 부의 집중이 주택 가격 상승에 양의 유의미한 영향을 미친다는 점이다. 소득계층 5분위의 금융자산의 크기 변화는 부의 집중 정도를 의미하기 때문이다. 상식적 그리고 논리적 추

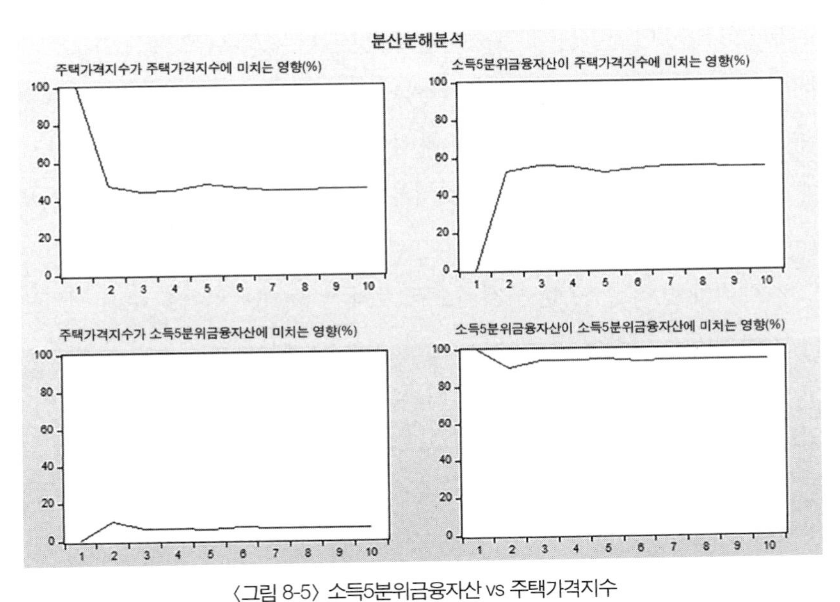

〈그림 8-5〉 소득5분위금융자산 vs 주택가격지수

자료: 주택가격지수는 전체주택가격지수 2007~2018을 사용했다.
금융자산은 한국조세재정연구원 재정패널조사>소득5분위별 자산 및 부채(순자산) 2007~2018을 사용했다.

론을 통해서, 또한 역사적 검증을 통해서 확인할 수 있는 부의 집중과 자산 가격 상승의 양의 영향 관계를 통계학이라는 좀 더 분석적이고 엄밀한 방법을 통해서도 확인할 수 있다.

결론

현재 대한민국이 과거 조선보다 부유한 나라라는 것은 분명하다. 앞으로는 어떠할까? 현재와 같은 부의 증가 속도가 유지될 것 같지는 않지만, 부가 조금씩은 계속 늘 것 같다고 예측하는 것이 합리적일 듯하다. 국가적으로 보자면 이렇고, 개인적으로는 어떨까? 우리가 1970, 1980년대 같은 호황기를 다시 맞이하는 것은 쉽지 않을 것 같다. 그렇다고 해도 개인적인 부가 쪼그라들 것 같지는 않다. 약간의 우려가 있기는 하지만, 국가로 보거나 개인으로 보거나 한 세대 안에 부의 크기가 줄어들 일은 없을 것이고, 예전만큼은 못해도 조금은 더 늘 것이라는 예측에는 큰 무리가 없다. 즉 부는 증가한다.

부의 격차는 어떨까? 전 세계적으로 보자면 1980년대 이후 부의 격차는 다시 벌어지기 시작했고, 우리나라도 1990년대 이후 부의 격차가 벌어지고 있는 것을 확인할 수 있다. 데이터라는 객관적 자료가 그렇게 말하고 있지만, 우리의 개인적인 일상도 그것을 뒷받침한다. 한강 변에 비싼 집을 현찰로 샀다는 TV에 나오는 유명한 연예인이 앞으로는 나보다 돈을 '덜' 벌 것이라고 생각하기는 어렵다. 지금 돈 잘 버는 대기업 사장보다 내가 '더' 돈을 잘 벌 것이라고 생각하기도 쉽지 않다. 장기적으로는 어떨지 몰라도 적어도 한 세대 안에 나보다 더 잘 버는 사람보다 내가 더 잘 버는 일이 벌어질 확률은 매우 작다. 즉 부의 격차는 증가한다.

가난한 사람에게 돈이 생기면 그는 생계를 풍부하게 하기 위해 돈을 쓰지만, 부자는 그럴 일이 없다. 이미 풍부하게 잘 먹고 잘산다. 먹고 살기에 충분한 것 이상으로 돈이 생기면 어디에 돈을 쓰는지는 분명하다. 저축 아니면 자산 구입이다. 저축은 이자수익을 기대하는 것이고, 자산 구입은 자산수익을 기대한다. 경제 상황에 따라 이자수익과 자산수익은 그 크기에서 엎치락뒤치락한다. 복잡하고 골치 아픈 일이기는 하지만, 수익이 좋은 곳을 골라서 돈을 쓰면 더 큰 돈을 벌 수 있다. 벌어놓은 돈이 있다면 이제부터 이자수익이 더 좋은지, 부동산 같은 자산수익이 좋은지를 늘 주의 깊게 살펴봐야 한다. 너무 빨리 옮겨 타는 것도, 너무 늦게 갈아타는 것도 안 된다. 적절한 때를 맞추기 위해 언제 신호탄이 올라가는지를 주시하고 있어야 한다.

09

가수요의 폭발

수요와 가수요

주택을 구매하는 행태에 대해서 생각해 보자. 주택의 구매 행태는 구매 목적에 따라서 조금 달라진다. 구매 목적은 크게 보면 딱 두 가지다. 하나는 거주하기 위해 집을 사는 경우이고, 다른 하나는 거주가 아니라 수익을 기대하고 집을 사는 경우다. 수익을 기대하고 집을 살 때는 세부적인 방법이 두 가지로 갈라진다. 하나는 집을 사서 임대를 주어 임대료로 수익을 올리는 방법이 있고, 다른 하나는 집값이 오르기를 기다려 매매차익을 기대하는 방법이다. 이 두 가지 방법이 완전히 별개로 분리되어 있는 것은 아니다. 임대료 수익을 기대하면서 가격 상승을 기대할 수도 있고, 가격 상승이 주된 목적이지만, 매매가 성립될 때까지 임대를 통해 수익을 올릴 수도 있다. 가격 상승과 임대는 그 목적이 크게 상충되는 것이 아니라 하나의 목적으로 보아야 할 것도 같지만, 그렇지는 않다. 대체로 임대 수익이 높으면 기대할 수 있는 가격 상승이 낮고, 반대로 높은 가격 상승을 기대할 수 있다면 임대 수익이 낮아지는 경향이 있기 때문이다.

거주하기 위해서 집을 구매하는 경우와 수익을 올리기 위해서 구매하는 경우의 가장 큰 차이는 구매 시점의 문제다. 수익이 목적인 경우는 오로지 주택의 시장 가격이 문제다. 당장에 비싸고 싸고의 문제가 아니라 중장기적으로 볼 때 주택 가격이 오를 것이냐 혹은 내릴 것이냐에 의해 영향을 받는다. 전자의 경우라고 해서 중장기적으로 주택 가격 변화에 영향을 받지 않는 것은 아니지만, 후자에 비해 크게 덜하다.

거주하기 위해서 집을 사는 경우에는 수익을 기대하고 집을 구매하는 경우와 다른 두 가지 상대적인 특징이 있다. 첫째, 가격 상승 시기에는 가격이 조정될 것을 기대하며 집을 구매하지 않고 상당 기간 기다릴 수 있다는 것이다. 둘째, 적당한 때를 찾아 상당 기간 기다릴 수도 있지만 언제까지 미룰 수는 없다는 점이다. 집을 처음 사고자 했을 시기에 집값이 오름세를 보이거나 직전 가격에 비해 지나치게 올랐다고 생각한다면 구매를 어느 정도 미룰 수 있지만, 그 오름세가 지속되는 추세를 보인다면 그 가격으로라도 구매하게 된다.

그러나 수익을 위해 주택을 구매하는 경우는 다르다. 여기에도 두 가지 특징이 있다. 첫째, 가격 상승 시기에는 가격이 더 오를 수 있다고 보고 주택 구매에 곧장 뛰어드는 경향이 있다는 점이다. 자주 언급되듯이 수익을 기대하고 집을 구매하는 경우라면 가격이 오르면 더 사는 경향이 뚜렷하다(이상현, 2021: 119~129). 두 번째는 적당한 때, 즉 가격이 오를 것 같지 않다면 구매를 포기하고 다른 투자처를 찾는다는 점이다.

거주를 위해 집을 구매하는 행위와 수익을 위해 구매하는 행위에는 대체로 이와 같은 상대적 특징이 있지만, 항상 명백하게 구분될 수 있는 것은 아니다. 거주를 위한 행위와 수익을 위한 행위가 서로 영향을 주기도 한다. 거주를 위해 집을 구매하는 행위가 수익을 위해 집을 구매하는 행위를 자극하기도 하고, 반대로 수익을 위해 집을 구매하는 행위가 거주를 위해 구매하는 행위를 자극하기도 한다. 노태우 정부에서 나타난 집값 폭등은 전자에 가깝고, 노무현 정부와 문재인 정부에서 나타난 집값 폭등은 후자에 가깝다. 이렇게 말할 수 있는 주된 근거는 주택보급률이다.

흔히 거주를 위한 구매 수요를 실수요라고 부르고, 수익을 위해 구매하는 행위를 가수요라고 부른다. 실수요와 가수요라는 이름으로 이 두 구매 행태를 구분하여 주택 구매 행태를 요약해 보면 다음과 같다. 두 가지 수요는 각기 다른 구매 행태를 보이지만, 때로 서로에게 영향을 받는다. 실수요가 가수요에 영향을 미칠 수도 있고, 반대로 가수요가 실수요에 영향을 미칠 수도 있는데, 결과는 언제나 마찬가지다. 가수요는 언제나 가수요적 구매 행태를 따른다는 것이고, 실수요는 가수요의 영향을 받아서 가격이 오를 때 매수에 나서는 가수요적 행태를 따르기도 한다는 것이다. 한편 가수요는 실수요의 영향을 받는데, 그 영향은 가수요의 추동력이 커지는 쪽으로 작용한다.

실수요와 가수요는 구매 행태상 이와 같은 차이를 보이기도 하지만, 전반적으로 볼 때 유사한 점도 많다. 첫째, 실수요든 가수요든 간에 먼저 주택을 구매할 수 있는 구매력이 확보되어야 한다는 것이다. 둘째, 구매력이 확보된 뒤 구매 시기를 모색한다는 점이다. 구매력이 확보된 미래의 구매자가 미래의 적당한 구매 시점을 모색하면서 기다리는 동안 실수요와 가수요를 포함한 수요는 축적된다. 하지만 실수요가 축적되는 기간과 가수요가 축적되는 기간에는 상대적으로 길이의 차이가 있다. 실수요는 가격 상승의 혜택을 좀 덜 보더라도, 혹은 반대로 가격 하락의 위험이 조금 있더라도 언제까지나 구매를 미루지는 않는다는 점이다. 실수요의 축적은 장기적이지 않다. 여기서 말하는 장기적이라는 표현이 모호하기는 하지만, 그런 장기의 기간이 가수요 축적 기간에 비해 짧다는 것은 분명히 말할 수 있다.

가수요의 축적

실수요가 축적되는 기간이 상대적으로 짧은 것은 그 구매 형태로 인한 것만은 아니다. 공급 측면에서도 실수요 축적 기간이 짧아지는 이유를 찾을 수 있다. 실수요는 예측 불가능한 상태에서 어느 날 갑자기 폭발적으로 튀어 오르는 모양새로 증가하지 않는다. 실수요 증가는 기본적으로 주택을 필요로 하는 단위의 증가가 원인이 되는데, 이런 증가는 인구 증가와 가구수 증가와 같이 매우 예측 가능한 형태로 나타난다. 또한 이러한 인구나 가구수의 증가 대부분은 일자리 증가와 같이 거주 단위 증가를 유발하는 요인들의 증가에 따라 나타난다.

실수요에 부응하기 위해 일자리 증가를 미리 예측할 필요는 없다. 실수요 구매 행태의 특징상, 어느 정도 기다릴 수 있다는 점 때문에 그렇다. 일자리 수 증가를 예측해 주택을 미리 공급한다는 것은 쉬운 일이 아니다. 하지만 늘어난 일자리 수에 맞춰 시간 차이를 두고 그런 수요에 부응하는 것은 어려운 일이 아니다. 일자리 수가 늘어나고 그에 따라 주거 단위의 수가 증가한다는 것은 쉽게 파악된다. 또한 실수요가 기다릴 줄 아는 수요라는 것을 생각한다면 그런 주거 단위 증가에 대응하는 것도 그리 어렵지는 않다. 결국 하고 싶은 말은 실수요는 축적되지 않는다는 점이다. 요약해 보자. 실수요는 은밀하게 증가해 갑작스럽게 폭발하는 양태를 보이지 않는다. 또한 실수요의 구매 행태 특성상 시기를 기다릴 줄 안다는 점 때문에 수요 증가 상태를 의도적으로 무시하지 않는다면 얼마든지 수요에 부응할 수 있는 방법이 있다.

그런데 이에 대한 반론으로 제기될 수 있는 상황이 문재인 정부 기간에 전개되었다. 홍남기 부총리는 실수요 증가가 있었다고 인정하면서, 그 원인으로 서울 내 가구수 증가를 지목했다. 홍남기 부총리의 말은 가구수 증가가 어느 날 갑자기 폭발한 것처럼 얘기하고 있지만, 가구수 증가는 두 가지 측면에서 점진적 증가를 예측할 수 있었다.

하나는 일자리 증감과 관련한 노동청 통계다. 2013~2018년간 대략 60만 개 이상의 일자리가 증가했다(이상현, 2021: 31). 이와 같은 일자리 증가 통계는 실시간으로 수집할 수 있다.[1] 일자리 증가가 외부 인구의 서울 유입을 발생시킬 수 있다는 상식적 추론만 할 수 있어도 서울의 인구와 가구수 증가를 예측할 수 있고, 주택이 그만큼 더 필요하다는 것도 알 수 있다.

다른 하나는 주민등록과 관련된 데이터다. 모든 사람은 거주지를 이전하면 주민센터에 신고하도록 해야 한다. 이런 데이터가 있다는 것을 안다면(당연히 알고 있어야 하고, 알고 있었겠지만) 그리고 이런 데이터를 모니터링하고 있었다면 가구수가 '점진적'으로 늘어나는 것을 모르기 어렵다. 결국 홍남기 부총리가 인정한 가구수 증가는, 쉽게 파악할 수 있는 관련 데이터를 '의도적으로 무시한' 수준의 행정적 실수라고 볼 수도 있다. 하지만 행정적 실수라고 보기에도 무리가 있다. 너무나도 뻔한 행정 데이터를 놓치기는 쉽지 않기 때문이다.

일자리 증가와 가구수 증가에 따른 주택 수요 증가를 제때 파악하지 못한 것은 행정적 실수라기보다는 그런 정도의 수요 증가에 부응하는 정책이 실행되고 있다고 믿었기 때문이라고 보는 것이 옳을 것 같다. 문재인 정부 기간에 서울 내 주택 공급은 끊이지 않고 이어졌다. 당시 야당과 일부 언론의 지적과 달리 주택 공급량이 적지도 않았다. 홍남기 부총리의 주장은 역대 정부보다 더 많은 주택을 공급했다는 것이고, 이는 데이터로 증명된다.[2]

일자리 증가와 가구수 증가에 따른 주택 수요 증가에 이미 대처하고 있

---

1 일례로 서울시 열린 데이터 광장에서도 사업체 현황과 종사자 수 변화 추이를 쉽게 확인할 수 있다.

2 관련 내용은 기획재정부의 「정부합동 수도권 주택공급 확대방안 발표문」(보도자료, 2020.8.4) 참조.

었다는 또 다른 증거도 발견된다. 문재인 정부 기간에 서울 내 주택 공급은 주거 취약 계층을 주요 대상으로 한다. 주거 취약 계층이라 하면 청년, 신혼부부, 고령층이다. 일자리 증가에 따른 인구와 가구수 증가는 대체로 청년과 신혼부부 계층과 겹친다. 정부 입장에서는 서울 내의 주택 수요 증가가 주거 취약 계층을 대상으로 한 공급 정책에 의해 필요한 만큼 해소될 것이라고 판단했을 수도 있다.[3]

문재인 정부에서 주거 취약 계층을 주 대상으로 하는 공급 정책을 실시했음에도 가격이 많은 오른 것을 실수요도 축척됨을 보여주는 증거로 볼 수도 있다. 하지만 '가격이 많이 오른' 것 외에 실수요 증가를 단언할 만한 증거는 어디에도 없다.

실수요가 축적되지 않는다는 주장에 대해 또 다른 반론을 제기하고 싶은 사람들도 있을 것이다. 실수요가 축적되지 않는다는 주장이 모든 수요가 가수요라는 주장을 뒷받침하는 근거가 될 수도 있다는 우려에서 그럴 수도 있다. 실수요도 축적된다고 주장할 때 그 근거는 대체로 이런 것이다. 실제적인 수요가 상승하는 것을 인지하고 있음에도 공급이 따라오지 못하는 경우다. 일자리가 늘어나는 곳이 도심 요지라면 주택을 지을 토지 부족이 원인이 되어 수요에 부응하지 못하는 경우가 불가피하게 발생하기도 한다. 이렇게 되면 불가항력으로 실수요가 축척되기도 한다. 하지만 이런 식의 실수요는 일정 정도 이상 증가하기 어렵다. 일자리를 채우는 사람들의 주거 문제가 지속적으로 해결되지 못하고 축적되는 경우 더 이상 일자리가 늘어나지 않는 방식으로 축적 문제가 먼저 해소되기 때문이다.

---

3 정부의 주거 취약 계층 지원 정책을 살펴보면, 주거 취약 계층을 최저 주거 기준 미달, 주거비 부담이 과다한 가구 혹은 비주택에 거주하는 가구로 정의한다. 이들에 대한 적극적인 지원은 일자리 증가와 가구수에 따른 인한 주택 수요 대응에도 효과가 있었을 것이다[「주거취약계층을 위한 정책연계 강화 방안」, ≪국토정책 브리프≫(국토연구원, 2021.9.13)].

실수요 증가에 따라 공급이 뒤따를 수 있는 시간적 여유가 충분히 있으므로 폭발적인 양상을 띠기는 어렵다. 이뿐만 아니라 실수요에 부응하는 공급 가능성이 현저히 떨어지면 가격이 상승하고, 이에 따라 수요가 먼저 줄어들게 된다. 이런 메커니즘에 의해 실수요는 축적되지 않는다. 축적되는 수요는 언제까지나 때를 기다릴 수 있는 가수요뿐이다.

가수요의 축적은 수익을 기대하고 집을 살 수 있는 구매력 증가를 의미한다. 구매력 증가는 앞서 살펴본 것처럼 인플레이션과 부의 집중으로 구축된다. 인플레이션은 지속적인 통화량 증가로 인해 상존하는 상태이고, 부의 집중 또한 1990년대 이후 가속화되는 상황이다. 이런 상황이 의미하는 것은 집을 살 수 있는 구매력이 지속적으로 뚜렷이 증가하고 있다는 것이고, 이는 곧 가수요가 축적되고 있음을 의미한다.

인플레이션은 두 가지 방향에서 가수요 축적과 관련이 있다. 하나는 인플레이션이 부의 집중 현상을 가속화하기 때문이다. 잘 알고 있듯이 인플레이션은 임금, 재화, 자산에 각기 다른 크기로 영향을 미친다. 이미 살펴본 것처럼 영향을 미치는 속도와 크기가 다르다. 인플레이션은 자산의 가격을 가장 먼저 상승시키고, 그리고 재화, 그다음으로 임금을 상승시킨다. 상승폭도 비슷한 방식으로 다르게 나타난다. 인플레이션에 의한 자산 가격 상승폭이 가장 크고, 그다음이 상품, 그리고 그다음이 임금이다. 대체로 부자일수록 더 많은 자산을 보유하고 있는 현실을 고려하면 인플레이션이 지나갈 때마다 부자는 더 부자가 되고, 가난한 사람은 더 가난해진다. 즉 부의 집중이 더 효과적으로 일어난다.

인플레이션은 부의 집중을 가속화하는 방식으로 가수요 축적을 강화하지만, 또 다른 방식으로도 가수요 축적에 기여한다. 현대 복지국가 개념을 버리지 않는 한 주기적인 인플레이션 발생은 불가피하다고 보아야 하는데, 인플레이션이 지나갈 때마다 자산 가격은 상승하고 반대로 화폐가치는 하락하기 때문에 누구나 여력이 있다면 화폐보다는 자산 형태로 자신의 부를 저장하고 싶어 하기 때문이다. 인플레이션은 구매력을 증가시키는 방식으로, 또한 화폐가치 하락에 대비하기 위해 더 많은 자산을 가지려는 욕구를 추동하는 방식으로 가수요 축적에 기여한다.

잠재적 구매력 증가는 노동소득을 통한, 자본소득을 통한(자산을 활용한 수익과 자산 가격 상승으로 인한 소득을 포함한다), 상속(또는 증여)을 통한 부의 증가에 의해 강화된다. 노동소득이나 자본소득, 상속의 크기(어떤 경우는 크기를 따질 필요도 없이 상속받을 것이 있느냐 없느냐만을 따져볼 필요도 있다) 또한 대체로 기존의 부의 크기에 비례한다. 부자일수록 노동소득의 상대적 증가도, 자본소득의 축적도, 상속에 의한 부의 축적도가 크다는 뜻이다. 여기서 다시 한번 상대적 부유층으로 부가 몰리는 것의 의미를 강조할 필요가 있다. 상대적 빈곤층의 부의 증가보다는 상대적 부유층의 부의 증가가 더 높은 자산 구매 가능성을 가진다는 점 말이다.

현재의 경제 활동 구조에서는 어느 측면에서 보더라도 상대적 부유층의 부의 증가가 불가피하며, 그들이 돈을 자산 구매에 사용하는 것 또한 불가피한 경로다. 시간이 흐를수록 상대적 부유층의 자산 구매 여력은 불가피하게 증가한다. 최초 화폐나 금융자산 형태로 축적된 부는 부동산과 같은 비금융자산을 구매해서 소진될 필요가 강화된다. 즉 가수요가 축적되고 있는 것이다. 목적지는 이미 정해져 있고, 문제는 단지 구매 시점일 뿐이다.

가수요의 응축

상대적 부유층의 금융자산 축적은 가수요 축적 추세를 구성하는 가장 중요한 부분이다. 이들의 금융자산이 언젠가는 주택 구매에 동원될 것이라는 점은 분명하다. 중요한 것은 그 시점이 언제냐다. 하지만 부의 집중이 진행되어 가수요 축적이 일어난 후, 구매가 폭발적으로 일어나기에 앞서 해결해야 할 문제가 있다. 투자 수익률 문제다.

금융자산이 축적되었다고 해서 곧바로 주택과 같은 부동산 자산을 구매할 필요는 없다. 화폐 수익률이 높거나 혹은 주식과 같은 다른 자산의 수익률이 높다면 굳이 부동산을 구입할 필요는 없다. 대형 인플레이션이 목전에 닥쳐 있다는 것을 확신하지 않는다면 더욱 그렇다.

화폐 수익률이 높다는 것은 은행 이자율이 부동산 가격 상승으로 얻을 수 있는 수익보다 높다는 의미다. 주식 수익률이 높다는 것은 주식 거래를 통해서 얻을 수 있는 수익이 부동산 가격 상승을 통해 기대할 수 있는 수익보다 높다는 것을 의미한다. 부동산보다 수익률이 높은 투자처가 있는 한 축적된 가수요가 폭발하는 현상은 발생하지 않는다.

과거의 수익률 변동을 보면 화폐 수익률이 주식이나 부동산 수익률을 상회하는 경우는 매우 드물었다. 하지만 전혀 없었던 것은 아니다. 1990년 IMF 사태 당시 일시적이기는 하지만 이자율이 20%에 다다랐다(≪머니투데이≫, 2015.12.27). 반면 부동산 가격과 주식 가격은 하락세를 경험했다. 이런 때라면 수익률 면에서 화폐가 최고다. 하지만 이런 경우는 드물고, 그 기간도 짧다. 대체로 주식이나 부동산 투자 수익률은 화폐 수익률을 초월한다. 생각해 보면 매우 상식적인 얘기다. 은행에서 지급하는 이자에 의한 수익을 얻기 위한 위험도와 주식이나 부동산에서 수익을 얻기 위해 감수해야 하는 위험도를 생각해 보면 자명하다.

대체로 화폐 수익률보다는 주식이나 부동산 수익률이 높다. 주식과 부동산 수익률은 엎치락뒤치락한다. 부동산 수익률이 주식이나 여타 금융자산 수익률보다 높아질 방법은 두 가지다. 하나는 부동산 수익률이 높아지는 것이고, 다른 하나는 여타 금융자산의 수익률이 떨어지는 것이다. 금융자산 수익률 저하는 사실 부의 집중과 관련이 있다. 부의 집중이 일어나고 상대적 부유층의 저축률이 높아지면 이자율이 떨어지면서 자본수익률이 하락한다. 이자율이 다시 올라가기 위해서는 저축률이 낮아지거나 투자가 증가해야 하는데 이것이 말처럼 쉬운 일이 아니다. 더구나 각 개인이 추구할 수 있는 방법이 아니다. 개인은 다른 방법을 찾는다. 이를 위한 돌파구가 부동산이다. 대단한 경제학적 지식이 필요한 통찰 같아 보이지만, 사실 상식적인 이야기이기도 하다. 다시 로런스 서머스(Lawrence Summers)의 「경기침체기(The Age of Secular Stagnation)」를 인용해 보자.

> 서머스는 (부의) 불평등과 부유층의 소득 비중이 증가하면서 저축이 점점 더 많아진다고 얘기한다. 경제의 한편에서는 (부의) 불평등과 부유층의 소득 비중 증가가 있고, 다른 한편 1930년대 경제학자 앨빈 한센의 주장대로 공업화된 세계의 경제에서는 저축은 증가하는 경향이 있고 반면 투자는 감소하는 경향이 일반적으로 존재한다. 결국 저축이 증가하는 것은 공업화 세계 경제에서는 일반적인 경향인데 거기에 부의 집중이 겹쳐서 저축이 늘어나는 성향이 더욱 강화된다는 얘기다. 투자와 저축의 불균형, 특히 투자를 웃도는 저축은 현실 이자율을 끌어 내린다. 이자율이 떨어지면서 마땅한 투자처가 없는 저축은 결국 기존 자산으로 몰려가서 그것의 가격을 올리게 된다. 서머스는 2003~2007 기간 동안 과도한 저축이 부동산 투자로 전환된 결과 발생한 집값 거품을 증거로 제시한다(Summers, 2016.2.15).

서머스는 결론적으로 부동산과 같은 기존 자산의 가격 상승으로는 과도한 저축을 막을 수 없다고 한다. 다른 몇 가지 방법을 제시하는데 그중에서 우리의 눈길을 끄는 것은 소비 성향이 큰 계층의 소득 비중을 늘리는 방향으로 재정 정책을 실시하는 것이 효과적일 수 있다는 대목이다. 부유층으로 집중되는 소득은 또다시 저축 증가로 이어질 것이니 그보다는 소비 성향이 강한 계층에 돌아가는 소득의 비중을 키움으로써 저축률을 낮출 수 있다는 얘기다. 저축률이 낮아지면 당연히 이자율이 올라간다. 여기서 주목할 것은 서머스가 이런 방안을 제시할 정도로 부의 집중이 심각하고, 또한 그에 따른 부동산 가격 상승을 당연하게 인정하고 있다는 점이다.

부동산 가격이 올라서든, 혹은 주식이나 여타 금융자산의 수익률이 떨어져서이든 간에 부동산의 수익률이 다른 어떤 여타 투자보다 높고 견고한 수익률을 예상할 수 있다면 축적된 가수요가 폭발할 준비가 완성된다. 이제는 신호탄이 올라가기만 기다리면 된다.

가수요의 폭발

케인스는 주식시장에서 가격이 올라갈 종목을 고르는 것은 미인대회에서 미인을 뽑는 것과 같다고 했다. 가장 아름다운 사람을 뽑는 것이 아니라 사람들이 가장 아름답다고 생각할 만한 사람을 뽑는다는 뜻이다. 부동산 투자도 마찬가지다. 가수요가 이미 축적되어 언제라도 폭발할 것 같은 때, 다른 말로 화폐 수익률 저하를 더는 버틸 수 없는 지경이 되었을 때가 중요한 것이 아니라 모든 사람들이 그렇게 생각하는 때가 언제냐가 중요하다. 이런 때는 단 한 발의 총성으로 폭발적인 반응이 일어날 수 있다. 사라예보의 총성이 제1차 세계대전을 일으킨 것은 아니지만, 일종의 신호탄과 같은 역할을 했다고 믿는 것과 같다.

부동산시장에서 신호탄은 수요-공급의 일시적인 불균형이다. 수요에 비해 공급이 부족한 상태가 일시적으로라도 일어나면 시장에서는 그것을 신호탄으로 받아들인다. 좀 더 적나라하게 표현하자면 신호탄으로 받아들이고 싶어 한다. 가수요가 충분히 축적되지 않은 상태라면 수요-공급의 일시적인 불균형은 당연히 일시적인 것으로 받아들여진다. 또한 실수요에 따라 발생하는 수요-공급의 일시적인 불균형은 앞서 논의한 것과 같은 구매 및 공급 행태의 특성상 대대적인 가격 변동으로 이어지지는 않는다. 일시적인 수요-공급의 불균형이 대대적인 가격 변동으로 이어지는 것은 이미 축적된 가수요가 충분히 있을 때다.

수요-공급의 불균형이 가수요의 폭발을 촉발하는 방아쇠 역할을 하는데, 이 국면을 좀 더 면밀히 들여다보면 수요-공급 불균형이 드러나기 전에 수요-공급의 불균형을 예측하면서 방아쇠가 당겨지기도 한다는 것을 발견할 수 있다. 가수요 축적을 견디다 못한 상대적 부유층의 금융자산이 스스로 기회를 만들어내는 전략이다. 중요한 것은 구매력을 보유한 계층들이 공통으로 인정하는 시점이 만들어지기만 하면 된다는 점이다.

수요-공급의 일시적 불균형이 가수요를 끌고 들어오는 사례는 노태우 정부에서 발생한 주택 가격 상승에서 관찰된다. 상당 기간 경제가 성장한 결과 구매력을 갖춘 계층이 늘어났고, 이들의 수요가 통상적인 공급으로는 당분간 충족되기 어렵다는 판단을 구매력을 갖춘 계층에서 공통적으로, 동시에 하기 시작하면서 수요와 함께 가수요가 폭발했다.

노무현 정부와 문재인 정부는 좀 다르다. 이미 주택보급률이 90% 후반대를 오르내리고 있으므로 수요 대비 공급 부족이 눈에 띄게 드러날 수 없는 상황이었다. 먼저 노무현 정부 시기의 집값 폭등을 살펴보자.

노무현 정부 초반 집값은 걱정할 만한 상황이 아니었다. 노태우 정부 시기에 집값 상승을 경험한 이후 김영삼 정부 때 IMF 사태를 겪어 경제가 어려운 지경이었고, 그에 따라 집값이 오를 것이라는 걱정은 할 필요가 없었다. 김대중 정부에서도 집권 기간 내내 집값 하락을 걱정해야 할 정도였다. 다만 김대중 정부 시기에 집값을 통제하기보다 오히려 집값을 이용해 경기를 진작하려 시도했다는 점이 우려할 만했다. 하지만 그런 정책이 현실적인 결과를 나타내지 않았기 때문에 그 또한 심각하게 우려할 만한 상황은 아니었다.

노태우 정부에서 집값 폭등을 경험한 이후 노무현 정부가 들어서기까지 집값은 하락세를 겨우 면하는 수준이었다. 노태우 정부에서의 집값 폭등 이후 노무현 정부에서 또 한 차례 집값 폭등이 시작되기 전까지 (1993.2.25~2003.2.24) 주택매매가격지수(총지수)로 본 전국의 집값 상승폭은 겨우 연 1.75%에 불과했다. 이 기간의 소비자 물가 상승률은 대략 연 4.56%였다.[4] 물가를 고려해 보았을 때 집값은 실질적으로 하락했다. 이에 비해 같은 기간 연평균 경제성장률은 4.47%였다.[5] 한편 김영삼 정부에서 맞이한 IMF 사태는 대다수 국민들에게는 고통이었지만 모두에게 다 그런 것은 아니었다. 일부에게 IMF는 큰 부를 축적할 수 있는 기회이기도 했다. 그리고 실제로 그랬다.[6]

김영삼, 김대중 집권 기간에 평균보다 2배 정도 부를 축적한 사람이 있다면, 그의 부는 2.17배로 늘어난다. 10억 원을 가지고 있었다면 이제는 20억이 넘는 부를 가지게 된 셈이다.

집값이 폭등했던 노태우 정부부터 또 다른 집값 폭등이 시작된 노무현 정부 수립 시기까지 주택을 구매할 수 있는 여력이 충분히 축적되었다. 즉 가수요가 축적된 것이다.

노무현 정부 초에 나타난 집값 상승 원인을 가수요를 기반으로 한 수요 증가로 보는 데는 이견이 있을 수도 있다. 특히 노무현 정부에서 나타난 집

4 한국은행 경제통계시스템의 소비자물가를 사용했다.

5 통계청의 GDP를 사용했다.

6 IMF가 누군가에게는, 특히 부자에게는 더할 나위 없는 호시절이었음을 확인할 수 있는 기록들이 있다(≪시사저널≫, 1998.6.11).

값 폭등이 결국에는 2기 신도시 사업이라는 대규모 공급이 이루어지고 난 이후에야 가라앉은 점을 생각하면 더욱 그럴 수 있다.

하지만 집값 폭등 초기 노무현 정부의 생각은 달랐다. 집값이 폭등하는 이유가 가수요에 있다고 생각했다. 그 까닭은 간단했다. 당시 서울의 주택 보급률이 90% 중반대를 유지하고 있었기 때문이다. 이런 수치는 이전에 경험해 본 적이 없는 높은 수치였다. 100%에 못 미치니 여전히 집이 없는 사람이 있는 것 아니냐고 생각을 할 수도 있다. 하지만 주택보급률 조사에는 포함되지 않으나 현실적으로 주택으로 사용되는 시설들, 즉 오피스텔이나 공유주택과 같은 주거 기능을 하는 시설을 포함한다면 당시 서울에서 주택이 부족하다고 판단하기는 불가능했다.

주택보급률을 비롯해 제반 상황을 미루어볼 때 노무현 정부 초기에 나타난 주택 수요는 가수요로 판단하는 것이 합리적이다. 하지만 노무현 정부에서 시장의 주택 가격을 상승시킨 수요가 가수요인지 혹은 실수요인지를 명확히 판단하는 것은 여기서는 중요하지 않다. 앞서 살펴본 것처럼 실수요가 가수요를 증폭시킨 것일 수도 있고, 가수요의 폭증이 실수요를 자극한 것일 수도 있다. 이런 시점에는 실수요도 가수요화한다. 다시 말해 가격이 오르면 더 따라가서 사는 구매 행태가 돌출된다는 점을 상기하자. 중요한 것은 축적된 수요 혹은 가수요를 폭발하게 만든 방아쇠가 있었다는 점이고, 그것을 밝히는 일이 이 책을 쓴 이유다.

축적된 가수요를 폭발시키는 것은 언제나 사소한, 그리고 일시적인 수요-공급의 불균형 혹은 수요-공급의 불균형이 나타날 것이라는 공통의 예측에서 시작한다. 가수요가 충분히 축적된 상황이라면 수요-공급의 불균형이 나타날 시점을 애타게 기다리게 된다. 노무현 정부에서는 이와 비슷한 일이 일어났다. 노무현 정부 초기에는 수요-공급의 심각한 불균형이 감지되지 않았다. 하지만 가수요가 축적되고 있던 계층에서는 노무현 정부의 진보성을 일종의 신호탄으로 여기고 싶어 했다. 흔히 보수정권은 집값 상승에 대해 공급으로 대처하고, 진보 정권의 경우에는 규제로 대처한다는 사실을 유의해 보자.

노무현 정부는 정권 출범 초기에 나타난 집값 상승세를 투기에서 비롯된 가수요라고 판단했다. 한편 그 이전에 이미 가수요가 축적되고 있던 계층들은 노무현 정부의 진보적 성향이 규제를 통한 공급 감소를 불러올 것이라고 예측(혹은 기대)하고 그것을 신호탄으로 공감했다.[7]

일시적인 수요-공급 불균형을 신호탄으로, 축적된 가수요가 시장으로 쏟아져 들어왔다. 일시적인 수요-공급 불균형은 이제 꽤나 시간이 걸릴 만큼 큰 불균형으로 발전한다. 시장에서 믿고 있는 것은 공급이 늘어나서 수요-공급이 균형을 이루는 것인데, 이는 꽤나 긴 시간이 필요하다. 또한 가수요는 더욱 증가해서 수요-공급의 불균형을 더욱 확실하게 만들 것이라는 것도 잘 안다. 시장에서 가격이 오르면 수요가 더 늘어나는 것이 가수요의 속성이다.

이제 문재인 정부를 살펴보자. 문재인 정부에서는 수요-공급의 불균형

---

7 노무현 정부 출범 이후 집값은 오르기 시작했다. 노무현 정부는 불과 정부 출범 10개월 만에 종합적인 부동산 대책인 10·29 대책을 2003년 10월에 내놓는다. 주로 수요를 통제하는 규제책이었다. 규제의 효과가 보이기는 했지만, 오래가지는 않았다. 2005년 2월이 되면서 가격 상승이 분명하게 나타났다. 2003년 발표된 10·29 대책은 공급 부족이 상당 기간 지속될 것임을 예고하는 역할을 했다. 정부의 기대와는 달리 주택 구매력을 갖춘 계층을 향해 투기를 시작해도 좋다는 신호탄을 쏘아 올려준 꼴이 되었다. 정부의 규제책이 신호탄 역할을 했음을 당시 신문 기사에서 쉽게 엿볼 수 있다. ≪중앙일보≫는 부동산 전문가의 입을 빌려 "정부 말 믿다가 돈 버는 사람 보았느냐"라며 정부 정책을 폄하하며 정부의 정책을 오히려 투자의 적기를 알리는 신호탄으로 이해해도 좋다는 식으로 몰아갔다. 이런 식의 기사가 가능했다는 것 자체가 이미 시장에서는 일시적인 수요-공급의 불균형을 투자 적기를 알리는 신호탄으로 받아들였음을 방증한다(≪중앙일보≫, 2007.2.24). 정부의 대책을 신호탄으로 받아들여 실행에 옮겼다는 증거는 2005년 2월 이후 시작된 강남 지역의 집값 상승이다. ≪한겨레≫는 고액 자산가들이 투기·증여를 목적으로 강남지역 주택을 집중 매입하고 있다고 전했다. 2001년 이후부터 2004년 6월까지 강남 9곳 아파트 단지(6곳은 재건축 단지) 2만 7000가구 중 59%를 1가구 3주택 이상 보유자가 구입했다고 밝혔다(≪한겨레≫, 2005.8.31).

이 일시적으로라도 드러나는 일은 없었다. 하지만 수요-공급의 불균형이 조만간 닥칠 수도 있다는(혹은 닥쳤으면 좋겠다는) 공통의 예상을 충족할 만한 일이 있었다. 신도시사업 중단 지속과 도심 내 재개발·재건축에 대한 더 엄격한 규제 정책 발표가 신호탄이 되었다. 실제적인 수요 증가와 공급 감소보다는 공급을 추가로 하지 않겠다는 정부의 정책이 공급 감소로 예견되었다. 울고 싶은데 뺨 때려준 격이다.

문재인 정부에서는 부의 집중에 따른 금융자산 증가로 가수요가 축적된 상태로 신호탄을 기다리던 상황에 공급 감소 예고는 신호탄 역할을 하기에 충분했다고 볼 수 있다. 문재인 정부 이전까지 주택 가격 상승 추이를 살펴보면 가수요가 축적될 시간이 충분했다는 것을 알 수 있다. 노무현 정부에서 나타난 가격 폭등 이후 이명박 정부, 박근혜 정부를 지나는 동안 서울의 아파트 가격 상승률은 연평균 1.65%였다.[8] 같은 기간 물가 상승률을 살펴보면 2.4%이다.[9] 실질적으로 주택 가격은 하락한 셈이다. 이에 비해 같은 기간 연평균 경제성장률은 4.03%였다. 이 기간에 평균보다 2배 정도로 부를 축적한 사람이 있다면 그의 부는 1.85배 증가한다.

주택 가격이 실질적으로 하락하고 있을 때 한편에서는 주택 구매에 필요한 자금 여력이 증가하고 있었다. 물론 부의 집중에 따른 자연적인 현상이었다.

수요-공급의 법칙은 가격이 오르면 수요가 줄어든다고 말한다. 하지만

8 서울 아파트 실거래가격지수로 계산했다. 이명박 정부가 출범한 2008년 3월 아파트 매매 실거래가격지수는 82.4, 문재인 정부가 출범한 2017년 5월 아파트 매매 실거래가격지수는 94.1이다. 한국은행 경제통계시스템 물가의 기타가격지수 중 아파트 매매 실거래가격지수(서울)를 사용했다.

9 소비자물가지수로 계산했다. 이명박 정부가 출범한 2008년 3월 소비자물가지수는 80.52, 문재인 정부가 출범한 2017년 5월 소비자물가지수는 97.55이다. 한국은행 경제통계시스템에서 물가의 기타가격지수 중 아파트 매매 실거래가격지수(서울)를 사용했다.

가수요 시장에서는 통하지 않는 법칙이다. 따라서 가격이 올라도 수요가 줄어들지 않는다면, 게다가 가격이 오르면서 수요가 증가한다면 그것은 수요-공급의 법칙과는 무관한 수요, 즉 가수요로 보아야 한다.

가수요를 판단하는 것은 어려운 일이 아니다. 일반적으로 가수요는 이렇게 판단할 수 있다. 우선 은행권의 주택담보대출이 특정 지역에 집중되고 있을 때 가수요가 발생했다고 볼 수 있다. 두 번째로는 특정 지역의 구매자들이 이미 주택을 보유하고 있는 사람들일 때 가수요라고 판단할 수 있다. 여기까지는 가수요가 분명하다. 하지만 이 이후에는 좀 모호한 상황이 벌어진다. 가수요에 자극받아서 실수요자가 움직이는 경우다. 주택 가격이 비싸지면서 장래의 가격이 내려갈 수도 있겠지만, 그때까지 기다리기보다는 값이 더 오르기 전에 무리해서라도 집을 사는 것이 좋겠다고 판단되면 실수요자들도 움직인다. 여기에 '똘똘한 집 한 채'를 기대하는 수요가 가세하면 이와 같은 수요는 순수하게 가수요인지, 혹은 실수요인지 모호한 상황이 된다. 이들이 실제로 주택을 구매해 거주를 목적으로 한다는 것을 생각하면 실수요에 가깝다고 볼 수 있다. 하지만 경제학적 정의를 가져다 사용하자면 마음 편하게 가수요라고 정의할 수 있다. 경제학에서는 장차 값이 더 비싸질 것을 우려해 구매하는 행위를 가수요라고 부르기 때문이다.

주택 가격 폭등의 시작은 언제나 가수요다. 이런 가수요는 구매력을 확보하고 오랫동안 구매 시점을 탐색하면서, 구매력을 갖춘 계층이 집단적으로 동시에 시장에 참여해 가격을 인위적으로 상승시킬 수 있을 것이라고 판단하는 시점에 시장으로 뛰어든다. 가수요를 축적하고 있던 계층 모두가 '이제는 값이 오를 거라고 생각할 거야'라고 판단한다면 시장에 참여하여 주택을 구매하게 된다.

이쯤 되면 실수요조차 그 성질이 가수요화한다. 가격이 오르면 수요-공급의 법칙에 의거하여, 그리고 우리나라 건설업의 공급 역량으로 볼 때 불과 2~3년이면 필요한 만큼의 주택 공급이 가능할 것임을 잘 알면서도 가격이 내릴 때를 기다리지 않고 주택시장에서 구매에 나서게 된다. 즉 실수요도 가수요가 되고, 원래의 가수요는 가수요적 성격을 더욱 분명히 드러낸다. 가수요가 폭발하는 순간이다.

가수요 폭발의 실증

가수요의 존재와 가수요가 주택시장 가격을 형성한다는 것은 통계적으로 증명된다. 주택 가격과 주택거래량의 변화 추이를 비교해 보는 방법으로 가능하다. 이때 사용할 수 있는 통계 기법은 VAR 모델 분석이다. VAR 모델 분석은 관심 대상이 되는 두 개의 시계열 데이터 간에 어떠한 관계가 형성되는지 알 수 있게 해준다. A, B 이 두 개의 시계열 데이터가 있을 때, A가 B라는 시계열적 사건을 일어나게 하는 강도와 시기를 알려주고, 또한 B가 A라는 시계열적 사건이 일어나게 하는 강도와 시기를 알려준다.

우리가 관심을 쏟는 두 개의 사건 A, B가 현실에 존재할 때, 어느 한쪽이 다른 한쪽에 영향을 준다면 그 영향의 결과는 동시에 일어날 수 없다. A에서 어떤 변화가 일어나서 그것이 B에 영향을 미친다면 B에서의 변화는 A에서 변화가 일어나는 동시점이 아닌 좀 뒤늦은 시점에 변화가 나타나야만 한다. 간단히 말하자면 A가 B에 영향을 미친다면 시간 차이를 두고 나타난다는 얘기다. VAR 모델 분석, 구체적으로 말하자면 VAR 모델 분석에서도 충격반응분석과 분산분해분석을 통해 특정 사건 A가 또 다른 특정 사건 B에 영향을 미칠 때 얼마나 시차를 두고 얼마만큼 센 강도로 영향을 미치는지를 알 수 있다(이상현, 2021: 120).

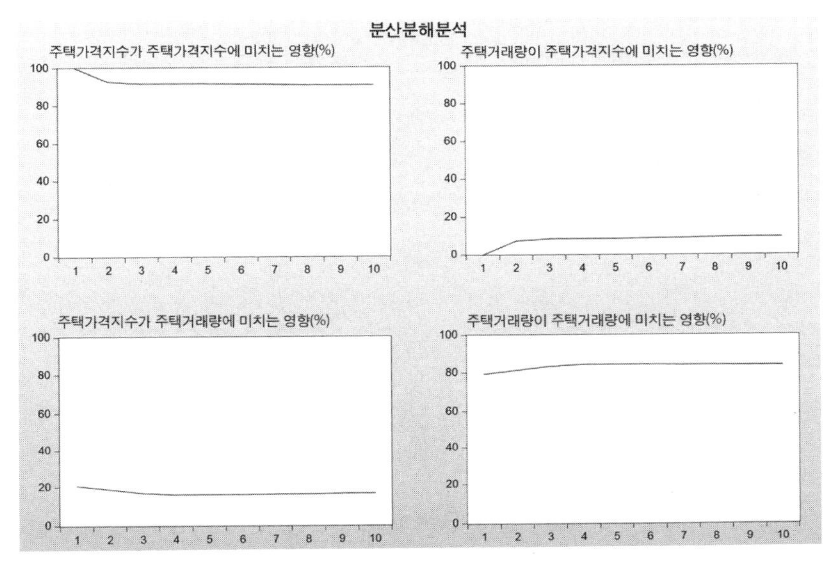

〈그림 9-1〉 노무현 정부 이후 전 기간에 걸친 VAR 모델 분석

자료: 아파트 거래 건수[2006.1~2021.10, 서울부동산정보광장 부동산거래현황(아파트), https:// land.seoul.go.kr:444/land/rtms/rtmsStatistics.do]와 아파트 매매 실거래 가격지수[2006.1~ 2021.10, 한국은행 경제통계시스템, https://ecos.bok.or.kr/#/SearchStat]를 이용해 VAR 분석을 실시했다.

먼저 통계가 존재하는 시점 이후의 주택거래량과 주택 가격 간의 상호 관계를 살펴보자.

노무현 정부 중반 이후부터 현시점까지(2006.1~2021.10) VAR 모델 분석 결과, 주택가격지수가 주택거래량에 미치는 영향의 비율은 21%이고, 반대로 주택거래량이 주택가격지수에 미치는 영향의 크기는 9%이다. 주택가격지수가 주택거래량에 미치는 영향이 더 크다는 것은 주택 가격이 주택 거래를 견인했다는 의미다. 이를 달리 표현하자면 주택 가격이 오르자 더 많은 사람들이 주택을 구매했다는 얘기다.

문재인 정부 기간에 초점을 맞추어 살펴보자. 문재인 정부 기간에 주택 가격지수가 주택거래량에 미치는 영향의 크기는 41%인 반면, 주택거래량

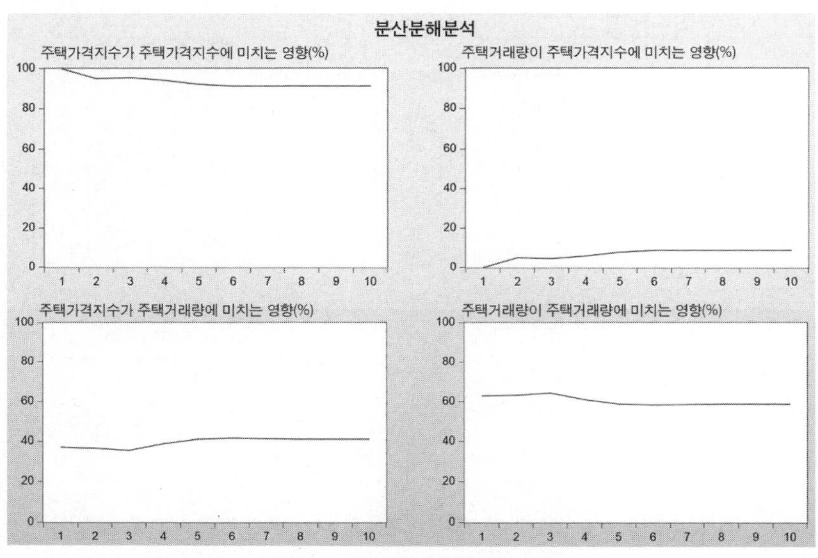

〈그림 9-2〉 문재인 정부 기간의 VAR 모델 분석

자료: 아파트 거래 건수[2017.5~2021.10, 서울부동산정보광장 부동산거래현황(아파트), https://land.seoul.go.kr:444/land/rtms/rtmsStatistics.do]와 아파트 매매 실거래 가격지수[2017.5~ 2021.10, 한국은행 경제통계시스템, https://ecos.bok.or.kr/#/SearchStat]를 이용해 VAR 분석을 실시했다.

이 주택가격지수에 미치는 영향의 크기는 9%이다. 문재인 정부에서도 주택 가격이 주택 거래량을 견인했다. 즉 가격이 오르면 사람들이 집을 더 산다는 것을 알 수 있다. 영향의 크기가 전 기간에 걸쳐 21%이지만, 문재인 정부에서는 41%로 증가하는 것을 알 수 있다. 이는 그만큼 문재인 정부에서 가수요가 크게 있었다는 증거가 된다.

VAR 모델 분석을 통한 주택 가격 상승에 대한 설명은 부의 집중으로 가수요가 축적되고, 적당한 시점이 되면 일시적인 수요-공급의 불균형이 가수요 폭발의 방아쇠 역할을 하면서 주기적인 주택 가격 상승이 나타난다는 것이다. 이제부터는 주택 가격 상승의 결말을 살펴보자.

가수요의 소멸

폭발적인 주택 가격 상승이 언제까지나 지속될 수는 없다. 가격 폭등은 언젠가는 막을 내리게 되어 있다. 그 언제가 언제일까? 가수요의 축적을 가격 폭등의 주원인으로 본다면 가격 폭등의 종식은 당연히 축적된 가수요의 소진과 관련이 있다.

가수요를 축적하고 있던 계층들이 준비한 자금을 사용하고 나면 시장은 동력을 상실한다는 이론을 세워볼 수 있다. 사고팔고를 되풀이한다면 준비한 자금이 바닥나는 일은 벌어지지 않을 것 같다. 하지만 그렇지 않다. 실제로는 영속적인 사고팔고는 불가능하다.

간략히 살펴보자. 주택시장에 주택 한 채만 있다고 생각하자. 그리고 투자자는 두 명이다. 한 사람(A)은 10억 원짜리 집 한 채와 현금 10억 원이 있고, 다른 한 사람(B)은 현금 20억 원이 있다고 하자. B가 A에게서 집을 15억 원에 샀다. 이제 A는 현금 25억 원이 있다. B는 15억 원짜리 집과 현금 5억 원이 있다. 이번에는 A가 B에게서 집을 25억 원에 샀다. 이제 A는 25억 원짜리 집 한 채가 있고, B는 30억 원의 현금이 있다. 이번에는 B가 A에게서 집을 30억 원에 샀다. 이제 A는 현금 30억 원이 있고, B에게는 30억 원짜리 집이 한 채 있다. 여기에 다다르면 이제 집은 더 이상 비싼 가격으로 거래되는 것이 불가능하다. 여기서 집 가격이 더 오르려면 외부에서 신규 자금을 끌어들여야 한다. A, B라는 두 사람으로 구성된 집단에서는 준비한 자금을 모두 소진한 셈이다. 외부에서 신규 자금을 끌어오는 방법으로 통화량 팽창이 있을 수 있다. 시중에 통화가 신규로 공급되면 일반은행의 신용 창조를 통해 거래에 필요한 재원이 증가할 수 있고, 그만큼 더 거래가 지속될 수 있다. 반대로 신규 통화의 공급이 없다면 물리적으로 더는 가격 상승이 불가능하다는 얘기다.

실제로 주택시장에는 거래 횟수에 제약이 있다. 우선 보유세와 거래세가 마찰력으로 작용한다. 한편 전매제한이라는 법적 규제도 있다. 이렇게 조세와 법적 규제 때문에 주택시장에서는 축적된 가수요 소진이 더 빠르게 일어난다.

노태우 정부에서 나타난 가격 폭등이 잠잠해진 것이나 노무현 정부에서 폭등이 멈춘 것에 대해 의견이 분분하다. 일각에서는 공급 정책이 효과를 봤다고 한다. 일각에서는 오를 만큼 올랐기에 더 이상의 가격 상승이 멈췄다고도 한다. 오를 만큼 올랐다고 주장하는 쪽에서는 뭔가 특별한 근거를 얘기하는 것은 아니다. 단지 가격이 너무 비싸져서 더 이상 오르기는 어려울 것 같다 정도다. 지금 여기서는 폭등이 멈추는 또 다른 메커니즘에 대한 이론을 제시하고 있다. 폭등은 축적된 자금이 소진되면서 멈추게 된다는 이론이다.

이론이 빛을 발하는 것은 현실에서 그 이론에 부합하는 일이 벌어졌을 때다. 축적된 자금이 소진되면 폭등이 멈춘다는 이론을 현실에 적용해 보자. 우선 노무현 정부에서 폭등이 시작되어 멈추기까지 시장에 투입된 자금의 크기를 살펴보자. 자료 부족으로 주택 거래 총액을 알 수는 없다. 하지만 주택 거래를 통해 주택 가격이 얼마나 올랐는지는 알 수 있다. 주택가격지수를 이용하면 된다. 노무현 정부 출범 초기에 비해 폭등이 멈출 때까지 주택가격지수를 기준으로 1.57배 상승했다. 이것이 축적된 자금의 크기다. 이제 이 크기를 문재인 정부의 집값 폭등에 적용해 보자. 문재인 정부 초기에 비해 주택가격지수는 1.58배로 상승했다. 노무현 정부의 1.57배에 아주 근접한다. 노무현 정부에서 1.57배 상승 이후 폭등세가 꺾였듯이 마찬가지 현상을 예상해 볼 수 있었다. 그리고 실제로 문재인 정부 끝 무렵부터 폭등세가 수그러들었다. 혹자는 노무현 정부 시기의 우리나라 경제 규모와 문재인 정부 시기의 경제 규모가 다르므로, 1.57배 이상이 되는 것이 더 합당한 것 아니냐는 의견을 제시할 수도 있다. 하지만 원래 집값의 특정 배수(즉 1.57배 혹은 1.58배)에 이미 경제 규모에 대한 고려가 포함되어 있다는 점을 지적하고 싶다. 결론은 집값 상승 초기 대비 가격 비율을 통해 경제 규모의 차이를 고려한 축적된 구매력의 소진 여부를 알 수 있다는 얘기다. 문재인 정부에서 벌어진 주택 폭등으로 축적된 가수요가 대부분 소진된 것으로 판단할 수 있는 근거를 여기서 찾을 수 있다.

집값 폭등을 가수요 폭발로 설명하는 나의 이론이 맞는다면 문재인 정부에서 벌어진 집값 폭등은 멈추고, 상당한 기간 동안 가수요 축적 시기에 들어갈 것이다. 일각의 우려와 달리 집값 폭락은 일어나지 않을 것이다. 문재인 정부 기간에 집값이 폭등했다고 하지만, 전체 상승률을 연평균 상승률로 환산해 보면 7% 내외에 머무른다.

7%라는 수치만 놓고서는 그 의미를 알 수 없다. 샌프란시스코 연준 연구 논문에서 확인할 수 있는 수치와 비교해 보자. 이 연구에 따르면 유럽 주요 국가의 145년간의 부동산 실질 가격 상승률은 7% 내외였다. 문재인 정부 기간에 일어난 부동산 가격 상승이 그렇게 이례적인 것이 아님을 알 수 있다. 이례적이지 않으니 반동으로 인한 폭락을 우려할 만한 상황도 아니다.

집값은 안정되는 양상을 보이고, 폭락의 우려는 없다는 판단을 윤석열 정부도 하고 있는 것으로 보인다. 윤석열 정부의 부동산 정책의 전모는 『0615 새정부의 주택시장 정상화를 위한 정책 추진전략토론회 자료집』에서 명료하게 알 수 있다(주택산업연구원, 2022.6.15). 이 토론회에 전문가들과 함께 윤석열 정부의 부동산 관련 당정 인사들이 모두 참여했다. 이 자료집에서 우선 눈에 띄는 것은 제목이다. 문재인 정부에서 자주 사용된 부동산 대책이나 집값 안정화 대책 같은 제목이 아니다. 주택시장 정상화 대책이다. 문재인 정부의 부동산 정책이 주택시장을 교란시켰다는 판단이 암묵적으로 전제되어 있다. 다른 한편, 이런 제목이 가능했던 것은 집값이 안정화 추세를 보인다고 판단하기 때문이기도 하다. 집값이 여전히 폭등하는 추세에 있다면 주택시장 정상화라는 제목을 들고 나올 수는 없었을 것이다. 윤석열 정부의 부동산 정책을 살펴보자.

토론회 자료는 주택시장 정상화 추진 전략을 세제, 주택금융, 공급, 임대주택 이 네 개 범주로 묶고 있다. 모든 범주에 3단계 전략을 구상하고 있다. 1단계는 2022년 9월까지, 2단계는 2022년 12월까지, 3단계는 2023년 상반기를 기한으로 정하고 있다. 우선 세제부터 살펴보자. 재산세는 1단계로 공정시장가액 비율을 인하하고, 2단계로는 다주택자 세율을 조정하려 한다. 3단계로 재산세와 종합부동산세를 통합하고 국제기준에 맞게 재편하고자 한다. "국제기준에 맞게"라는 부분이 의미심장하다. 세부담을 국제기준과 맞추겠다는 얘기인데, 간단히 말하자면 세부담을 줄인다는 목표다. 종합부동산세는 1단계에서 공정시장가액 비율 인하로 1세대 1주택자의 세부담을 완화하고, 2단계로 다주택자의 부담을 완화한다. 3단계에서는 재산세의 경우와 동일하게 재산세와 종합부동산세를 통합하고 국제기준에 맞게 재편하고자 한다. 취득세는 1단계에서는 일시적 1가구 2주택자의 세부담을 완화한다. 2단계에서는 세율 적용 구간을 단순화하고, 생애 최초 주택 구매자 취득세 감면을 확대한다. 3단계에서는 다주택자 중과세를 폐지하고 세율을 조정한다. 여기서도 재산세, 종합부동산세의 경우와 마찬가지로 국제기준에 부합하게 재편한다는 것을 강조한다. 양도소득세는 1단계에서는 이미 시행한 바대로 다주택자 양도세 중과를 한시적으로 면제하고, 2단계에서는 1주택자 양도세를 감면한다. 3단계에서는 다주택자 중과를 완화하는 것을 목표로 한다.

주택금융 부문에서 주목할 것은 수요자 대출 규제를 완화한다는 내용이다. 1단계에서는 생애 최초 주택 구매자의 LTV 비율을 상향한다. 2단계에서는 신혼부부, 청년을 대상으로 LTV를 상향한다. 3단계에서는 다주택자에게도 대출을 허용하고자 한다.

공급 부문은 택지 공급을 늘리고, 각종 규제를 완화하는 데 초점을 맞추고 있다. 택지 공급에서 눈에 띄는 것은 1기 신도시 재개발을 장려하겠다는 전략이다. 이는 이미 3기 신도시 사업이 진행되고 있지만, 3기 신도시들은 서울 도심에서 멀다는 위치적 약점을 극복하기 어렵다고 판단하기 때문이다. 규제 완화에는 분양가 규제 완화, 인허가 규제 완화, 규제 지역 일부 해제 등이 포함된다.

임대주택 부문에서는 표준건축비를 현실화하여 주거의 질 향상을 기도한다는 것, 등록 임대주택 사업에 대한 문재인 정부 시기의 규제를 완화한다는 것, 그리고 전월세 3법을 손보아서 임대인의 권리 보장을 강화하겠다는 것이 포함된다.

윤석열 정부 출범 5개월 차에 이미 집값은 안정화 수준을 넘어서 일부 지역에서는 미세한 하락세를 보이기도 한다. 수요-공급의 법칙을 철석같이 믿는다면 집값이 하락하는 것은 공급이 수요를 넘어서고 있다는 얘기다. 이런 상황에서도 윤석열 정부는 여전히 공급책을 강조하고 있다. 이는 윤석열 정부 또한 집값 폭락이라는 극단적 사태는 오지 않을 것이라고 판단하고 있다는 의미다.

문재인 정부 시기의 집값 폭등은 어찌 보면 윤석열 정부에게는 매우 고마운 선물이다. 집값 폭등 시기를 거치면서 가수요가 소진되다 보니 문재인 정부에 비해 상대적으로 부동산 정책 선택에서 운신의 폭이 넓어졌다. 이런 면에서 보자면 윤석열 정부는 운이 좋다. 이것만으로도 고마운 일이지만, 한 가지 더 운이 좋다고 말할 만한 것이 있다. 한국 경제에 큰 영향을 미치는 미국의 금리와 함께 국내 금리가 올라가는 추세라는 점이다. 규제를 완화하고 공급을 늘린다고 해도 올라간 금리로 인해 주택시장에서 수요가 폭발적으로 되살아나는 일은 없을 것이다.

가수요 폭발의 후유증

주택 가격 상승이 본격적으로 나타난 노태우 정부 이후 주택 가격 폭등은 거의 언제나 공급 확대로 마무리되었다. 폭등이 소멸되는 시점으로 보자면 그렇지만, 정말로 공급으로 인해 가격이 안정되었는지를 확인할 수 있는 방법은 없다. 일부에서 하는 말처럼 공급이 주효해서 그럴 수도, 오를 만큼 올라서일 수도, 축적된 자금이 소진되어서 그럴 수도 있다. 무엇이 주효해서 주택 가격 폭등이 멈추었는지를 알면 향후 대책에 도움이 되겠지만, 당장은 그게 초점이 아니다. 우선 효과가 있었든 없었든 간에 모든 가격 폭등의 끝에 공급이 있었다는 데 초점을 맞춰보자.

노태우 정부 시기 가격 폭등 때는 '200만 호 공급'이라는 대규모 공급이 있었고, 노무현 정부에서는 2기 신도시 사업을 추진했다. 그리고 문재인 정부에서는 중단했던 3기 신도시 사업을 살려 속행했다. 주택 폭등 시기에 대응하는 공급은 대체로 대규모가 되게 마련이다. 노태우 1기 신도시, 노무현 2기 신도시, 문재인 3기 신도시 모두 마찬가지다. 도시 규모로 공급되는 물량은 마치 찻잔에 수돗물을 직접 받는 것과 유사하다. 찻잔에 가득 찰 정도로만 물을 받아야 하는데, 그러자면 작은 주전자에 물을 받아 살살 따라야 한다. 그게 번거롭다고 해서 수도꼭지를 틀어 물을 찻잔에 직접 부으면 십중팔구 넘친다.

신도시 사업으로 공급되는 물량은 부족한 수요를 채우는 수준을 넘어 항상 넘칠 만큼 공급된다. 그렇다 보니 미분양 물량이 늘어나고, 일시적이고 부분적이기는 하지만, 주택 가격 하락이 보인다는 점은 분명하다.

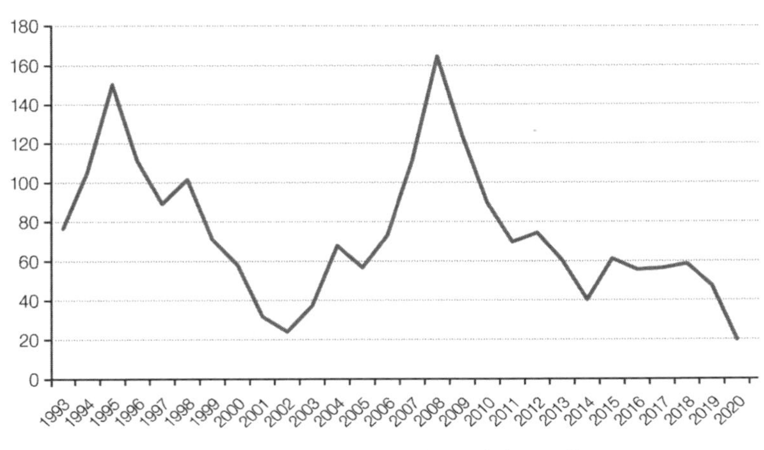

〈그림 9-3〉 미분양 물량 추이(단위: 1000호)

자료: e-나라지표, "주택미분양 현황(전국)".

노태우 정부에서 주택 가격이 상승할 조짐이 있었을 때 최초의 대책은 규제였다. 투기적 수요라고 판단했기 때문이다. 쉽사리 규제 카드를 꺼내 든 데는 한 가지 이유가 더 있다. 박정희 정부 시기에 경험한 학습효과다. 박정희 정부 시기에 주택 가격 상승 조짐이 부분적으로 있었지만, 규제하는 방법으로 통제가 가능했다. 예를 들자면 분양가상한제 같은 것들이 좋은 예다. 주택 가격이 상승할 조짐이 나타나자 공급보다는 분양가를 제한하는 규제 방법을 동원했고, 실제로 효과를 보았다. 이런 학습효과가 노태우 정부에도 영향을 주었다고 보는 것이 합리적이다. 공급책은 주택 가격 상승이 심각해지고 나서야 채택되었다. 노무현 정부도 마찬가지고, 문재인 정부도 마찬가지다. 공급이 정말로 유일한 해결책이었는지 알 수는 없지만, 어쨌든 결과적으로는 공급이 효과적으로 보이기도 한다. 그러나 때늦은 공급은 항상 과잉 공급이라는 후유증을 남긴다. 과잉 공급은 미분양 물건 추이를 보면 알 수 있다. 미분양 물건이 최대였던 노무현 정부 시기 집값 폭등 소멸 직후인 2008년 전국의 미분양 물건은 16만 5599호였고, 최소였던 2020년에는 1만 9005호다. 무려 8.8배 차이를 보인다.

문재인 정부 후반기에 등장한 공급 정책은 어떤 결말을 맺을 것인가? 가장 바람직한 것은 집값 폭등을 멈추게 할 정도로만 공급하는 것이지만 그게 그리 쉬운 일이 아니라는 것을 잘 안다. 집값 폭등 문제는 수그러들었지만, 과잉 공급 문제는 윤석열 정부로 넘어왔다. 윤석열 정부는 집값 폭등의 위험은 어렵지 않게 비껴갈 것 같다. 하지만 윤석열 정부의 부동산 정책을 보면 과잉 공급 문제를 더욱 심각하게 만들 가능성이 높다.

대통령 선거 이전 문재인 정부의 부동산 정책이 잘못되었다, 특히 공급이 부족했다고 질타하던 끝이니 과잉 공급이 분명하게 점쳐지지만 공급을 축소하겠다는 말을 꺼낼 수 없는 상황이다. 그러니 과잉 공급이 분명해 보이지만 공급 정책을 그대로 유지한다. 그저 믿는 것은 행운뿐인 것 같다. 행운만 믿는다 해도 그리 어처구니없어 할 필요는 없을 것 같다. 이미 두 차례나 좋은 행운을 만나지 않았던가? 문재인 정부 기간의 집값 폭등이 하나이고, 다른 하나는 미국에서 시작된 금리 인상 움직임이다(≪매일경제≫, 2022.6.20). 윤석열 정부가 기다리는 세 번째 행운은 누군가 나서서 과잉 공급을 말려주는 일일 듯 싶다.

이 대목에서 과잉 공급을 피하면서 주택 가격 폭등을 방지할 수 있는 방법에 대해 언급할 필요가 있다. 우선 가장 분명한 것은 적기에 적량을 공급하는 것이다. 하지만 이 방법에는 문제가 있다. 적당한 때와 적당한 양을 가늠하기가 어렵다는 점이다. 가수요는 축적적이고 폭발적이라는 특징 때문에 적량 공급이 원천적으로 불가능하다. 그렇지만 실수요만의 문제라면 적당한 때와 적당한 양을 가늠하는 것은 그리 어렵지 않다.

적기·적량 공급으로 가격을 안정적으로 조절할 수 있다는 증거는 분명하다. 주택 가격 폭등 기간의 주택 가격 추이다. 노태우 정부, 노무현 정부, 문재인 정부에서 나타난 폭등기 사이에는 주택 가격이 대체로 안정적인데,

이때는 실수요에 부응하는 적당한 양이 적당한 시기에 공급되었다고 볼 수 있다. 이 기간의 수요를 실수요로 보는 것은 폭등기에 가수요가 소진되었다고 볼 수 있기 때문이다.

가수요에 의한 가격 폭등기가 지나고 주택 가격 안정기가 상당 기간 유지되면 사람들은 주택 폭등의 경험을 잊은 듯 행동한다. 주택 가격은 언제나 안정적이라고 생각하면서 필요한 만큼의 주택이 적절하게 공급되고 있으며, 혹여 수요-공급의 불균형이 얼마간 생기더라도 그것은 일시적인 현상이라고, 조만간 개선될 수 있다고 본다. 하지만 관심을 갖는 기간을 조금만 늘려 잡아도 폭등기 이후 안정기가 그리 오래 지속되지 않으리라는 것을 쉽게 알 수 있다. 집값 상승이 물가 상승률을 밑도는 수준으로 안정세가 장기간 유지된다는 것은, 곧 집값이 폭발적으로 상승하는 시기가 닥친다는 의미로 봐도 좋을 것이다.

집값 폭등을 사전에 방지하는 것은 가능할까? 한 가지 긍정적으로 검토할 만한 사례가 있다. 이명박 정부의 보금자리주택사업이다. 이명박 정부 출범 당시, 노무현 정부 기간에 엄청난 폭등을 겪은 집값은 대체로 안정적인 추세를 보였다. 주택 가격 상승에 대한 우려를 잊을 만한 상황이었지만, 이명박 정부의 판단은 달랐다. 주택 가격 폭등은 주택 총량 부족의 문제라기보다는 도심 요지의 주택 부족에서 기인할 수 있다고 판단했다. 도심 요지의 주택 부족은 단지 그 지역에서만 집값을 상승시키는 것이 아니다. 요지에 주택이 부족해 집값이 오르게 되면 그 영향이 주변으로 파급되어 전체적인 집값 상승으로 이어지는 것은 자명하다.

이명박 정부는 도심 요지의 주택 공급이 지속되지 않는 한 집값 상승은 언제고 다시 재연될 수 있는 불씨라고 생각했다. 그래서 나온 대책이 보금자리주택이다. 도심 가까운 요지에 양질의 주택을 주변 시세보다 상대적으로 싼값에 지속적으로 공급하겠다는 정책이다. 이런 정책을 구체화하는

데 난관은 도심 요지에 땅을 확보하는 일이다. 도심 요지에서 빈 땅을 찾는 것은 불가능하다. 도심 요지에서 땅을 확보하는 유일한 방법은 재개발이나 재건축인데, 실상 이런 방법으로 가능한 추가 공급량은 얼마 되지 않는다. 시장 수요에 부응할 정도의 물량을 재개발이나 재건축을 통해 공급한다는 것은 불가능한 일이다.

남은 방법은 단 한 가지였다. 그린벨트를 헐어 사용하는 것이다. 이명박 정부는 서울 서초동의 그린벨트를 헐었다. 세곡지구와 내곡지구에 대규모 아파트 공급을 실시했다. 그 결과, 아파트 가격은 진정세를 유지했고 부분적으로는 하락세처럼 보이게 만들었다. 2008년 당시는 미국발 경제위기와 맞물려 있는 시기인지라 주택 가격 안정 혹은 하락세 지속 상태가 이명박 정부의 주택 정책 성공에 따른 것인지, 전 세계적인 경제 불안정 상황에서 부수적으로 얻은 것인지를 분명하게 판별하는 것은 불가능하다. 하지만 이명박 정부의 선제적인 주택 정책이 어느 정도 효과를 보았다고 인정하는 데 인색하게 굴 이유는 없다.

이명박 정부의 정책이 서울 주택 가격 안정에 긍정적인 역할을 했다고 해도 아주 큰 문제가 남는다. 이명박 정부의 정책은 지속될 수 없었다는 점이다. 서초동 그린벨트는 화수분이 아니기 때문이다. 서초동 그린벨트가 소진되고 나면 또 다른 땅을 찾아야만 한다. 또 다른 땅을 찾는 것도 쉬운 일이 아니지만, 설령 그게 가능하다고 치자. 그렇다면 그다음은 또 어찌할 것인가?

주택이 부족하면 가격이 오르고 주택을 공급하면 일시적으로 가격이 안정되어 단기적으로는 하락세까지 보이면서 주택 부족이 해소되지만, 일시적일 뿐이다. 공급된 주택 수만큼을 채우는 서울 집중이 이어지고, 주택은 또다시 부족 상태에 들어간다. 이 지점에서 또다시 공급이 수요를 창출한다는 세이의 법칙이 떠오른다. 서울 집중을 원천적으로 차단하지 않는다면 공급은 지속성 있는 해결책이 아닌 임시방편에 불과한 해결책이 된다.

주택 가격 폭등이 축적된 가수요에 기인한다는 것을 받아들이면, 또 다른 해결책이 가능해진다. 가수요에 대응하는 방법은 증가된 수요에 맞추어 공급을 늘리는 것이 아니다. 가수요는 대체로 적기에 적량의 공급이 불가능할 것이라는 판단에서 촉발된다. 이는 적기에 적량의 공급이 가능하다면 가수요는 촉발되지 않는다는 뜻이기도 하다. 가수요에 대응하는 효과적인 방법은 가수요에 부응하는 공급이 아니라 적기에 적량을 공급할 수 있다는 견고한 계획이다.[10]

결론

집은 사는(buy) 것이 아니고 사는(live) 곳이라고 말을 많이 하지만, 요즘의 세태로 보면 집은 사는(buy) 것이 분명한 것 같다. 사서 잠시 가지고 있다가 팔아서 이득을 남기는 것이 주목적이 됐다. 이런 주목적에 부합하는 가치를 우리는 교환가치라고 부른다.

세상에 존재하는 '것'들 중에는 사고팔기에 적합한 것과 그렇지 못한 것이 있다. 사고팔기에 적합한 '것'들에는 교환에서 얻을 수 있는 이득이 있듯이 사고팔기에 적합하지 않는 '것'들에도 가치가 내재되어 있다. 사용하면서 얻을 수 있는 효용이 그 가치다. 우리는 그런 가치를 사용가치라고 부른다.

사고팔기에 적합한 '것'과 그렇지 않은 '것'의 구분은 언제나 명확하고 고정적인 것이 아니다. 과거 우리가 사고파는 대상이 될 것이라고 상상하지

10 적기에 적량을 공급하는 방법과 관련된 내용은 이상현(2021: 205~207) 참조.

도 못했던 것이 오늘날에는 사고파는 대상이 되었다. 우리가 흔히 먹는 물만 봐도 그렇다. 넉넉잡아 30년 전쯤에 누가 물을 돈을 내고 사 먹게 되리라고 상상이나 했겠는가. 그래도 어떤 물건이 사고파는 대상이 아니다가 사고파는 상품이 된 것은 그러려니 할 만하다. 인간이 다른 인간에게 제공하는 심리 행위도 사고판다. 미소도 사고판다. 그리고 친절도 사고판다. 이러다 보니 이제는 사고팔 수 없는 물건의 가치는 저급의 가치가 되고 말았다.

집은 어떠한가? 집은 인류의 역사와 동일한 시간을 공유한다. 사람이 살자면 집은 필수적이다. 그래서 인류가 나타났다는 것은 집이 나타났다는 것과 같은 얘기다. 인류가 세상에 처음 등장했을 때, 그리고 집이 처음으로 등장했을 때 그 집은 사고파는 물건이었을까? 당연히 아니다. 집은 각자가 자기의 것으로 지어서 살아야 하는, 사는 곳이었다. 집을 산다는 것은 남의 삶 자리로 들어가서 그 사람의 인생을 대신 사는 것과 같았다. 한 사람과 또 다른 사람의 인생을 송두리째 바꿔치기할 생각이 아니라면 집은 사고파는 물건이 될 수 없었다.

집을 사는(live) 곳이라고 할 때 집의 가치는 주로 그것의 위치, 차지하는 땅의 상황, 건물 자체의 성능, 동네 평판이라는 내재적 조건 의해 좌우된다. 이 중에서도 특히 집을 사는(live) 곳으로 만드는 것은 평판이다. 평판은 하루아침에 만들어지지 않는다. 사람과 사람 사이에서 오랜 교류를 통해 얻어진다. 집은 그 오랜 교류를 통해 얻은 다른 사람과의 관계를 담보해주는 장치이기 때문이다. 여기까지가 이 책 5장까지의 내용이다.

어느덧 집은 사고파는 물건이 되고 말았다. 집이 사고파는 물건이 될 수 있는 원초적인 전제는 누군가의 인생이나 또 다른 누군가의 인생이 등가의 '물건'이 된다는 것이다. 누군가의 인생을 또 다른 누군가의 인생으로 송두리째 바꿔치기해도 아무 문제가 없을 때 집도 교환 가능한 물건이 되었다. 여기부터 6장의 내용이다.

집을 사고팔면서 누군가가 어느 집으로든 갈 수 있다는 것을 생각해 보면 참 서글픈 일이다. 나를 내가 아닌 누군가 다른 사람으로 바꿔치기를 해도 전혀 이상할 것이 없는 세상에 살기 때문이다. 오히려 이런 말을 하는 나를 이상하다고 여길 수 있다. 집 하나 바꾸면서 인생을 들먹거리는 이상한 짓을 하고 있다.

한 사람의 인생을 담보하는 장치로서의 집은 그 장치를 사용하는 데서 얻는 효용이 중요하다. 아무도 그 집에서 나와 같은 효용을 기대할 수 없고, 나 또한 누군가 다른 사람의 집에서 현재의 집에서 누릴 수 있는 효용을 기대할 수 없다. 사용가치가 중요한 이유다. 하지만 이제 우리는 한 명, 한 명 특별하게 만들어진 존재가 아니라 사이즈별로 대량생산 된 어느 물품 중 하나로 산다.

대기업 김 과장은 딱 그 사람, 김 과장일 필요는 없다. 과장이라는 붕어빵 틀에 김 씨 성의 누구라도 부어 넣어 살짝 구우면 김 과장이 된다. 대량생산 된 물품 사용법의 특별함은 대체 가능하다는 데 있다. 필요할 때 구해서 사용하고, 필요 없으면 버리고, 낡으면 교체하면 된다. 언제든 같은 것을 다시 살 수 있으니 이제는 고유한 사용가치라는 것은 기대하지도 않고 인정하지도 않는다. 그저 대체 가능한 하나의 상품에 불과하다. 사람이 이럴진대 집은 말할 것도 없다. '그 집'은 필요 없다. 그냥 '집'이면 된다. 그리고 그냥 '집'은 언제나 대체 가능한 상품이 된다. 기왕 상품이 되었으면 이젠 싸게 사는 것과 필요가 없어졌을 때 비싸게 되파는 것이 중요해진다.

대체 가능한 물품은 저장하기도 좋다. 대체 가능하지 않은 물품이라면 저장할 필요가 없다. 대체가 가능해야만 그 물건을 찾기 때문이다. 집이 대체 가능한 물건이 됐다는 것은 저장해도 좋은 물건이 되었다는 의미다. 그러니 많이 사두어도 된다. 되팔 목적으로 빈티지급 미디엄 사이즈 티셔츠를 여러 벌 사두는 것과 유사하다.

당장 사용할 필요가 없는 대체 가능한 물품을 가지고 있거나 갖고 싶다면 시장에 관심을 기울이게 된다. 가지고 있는 것을 팔면 얼마나 이득을 챙길 수 있을지 관심을 가지게 된다. 농부가 잉여의 쌀을 얼마에 팔 수 있을지 궁금해하는 것, 대장장이가 새로 만든 호미를 얼마에 팔 수 있을지 궁금해하는 것은 자연스러운 일이다. 집도 마찬가지다. 잉여의 쌀이나 호미처럼 집도 시장에 내다 팔면 얼마를 받을 수 있는지 궁금해한다. 내다 팔 가능성이 열려 있는 마당에 그런 상상은 자유이고, 때로 삶에 활기를 불어넣는다.

시장에 관심을 가지게 되면 시장이 작동하는 기본적인 메커니즘이 무엇인지 궁금해하게 되고 배우게 된다. 시장이 돌아가는 방식은 우선은 수요-공급 간의 관계에 기반을 둔다. 물건이 필요한 사람이 물건을 공급하는 사람보다 많으면 값이 올라간다. 반대로 팔자는 사람이 사자는 사람보다 많으면 값은 내려간다. 여기서 한 발짝 더 나가야 한다. 수요와 공급의 차이가 크면 클수록 가격의 등락폭은 커진다. 사자는 사람이 여섯이고 팔자는 사람이 넷일 때 가격과, 사자는 사람이 여덟이고 팔자는 사람이 둘일 때 가격은 또 다르다. 사자와 팔자의 비율에 따른 가격 등락폭은 선형이 아니다. 구체적으로 정확하게 적시할 수는 없다. 하지만 그게 선형적이 아닌 것은 분명하고, 지수함수 쪽에 가깝다는 것도 잘 안다.[11]

시장에서 집이라는 물건을 사거나 팔려는 사람은 시장에서 사자는 사람이 더 많은지, 팔자는 사람이 더 많은지를 유심히 살펴보아야만 한다. 여기서 한 번 더, 한 발짝 내딛어야 한다. 집을 사거나 팔려 한다면 사자는 사람이 더 많아질지, 반대로 팔자는 사람이 더 많아질지 '예측'을 해봐야 한다.

---

11 그레고리 킹(Gregory King)의 수요 법칙에서는 가격 등락이 지수적이라고 분명히 주장한다(김진방, 2011: 79~80).

시장에 수동적으로 반응하지 않고, 능동적으로 시장을 이용하고자 하는 사람이 많아질수록 수요-공급의 법칙은 느슨하게 풀릴 수밖에 없다. 여기까지는 6장의 내용이다.

시장에서 사고파는 행위가 시작되려면 뭐니 뭐니 해도 우선 살 돈이 있어야 한다. 시장에서, 특히 주택시장처럼 많은 물품이 거래되는 시장에서는 사자는 사람이 중요하다. 아무리 팔고 싶어도 사자는 사람이 없으면 거래 자체가 성립되지 않는다. 아주 당연한 얘기처럼 들리고, 모든 물건이 다 그럴 것 같지만 그렇지 않다. 희귀한 물품을 파는 시장이 있다면 거기에서는 파는 사람이 중요하다. 아무리 사고 싶은 사람이 많아도 팔 사람이 없으면 거래가 일어날 수 없다.

집이 사고파는 물건으로서 요건을 충족하기 위해서는 집을 구매할 수 있는 여력이 만들어져야 한다. 다들 열심히 일한다고 해서 집을 살 만한 구매력을 갖출 수 있는 것이 아니다. 누군가는 길지 않은 시간에도 새로 집을 구매할 수 있을 정도로 재화를 획득할 수 있지만, 다른 누군가는 평생을 뼈 빠지게 일해도 집을 살 수 있는 여력을 지닐 수 없다. 누구라도 열심히 일하면 집을 살 수 있다고 말하는 사람이 있다면 그 사람은 뭔가를 잘못 알고 있거나 혹은 거짓말을 하고 있는 것이다.

재화의 재화로서의 속성은 남이 가지지 못하는 것을 나는 가진다는 데 있다. 내가 가질 수 있는 재화가 남도 언제나 가질 수 있는 것이라면 그것은 재화가 아니다. 재화는 반대편의 결핍을 전제로 한다. 한편의 잉여, 그리고 다른 한편의 결핍이 재화가 재화이게 해주는 원초적인 조건이다. 간단한 사고 실험을 해보자.

10명이 사는 세상이 있다. 이 세상에는 아주 귀중한 금속이 있다. '리탈리옴'이라는 것인데, 다른 값비싼 제품을 만드는 원료로 사용되기도 하지만 자체가 아름답기도 하다. 그리고 금속이다 보니 변형도, 마모도, 부패도 없다. 언제까지라도 그대로 간직할 수 있다는 얘기다. 이걸 이 세상 10명 중에 오직 두 명만 가지고 있다. 이 리탈리옴이 매매가 되기도 하지만 그런 매매에 참여할 수 있는 사람은 한정적이다. 10명 중에서 서너 명 정도가 리탈리옴을 살 수 있는 구매력이 있다. 우연한 발견에 의해 리탈리옴 여덟 개가 더 생겼다. 산술적으로 보면 이 세상에 사는 사람 중 리탈리옴을 가지지 못한 여덟 명이 이걸 가지면 모두가 리탈리옴을 가지게 된다. 그런데 그렇게 될까? 이 세상에 새로 들어온 여덟 개의 리탈리옴은 기존의 리탈리옴 소유자 두 명이 추가로 구입하거나 또는 여덟 명 중 부유한 사람이 구입을 할 것이다. 여기서 두 가지 포인트가 작동한다. 리탈리옴이 중요해서 추가로 혹은 신규로 구매하기도 하지만, 리탈리옴의 희귀성을 지키기 위해서라도 모든 사람이 리탈리옴을 가지는 것을 막아야 한다. 그래야만 기존에 지니고 있던 리탈리옴의 가치가 보전되고, 추가로 구입하는 리탈리옴의 가치도 지킬 수 있다.

이 간단한 사고 실험에서 리탈리옴을 집으로 바꾸어도 논리는 그대로 작동한다. 집이 집으로서의 교환가치를 온전하게 보전하기 위해서는 누군가를 여전히 결핍 상태로 만들어야만 한다. 집은 위치라는 고유한 특성이 있어서 아무리 많은 집이 시장에 등장해도 누군가를 배타적으로 결핍 상태로 만드는 것이 가능하다. 좋은 위치, 즉 상대적으로 유리한 위치만 점유하고 있으면 그런 위치를 점유하거나 창출해내는 것이 불가능한 사람들을 결핍 상태로 몰아넣고 자기 집의 가치를 온전히 지키면서 가치를 상승시키는 것은 어렵지 않은 일이다. 기존의 가치를 보전하고 새로운 가치 또한 자기 것으로 확보하고 싶다면 타인의 결핍을 불가피한 것으로 만들면 된다.

시장에 집이 추가로 공급될 때 추가 공급분이 이전까지 전혀 집을 가져본 적이 없는 사람들에게 선선히 분배될 것이라는 생각은 지나치게 순진한 생각이다. 우선 주택을 추가로 공급해도 자가보유율이 떨어지는 우리나라와 영국의 사례가 이런 순진함을 증명한다. 또한 사고 실험에서 본 것처럼 집의 가치를 담보하는 '결핍'을 지키기 위해 추가 공급분이 무주택자에게 넘어가는 것을 선선히 지켜보지 않는다. 한꺼번에 모든 무주택자를 위한 분량을 공급할 수는 없는 일이니, 무주택자 간의 경쟁이 불가피하고, 이에 더해 유주택자의 경쟁이 추가되어 가격 상승은 피할 수 없어진다.

전체 계층의 한편에서는 집값 상승으로 주택 구매를 포기해야 하는, 주택 구매가 원천적으로 불가능해지는 불행이 벌어진다. 시지포스의 고난이라고 말해도 좋을 것 같다. 바위를 밀어 올려 정상에 가까이 가게 되면 다시 산 아래로 굴러 떨어지는 것처럼, 집을 사기 위해 그만큼의 필요한 돈을 마련하면 집값은 다시 상승한다.

이렇듯 한편에서는 시지포스의 고난이 계속되지만, 다른 한편에서는 정반대의 일이 벌어진다. 이들은 대개 이미 집을 가지고 있는데, 이들의 재산은 계속 늘어난다. 노동소득이 가장 눈에 띄게 일어나는 재산의 증가를 말해주고 있는 듯 보이지만, 실상 이들의 재산을 불려주는 것은 자산 소득을 포함한 자본 소득이며 이들이 이런 자본 소득을 기대할 수 있게 된 데는 상속의 힘이 크다.

이것만으로도 대단한 재산의 증가가 일어나지만, 거기에 때때로 닥치는 보너스가 있다. 인플레이션이다. 일반적으로 인플레이션은 부의 재분배 역할을 한다고 한다. 대개 돈을 빌린 사람이 덕을 보고, 돈을 빌려준 사람은 손해를 보게 되는 구조다. 이렇게만 생각하면 부자가 손해를 보고 가난한 사람이 득을 볼 것 같다. 대체로 가난하면 돈을 빌려 쓰고 부자는 돈을 빌려줄 것 같기 때문이다. 이 말도 부분적으로는 맞는 말이다.

부자는 은행이나 개인 회사나 국가에 돈을 빌려준다. 가난한 사람은 은행에서 돈을 빌려 근근이 생계를 이어갈 수 있다. 하지만 이건 평상시, 즉 인플레이션이 없을 때 벌어지는 일이다. 인플레이션이라는 파도가 밀어닥칠 기세가 보이면 상황이 달라진다. 현금을 가지고 있으면 손해를 볼 수 있다는 것, 그것도 큰돈을 가지고 있을수록 큰 손해를 볼 수 있다는 것을 잘 아는 부자들이 가만히 있을 리가 없다. 인플레이션이라는 큰 파도를 넘는 방법은 잘 알려져 있다. 인플레이션의 효과가 가장 빠르게 그리고 가장 크게 일어나는 자산으로 돈을 옮기는 방법이다.

전설적인 투자가로 알려진 레이 달리오(Ray Dalio)는 최근 펴낸 책에서 "화폐는 쓰레기다"라는 말을 공공연히 한다. 그의 주장에 따르면 세계 주요 통화의 가치는 금의 가치 대비 거의 100분의 1로 줄어들었다. 약간의 결단력이 필요한 일이기는 하지만, 부자가 인플레이션 파도를 넘는 것은 어려운 일이 아니다. 때로 인플레이션이라는 파도를 잘 올라타면 재산을 쉽게 불리는 기회가 되기도 한다.

인플레이션이 모든 재화에, 동시에 동일한 크기로 닥치는 것이 아니라는 점을 활용하면 된다. 인플레이션이 눈에 띄기 전, 이미 부동산은 오르고 있었을 것이다. 흔히 시중에 통화량이 늘어나면 인플레이션이 닥칠 것으로 예상한다. 그런데 시중 통화량이 증가했음에도 인플레이션이 드러나지 않기도 한다. 여기서 하노 벡을 잠깐 인용해 보자. 그에 따르면 1980년 후반부터 1960, 1970년대에 비해 미국의 통화량이 급격히 늘어났고, 1990년대에는 폭발적인 증가가 있었다. 이런 통화량 증가는 미국만의 일이 아니었다. 독일, 일본, 프랑스도 같은 사태를 겪었다.

화폐수량설에 따르면 통화량 증가는 물가상승으로, 즉 인플레이션으로 나타난다. 하지만 이 기간에 인플레이션은 예상만큼 심각하지 않았다. 그 이유가 무엇일까? 화폐수량설이 틀렸다는 것인가? 하노 벡의 답은 자산 인플레이션이었다. 통화량 증가의 많은 부분이 자산으로 쏠리면서 상품과 임금의 상승 압력 상당 부분이 일시적으로나마 해소될 수 있었다고 주장한다(벡, 2017: 184~187).

인플레이션이 닥친다는 것을 실감 나게 해주는 것은 소비자물가지수와 근원물가지수다. 이 지수를 통해 인플레이션 여부를 판단하게 되는데, 부동산 가격은 이 지수들에 포함되지 않는다. 소비자물가지수나 근원물가지수가 안정세를 보인다고 인플레이션이 없다고 판단하는 것은 어리석다. 소비자물가지수나 근원물가지수에 반영되어 인플레이션이 확실히 드러나기 이전까지의 유동성 확장 국면을 '유동성 파티'라는 말로 부르기도 한다. 본질적으로 유동성 파티는 인플레이션이다. 주로 부동산과 주식 같은 자산 가격을 상승시키는 까닭에 소비자물가지수나 근원물가지수로 볼 수 없는 투명한 인플레이션이다.

유동성 파티라고도 불리는 초기 인플레이션이 끝나면 파티 참가자는 한 몫 두둑이 챙길 수 있다. 그럼 그걸로 끝인가? 그렇지 않다. 본격적인 인플레이션이 시작되면 또 다른 기회가 기다리고 있다. 자산 가격 상승이 끝 무렵에 오면 상품 가격이 오르기 시작한다. 이제는 소비재에 투자할 시간이다. 하노 벡은 여기까지만 얘기하고 있다(벡, 2017: 267). 하지만 한 발 더 나아갈 수도 있다. 소비재 가격 상승이 끝날 무렵이면 임금이 오를 것이다. 임금과 관련한 투자를 찾아 나서면 된다. 임금 상승도 언젠가는 끝이 날 것이다. 대체로 인플레이션은 임금이 상승하면서 완성된다고 한다. 완성이라는 의미는 한 주기가 종료한다는 것을 의미한다. 임금 상승이 종료되고 나면 그때부터 다시 다른 주기가 시작되는 것이다. 이제 또 다른 파도를 올라탈 준비를 하면 된다.

인플레이션으로 재산의 크기를 불릴 기회가 꼭 부자에게만 허락되는 것도 아니다. 누구라도 기회를 얻을 수 있다. 하지만 기회의 크기가 다르다. 인플레이션을 위기에서 기회로 바꿀 때 맞이할 수 있는 기회의 크기는 기존 재산의 크기에 비례한다.

기량과 노력, 성실함으로 재산을 늘리고, 운이 좋으면 인플레이션에 의해 불어난 재산으로 가진 자의 부는 더욱더 늘어난다. 부의 집중이 현실화된다. 이제 이 부는 때를 기다리기만 하면 된다. 여기까지가 8장까지의 얘기다.

불장에 올라탄다는 말이 있다. 흔히 주식시장이 활황일 때 주식 투자를 하는 것을 가리켜 하는 말이다. 불장에는 종목을 가릴 필요가 없다. 어떤 회사의 주식이든 가격이 오르기 때문이다. 문제는 얼마나 오르느냐일 뿐이다.

불장은 찾아오는 기회이기도 하지만, 한편 만들어내는 기회이기도 하다. 또다시 케인스의 말을 곱씹게 된다. 미인대회는 가장 아름다운 사람을 뽑는 대회가 아니라, 사람들이 가장 아름답다고 생각할 것 같은 사람을 뽑는 대회라는 말 말이다. 케인스가 위대한 경제학자여서 재산과 관련한 그의 말에 무게가 실린다. 하지만 더 자극적인 것은 그가 주식 투자를 통해 상당한 부를 만들었다는 점이다.

집중된 부는 모두가 집값이 오를 것이라고 생각하는 시점이 언제일까에 촉각을 세운다. 누구나 다 조만간 불장이 오리라는 것을 예상하고, 아니 오히려 기대하고 있으면서 그것의 시작을 알릴 신호탄을 기다린다. 대개 신호탄은 주택 수요-공급의 일시적 불균형 혹은 조만간 닥칠 것으로 기대되는('예측되는'이라는 말보다 '기대되는'이라는 표현이 더 적격이다) 주택 수요-공급의 불균형이다. 이 시점에서 가수요는 폭발하고 주택 가격은 폭등한다. 이것이 9장의 내용이다.

불장이 시작되었다고 해서 누구나가 그런 확신을 가지는 것도 아니다. 그리고 확신한다고 해서 누구나 용감하게 불장에 뛰어드는 것도 아니다. 한때의 상승은 하락으로 반전할 수도 있고, 또한 폭락 가능성도 언제나 있기 때문이다. 상시적인 등락 위험과 순간적인 폭락의 위험이 눈앞에 아른거린다.

단기적 등락은 미국 주택시장에서 잘 드러난다. 순간적인 폭락은 일본의 주택시장에서 목격한 바 있다. 우리나라에서는 이렇게 의심한다, 미국도 일본도 겪는 불행한 일인데 우리가 피해 갈 수 있을까라고. 등락과 폭락이 언제든 우리나라에서도 일어날 수 있을 것이라고 생각한다.

과거에 있었던 일은 미래에 되풀이될 수 있다. 하지만 우리나라에서 미국과 같은 상시적 등락이 일어나고, 일본과 같은 폭락이 일어날 것이라고 걱정하는 것은 기우에 가깝다. 특히 등락과 폭락이 일어났던 미국이나 일본의 상황과 우리의 상황은 매우 다르기 때문이다. 이미 한번 언급한 적이 있지만 다시 한번 요약해 보자.

미국은 장기 모기지가 있다. 적은 돈으로 집을 쉽게 살 수 있지만, 경제 상황에 변화가 생겨 대출금리가 약간만 올라도 감당하지 못하는 가구가 속출한다. 이들은 집을 쉽게 사지만, 쉽게 팔기도 한다. 10년, 20년을 기다려 집을 구매하는 대한민국에서는 (개인적으로 보면) 매우 드문 일이다. 한국인들은 쉽게 구매하지도 않고, 경제 상황에 웬만큼 큰 어려움이 생기지 않으면 집을 팔지도 않는다. 한국에서 집값은 상시적인 등락의 반복보다는 장기적으로 볼 때 아주 완만한 증가세, 거의 물가 상승률보다 못하거나 그와 비슷한 증가세를 보이다가 주기적으로 폭발적 상승을 하는 것이 한국의 특징적인 추세라고 볼 수 있다.

일본식 폭락은 어떤가? 일본의 집값이 폭락하는 데 큰 역할을 한 것이 어마어마한 주택담보대출 비율이었음을 전문가들은 잘 안다. 우리나라가 주택담보대출 비율을 아무리 최대로 허용해도 70% 선에 머무르며, 보수적일 때는 50% 내외인 것에 비해 일본은 버블 기간에 실질적으로 100%의 주택담보대출을 허용하기도 했다. 자고 나면 오르는 집값이 100%라는 숫자를 무색하게 만들었다. 100% 대출은 시간이 흐를수록 90%, 80%로 떨어졌다. 물론 집값이 상승했기 때문이다. 이와 같은 상식에 어긋난 주택담보대출 행위가 극단적으로 비상식적이며, 지속될 수 없는 일이라는 것을 일본 정부가 모르지 않았다. 하지만 선택의 여지가 없었다고들 한다. 미국이 강요한 환율 인하, 즉 엔화 강세가 불러온 피할 수 없는 부작용이었다.[12]

일본과 다르게 우리나라는 주택담보대출 비율을 엄격히 관리했다. 우리나라의 엄격한 관리는 유럽과 비교해 봐도 알 수 있다. 유럽의 많은 나라들이 평균 70~80%의 주택담보대출 비율을 적용할 때 우리나라는 60~70%로 낮은 비율을 유지했다. 우리나라에서 폭락은 말 그대로 기우에 가깝다.

장기적이며 아주 미약하고 완만한 증가세와 주기적으로 찾아오는 폭등을 우리나라 주택시장의 추세적 특징으로 보아도 무리가 없다. 집값은 수요와 공급의 불균형 문제가 아니다. 때맞춘 공급으로 해결할 수 있는 문제가 아니라는 뜻이다.

다른 한편에서는 규제의 방법으로 집값을 잡을 수 있다고 자신감을 보이기도 한다. 하지만 이건 허언이다. 집값을 잡을 수 있다는 호언장담이 믿을 만한 것이 되려면 인플레이션을 근원적으로 방지할 수 있고, 부의 집중을 피해 갈 수 있다고 말할 수 있어야 한다. 그러나 그 어느 정부도 그런 말은 하지 않는다. 인플레이션을 근원적으로 예방하고 부의 집중을 확실하게 피해 갈 수 있는 방법은 없다는 것을 잘 알기 때문이다.

12 일본 부동산 버블의 주요인으로는 금리 인하가 지목된다. 당시 금리 인하는 미국의 압박으로 맺은 플라자 합의로 엔화 가치가 급등한 데서 비롯되었다. 부동산 상황만 생각한다면 모를까 국제적 관계와 거시적 경제 상황을 볼 때 부동산 버블은 피하기 어려운 부작용이었다고 볼 수 있다(≪한겨레≫, 2022.1.18).

10

맺음말

집값에 대한 개인의 대응

집값이 오르면 우리나라 국민의 반은 신이 나고, 나머지 반은 우울해진다. 정확히 말하자면 전국적으로는 60%가 신이 나고, 40%가 우울하다. 서울만 보자면 신이 나는 비율이 조금 떨어진다. 대략 55% 정도는 기대감을 품고, 45%는 더 막막한 심정이 된다. 집을 소유하고 있다면 신이 나는 편에 들기는 하지만, 집을 가진 누구나가 그런 상황을 똑같이 반갑게 맞이할 수 있는 것은 아니다.

집값이 평균 얼마가 올랐다는 식으로 얘기할 때 내 집값이 평균보다 더 올랐을 수 있지만, 반대일 수도 있다. 평균 이하로 집값이 오른 사람은 남보다 더 많이 오르지 않아서 서운하다 정도의 문제가 아니다. 이득을 덜 봐서 기쁘지 않다 정도가 아니라는 말이다. 내 집값이 평균보다 덜 올랐다는 것은 사실상 손해를 봤다는 의미다. 상대적으로 더 가난해진 것이다.

집값 상승의 전체적인 추세를 보면 대체로 비싼 집이 더 오르고 싼 집은 덜 오른다. 이 말이 의심스럽다면 매우 감각적인 증거를 제시할 수 있다. 서울의 집값을 살펴보면 과거 30년 동안 강북은 평균 7배가 올랐다고 한다. 그런데 강남의 집값은 16배나 올랐다고 한다. 지역적 범위를 좁혀보면 더 오르는 집과 덜 오르는 집이 따로 있다는 것을 더 잘 알 수 있다. 딱 짚어 강남의 개포 주공 아파트는 60배가 올랐다(≪EBN 산업경제신문≫, 2017.3.6). 이것 하나로 원래 비싼 집이 더 오른다는 것을 확인할 수 있다. 집값이 오르더라도 비싼 집이 더 오르면 집이라는 자산의 크기로 볼 때 불평등 정도가 심화된다는 얘기다. 집값이 오른다고 유주택자 모두가 무조건 좋아할 일이 아니다. 자신도 모르는 사이에 더 가난해지고 있는지도 모른다.

집값이 오를 때 일반 재화나 특히 노동의 값은 더디게, 그리고 적게 오른다. 집값이 뛸 때마다 집이 없는 사람이 집을 소유할 가능성은 점점 더 낮아진다. 이걸 적시하는 지표로 흔히 PIR을 사용한다. 가격과 소득의 비율이라는 뜻인데, 2021년 서울의 PIR은 대체로 10을 조금 넘는다. 중위 소득자가 중위 가격의 집을 사려면 1년 소득을 몽땅 모으기를 10년 동안 해야 한다는 뜻이다. 집값이 상승할 때마다 이 PIR 또한 올라가게 마련이다. 10에서 11로, 11에서 12로. 그런데 여기서도 하나 더 눈여겨보아야만 할 것이 있다. PIR은 중위 소득자의 소득을 기준으로 한다는 점이다. 만약 하위 5분위 계층을 기준으로 한다면 중위 소득을 기준으로 할 때보다 PIR 상승 추세는 더 가팔라진다. 여기서 강조하고 싶은 것은 집값이 뛸 때마다 무주택자의 상대적 빈곤은 겉으로 보기보다 더 심각해진다는 점이다.

2021년 통계청이 우리나라 가구의 자산이 증가했다는 반가운 발표를 했다. 그런데 속내를 살펴보면 실망스럽다. 자산 증가 대부분을 차지하는 것이 집값이기 때문이다(≪한겨레≫, 2021.7.21). 문재인 정부 들어 집값 상승이 지속된 결과다. 구체적으로는 평균 자산이 5억을 넘어서게 되었다는 소식인데, 보통 사람들은 이 소식을 접하고 기뻐해야 할지, 슬퍼해야 할지 감을 잡기 어렵다. 하지만 분명한 것이 두 가지 있다. 집값 상승 비율의 꼭대기 20% 정도에 있는 사람이라면 마냥 기뻐해도 좋을 것이고, 반대로 무주택자라면 엄청나게 낙담하게 된다.

집값이 하락할 때는 집이 없는 사람이 가장 손해를 덜 본다. 손해를 덜 본다는 것은 때로 득을 본다는 의미로 느껴지기도 한다. '부'란 본래 '빈'과 함께 가면서, 양자 간에는 제로섬 게임이 존재한다고 생각하기 때문이다. 이렇게만 보면 집값이 하락하면 부의 불평등도 줄어들고 좋은 일일 것 같다. 그런데 그리 간단치 않다. 우리나라에서 본격적인 집값 하락을 경험해 본 적이 없지만, 약간의 하락 추세를 보인 적은 있다. 대개 폭등 이후 길지 않은 기간 동안 일부 지역에서 하락 추세를 보였는데, 이때 집과 같은 자산 가격 하락은 대개 경제 전반에 악영향을 미친다.

집값 하락은 경기를 불황으로 끌고 가는 동력이 된다. 집값이 오르면 사람들은 그만큼 부자가 되었다고 생각해서인지 씀씀이가 커지는 것이 일반적이다. 이럴 때는 경기가 좋다. 반대로 집값이 하락하면 씀씀이를 줄이게 된다. 이러면 경기는 하강 국면을 맞는다.[1] 경기가 나빠지면서 맞이하게 되는 가장 원치 않는 악영향은 임금에 악영향을 미친다는 점이다. 집값만 하락하면 무주택자들에게는 심정적으로 아주 좋은 일이겠지만, 임금의 하락이 동반된다는 점에서 집값의 하락은 무주택자에게도 기쁘기만 한 일이 아니다.

집값은 오를 수도 있고 내릴 수도 있지만, 우리나라의 과거 50여 년의 경험은 집값은 항상 오른다고 생각하게 한다. 얼마나 많이 오르느냐가 문제일 뿐, 장기적으로 보면 집값은 항상 오른다. 사람들은 이런 상황에 대비하

1 주택 가격 추이가 경제 활동에 영향을 미친다는 것을 보여주는 연구는 많다. 일례로 최희갑·임병준의 연구가 있다. 이들은 주택 가격 상승 전망은 산업생산과 소비재 판매액에 양의 영향을 미친다는 것을 그랜저 인과관계 검정과 충격반응함수와 예측오차 분산분해를 실시해 입증했다(최희갑·임병준, 2009: 141~158).

도록 학습되었다. 가능하면 집값 상승의 이득을 더 보려 하고, 집값 하락에 따른 손해를 최소화하려고 한다. 사람들의 집값 변화에 대한 대응은 크게 보자면 두 가지로 나뉜다. 하나는 집의 사용가치를 높이려고 한다는 것이고, 다른 하나는 집의 교환가치를 제고하려고 한다는 점이다.

사용가치 제고에는 사용가치에 영향을 미치는 요인들, 즉 집의 내재적 조건을 개선하는 방법이 있다. 위치, 땅 모양, 건물, 평판을 제고하는 방법이 있을 수 있다. 위치는 정해져 있다고 쉽게 생각하지만, 꼭 그런 것도 아니다. 대체로 다른 어떤 곳으로 가거나 혹은 다른 곳에서 이쪽으로 오는 데 편리하면 좋은 위치라고 한다. 원래 위치가 그런 곳이 아니라면 그런 곳으로 만들면 된다. 가장 좋은 방법은 전철역을 유치하는 것이다. 요즘 같아서는 어떤 곳이라도 전철역만 생기면 가장 좋은 위치가 된다.

서울 지하에 거미줄 같은 전철망이 생기면서 어느 곳은 요지가 되기도 했고, 반대로 어떤 곳은 상대적으로 덜 좋은 위치가 되기도 한다. 전철역으로 인해 좋은 위치가 된 대표적인 장소를 서울에서 고르자면 역시 강남이다. 연세가 제법 많은 서울 사람들은 서울 강남을 그저 어디 시골 농촌 정도로 회상하기도 한다. 전철역이 새로 생긴다는 것이 마냥 좋은 것만은 아니다. 반대로 덜 좋은 위치가 될 수도 있다. 전철역이 다른 곳으로 가는 바람에 내가 사는 곳이 덜 좋은 위치가 되는 경우가 부지기수다. 이런 사례로 좀 더 세밀하게 살펴보고 싶은 곳은 이미 그렇게 된 곳이 아니라 그렇게 될 수 있는 지역이다.

서울시는 상대적으로 교통 편의성이 떨어지는 강북 일부 지역을 대상으로 도시철도를 계획하고 있다.[2] 교통이 불편한 곳에 전철을 도입한다는 데

---

2 자세한 내용은 서울정보소통광장, "'지역균형발전' 강북횡단선 등 서울도시철도 10개 확충", https://opengov.seoul.go.kr/mediahub/17218944 참조.

누가 반대를 하겠는가. 해당 지역 주민이라면 열렬히 환영할 만한 일이고, 그 지역 사람이 아니라면 우리 동네에도 저런 것이 생겼으면 좋겠다 정도로 부러워하고 말 일처럼 보인다. 하지만 실상은 그렇지 않다. 도시 토지의 위치적 특성, 즉 접근성으로 표현되는 도시 토지의 가치는 절대적 기준을 따르는 것이 아니다. 상대적이다. 다른 지역에 비해 상대적으로 좋다는 것이 중요하다.

강북 철도 신설은 이런 상대적 접근성에 변화를 가져온다. 강북 일부 지역에 전철이 생기면 그 지역의 접근성이 올라가고 위치적 특성이 좋아진다는 것은 자명하다. 그런데 접근성 변화를 상대적으로 비교해 보면 재밌는 일이 벌어진다. 강북 철도 건설 이후 서울 전체의 지역별 접근성에 변화가 생기는데, 현재 강남 지역의 접근성이 상대적으로 하락하는 결과가 나온다. 전철역 같은 것이 생기면서 기대할 수 있는 접근성 향상과 그로 인한 위치적 특성의 제고가 모두에게 마냥 좋을 것으로만 생각해서는 안 된다는 것을 알려주는 사례다(이상현·김옥연, 2019).

위치적 특성을 개선할 때 사용되는 또 다른 좋은 방법은 주요 시설을 유치하는 방법이다. 고급 백화점이 입지한다든지 또는 전에 보기 어려웠던 문화시설이 입지하면 인근 주택에는 긍정적인 영향이 발생한다. 사람들은 위치를 좋게 하는 방법을 이미 잘 알고 있다. 그러기에 전철역을 자기 동네로 끌어들이고, 좋은 상업시설과 문화시설을 유치하려고 노력한다.

땅 자체도 사용가치에 대단히 큰 영향을 미친다. 특히 법적으로 규정되는 용도가 땅의 사용 가치에 큰 영향을 미친다. 어떤 땅에는 반드시 주택만 지어야 하지만, 다른 어떤 땅에는 1층에 카페 등이 들어올 수 있기도 하다. 카페를 지을 수 있는 땅이 더 비싼 것은 당연하다. 그런데 이것보다 더 극적으로 영향을 미치는 것이 땅에 적용되는 법적 규정에 따라서 지을 수 있는 용적의 차이다. 어떤 땅은 부지 넓이의 2배만큼 건물을 지을 수 있고,

다른 어떤 땅은 8배만큼 지을 수도 있다. 전자는 용적률이 200이고, 후자는 용적률이 800이라는 얘기다. 구체적으로 적시하자면, 용적률 800이 용적률 200보다 용적 비례로 4배 가까이 비싸다.

특정 땅에 적용되는 법은 고정적인 것 같지만, 사실 그렇지 않다. 땅에 적용되는 법 규정은 무시하기 어려울 정도로 자주 바뀌기도 한다. 도시 토지 효용을 극대화하자면 도시의 변모에 맞춰 땅의 활용 방법이 바뀌는 것이 당연하다. 대개는 자치단체에서 그들의 도시계획에 의거해 특정 지역 땅의 용도를 바꾼다. 하지만 그것만 있는 것이 아니다. 주민들이 계획을 제시해 땅의 법적 용도를 바꿀 수도 있다. 전자의 대표적인 사례가 건축 조례 변경이고, 후자의 대표적인 사례가 주민제안에 의한 지구단위계획이다.

지방자치단체가 자신의 고유한 권한인 건축 조례 제정과 변경 권한을 이용하면 땅의 용도를 바꿀 수 있다. 물론 마음대로 아무렇게나 바꿀 수 있는 것은 아니다. 전체적으로 도시 기능을 제고하는 방향이어야 하는 것은 말할 것도 없다. 때로 종상향이라는 것이 실행되기도 한다. 주거지역에서 1종을 2종으로 바꾸는 것이 대표적인 사례다. 종을 높이면 땅의 활용 가치가 올라간다. 대개 건폐율과 용적률이 올라가고, 입주할 수 있는 용도도 다양해지기 때문이다.

땅 주인은 아무것도 안 하고 가만히 앉아 있는데 이런 일이 벌어지기도 한다. 횡재를 한 셈인데, 이런 비슷한 일이 다른 방식으로 일어나기도 한다. 주민이 나서서 종상향을 비롯한 자신의 땅에 대한 법적 규제 변경을 요청할 수도 있다. 이런 요청은 대개 지구단위계획이라는 방법을 통한다. 지구단위계획이라는 용어 자체에서 짐작할 수 있듯이 자신의 땅을 포함한 일정 지구에 적용되는 법체계를 바꾸어달라는 요청이다. 물론 이때도 이런 요청대로 바꾸면, 당연히 도시 전체 기능이 향상된다는 전제가 있어야 한다.

집 주인들은 집을 잘 단장해 건물의 가치를 높이기도 한다. 낡은 집을 돈을 들여 단장하면 그 사용가치가 올라가는 것은 당연하다. 집을 단장할 때는 개별적으로 하는 것보다 인접한 여러 집이 같이 하면 더욱 효과가 좋다. 동네가 좋아졌다는 소리를 들을 수 있고, 홍보 효과가 크기 때문이다. 집주인이 나서서 집을 단장하기도 하지만, 자치단체 차원에서 이런 행위를 적극적으로 권장하기도 한다. 주로 환경개선이라는 이름으로 시행되는 공적 차원의 집 단장 행위다.

사용가치를 올리는 데는 이와 같이 다양한 방법이 있지만, 좀 성격을 달리하는 특별한 방법도 있다. 동네가 살기 좋다는 입소문을 내는 방법이다. 아파트 단지 이름을 세련돼 보이게 바꾸기도 하고, 때로 아파트 입주민들이 단합해 삶의 질을 높일 수 있는 환경을 조성해 나가기도 한다. 때로는 이런 것들이 지나쳐 아파트 가격을 올리는 님비식 행동으로 변질되기도 하지만, 대체로 긍정적으로 볼 수 있는 사용가치 개선 방법이다.

집의 가치 가운데 교환가치는 시장이나 인플레이션, 부의 집중과 같은 외생적 조건에 민감하게 반응한다. 교환가치는 결국 시장에서 결정되는 가격인데, 이런 가격의 변화가 주는 이득을 최대화하고 손실을 최소화하기 위해 사람들이 노력하는 것은 매우 당연한 일이다. 교환가치 측면에서 이득을 최대화하고 손실을 최소화하기 위해서는 무슨 목적으로 집을 사고팔든 간에 싸게 사서 비싸게 파는 것이 중요하다. 그러다 보니 자연히 시장 상황에 민감할 수밖에 없다. 집의 교환가치를 결정하는 외생적 조건은 사용가치에 영향을 미치는 내재적 조건과 달리 한 개인이 어쩔 수 있는 문제가 아니다. 그저 외생적 조건의 변화를 유심히 살펴보고 활용하는 것만이 유일하게 할 수 있는 일이다.

교환가치를 극대화하는 과정 중에 가장 극적이면서 문제가 되는 것은 주택 가격 상승이 심상치 않다, 더 많이 오를 것 같다고 많은 사람들이 판단하는 순간이다. 케인스의 미인대회 비유처럼 집값은 사람들이 오른다고 생각하면 오른다.[3] 이런저런 과정을 거쳐 금융자산을 상당한 정도로 축적한 사람들이 있다면 이들은 집값 상승 국면에서 교환가치를 최대화하기 위해 실거주 목적 이외의 이유로도 주택 구매에 나설 수 있다. 앞서 말한 것처럼 이때가 바로 가수요가 폭발하는 시점이다. 이런 시점에 도달해 이미 축적된 금융자산을 활용하여 교환가치를 최대화하려는 시도는 비난할 일이 아니다.

누구라도 앉아서 손해를 보고 싶은 생각은 없을 것이다. 주택 가격 상승이 지속되리라는 것이 뻔히 보이고, 또한 다른 사람들이 그런 기회를 이용하는 상황에서 특정 개인이 높은 도덕심을 발휘해 그런 행위에 동참하지 않기를 바라는 것은 합리적인 기대가 아니다. 투기적 수요를 유발하여 주택 가격 상승의 원인이 되는 행동을 한다고 해서 도덕적으로 비난하는 것은 타당하지 않다. 상승하는 집값에 대해 개인이 손해를 최소화하는 방향으로 행동하는 것은 매우 당연하고 자연스럽다. 오히려 그런 부작용을 도덕적 측면에서 양심으로 해결할 수 있는 문제라고 생각하는 사고방식이 문제를 더 크게 만들고 악화시킨다. 주택 가격 폭등을 잠재울 수 있는 해결책은 손해 보고 싶지 않다는 두려움을, 그리고 더 많은 이득을 가지고 싶다는 인간의 욕망을 인정해야만 찾을 수 있다.

집값에 대한 국가의 대응

정부 입장에서 집값은 올라도 걱정이고, 내려도 걱정이다. 흔히 정치적

3 집값 선행 지표들 중에는 매수 의향이 있는 사람과 매도 의향이 있는 사람의 비율이 있다. 매수 의향자가 많으면 매수 우위, 매도 의향자가 많으면 매도 우위라 하고 매수자 비율이 크면 클수록 가격 상승 가능성이 높게 예상된다. 반대로 매도자 비율이 크면 클수록 가격 하락이 예상된다.

으로 보자면 집값이 내려가는 게 더 부담스럽다고 한다. 집값이 폭등하면 불만이 커지는 계층은 무주택자 계층이고, 반면 집값이 떨어지면 불만이 커지는 계층은 유주택자 계층이다. 무주택자와 유주택자 비율은 전국적으로는 40 대 60이다. 유주택자가 더 많다. 선거 때 표를 따지자면 집값 떨어지는 것이 더 무섭다. 집값 내려가는 것이 부담스러운 이유가 더 있다. 아무래도 사회적인 파장을 더 크게 만들어내는 '빅 마우스'가 유주택자 쪽에 더 많기 때문이다. 또 다른 실질적인 이유도 있다. 집값이 하락하면 경기가 갑작스레 얼어붙는 부작용을 가져오기 때문이다.

오르는 집값을 잡기 위해 몸부림쳐야 했던 정부는 노태우, 노무현, 문재인 정부다. 이 정부들은 사력을 다해 오르는 집값과 사투를 벌였다. 모든 정부가 오르는 집값을 걱정했던 것은 아니다. 집값이 비정상적으로 내려갈까 봐 걱정한 정부도 있다. 김대중 정부가 그렇고, 박근혜 정부가 그렇다. 박근혜 정부는 대출을 권유해 내 집을 장만하라고 권장했던 정부로 유명하다. 보합세 혹은 내림세를 보이는 집값이 더는 하락하지 않게 하는 한편, 이를 경기 진작 방편으로 사용해 보자는 의도였다. 박근혜 정부를 이어받은 문재인 정부에서 집값이 폭등하면서 박근혜 정부의 정책에 큰 문제가 있었다고 질타를 하지만, 당시 상황만 놓고 보면 절대로 해서는 안 될 그런 정책이었다고 보기도 어렵다.

정부 입장에서 보면 집값은 약한 상승세를 보이는 게 가장 좋다. 집값이 내려 경기를 어렵게 하고, 반대로 집값이 폭등하면서 무주택자들의 불만이 고조되는 상황을 피할 수 있는 정도로 약하고 완만한 집값 상승세를 유지하는 것이 정부 차원의 목표다.

정부가 집값을 통제하기 위해 사용할 수 있는 수단은 두 가지로 분류된다. 하나는 규제이고 다른 하나는 공급이다. 규제는 수요 자체를 억제하는 방법이다. 여기에는 세 가지 정도 세부적인 방법이 있다. 세금과 대출, 법적 규제다. 세금을 올리면 시장에 매물이 나오게 되고, 추가적인 수요 차단을 기대할 수 있다. 양도세와 보유세가 주된 역할을 한다. 취등록세도 세금이지만, 이것의 효과에 대해서는 큰 기대를 하지 않는다. 양도세는 가수요를 원천적으로 차단할 수 있는 확실한 방법이다.[4]

가수요라는 것이 원래 사고팔 때 생기는 차익을 기대하는 것이기에 양도세를 통해 차익을 기대할 수 없게 만들면 가수요는 원천적으로 차단된다. 그런데 양도세에 문제가 있다. 두 가지다. 하나는 1주택자라도 주거를 이전할 필요가 생길 수 있는데 이때 이들에게 과도한 부담을 지울 수 있다는 점이다. 1 주택자와 다주택자를 구분해, 즉 실수요와 가수요를 구분해 차별적으로 양도세를 부과하는 것이 효과적인 방법이기는 하지만, 이게 실행상 난점이 없지 않다. 다른 문제는 양도세가 일관성 있게 지켜지지 않았다는 것이다. 양도세가 과다하다 싶으면 안 팔고 버티면 된다. 대개 진보정권에서는 높은 양도세를, 보수정권에서는 낮은 양도세를 부과했다. 진보정권이 양도세율을 올리면 보수정권에서 낮추고, 다시 진보정권에서 올리면 보수정권에서 낮추는 일이 벌어졌다. 사람들이 양도세는 버티면 된다고 생각하는 것도 무리가 아니다. 진보, 보수 정권이 교체되는 주기는 아무리 길어도 10년이다. 10년만 기다리면 양도세 문제는 저절로 해결된다는 것이 사람들의 생각이다. 그리고 실제로 그랬다.[5]

---

4 김동연은 최근 인터뷰에서 정부 인사 중 누군가가 매매 차익 100%에 해당하는 양도세를 주장하기도 했다고 밝히면서 "자본주의 사회에서 있을 수 없는 일"이라고 논박을 했다고 한다. 자본주의 사회에서 채용하기 힘든 정책인 것은 분명하지만, 집값 폭등을 막을 수 있는 분명한 방법이기는 하다(≪중앙일보≫, 2022.1.9).

5 양도세율은 정부별로 차이가 많다. 다주택자를 중심으로 대략적으로 살펴보면 노무현 정부에서는 1세대 3주택에 60%, 2주택에 50%, 이명박 정부에서는 1세대 3주택에 45%, 2 주택에 누진세율을 적용했다. 박근혜 정부에서는 2014년 이후 양도분부터 다주택자 양도소득세 중과세제를 폐지했다. 문재인 정부에서는 8·2 부동산 대책을 통해 조정대상지역(투기지역 + 투기과열지구) 내에서 주택 양도 시 양도소득세 중과 및 장기보유특별공제 적용 배제, 조정대상지역 내 1세대 1주택 비과세 요건에 거주

양도세가 가지는 이와 같은 한계 때문에 보유세 강화가 규제를 위한 효과적인 수단으로 거론된다. 보유세는 보유하는 기간 내내 세금을 내야 하기 때문이다. 종부세가 대표적인 보유세다. 보유세가 유효한 수단이기는 하지만, 이것 또한 문제가 없는 것이 아니다. 주로 1 주택자, 특히 소득이 낮은 1 주택자에게 과중한 부담이 돌아갈 수 있다. 누진세 개념을 적용한다면 해결책이 없는 것도 아니지만, 현실적으로 효과적으로 돌아가게 만들기 위해서는 대단한 묘기가 필요하다. 대단한 운영의 묘가 필요하다는 얘기다.

집값을 규제하는 데 매우 효과적인 것이 대출이다. 구체적으로 말하자면 대출 비율과 대출이자율이다. 은행 대출은 주로 구매하려는 집을 담보로 대출을 얻는데, 대출액은 대개 구입 가격에 비례한다. 그 비율을 얼마로 하느냐에 따라 수요의 크기가 출렁댄다. 우리나라에서는 대개 50~70% 정도에서 대출 비율이 조절된다. 주택 경기가 과하다 싶은 시기나 지역에는 50%를, 그리고 그 외 지역에는 70% 정도를 적용한다. 대출 비율만큼 큰 역할을 하는 것이 대출이자율이다.[6]

수요 규제를 위한 세 번째 방법은 법적인 규제다. 특정 지역적 조건과 특정 인적 조건을 지정해 특정 지역 내에서 특정한 행위를 금지 혹은 강제하거나, 특정 인적 조건에 해당하는 사람들에게 특정 행위를 금지 또는 강제하는 방법이다.

특정 지역 내 특정 행위 금지의 대표적인 사례로는 일정 기간 동안 전매를 금지하는 규제가 있다. 사서 빨리 팔아 이득을 챙기는 것을 막기 위한

요건 추가와 더불어 분양권 전매 시 보유 기간에 관계없이 양도소득세율 50% 적용하는 등 양도세를 강화했다(≪비즈니스워치≫, 2017.9.19).

6 대출이자율이 대출 크기에 영향을 미친다는 것을 보여주는 사례로 김우석의 연구가 있다(김우석, 2018: 75~88).

것이다. 일정 기간 실거주라는 특정 행위를 강제하는 것이다. 집을 사서 전세를 주면 안 되고, 자신이 입주해서 살아야 한다. 특정 인적 조건에 부합하는 사람들에 대해 금지하거나 강제하는 대표적인 것으로는 다주택자에 대한 각종 부담과 그들에 대한 혜택 박탈이 있다.

정부의 입장에서는 주택 가격이 상승할 조짐이 보이면 규제책을 먼저 내놓는다. 과거 우리나라 정부 중에서 집값이 오른다고 즉각 공급을 늘린 정부는 하나도 없다. 노태우 정부 때도 그랬다. 노태우 정부 시절이라고 하면 200만 호 공급 정책이 주택 가격 안정을 위한 대표적인 정책 사례로 떠오르지만, 사실 노태우 정부는 주택 가격 상승이 보이기 시작한 초기에는 규제 일변도의 정책을 실시했다. 노무현 정부도 마찬가지다. 가격 상승 조짐이 보이자 공급보다는 규제로 가수요를 잡으려 했고, 문재인 정부에서도 마찬가지였다.

주택 가격 상승 초기에 규제로 대응한 모든 정부가 결국에는 이를 통한 집값 안정화에 실패했다고 평가해야겠지만, 그렇다고 해서 이것이 규제가 불필요하다거나 잘못됐다는 증거는 되지 못한다. 규제는 공급에 비해 효과가 빠르게 나타난다. 공급을 하더라도 일단 규제책을 시행하는 것이 합리적이다. 규제에만 매달려 규제만으로 가격을 조절할 수 있으리라고 판단하는 것은 문제로 볼 수 있겠지만, 과거 정부의 규제책이 기대한 만큼 작동하지 않았다고 해서 규제책 자체가 무의미하다고 단정해서는 안 된다.

정부는 규제로 수요를 통제할 수도 있고, 공급을 통해서 수요에 부응할 수도 있다. 공급은 두 가지 측면에서 생각해 볼 수 있다. 하나는 토지 공급이고, 다른 하나는 건물 자체 공급이다. 먼저 토지 공급에 대해 알아보자.

토지는 두 가지 방법으로 공급할 수 있다. 첫째는 빈 땅을 찾는 것이고, 둘째는 이미 건물이 서 있는 땅을 비우고 다시 사용하는 것이다. 서울은 정부 수립 이후 점점 더 넓어졌다. 1949년 당시 면적은 268.35km^{2}이었지만,

2010년도에 605.25km^{2}로 확장됐다. 빈 땅을 찾아 도시 생활에 필요한 각종 시설물을 건설하기 위해 서울의 공간적 확장은 불가피했다.

빈 땅을 찾는데도 다양한 방법이 있을 테지만, 단계적으로 보면 이것도 딱 두 가지로 대별해 볼 수 있다. 두 가지로 나뉘는 가장 큰 차이점은 신규 개발지의 면적이다. 서울에 자꾸 더 많은 집이 필요해지기 시작하던 무렵에는 소규모로 토지를 개발했다. 이때는 토지구획정리사업이라는 이름으로 실행됐다. 사업 명칭에서 짐작할 수 있듯이 토지를 구획하고 신규 건물을 지을 수 있도록 구역 내 토지를 손질하는 방법이다.

서울의 주거 수요가 많아지면서 토지구획정리사업은 비효율적인 방법이 되었다. 토지구획정리사업은 사업 면적이 제한적이라는 점이 문제였고, 더 중요한 것은 개발 규모가 커지면서 주택만 지어서는 안 되었기 때문이다. 주거 생활을 영위하기 위해 필요한 모든 시설, 말하자면 상업시설이나 업무시설, 공원 같은 기능을 동시에 공급해야만 했다.

기존의 토지구획정리사업은 대체로 기존 도심에 인접해 개발이 이루어졌으므로, 기존 도시의 기반시설을 나누어 사용할 수 있었다. 하지만 대규모 개발이 필요해지면서 신규로 개발되는 토지에서 기존 도시의 기능을 나누어 사용하는 것을 기대하기는 어려워졌다. 이런 문제를 해결하기 위해 채용된 고안이 신도시다. 완전하게 독립적으로 기능할 수 있는 도시를 만들려고 했다.

신도시가 자족적인 도시를 지향하고 있었지만, 실상은 그 수준에는 도달하지 못했다. 주거 생활을 위한 상업시설이나 공원 같은 것을 제공하기에는 무리가 없었지만, 업무시설을 제공해 기존 도시로 나가지 않아도 신도시 안에서 모든 도시 생활이 가능해지는 수준까지 다다르지는 못했다. 하지만 시간이 흐르면서 일부 신도시가 매우 자족적인 수준으로 발전하는 것을 목격할 수 있다. 시간이 흘러 우연찮게 신도시 개발 당시의 본래 목적을 달성하게 되었다고 볼 수 있다.

신도시 사업에서 한 가지 더 짚어보고 싶은 것은 사업 주체의 성격이다. 토지구획정리사업은 공공만이 할 수 있는 사업이었다. 국가나 지방자치단체 혹은 그들이 공공의 목적으로 설립한 공사만이 토지구획정리사업을 실시할 자격을 얻었다. 신도시 사업에서는 달라진다. 민간에도 토지를 개발하고, 주택을 포함한 일체의 도시시설을 공급하는 사업 자격을 주었다. 이유는 간단하다. 민간에도 사업 기회를 개방해 신도시 개발을 촉진하기 위해서였다. 그만큼 대규모로 주택에 대한 수요가 증가하고 있었다는 증거다.

토지를 공급하는 두 번째 방법은 이미 건물이 서 있는 땅을 다시 사용하는 방법이다. 이럴 때 흔히 사용하는 표현이 재개발 혹은 재건축이다. 재개발과 재건축은 얼핏 유사한 점이 많아서 구분하기가 쉽지 않은 경우도 많다. 하지만 이 둘을 명확히 구분할 수 있는 기준을 생각해 볼 수 있다. 개발 연면적의 증감 여부다. 건물이 서 있는 땅을 다시 활용할 때 개발 연면적이 늘어나면 재개발, 그렇지 않으면 재건축이라고 보면 된다.

재개발은 대개의 경우 단독주택 위주의 지역을 아파트단지로 개발할 때 정확하게 적용되는 개념이다. 단독주택을 철거하고 아파트를 지으면 같은 면적 안에 공급 가능한 주택의 수량이 상당히 많아진다. 단독주택지의 용적률을 대략 100으로 보고, 아파트 단지의 용적률을 300 정도로 보면 단순히 계산하더라도 3배 많은 주택을 공급할 수 있다. 재개발에서는 주택 공급량의 유의미한 증가를 기대할 수 있다. 반면 재건축은 기존 아파트 단지를 새롭게 단장할 때 많이 사용한다. 기존에도 이미 고밀도 아파트가 들어서 있는 상황이므로 새로 짓는다고 해도 추가로 공급되는 주택의 양은 많을 수가 없다. 하지만 때에 따라 아파트 단지에 적용된 용적률이 다르다는 점, 그래서 과거에 낮은 용적률을 적용해 지은 아파트 단지라면 재건축을 통해 상당한 물량의 추가 공급이 가능하기도 하다. 예를 들어 반포 재건축이 좋은 사례다. 반포 아파트는 1977년도에 건설되었는데, 이때 적용된 용적률이 190%이다(≪매일경제≫, 2009.9.5). 재건축에 적용된 용적률은 300%이다(≪매일경제≫, 2014.2.6). 따라서 110만큼의 차이가 있는데, 이를 이용해 추가 공급 효과를 기대할 수도 있다.

정부는 공급 정책 수단으로 신도시를 선호한다. 그럴 수밖에 없는 것이 우선 재개발·재건축을 통해 기대할 수 있는 공급 효과가 매우 제한적이라는 점이다. 더 중요한 것은 정부가 재개발·재건축을 공급 수단으로 고려하기를 꺼리는 것은 과거 경험으로 볼 때 재개발·재건축은 인근 지역의 주택 가격 상승을 불러왔다는 점이다.[7]

이제 건물 자체의 공급에 대해 살펴보자. 정부가 정책적으로 건물 자체의 공급을 원활하게 하거나 통제할 수 있는 방법은 대체로 법률적인 방법이다. 주택을 포함한 건물을 공급하는 사업자들에게 특별한 혜택을 부여하거나 혹은 특정한 행위들을 금지하는 방법이다. 전자의 대표적인 사례가 선분양제다. 선분양제는 건물을 완성하기 전에 분양을 가능하게 해주는 제도다. 다 짓지도 않은 건물을 팔아 그 대금으로 건물 공사를 하도록 허용한 것이다. 짓지도 않은 건물을 미리 판다는 것은 일반적인 매매 개념으로 볼 때 낯선 것이어야 하지만, 워낙 이런 제도가 시행된 지 오래되다 보니 오히려 선분양제도를 자연스러운 것으로 생각하기도 한다. 하지만 선분양제도는 우리나라 건설업체들의 자본력이 약할 때 남의 돈(입주자)을 빌려 사업을 할 수 있도록 특별히 혜택을 준 일종의 편법이다. 선분양제도가 편법적이라는 것은 지구상에서 선분양을 하는 우리나라가 거의 유일한 국가라는 점에서 증명된다(이상영·손진수, 2015: 268~282). 선분양제도가 편

7 이런 주장을 뒷받침하는 연구들은 많다. 김의준, 최명섭의 연구가 좋은 사례다(김의준·김양수·신명수, 2000: 109~117; 최명섭·김의준·박정욱, 2003: 61~80).

법적이기 하나, 이를 통해 주택 공급을 촉진하는 데는 매우 성공적이었음이 분명하다.

건물 공급을 촉진하기보다는 오히려 억제하는 정책도 있다. 앞서 말한 것 중 후자인데, 이에는 분양가상한제라는 것이 있다. 아파트를 지어서 팔 때 공급자가 책정할 수 있는 판매 금액에 상한을 제한하는 제도다. 이때 분양가의 상한은 토지비에 건물 공사 원가를 더하고, 그 합한 금액의 일정 비율을 이윤으로 인정해 최대 그 금액까지만 분양 가격을 허락하는 제도다. 분양가상한제가 도대체 주거의 안정적 공급을 위해 어떤 기능을 할 수 있는지 직관적으로 이해가 어려울 수도 있다. 분양가상한제를 제대로 이해하려면 과거의 역사를 좀 알아야 하고, 신규 분양이라는 것이 주변 시세에 미치는 영향이 어떠한지 알아야 한다.

특정 지역에 아파트가 신규로 공급되면 인근 주택 가격이 상승한다. 이때 작동하는 메커니즘은 이렇다. 신규로 공급되는 아파트 가격은 항상 인근 주택 가격보다 높게 책정된다. 인근의 주택은 높게 책정된 신규 아파트 가격을 기준으로 재조정한다. 신규 공급 아파트의 분양가가 높으면 높을수록 인근 주택 가격의 상승폭도 커진다. 이런 현상이 처음 나타났던 것은 박정희 정부 때다. 중동 특수로 돈을 번 사람들이 많아지면서 이들을 타깃으로 한 고가의 아파트들이 속출했고, 이 고가 아파트를 필두로 인근의 주택 가격이 상승하는 일이 다수 벌어졌다. 이런 상황에서 박정희 정부는 분양가상한제를 도입한다. 일정 가격 이상의 아파트가 공급되는 것을 원천적으로 차단했다. 그리고 그 결과가 좋았다. 아파트 가격을 진정시킬 수 있었다. 어쩌면 이것이 규제의 방법으로 아파트 가격을 안정시킨 최초이면서 (지금까지로서는) 최후의 사례가 아닌가 싶다. 박정희 정부 시기에 처음 시도된 분양가상한제는 근본적으로는 규제의 방법이지만 공급을 조절하는, 특히 건물 자체의 공급을 조절하는 방편으로 지속적 그리고 적극적으로 활용되었다.

광복 이후 정부는 규제와 공급을 통해 집값을 조절하려고 시도했다. 조절은 오르는 집값을 억제한다는 의미만 있는 것이 아니다. 집값이 떨어지는 것을 방지한다는 의미도 포함된다. 집값 상승에 직면한 모든 정부는 집값 상승 초기에 언제나 규제를 통해 집값을 조절하려고 시도했지만 썩 좋은 결과를 얻지 못했으며, 그에 따라 최후의 방법으로 공급책을 선택했다.

주택 가격을 조절하는 방법은 크게 봐서 규제와 공급이 다인 것 같다. 하지만 다른 길도 있다. 다른 길이 있다는 것을 명확히 인식하려면 우선 전국적인 주택보급률에 눈을 떠야 한다. 서울, 부산, 광주 어디든 주택 부족이 일시적으로 나타날 수 있다. 이러한 일시적 주택 부족은 결국 공급 확대로 해결을 보게 되는데, 노무현 정부 시기에는 양상이 좀 달라진다. 전국적으로 볼 때 주택보급률이 이미 100%에 다가서고 있었기 때문이다.[8] 노태우 정부 시기에 맞이한 주택 가격 상승은 주로 서울을 중심으로 일어나기는 했지만, 전국적으로 본 주택 보급 상황도 좋지 않은 상태였다. 서울뿐만 아니라 어디라도 주택이 부족한 상황이니 주택을 추가로 공급하는 것이 불가피한 상황이었다. 하지만 노무현 정부에서 상황에 변화가 생겼다. 전국적으로 볼 때 주택 문제는 수요-공급의 불균형이라기보다는 지역적 불균형의 문제라고 이해하게 되었다.

전국적으로 볼 때 어딘가에서는 주택이 부족하지만, 어딘가에서는 주택이 남아도는 상황이 나타났다. 이런 상황이라면 주택이 부족한 지역의 수요 인구를 주택이 남아도는 지역으로 돌려보려는 생각을 할 수 있다. 특히 주택 부족이 심각한 지역이 과밀한 상황이어서 도시가 효율적으로 작동하기 어려운 상태가 되었다면 더욱 그렇다. 주택이 부족한 특정 지역, 예를

8 2005년 전국주택보급률은 98.3%, 서울 주택보급률은 93.7%이다(e-나라지표, "주택보급률").

들면 서울과 같은 지역의 과밀은 단순히 주거 생활에 참기 어려운 불편함을 가져오는 수준을 넘어 경제시스템에 왜곡이 발생할 정도가 되었다면 더더욱 그렇다. 서울과 같은 수도를 중심으로 형성된 집중은 결국 국가 발전에 장애물이 된다고 생각하게 되는데 이런 현상은 단지 우리나라만의 것이 아니었다. 선진국이라고 해야 할 영국의 런던이나 프랑스 파리, 일본 도쿄도 마찬가지로 겪는 어려움이었다.

지역적 과밀로 발생하는 주택 부족 문제가 특정 지역의 과밀로 인한 국가 발전의 동력 상실 위기라는 문제와 맞물릴 때, 집중을 분산하는 정책의 필요성이 타당하게 대두된다. 노무현 정부는 이런 상황, 즉 주택 수요-공급의 지역적 불균형으로 주택 문제가 심각하게 드러나는 한편, 과도한 수도권 집중으로 국가 발전에 장애가 발생하는 상황에서 국가균형발전 정책을 시도하게 된다. 수도를 이전하고 지방에 혁신도시를 건설하는 것이 국가균형발전 정책의 골자인데, 시도가 정당화될 수 있는 상황적 조건은 있었지만, 정책은 좌절되었다. 정책이 좌절된 데는 여러 가지 이유가 있지만, 여기서 논할 필요는 없다. 여기서는 국가균형발전 전략이 장기적으로 볼 때 주택 문제를 해결하는 가장 효과적인 방법이라는 점을 강조하는 것만으로 충분하다. 이견이 전혀 없는 것은 아니지만, 특정 지역의 과밀로 인해 국가 발전이 한계를 드러내 보이는 상황이라면 국가균형발전에 의한 주택 문제 해결은 다수의 지지를 받을 만한 방법이다.

윤석열 정부는 다른 것은 몰라도 부동산 문제에 관한 한 좋은 기회를 얻었다고 보아도 좋다. 집값은 더 이상 오르지 않을 것이다. 일부 지역에서는 과거에 흔히 볼 수 있었던 것처럼, 폭등 이후 집값이 소폭으로 하락하는 추세가 1~2년 정도 단기간으로 지속될 것이다. 따라서 부동산 문제와 관련하여 뭔가를 하고 싶어도 집값을 자극할까 봐 하지 못했던 일들을 큰 부담 없이 할 수 있다.

노무현 정부 시절에 본격적으로 추진된 국가균형발전은 전국을 투기장으로 만들고 전국의 집값을 올린다는 오명을 뒤집어써야만 했다. 반면에 윤석열 정부는 이런 걱정 없이 국가균형발전을 시도할 수 있다. 게다가 하락의 기미가 보이는 지역이라면, 국가균형발전을 도모함으로써 집값을 적절한 수준으로 유지할 수도 있다. 집값의 하락세는 그리 오래 갈 것 같지 않지만, 상당 기간 보합세를 유지할 가능성이 높다. 노태우 정부의 집값 폭등 이후와 노무현 정부의 집값 폭등 이후 나타난 가격 안정 기간이 10여 년에 이른 것을 고려하면 향후 10여 년 정도 집값 폭등은 우려하지 않아도 좋을 것이다. 국가균형발전을 시도할 좋은 기회다. 이 10년을 잘 활용한다면 앞으로 10년 후 또다시 닥칠 것으로 예상되는 집값 폭등 사태를 미연에 방지하고 피해 갈 수도 있을 것이다.

정부가 주택 가격의 비정상적인 상승 국면을 맞아 최초에는 규제 방법으로 주택 가격을 조절하려고 시도하는 것, 그리고 이어 주택 가격의 변화 추이를 살펴 공급을 확대하는 것, 또한 장기적으로 국가균형발전을 통해 단순하게 양적 부족 문제에서 지역적 불균형 문제가 된 주택 문제를 해결하려고 의도하는 것은 매우 타당하다.

앞 절에서는 집값 상승 국면을 맞은 국민들의 대응, 특히 투기적으로 보일 수도 있는 그런 행동들이 매우 타당하다고 얘기했다. 지금 하는 얘기의 골자는 주택 가격 상승 국면을 맞아 보여주는 국민들의 행동이나 정부의 정책적 행위들이 모두 타당하다는 얘기다. 이를 굳이 강조하는 것은 주택 가격의 비정상적인 상승 국면에서는 어김없이 어느 일면만이 주택 문제의 근원이고 유일한 해결책이라는 주장이 돌출하기 때문이다. 지금부터 지극히 당연하고 자연스럽게 볼 수도 있는, 국민 개개인의 자구적 대응과 정부의 정책적 대응에 대한 불합리한 평가와 그러한 불합리한 평가에 기인하는 극단적인 두 가지 반응에 대해 살펴보자.

양극단의 사람들에게

당연하고 자연스러운 대응을 그렇게 받아들이지 못하는 두 극단의 한쪽에는, 주택 가격이 오르면 무작정 공급이 부족해서 그렇다고 주장하는 사람들이 있다. 다른 한 극단에는 정상적이지 못한 가격 상승은 규제를 통해 잡을 수 있으며 그래야 한다고 믿는 사람들이 있다.

주택 가격이 상승하면 시장이 작동하는 원리인 수요-공급의 법칙에 의거해 수요에 비해 공급이 부족해서 일어나는 현상이라고 판단한다. 이런 판단이라면 해결책은 공급을 증가시키는 것뿐이다. 이런 반응의 근거는 일차적으로는 수요-공급의 법칙이라는 신화에 대한 굳건한 믿음에서 찾을 수 있다. 두 번째 근거는 과거 집값 폭등은 결국 공급 확대를 통해 해소되었다는 경험에서 찾는다.

나는 이 책의 6장에서 경제학에서 말하는 거의 신화화된 수요-공급의 법칙의 한계에 대해 논의했다. 또한 공급 확대가 가격을 조절하는 방법이 될 수 있다는 것을 부인하기 어렵지만, 그런 방법의 부작용과 지속 가능성이라는 측면에서 볼 때 그 방법이 매우 제한적이라는 점에서 다른 해결책을 제시했다.

부작용은 첫째, 전체적인 자가보유율은 오르지 않고 다주택자 비율만 높아졌다는 것, 둘째, 패닉 공급에 의해 가격 폭등 이후 다소간 주택 가격 하락이 발생하는데 이것이 주로 중하위 가격대의 주택에 집중되어 자산 가격 손실이 (유주택자이기는 하지만) 소득계층 하위에 집중된다는 것이 주된 부작용의 골자다. 하지만 더 큰 문제는 공급으로 주택 가격 폭등 문제를 해결하는 것은 지속 가능하지 못하다는 것이다.

공급을 지속하는 것은 두 가지 방법밖에 없다. 하나는 용적률을 올리는 것이고, 다른 하나는 도시를 수평적으로 확장하는 방법이다. 용적률을 올리는 데도 한계가 있고, 수평적 확장에도 한계가 있다. 그런데 우려할 만한 더 큰 문제는 용적률을 한도 끝도 없이 올려 공급을 지속하고 수평적 확장을 통해 공급을 이어간다고 해도, 용적률이 적절하고 위치도 좋은 고급 주거지와 그렇지 못한 주거지 간의 차이는 점점 더 커진다는 점이다. 간단히 말해 아무리 많은 공급이 이루어져도 좋은 주택과 그렇지 못한 주택 간의 가격 괴리는 점점 더 커질 것이고, 그에 따라 좋은 주택의 가격 상승은 불가피하다는 점이다. 수요 증가에 부합하는 공급의 증가는 기존 중하위 가격대 주택의 경쟁 상품 혹은 대체 상품을 점점 더 많이 공급하는 것이기 때문에 이 주택들을 중심으로 한 가격 하락은 피할 수 없을 것이다.

이젠 다른 극단으로 가보자. 이들은 주택 가격 상승이 투기적 욕심 때문이라고 생각한다. 그리고 이런 욕심은 개인의 도덕심에 의해 억제되어야 하며, 그렇지 못하다면 외부적인 압력에 의해 통제되어 마땅하다고 생각한다. 이렇게 생각할 수 있는 근거는 일차로 주택보급률에 있다. 주택보급률이 104%(2021)라는 것은 누구나 주택을 가질 수 있는 물리적 조건이 충족되었다는 뜻이다. 그런데 현실은 그렇지 않다. 주택의 총량이 늘어나도 자가보유율은 정체되거나 혹은 감소세를 보인다. 주택의 총량이 늘어나는데 자가보유율이 정체 혹은 감소한다는 것은 누군가가 추가로 공급되는 주택을 지나치게 많이 가져간다는 뜻이다. 주택을 추가로 공급해 봤자 다주택자들이 주로 가져갔기 때문이다. 욕심은 외부적으로 억제될 수밖에 없다고 생각하는 것도 무리는 아니다.

추가로 공급되는 주택을 누군가가 가로채고 있다는 사실에 대해서는 누구도 부인하지 못한다. 하지만 가로챈 것인지, 아니면 정당한 자본주의적 권리 행사인지에 대해서는 의견이 엇갈린다. 나는 7장과 8장을 통해 추가로 공급되는 주택을 가로채는 행위가 도덕적으로 비난하기 쉽지 않은 자본주의적 권리 행사임을 밝혀보았다.

노력과 성실함으로 얻는 부유층의 부의 축적이 문제의 핵심임을 주장했다. 노력과 성실함이라고만 표현한다면 매우 정당한 권리 행사로 보이지만, 문제는 그리 간단하지 않다. 부의 축적 과정 중 불공평한 메커니즘이 작동하고(예를 들자면 상속과 같은), 또한 인플레이션과 같은 누군가는 전혀 활용할 수 없는 기회를 통해 가능한 부의 집중이 있기 때문에 지극히 정당한 권리 행사로 보기에도 어려운 점이 있다고 얘기했다.

자본주의 시장경제 체제에서 생산되는 모든 재화(노동 포함)에 이윤 개념을 적용하는 한 자산 가격 상승은 피할 수 없는 현상이다. 누군가 규제를 통해 집값을 해결할 수 있다고 정말로 믿는다면 그는 인간은 원래 선량하게 태어났다고 믿는 사람인 동시에 현대 자본주의가 드러내 보이는 두 가지 특징, 즉 인플레이션과 부의 집중을 피해 갈 수 있다고 말하는 사람이다.

강력한 규제를 통해 집값 상승을 막을 수도 있겠지만, 그것은 아마도 자본주의라는 이름을 바꾸어야만 할 정도로 특별한 규제여야 할 것이다. 그런 강력한 규제가 자본주의 체제에서 용납될 수 있느냐도 중대한 문제겠지만, 일단 그럴 수 있다고 가정해 보자. 집값을 잡으면 모든 것이 다 해결되는가? 부동산 투기를 잡으면 부동산에 몰린 돈이 다른 건전한 산업 분야로 들어가서 경제발전에 도움이 될 것이라고들 얘기한다. 그런데 정말 그럴까? 인구가 감소하고, 경제성장률이 둔화하는 상황에서 기업 행위를 할 자금이 없어서 경제가 돌아가지 않는 상황인가? 얼핏 생각해 봐도 그건 아니다. 부동산 가격 상승에 따라 부동산이 붙잡아 두고 있는 돈이 다른 데로 간다면 무슨 일이 벌어지는가? 첫째, 자본시장에 자금이 과다하게 공급되면서 투자수익률을 떨어뜨릴 것이다. 둘째, 이런저런 이유로 증가된 통화량에 의한 인플레이션 효과가 하노 벡의 말대로 실생활 물가에 조만간 반영될 것이다(벡, 2017: 188). 셋째, 이것은 두 번째 효과의 연속선상에 있는 것인데, 주로 통화 발행에 의존하는 재정 정책에 막대한 제약이 발생하게 될 것이다.

규제를 통해 집값을 잡겠다면서 집값을 예전 수준으로 떨어뜨릴 수 있다고 장담하는 사람들[9]에게, 그렇게 집값을 잡을 경우에 예상되는 앞서 언급한 문제에 대한 대책은 있는지 물어보고 싶다.

전망

(1) 집값 상승의 원천적인 이유

집값이 오르고 내리는 이유에 대해서는 이미 말한 것처럼 양극단의 견해가 있다. 한쪽에서는 수요-공급의 불균형 때문이라고 주장하고, 다른 한편에서는 투기 때문이라고 한다. 이 주장들은 일부는 맞고, 일부는 틀리다. 수요-공급의 불균형과 투기가 집값 상승의 원인 중 하나인 것은 맞지만, 그것만으로 집값 상승을 설명하기에는 부족하다. 이 양 진영의 주장에 한 가지를 더해야 한다. 부의 집중이다. 이 셋이 모여야만 집값 상승을 온전히 설명할 수 있다.

수요-공급의 불균형만 있다면 집값 상승이 일반적인 수요-공급의 법칙과 다르게 움직이는 것을 설명할 길이 없다. 이를 설명하자면 투기적인 가수요가 필요하다. 한편 투기적인 가수요만 언급해서는 가수요가 폭발적으로 발생하는 국면에 대해 설명할 길이 없다. 이것을 위해서는 수요-공급의 일시적 불균형이 반드시 필요하다. 또한 투기적 가수요가 항상 존재하지 않으며, 특정 시기에 몰리는 것을 설명하자면 부의 집중을 인용해야만 한

9 정세균 전 국무총리는 2021년 8월 10일 더불어민주당 대통령 후보 경선에서 부동산 관련 공약을 제시하면서 주택 가격을 2017년 수준으로 되돌리겠다고 말했다(≪한국경제≫, 2021.8.10).

다. 집값의 상승은 수요-공급의 법칙과 투기적 가수요, 그리고 부의 집중으로 설명된다.

집값이 수요-공급의 불균형, 가수요, 부의 집중에 의해 크게 영향을 받는 것은 맞는 얘기이지만, 이것은 주로 중단기적으로 짧은 시간 지켜보았을 때 그렇다. 좀 더 시간을 두고 장기적으로 집값을 살펴보면 얘기는 달라진다. 수요-공급의 불균형, 가수요, 부의 집중은 더는 집값 상승의 원천적인 이유가 되지 못한다.

수요-공급의 불균형은 인구 증가나 가구수 증가에 따른 수요가 발생하고, 이에 부응하는 공급의 증가가 적기에 이루어지지 않을 때 발생한다. 어떤 양상으로든 공급이 뒤따르게 되면 수요-공급의 불균형은 해소된다. 이런 측면에서 볼 때 수요-공급의 불균형은 항상 일시적인 것이고, 인구 증가나 가구수 증가와 같은 수요 증가에 의해서만 시작된다는 점에서 언제나 파생적이다.

가수요는 부동산소득이 자본소득을 상회하는 경제 조건에서 수요-공급의 불균형 조건이 충족되었을 때 발생한다. 가수요는 두 가지 전제 조건이 필요한 셈이다. 이런 이유로 인해 가수요는 집값 상승과 관련해 언제나 일시적이고 파생적이다.

부의 집중은 특정 가구의 소득 증대가 다른 가구의 소득 증대에 비해 상대적으로 클 때 발생한다. 가구 소득이 근로소득, 자본소득, 부동산소득으로 구성된다는 것을 고려하면, 특정 시점에 상대적으로 큰 소득을 얻는 특정 가구가 상대적으로 작은 소득을 얻는 다른 가구에 비해 향후 소득이 적어질 확률은 낮다. 이런 측면에서 보면 부의 집중은 집값 상승에서 항구적인 요인이 될 수 있다. 그렇지만 집중된 부가 주택시장으로 흘러 들어가기 위해서는 가수요 발생이 전제되어야만 한다. 이는 곧 부의 집중이 집값 상승의 원천적인 요인이 될 수 없다는 것을 의미한다.

집값이 상승하기 위해서는 크게 보아 결국 가수요 발생이 필수적이고, 가수요는 부동산소득이 자본소득을 상회하는 경제 조건에서 수요-공급의 불균형이 전제되어야 한다. 한편 수요-공급의 불균형은 언제나 수요의 증가가 존재해야만 발생 가능하다. 따라서 수요-공급의 불균형, 가수요, 부의 집중은 집값 상승의 원천적인 이유라기보다는 수요 증가에 의해 유발되는 중단기적 원인일 뿐이다. 이제부터 집값 상승의 원천적인 이유에 대해 살펴보자.

집값은 근본적으로는 도시 내 특정 위치를 차지하는 토지의 지대 생산성에 의존한다. 토지의 지대 생산성은 지대이론에서 잘 설명하고 있는데, 골자를 얘기하면 간단하다. 사람들의 왕래가 편리한 곳에 위치한 토지의 생산성이 높다는 이론이다. 사람들의 왕래가 편리하다는 것이 무엇을 의미하는지는 명백하다. 설명이 더는 필요할 것 같지 않다. 하지만 토지의 생산성이 높다는 것에는 약간의 설명이 필요해 보인다. 생산성이라는 말에서 뭔가 개념적이고 복잡한 내용이 깔려 있을 것처럼 들리기도 하지만, 실상 이것도 간단하다. 토지의 위치가 좋으면, 즉 사람의 왕래가 편리한 곳에서는 무슨 장사를 해도 잘된다는 뜻이다.

도시는 일정 영역을 형성하는데, 도시 영역 내부의 특정 위치는 왕래의 편리성에서 차이가 있게 마련이다. 지나다니는 사람이 많고 적음에 따라 어느 곳은 무슨 장사를 해도 잘되고, 또 어느 곳은 좀 덜되는 곳이 있을 것이며, 또한 무슨 장사를 해도 잘되지 않는 곳이 있다. 이런 차이에서 집값의 차이가 발생한다. 여기까지는 땅의 위치에 따라서 집값에 차이가 발생한다는 설명이다. 아직까지 집값의 격차가 왜 더 벌어지는지에 대해 얘기하지 않았다. 이제는 집값의 격차가 왜 확대되는지 얘기할 차례다.

집값이 올라가는 것은 지대 생산성을 좌우하는 위치의 특성에 변화가 생기기 때문이다. 특정 위치에 토지가 있다고 가정했을 때 그 위치의 왕래 편리성이 다른 위치에 비해 상대적으로 더 좋아진다면, 이는 곧 그 장소에서 장사를 하면 더 많은 지대 생산이 가능해진다는 것을 의미한다. 아주 간단하게 말하자면 장사가 더 잘될 것이고, 그에 따라 더 많은 돈을 벌 수 있게 된다. 이렇게 특정 위치의 토지가 지대 생산성이 더 높아지는 방향으로 변화하게 되는 계기는 도시의 성장이다.

도시의 크기가 커질수록 특정 위치에 왕래하는 사람들이 증가한다. 그런데 도시가 성장할 때마다 도시 내 특정 위치의 왕래 빈도, 즉 접근성의 증가가 동일하지 않다는 데 유의해야 한다. 도시가 성장하면 주로 중심부의 접근성 향상은 주변부의 접근성 향상보다 더 크게 나타난다. 도시의 규모가 커지면 커질수록 접근성의 불균형은 증대한다. 간단한 비유를 사용해 보자. 방사형 동심원 구조의 도시에서 원래 중심부를 지나는 사람의 숫자가 100명이고, 주변부가 10명이었다고 하자. 도시 반지름이 2배로 커져 중심부를 왕래하는 사람의 수가 2배의 제곱(면적의 증가 효과)이 되어 400명이 된다고 하면, 주변부는 2배(길이의 증가 효과)로 늘어 20명이 된다. 원래 접근성의 차이가 10배였던 것이 20배로 늘어난다. 토지의 지대 생산성은 접근 가능성에 비례하는 것이므로 지대 생산성이 10배에서 20배로 늘어나는 것을 의미한다.

도시 규모 확대는 도시로 집중하는 인구를 수용하기 위한 방편이다. 인구가 늘면서 도시 규모가 확대되는 것이니, 결국 도시 내 특정 위치 토지의 지대 생산성을 높이는 것은 인구 증가다. 인구 증가는 도시 규모의 확장을 불러오고, 도시 규모가 커짐에 따라 도시 내 특정 위치 간 지대 생산성에 차이가 커진다. 이에 따라 집값의 절대적인 크기가 커지면서 동시에 집값의 격차도 증가한다.

(2) 도시 집중의 효과와 부작용

집값과의 상관성 측면에서 보면 문제는 도시로 집중하는 인구의 증가다. 이제는 도시로 인구가 집중하는 이유가 무엇인지를 따져보아야 할 차례다. 인구가 도시로 몰려드는 이유는 도시라는 차원에서 보자면 산업 활동을 도시에 모여서 하는 것이 더 효과적이기 때문이고, 각 개인은 이 과정에서 더 높은 미래 소득을 올릴 기회를 발견할 수 있기 때문이다.

산업 활동이란 원자재를 이용해 재화를 만들고 배포하는 일이다. 원자재를 근거리에서 조달할 수 있고 근거리에서 배포가 가능할 때, 즉 이동 비용을 최소화할 수 있을 때 생산 비용이 최소가 된다. 한편 생산 비용이 아니라 생산의 효율을 생각해 볼 필요도 있다. 생산 효율 증가는 주로 기술적 혁신에 의존하게 된다. 기술적 혁신이 이루어지는 조건에 대해서는 많은 이론들이 있지만, 그중 많은 사람들의 동의를 얻는 것은 정보의 효율적인 흐름이다. 정보가 효율적으로 흐르게 하기 위해서는 의도적이고, 또한 우연적인 정보 생산자 간의 접촉을 증가시키는 것이 중요하다. 이를 공간적으로 풀어 설명하자면 일정 공간 내에 더 많은 정보 생산자가 모여 있을수록 정보의 흐름이 용이해진다는 것이다.

생산과 배포 비용을 절감하기 위해서는 공간적으로 밀집할 필요가 있고 또한 생산의 효율을 높이기 위해서는 정보의 효율적인 흐름이 필요한데, 이를 위해 공간적 집적이 유리하다. 이런 이유로 인구의 도시 집중이 불가피해진다.

집값 상승이 장기적 시각으로 볼 때 인구의 도시 집중에서 비롯되는 것이고, 인구의 도시 집중은 생산과 배포 비용 최소화 및 생산 효율의 최대화를 위한 것이니, 미래의 집값이 어떻게 될 것인지를 살펴보려면 생산과 배포 비용 최소화 및 생산 효율의 최대화를 위한 도시 집중의 미래를 알면 될 것이다.

장기적으로 저출산과 고령화로 인해 인구가 감소할 것이기에 더 이상의 도시 집중이 중단되고 그에 따라 도시 집값이 하락할 것이라는 전망도 있지만, 이는 너무 안이한 전망이다. 국가 전체적으로 인구가 감소할 수는 있어도, 그것이 곧 모든 도시의 인구 감소로 이어진다고 보기는 어렵기 때문이다. 통계청의 예측에 의하면 우리나라의 인구는 2067년 4000만 명 수준으로 감소한다. 이런 감소를 단순히 평균적으로 분배하면 서울의 인구도 4/5 수준, 즉 800만 명으로 감소할 것이다. 이렇게 되면 사실상 집값은 더 이상 걱정할 필요가 없다. 많은 사람들이 그토록 신봉하는 수요-공급의 법칙에 비추어볼 때, 공급은 유지되는 상태에서 수요가 4/5로 줄어드는 것이니 주택 가격은 당연히 하락하게 된다.

누구도 대한민국의 인구가 4/5로 줄어든다고 해서, 서울을 포함한 대도시의 인구가 그렇게 줄어들 것이라고 생각하지 않는다. 인구 감소는 지방 중소도시를 축소시키겠지만, 서울을 중심으로 한 대도시로의 집중은 더욱 심화할 수 있다. 대도시권에서 인구 감소로 인한 여유 공간이 생기게 되면 그것은 방치되는 것이 아니라 상대적으로 경쟁력이 약한 지방 중소도시로부터 유출되는 인구로 채워질 것이다. 이렇게 되면 지방 중소도시는 축소되고 대도시 인구는 현재 상태를 유지하게 된다. 이것이 끝이 아니다.

지방 중소도시가 축소되면 한편에서는 도시의 물리적 성능 저하가 발생한다. 다른 한편, 규모의 경제가 붕괴됨에 따라 도시의 물리적 성능 저하와 함께 일자리 감소로 인한 유출 압력이 커진다. 이와 같은 과정은 일회적으로 끝나지 않는다. 도시 축소는 도시 성능 저하와 일자리 감소로 이어지고, 도시 성능 저하와 일자리 감소는 인구 유출 압력으로 작동하며, 이에 따라 도시가 또다시 축소되는 부정적 순환이 계속된다.

저출산과 고령화로 인한 인구 감소는 도시 집중을 완화하기보다는 특정 대도시를 중심으로 한 도시 집중을 가속화할 가능성이 더 크다. 지금처럼 주택이라는 자산에 의한 엄청난 부의 증가 현상이 지속된다면, 대한민국 인구 모두가 서울을 중심으로 한 수도권에 몰려 살 것으로 예측해도 무리는 아니다.

인구 감소는 도시 집중에 영향을 미치기 어렵다. 도시 집중은 여전히 생산과 배포 비용 최소화 및 생산 효율 최대화의 문제다. 특히 특정 도시로의 집중이 국가 전체적으로 볼 때 미래에도 생산과 배포 비용의 최소화와 생산 효율의 최대화에 유효하게 기여할 수 있을 것인가가 관건이다.

생산과 배포 비용의 최소화는 상품을 생산하기 위한 원재료와 생산품의 이동을 최소화함으로써 얻을 수 있다. 원재료에는 물자와 사람이 포함된다. 생산품의 이동은 두 가지 방법으로 일어난다. 생산된 물자가 이동하거나 사람이 물자를 가지러 이동한다. 결국 생산과 배포 비용의 최소화는 원재료와 생산품이라는 물자와 사람의 효과적인 이동에 달려 있다.

기존 도시는 집중에 의한 밀집이라는 방식으로 물자와 사람의 이동을 최소화했고, 이를 통해 생산과 배포 비용의 최소화에 기여했다. 또한 밀집을 통해 정보 소통의 효율을 최대화했고, 이를 통해 생산성 향상에 분명히 기여했다. 이제부터 살펴볼 것은 과연 밀집된 도시가 여전히 생산과 배포 비용 최소화와 생산 효율 최대화를 위해 유효한 도구인가, 또한 미래에도 여전히 유효한 도구일 것인가다.

20세기 중반쯤부터 도시 집중 효과에 대한 의문이 제기되기 시작한다. 집중이 생산성 향상이라는 효과를 나타내는 것은 부인할 수 없지만, 그 대가로 치러야 하는 비용이 만만치 않음을 인식하게 된 것이다. 집중의 효과와 함께 필연적으로 동반되는 비용이라는 부작용은 대체로 과밀이라는 말로 포괄적으로 표현된다. 과도하게 밀집되었다는 얘기다.

도시의 밀집 정도를 누구나가 동의할 수 있는 방식으로 평가하는 기준은 없다. 따라서 과밀을 객관적으로 판단할 기준도 없다. 자연히 과밀에 대해서는 너무나도 모호하게 판단을 해왔다. 도시의 공해가 심해지고, 교통체증이 발생하고, 주택 부족으로 주택 가격이 지나치게 오른다는 정도가 과밀을 판단하는 기준이다. 하지만 공해의 정도가 얼마나 되어야 더 이상 견딜 수 없는 것이고, 교통체증이 얼마나 심해야, 또한 주택 가격이 얼마가 되어야 견딜 수 있는 임계점을 지났다고 판단할 것인지에 대해서는 전혀 공통된 의견이 없다.

사람들은 그저 모호한 기준을 정치적으로 적용했다. 20세기 중반에 나타난 공해, 교통체증, 주택 부족 등을 두루뭉술하게 묶어서 과밀에 도달했다고 판단했다. 이런 과밀이 단순히 공기가 나쁘다, 출퇴근 시간이 너무 길다, 또한 주택 가격이 너무 비싸다라는 수준에 머물렀다면 도시 집중에 대해서 비판적으로 살펴볼 생각도 하지 않았을 것이다. 공해나 교통체증, 그리고 너무 높은 주택 가격이 경제성장에 걸림돌이 된다고 판단하게 되면서부터, 실상 경제성장에 얼마나 걸림돌이 되는지에 대해 엄밀한 평가가 이루어지지 않았음에도 과밀은 해소해야 할 문제가 되었다.

도시 집중을 누구보다 먼저 경험한 유럽의 선진국에서는 각국의 수도를 중심으로 발생하는 과밀을 억제하기 위해 각종 정책을 실시했다. 수도권으로의 집중을 억제하고, 수도권 내 인구 유발 시설들을 지방으로 유인하기 위한 정책들을 시도했다. 하지만 이런 정책들은 정책의 실효성이 나타나기도 전에 좌절을 겪는다. 수도권 과밀 방지를 위한 정책 실행 결과, 오히려 국가 전체 차원에서의 발전을 저해한다는 의견들이 불거져 나왔기 때문이다. 이런 부작용이 수도권 과밀 억제 정책을 실시하는 과정에서 불가피하게 발생하는 일시적인 것인지 아니면 구조적인 문제인지를 따져보기도 전에 각국의 수도권 과밀화 방지 정책에 제동이 걸렸다. 순수하게 경제성장과 관련된 문제라기보다는 수도권과 비수도권 간의 이해 상충에서 비롯된 정치적인 문제로 변질되는 모습을 보여줬다.

특정 도시와 그 도시를 포함한 광역도시권이 과밀인지 아닌지, 즉 도시 집중이 여전히 효과적인지 아닌지를 판단할 수 있는 가장 단순하고 명쾌한 방법은 효용 대비 비용을 따져보는 일이다. 도시 집중은 아무리 고도화되더라도 언제나 생산성 증가를 발생시킨다. 다만 과밀이 지나칠수록 한계 생산성이 줄어들 뿐이다. 반면 한계 비용은 지수적으로 증가한다. 과밀은 언제나 한계 생산량 자체를 증가시키지만, 결국 한계 비용의 증가가 한계 생산성 증가를 넘어서는 순간을 경험하게 된다. 이 순간이 바로 과밀이 되는 순간이다.

이론적으로 과밀을 한계 비용이 한계 생산을 초과하는 시점이라고 정의할 수 있지만, 그것을 판단하는 것은 현실적으로 어려운 문제다. 모든 비용과 생산을 비교 가능한 단위로 파악하는 것도 어렵지만, 특히 어려움이 가중되는 이유가 있다. 한계 생산은 측정하기가 상대적으로 용이하지만, 한계 비용은 엄밀한 측정이 어렵기 때문이다. 그 이유는 생산은 생산자가 분명한 반면, 비용은 도시민 전체가 공동으로 지불하기 때문이다(이상현, 2021: 106~107).

국가균형발전과 같은 방법을 통해 특정 지역의 과밀을 억제하고 지역적 불균형에 의한 집값 상승 문제를 어느 정도 해결할 수 있겠지만, 누구나 동의할 수 있는 과밀의 기준을 제시하는 것이 불가능하기 때문에 현실적인 해결책이 되지 못한다. 어느 한쪽도 과밀이다 혹은 과밀이 아니다를 증명할 수 없는 상황이라면 과밀은 더욱 진전될 가능성이 높다. 현재 서울에서 벌어지는 일만 봐도 이런 예측은 타당해 보인다. 서울 집값이 폭등하자 공급을 늘려야 한다고 주장하면서, 땅을 만들어낼 수 있는 것이 아니니 할 수 있는 방법은 고밀화밖에 없다고 강조한다. 역세권을 중심으로 4종 주거지역이라는 새로운 지역을 만들어 용적률을 500%로 상향하겠다고도 한다(≪중앙일보≫, 2022.1.14). 이렇다면 과밀이라는 논리에 의존해 도시 집중을 방지하고 집값을 잡아보겠다는 생각은 버려야 한다.

(3) 4차 산업혁명과 도시 집중의 미래

어떤 수를 써도 도시 집중은 여전하고 앞으로도 그럴 수 있을 것 같다. 그렇지만 도시 집중을 회피하고 결과적으로 집값 상승에 제동을 걸 수 있는 기회는 도시 자체가 아닌 다른 사회경제적 변화에 의해 찾아온다. 4차 산업혁명이다.

어떤 이들은 4차 산업혁명의 실체에 부정적인 견해를 보이기도 한다. 간단히 말해 4차 산업혁명이란 말잔치에 불과하다는 얘기다. 반면 4차 산업혁명이 대단히 중요한 변화의 계기로 작용할 것이라고 주장하는 사람들도 있다. 이 주장들의 기반은 인공지능과 로봇이다. 인공지능과 로봇이 큰 역할을 할 것이라고 기대한다. 물론 희망적인 기대만 있는 것은 아니다. 일부 우려스러운 면 또한 분명하다.

이제부터 4차 산업혁명, 좀 더 구체적으로 말하자면 인공지능과 로봇이 도시의 집중에 어떤 영향을 미칠 것인지에 대해 얘기해 보자. 인공지능과 로봇으로 대표되는 4차 산업혁명이 그 이전의 1, 2, 3차 산업혁명과 다른 점은 이전의 산업혁명은 사람이 할 수 없는 일을 할 수 있게 해주었다는 것인데 4차 산업혁명은 이들과는 달리 사람을 더 싸게, 더 잘 일할 수 있는 인공지능과 로봇으로 대체한다는 점이다. 인공지능과 로봇이 도입되면서 직종별로 차이가 있기는 하겠지만, 인간이 차지하는 일 중 많은 부분을 인공지능과 로봇이 대신하게 될 것이다.

인공지능과 로봇에 의해 대체되는 비율이 직종에 따라 차이가 있다고들 하는데, 대체로 보면 중간 정도의 머리를 쓰는 일과 비교적 덜 섬세한 육체노동 분야가 인공지능과 로봇에 의해 빠르게 대체될 것이라고 예측한다. 머리를 쓰는 일 중 특히 창의성이 요구되는 영역에서는 앞으로도 여전히 인간이 자신의 일을 지킬 수 있을 것이라고 자조적인 예측을 한다. 섬세한 육체노동 분야에서도 지속적으로 인간이 필요할 것이라고 보기는 하지만, 이것은 단지 비용 대비 효과의 문제일 뿐이다. 바늘에 실을 꿰는 섬세한 작업은 인간만이 할 수 있는 것이 아니다. 그런 로봇은 지금이라도 얼마든지 만들 수 있다. 다만 비용이 많이 들어가기 때문에 그렇게 하지 못하는 것이다. 미래에도 인간의 육체노동이 필요한 것은 값비싼 기계가 담당하기에는 수지에 맞지 않는 그런 분야들일 것이다.[10] 한편 창의성이 필요한 노동은 어떤가? 인공지능이 그림을 그리고 음악을 작곡하고 소설을 창작하는 것은 이제 흔한 일이다. 창의성이 필요한 영역에서 언제까지 인간이 자신의 일을 지킬 수 있을 것 같지는 않다.

인공지능과 로봇이 아무리 발달해도 인간을 넘볼 수 없는 영역이 있기는 하다. 인간적 감정을 소비하는 영역이다. 어떤 인공지능도 어떤 로봇도 넘볼 수 없는 인간 고유의 영역이다. 그런데 문제는 그런 영역을 담당할 사람의 마음이 편치 않으리라는 점이다.

다시, 도시 집중이 왜 필요한지로 돌아가 보자. 첫째는 생산과 배포 비용의 최소화다. 이러기 위해서는 원자재와 생산품 이동 비용을 최소화할 필요가 있고, 여기서 가장 큰 비율을 차지하는 것이 인간의 이동이었다. 인공지능과 로봇이 인간이 할 일을 모두 대신하는 그런 미래가 곧 닥칠 것도 같은데, 인공지능과 로봇은 출퇴근이 필요 없다. 많은 사람들이 효율적으로 모이고 흩어지기 위한 도시 집중이 더는 필요하지 않다.

---

10 산업혁명의 결과 영국에서 발명된 각종 기계를 후발국들이 한동안 사용하지 않았던 것을 보면 이런 상황을 잘 이해할 수 있다. 인도나 일본은 인건비가 기계를 도입하는 자본 비용보다 훨씬 더 싼 탓에 한동안 기계를 사용하지 않았다. 인건비 대비 기계 자본 비용이 비싸서 기계를 활용하지 못한 것은 프랑스도 마찬가지였다. 로봇의 본격적인 도입은 불가피하게 인건비를 하락시킬 것이고, 인간의 노동을 로봇으로 대체하는 것을 멈추는 지점은 로봇 도입 비용과 인건비가 동일해지는 곳으로 예상할 수 있다.

이제 다음 문제인 생산의 효율로 돌아가 보자. 생산이 효율적이기 위해서는 기술적 진보가 담보되어야 하고, 그러기 위해서는 정보 소통이 효율적이어야 한다고 강조했다. 한때 사람들은 정보 소통의 효율을 위해 모여서 일을 했다. 하지만 한 장소에 모여 대화를 나누어야 하는 필요는 일찍이 사라졌다. 정보통신 혁명이라는 3차 산업혁명, 특히 인터넷의 도입은 효율적인 정보의 소통을 위해 한 장소에 모여야만 하는 번거로움을 없애주었다. 물론 인터넷 덕분에 물리적인 접촉의 필요성이 저하되었다는 것이지, 실제로 물리적 접촉을 통한 정보 소통 방식에 일말의 장점도 남지 않게 되었다는 것은 아니다. 어떠한 경우라도 직접 만나서 소통하는 경우의 가치를 부인할 수 없다. 그러나 대면 소통을 대신할 기술의 발전 추세로 볼 때 대면 소통은 전체 정보 소통 중 아주 작은 비중을 지니는 특별한 예외로 취급될 것이다.

4차 산업혁명을 대표하는 인공지능과 로봇은 집값 상승의 원천적인 이유가 되는 도시 집중이 더는 필요하지 않을 것이라고 말한다. 도시 집중이 필요하지 않다는 것은 도시 내 특정 위치, 토지의 지대 생산성에서 보이던 차이가 사라진다는 것을 의미하고, 이는 도심 혹은 어떤 특정한 중심에 가까운 집값이 비쌀 이유가 없다는 것을 말한다. 집이 위치의 제약에서 벗어나면 그때부터는 무한 공급이 가능해진다. 무한 공급이 가능해져서 수요-공급이 언제나 균형을 이룰 수 있어 집값이 오르지 않는 것이 아니라, 무한 공급이 가능해진다는 사실만으로 수요-공급의 균형이 예측되고, 그로 인해 집값은 오르지 않게 된다.

인공지능과 로봇으로 대표되는 4차 산업혁명이 집값에 혁명을 가져올 것이다. 이런 예측은 매우 자연스러운 것이기는 하지만, 너무나 큰 변화이기에 받아들이기 어려울 수도 있다. 그렇다면 인공지능과 로봇에 의해 변화될 상황을 미리 우리에게 귀띔해 주는 사건을 주목해 보자. 코로나다.

코로나는 인류의 불행임이 분명하지만, 한편으로 우리의 미래를 당겨 예고하는 역할을 한다. 코로나로 인한 강제적인 재택근무가 우리 도시의 미래를 얘기해 준다. 머지않은 미래에 지금처럼 집값 상승을 걱정해야 할 이유는 사라질 것 같다.

그런데 인간이 생산하는 모든 재화에 이윤이라는 개념이 개입하는 한, 인플레이션은 여전히 존재할 것이고, 부의 집중도 존재할 것이다. 늘어나는 금융자산을 주체하지 못하는 계층 또한 여전히 존재할 것이다. 그렇다면 이들은 자신의 금융자산을 소진할 수 있는, 집을 대신할 다른 자산을 찾아 나서게 될 것이다. 랜들 퀄스(Randal Quarles) 연방준비제도 부의장의 말은 매우 시사적이다.

> 연준에 낡아가는 기반시설을 고쳐라, 수조 원의 친환경 에너지 채권을 사라는 식의 요청을 하는 자들이 필연적으로 나타날 것 ……. 이러다 화성을 식민지로 만들고 싶은데 연준이 지원하라고 압박하지 말라는 법도 없다(≪조선일보≫, 2021.12.3).

「낙토의 아이들」의 화자는 이제 무릉동이 아닌 화성에서 벌어지는 마술쇼를 이해해야만 한다.

참고문헌

고영천. 2021.「민간주택분양가상한제 정책효과분석」. ≪도시행정학보≫, 34(2).

구본창. 2000.「분양가 차등화를 위한 아파트 특성별 가격차에 관한 연구」. ≪주택연구≫, 8(2).

국가공간정보포털. data.nsdi.go.kr.

국가기록원. https://www.archives.go.kr/next/viewMain.do.

국사편찬위원회. 한국사데이터베이스. https://db.history.go.kr/.

국토교통부. 정책자료 "제1기 신도시 건설안내". https://www.molit.go.kr/USR/policyData/m_34681/dtl.jsp?id=523.

국토교통부. 정책자료 "제2기 신도시 건설안내". https://www.molit.go.kr/USR/policyData/m_34681/dtl?id=524.

국토교통부. 부동산 공시가격 알리미. https://www.realtyprice.kr:447/notice/gsindividual/siteLink.htm.

국토연구원. 2021.9.13. "주거취약계층을 위한 정책연계 강화방안". 국토정책 브리핑. http://eiec.kdi.re.kr/policy/domesticView.do?ac=0000158591.

국토해양부. 2008.10.19.「국민 주거안정을 위한 도심공급 활성화 및 보금자리 주택 건설방안」.

기계형. 2013.「1920년대 소비에트러시아의 사회주의 건축 실험: 구성주의 건축가 모이세이 긴즈부르크와 '코뮌의 집'」. ≪러시아 연구≫, 23(2).

기획재정부. 2020.8.4.「정부합동 수도권 주택공급 확대방안 발표문」(보도자료).

김기화. 2000.「임금 물가 생산성의 순환적 특성과 고비용 논쟁」. ≪경제학연구≫, 48(3).

김도완·권수안·배윤신·문성호. 2013.「서울시 내 아스팔트/콘크리트 도로 소음 측정 및 분석에 관한 연구」. ≪서울도시연구≫, 14(2).

김선웅. 2015.5.27.「서울시 행정구역의 변천과 도시공간구조의 발전」. 서울주요정책. https://www.seoulsolution.kr/ko/node/3182.

김성태. 1999.『경제학원론』. 형설출판사.

김우석. 2018.「가산금리가 주택담보대출에 미치는 영향」. ≪부동산연구≫, 28(4).

김의준·김양수·신명수. 2000.「수도권 아파트 가격의 지역 간 인과성 분석」. ≪국토계획≫, 35.

김지혜 외. 2020.6.22.「북유럽 3개국의 부동산 금융정책과 시사점」. ≪국토정책 브리프≫. 국토연구원.

김진방. 2011.「공급과 수요 그리고 윌리엄 손턴」. ≪사회경제평론≫, 35.

김현아. 2003.「정책변화가 재건축재개발 시장에 미치는 파급효과와 향후 전망(2003.12.10.)」. ≪건설산업동향≫, 2003-24.

김홍관·여성준·강기철. 2016.「종상향 용도지역의 지가 변화 분석을 통한 공공성 확보 비율 산정」.

≪Journal of the Korean Associaton of Geographic Information Stuides≫, 19(4).
『논어집주』.
대한건설협회. http://www.cak.or.kr/.
디킨즈, 찰스(Charles Dickens). 1997. 장남수 옮김.『어려운 시절』. 푸른미디어.
문권순. 1997.「벡터자기회귀(VAR)모형의 이해」. ≪통계분석연구≫, 2(1). 통계청.
민범식 외. 2004.「주거지역 개발밀도 설정방안에 관한 연구」. 국토연구원.
박석두·황의식. 2002.12.『농지소유 및 이용구조의 변화와 정책과제』. 한국농촌경제연구원.
박완서. 1989.「가(家)」. ≪현대문학≫, 35(11).
박찬수. 1982.「연속보에서 소성설계와 탄성설계의 비교」. ≪대한건축학회지≫, 26.
백낙청. 1985.『민족문학과 세계문학』II. 창작과비평사.
벡, 하노(Hanno Beck). 2021.『인플레이션』. 다산북스.
부킹. http://buking.kr/.
서수정. 2015.「국민 삶의 질 향상을 위한 공간복지 실현 및 공공건축 조성 정책방안 연구」. 건축도시공간연구소.
서울교통공사. http://www.seoulmetro.co.kr/.
서울부동산정보광장. 아파트거래현황. https:// land.seoul.go.kr:444/land/rtms/rtmsStatistics.do.
서울연구데이터서비스. https://data.si.re.kr/.
서울 열린데이터광장. "서울시 인구추이(주민등록인구) 통계". http://www.data.seoul.go.kr/dataList/418/S/2/datasetView.do.
서울정보소통광장, "'지역균형발전' 강북횡단선 등 서울도시철도 10개 확충", https://opengov.seoul.go.kr/mediahub/17218944.
서울특별시. 2014.『2030 서울도시기본계획』.
서유구. 2019.「상택지」. 임원경제연구소 옮김.『임원경제지』.
"실록 부동산정책 40년: 강남 공룡에 소 몇 마리 던져준들…". 대한민국 정책브리핑. 2007.3.16. https://www.korea.kr/special/policyFocusView.do?newsId=148620942&pkgId=49500196.
안대회. 2019.「조선 후기 좋은 집터, 이상적인 거주공간의 이론과 실제」. ≪민족문화연구≫, 83.
양기진. 2008.「서브프라임 모기지론의 부실화와 금융위기」. ≪국제거래법연구≫, 17(2).
앳킨스, 리사(Lisa Adkins)·멜린다 쿠퍼(Melinda Cooper)·마르티즌 코닝스(Martijn Konings). 2020.『이 모든 것은 자산에서 시작되었다』. 사이.
오규식·이왕기. 1997.「아파트 가격에 내재한 경관조망 가치의 측정」. ≪국토계획≫, 32(3).
올든버그, 레이(Ray Oldenburg). 2019.『제3의 장소』. 풀빛.
유승동. 2015.「비소구 주택담보대출의 도입에 대한 연구: 가치평가를 중심으로」. ≪금융연구≫, 29(2).
윤영훈·이우진. 2015.2.23.『한국경제와 피케티 베타의 동학: 1996~2012』(한국재정학 학술대회 논문집). 한국재정학회.
이기영. 2014.「고전장원제에서의 영주권과 농민」. ≪역사학보≫, 151.

이대근. 1987. 『한국경제의 구조와 전개』. 창작과비평사.

이민우. 2017. 「고려 말 조선 초 토지제도 개혁과 사회 변화」. ≪역사비평≫, 120.

이상영·손진수. 2015. 「주택 선분양시스템의 활용방안에 관한 연구」. ≪부동산학보≫, 63.

이상현. 1988. 「상업병용주택의 건축적 특성에 관한 연구」. 서울대학교 석사학위논문.

이상현. 2015. 「방향성 네트워크상 노드의 통합되는 성질의 유용성에 관한 연구」. ≪대한건축학회논문집 계획계≫, 31(12)

이상현. 2018. 『마을 사람과 뉴타운 키즈』. 발언.

이상현. 2021. 『집값은 잡을 수 있는 것인가』. 한울엠플러스.

이상현·김옥연. 2019. 「도시철도 추가 건설에 따른 서울시 역내 지역별 접근성 변화」. ≪대한건축학회논문집 계획계≫, 35(12).

이용만·이상한. 2004. 「강남지역의 주택가격이 주변지역의 주택가격을 결정하는가?」. ≪대한국토도시계획학회지 국토계획≫, 39(1).

이원준. 1978. 「사유와 거래공영의 조화」. ≪세대≫, 4월 호.

이진우. 2009. 『프라이버시의 철학』. 돌베개.

정규일. 2006. 자산가격과 유동성 간의 관계분석」. ≪금융경제연구≫, 255.

정규형. 2019. 『Stata로 끝내는 논문』. 한빛아카데미.

정미숙. 2012. 「박완서 소설과 '아파트' 표상의 문학사회학」. ≪현대문학이론연구≫, 49.

정진영. 1991. 「조선후기 동성마을의 형성과 사회적 기능」. ≪한국사론≫, 21.

정청세. 2003. 「해방 후 농지 개혁의 사회적 조건과 형성 과정」. 연세대학교 석사학위논문.

정홍주. 1995. 「아파트 가격결정모형에 관한 실증연구」. 건국대학교.

조동근. 2011.4.12. 「반값 보금자리주택, "우물쭈물하다가 이럴 줄 알았지"」. ≪KERI Column≫.

주택산업연구원. 1998. 「아파트 특성에 따른 가격결정모형 연구」. ≪주사연≫, 98-14.

주택산업연구원. 2022.6.15. 『0615 새정부의 주택시장 정상화를 위한 정책방향과 추진전략토론회 자료집』.

최명섭·김의준·박정욱. 2003. 「공간종속성을 고려한 서울시 아파트 가격의 공간 영향력」. ≪지역연구≫, 19(3).

최형근 외. 2017. 「Fuzzy-ANP 분석을 통한 아파트 가격형성요인 우선 순위 분석」. ≪도시행정학보≫, 30(2).

최희갑·임병준. 2009. 「주택가격 전망이 주택가격 및 경기에 미치는 영향」. ≪국토연구≫, 63.

케인즈, 존(John Keynes). 2020. 『고용 이자 및 화폐의 일반이론』. 비봉출판사.

통계청. https://kostat.go.kr.

프리드만, 밀턴(Milton Friedman). 2009. 『화폐경제학』. 한국경제신문.

피케티, 토마(Thomas Piketty). 2013. 『21세기 자본』. 글항아리.

하기주·이동렬·하영주·강현욱. 2016. 「첨단 NIT 센서와 FRP 융합 스마트보강재를 활용한 건축물 구조성능 개선 및 안전모니터링시스템」. ≪대한건축학회연합논문집≫, 18(6).

하나금융경영연구소. 2020. 『국내 주요 재화 및 서비스의 가격 추세 분석: 1980~2020』. 하나은행.

한국부동산원 부동산통계정보시스템(R-ONE). http//www.reb.or.kr/r-one/main.do.
한국은행 경제통계시스템. http//ecos.bok.or.kr/#/.
한국조세재정연구원. “재정패널조사 2007~2018”.
허윤경·김성환. 2018.「미국 주택기업의 비즈니스 모델 분석」. ≪건설이슈포커스≫.
헌트, E. K(E. K. Hunt). 2012.『자본주의에 불만 있는 이들을 위한 경제사 강의』. 이매진.

≪뉴데일리경제≫. 2021.2.19. “역세권 앞에 ‘초’ 자가 붙자 집값 1.1억 차”. https://biz.newdaily.co.kr/site/data/html/2021/02/19/2021021900036.html.
≪뉴스터치≫. 2021.1.28. “지난해 국민 1인당 쌀 소비량 50㎏대, 30년 전에 비해 반토막”. http://www.newstouch.site/ news/articleView.html?idxno=13163.
뉴시스. 2021.8.14. “100% 넘은 주택보급률 … 더 중요해진 자가점유율”.
≪동아일보≫. 2009.8.29. “보금자리주택 3가지 논란”. https://www.donga.com/news/Economy/article/all/20090829/8772966/1.
≪동아일보≫. 2011.6.4. “[O2/커버스토리] 개발 40년 … 한국인에게 서울 강남이란”. https://www.donga.com/news/Culture/article/all/20110603/37767329/1.
≪동아일보≫. 2021.12.2. “2012년 같은 집값 급락 오나 … 금융 위기·사전 청약이 변수”. https://www.chosun.com/opinion/column/2021/12/02/GIU2XV537JBWZPOWIEMBJYXHPM/.
≪매일경제≫. 2009.9.5. “한강변 재건축에 무슨 일이”.
≪매일경제≫. 2014.2.6. “신반포1차아파트, 용적률 상향 최고 38층으로 건립”.
≪매일경제≫. 2017.8.18. “바뀌는 재건축 투자지도 | 압구정·목동7·잠실5 급매물 노려라 공급 부족 ‘강남 입성’ 절호의 기회로”. https://www.mk.co.kr/news/economy/view/2017/08/553801/.
≪매일경제≫. 2017.8.7. “[매경포럼] 초이노믹스 몰락의 교훈”. https://www.mk.co.kr/opinion/columnists/view/2017/08/529491/.
≪매일경제≫. 2021.7.27. “‘이게 말이 되나’ … 지난 5년간 소득 14% 늘 때 집값 52% 뛰었다”. https://www.mk.co.kr/news/realestate/view/2021/07/721730/.
≪머니투데이≫. 2015.12.27. “IMF 때를 아십니까?… 1년 확정금리 ‘20%’”. https://news.mt.co.kr/mtview.php?no=2015122314524699960.
≪비즈니스워치≫. 2017.9.19. “정권별 양도세율과 집값의 상관관계”. http://news.bizwatch.co.kr/article/tax/2017/09/11/0017/prev_ver.
≪서울경제≫. 2016.6.24. “[건축과 도시] 도로 곁 시선의 쉼터 … ‘한남동 현창빌딩’”. https://www.sedaily.com/NewsVIew/1KXPQ87O7B.
≪서울신문≫. 2021.4.23. “토지거래허가 구역이 뭐길래 ‘오를 곳, 서울시가 공인한 셈’”. https://www.seoul.co.kr/news/newsView.php?id=20210423500130.
≪시사저널≫. 1998. 6. 11. “‘고맙다 IMF’ 부자들의 합창”. https://www.sisajournal.com/news/articleView.html?idxno=80481.
≪아시아경제≫. 2014.10.6. “평당 5000만 원, 최고 분양가 아파트 ‘완판의 비결’”.

A+PLATFORM. https://a-platform.co.kr/story/index.php?boardid=story&mode=view&idx=951.

MBC 뉴스. 2018.3.29. "'빚내서 집 사라' … 국토부 '뒤늦은 반성문'". https://imnews.imbc.com/replay/2018/nwdesk/article/4570856_30181.html.

연합뉴스. 2019.8.1. "분양가상한제 시행에 공급부족 논란 '후끈' … 누구 말이 맞나". https://www.yna.co.kr/view/AKR20190801074800003.

연합뉴스. 2020.4.11. "[순간포착] 곤한 새벽녘 날벼락, 와우아파트 붕괴 사고." https://www.yna.co.kr/view/AKR20200409166200005.

e-나라지표. https://www.index.go.kr/main.do?cate=1.

≪EBN 산업경제신문≫. 2017.3.6. "서울아파트 30년간 얼마나 올랐을까?… 강북 28배, 강남 60배". https://ebn.co.kr/news/view/880145.

≪조선비즈≫. 2021.1.15. "서울 새 아파트 90%가 10대 건설사 브랜드 … 속앓는 중견건설사들". https://biz.chosun.com/site/data/html_dir/2021/01/15/2021 011501124.html.

≪조선일보≫. 2016.8.24. "서울 아파트 불법 개조 극성 … 3일에 1건꼴 적발". https://biz.chosun.com/site/data/html_dir/2016/08/24/2016082401209.html.

≪조선일보≫. 2021.12.3. ""연준 부의장, 파월 들이받았다 "돈 너무 풀어 … 화성 점령까지 동원될 판". https://www.chosun.com/economy/economy_general/2021/12/03/EBRGZD4T2VHO3AXN7VFV3EQ4VI/.

≪주간조선≫. 2021.8.9. "경제부총리의 '이상한' 부동산 인식". http://weekly.chosun.com/client/news/viw.asp?nNewsNumb=002670100003&ctcd=C05.

≪중앙일보≫. 1970.8.5. "변화하는 한국의 가족구조 핵가족 시대로". https://www.joongang.co.kr/article/1250040#home.

≪중앙일보≫. 2005.8.12. "[부동산 거품 일본의 실패에서 배운다] 거품 방치하다 허겁지겁 '뒷북 정책'". https://www.joongang.co.kr/article/1655364#home.

≪중앙일보≫. 2007.2.24. "노무현 정부 부동산 대책 12번 남긴 것은?".

≪중앙일보≫. 2008.3.19. "서울 역세권 아파트 용적률 450%로".

≪중앙일보≫. 2022.1.14. "이재명 '용적률 500% 가능한 4종 주거지역 신설하겠다'". https://www.joongang.co.kr/article/25040551#home.

≪중앙일보≫. 2022.1.9. "김동연 "文 핵심 '부동산 양도차액 100%' 주장 … 미쳤냐고 거절"". https://www.joongang.co.kr/article/25039243#home.

≪철강금속신문≫. 2019.6.14. "WAS 1인당 세계철강소비량 224.5kg으로 발표". https://www.snmnews.com/news/articleView.html?idxno=447994.

≪프리미엄 조선≫. 2014.3.17. "꽉 막힌 도로 옆 … 숨 막히는 삶 위로하네". http://premium.chosun.com/site/data/html_dir/2014/03/16/2014031602589.html.

≪한겨레≫. 2005.8.31. "부동산 종합 대책 나오기까지".

≪한겨레≫. 2021.7.21. "작년 가계순자산 1경423조 … 집값·주가 상승에 12%↑". https://www.hani.co.kr/arti/economy/economy_general/1004630.html.

≪한겨레≫. 2021.8.30. "'연소득 대비 집값' 서울은 12배, 뉴욕·런던보다 월등히 높다". https://www.hani.co.kr/arti/economy/economy_ general/959893.html.

≪한겨레≫. 2021.8.4. "이낙연 '서울공항 옮기고, 그 자리에 3만 호' … 주택 공급 공약". https://www.hani.co.kr/arti/politics/assembly/1006408.html#csidxa734ff7cf689070b31d36e74ad86265.

≪한겨레≫.2022.1.18. "[세상읽기] 기억하자, 부동산은 금융이다". https://www.hani.co.kr/arti/opinion/column/1027807.html.

≪한국경제≫. 2017.4.3. "[치솟는 한강변 아파트값] 같은 단지라도 다른 집값 … 한강 보이면 최소 '+2억'".

≪한국경제≫. 2021.8.10. "정세균 '280만 가구 공급 … 2017년 집값으로 되돌릴 것'". https://www.hankyung.com/politics/article/2021081050151.

≪한국일보≫. 2020.4.27. ""평생 직장? 그게 뭐죠" 신입사원 10명 중 7명이 이직 경험".

Dalio, Ray. 2020.5.7. "Chapter 3: The Changing Value of Money, The Changing World Order." https://www.linkedin.com/pulse/changing-value-money-ray-dalio?trk=portfolio_article-card_title.

Dickens, Charles. 2007. *Hard Times*. Simon & Schuster.

Eurostat. "Distribution of population by tenure status, type of household and income group - EU-SILC survey." http://appsso.eurostat.ec.europa.eu/nui/submitViewTableAction.do.

Every Home In Idaho. "Location, Location, Location." https://everyhomeinidaho.com/blog/location-location-location-2/.

Hobsbawm, E. J. 1968. *Industry and Empire: An Economic History of Britain Since 1750*. London: Weindenfeld and Nicolson.

http://piketty.pse.ens.fr/files/capital21c/pdf/G2.5.pdf.

Jordà, Òscar et al. 2017. "The Rate of Return on Everything, 1870–2015." WORKING PAPER SERIES. FEDERAL RESERVE BANK OF SAN FRANCISCO.

Knoll, Katharina, Moritz Schularick and Thomas Steger. 2014. "No Price Like Home: Global House Prices, 1870-2012." CESifo Working Paper, No.5006. Munich: CESifo.

Murphy, Antoin E.(trans. ed.). 2015. "Essay on the Nature of Trade in General." Indianapolis: Liberty Fund. https://oll.libertyfund.org/title/essay-on-the-nature-of-trade-in-general-lf-ed.

Remarks of the Commissioners. 1811. https://thegreatestgrid.mcny.org/greatest-grid/key-documents/73.

S&P/Case-Shiller US National Home Price Index, FRED Economic Research.

Souza, Lawrence A., Hannah Macsata, Dustin Hartuv, Joshua Martinez and Alicia Bilbrey-Becker. 2022. *U.S. Housing Policy, Politics, and Economics: Bias and Outcomes*. Routledge.

Summers, Lawrence. 2016.2.15. "The Age of Secular Stagnation: What It Is and What to Do About It." *Foreign Affairs*.

지은이

이상현

서울대학교 건축학과를 졸업하고 미국 미시건대학교에서 석사학위를, 하버드대학교에서 박사학위를 받았다. 현재 명지대학교 건축대학에서 건축과 도시설계를 가르치고 있으며, '도시 공간과 인간의 삶'에 대해 연구하고 있다.

대표작으로 『길들이는 건축 길들여진 인간』(2013년 문화체육관광부 우수교양도서, 2013년 네이버 오늘의 책, 2019년 대한건축학회 소우저작상), 『몸과 마음을 살리는 행복공간 라운징』, 『건축 감상법』, 『마을사람과 뉴타운키즈』(2018년 우수출판콘텐츠 제작지원 사업 선정), 『집값은 잡을 수 있을 것인가』가 있으며, 주요 논문으로는 「도시공간 내 통행량 추정을 위한 네트워크 특성 지표 개발」(2012년 대한건축학회 논문상), 「일방통행제 영향권 추정 및 방향성 설정방법 연구」(2021년 국토연구원 국토연구 우수논문상)가 있다.

집값의 이해

가치와 가격의 구조

지은이 | 이상현
펴낸이 | 김종수
펴낸곳 | 한울엠플러스(주)
편집책임 | 최진희

초판 1쇄 인쇄 | 2022년 10월 15일
초판 1쇄 발행 | 2022년 10월 25일

주소 | 10881 경기도 파주시 광인사길 153 한울시소빌딩 3층
전화 | 031-955-0655
팩스 | 031-955-0656
홈페이지 | www.hanulmplus.kr
등록번호 | 제406-2015-000143호

Printed in Korea.
ISBN 978-89-460-8221-2 03320

※ 책값은 겉표지에 표시되어 있습니다.